Zu diesem Buch

Wie durch Heinar Kipphardts gesamtes Werk zieht sich durch die hier vorgelegten Stücke das Thema von Gehorsam und Widerstand, Schuld und Mitschuld. «Joel Brand» handelt von einem Geschäft: 1944 bieten die Nazis der jüdischen Hilfsorganisation in Ungarn an, eine Million Juden überleben zu lassen, wenn ihnen dafür 10000 Lastwagen geliefert werden. Kipphardt, der «Meister des Dokumentar-Dramas» (Axel Eggebrecht), rekonstruiert die kaum glaubliche, aber wahre Geschichte auf der Grundlage überlieferter Materialien. Neben diesem Schauspiel umfaßt der Band unter anderem eine beißende Satire auf das Kleinbürgertum und eine Fallstudie über einen schizophrenen Dichter, hinter dessen Leben ein anderer Entwurf von Menschlichkeit aufscheint. – Der Band enthält ein ausführliches Nachwort des Herausgebers und Materialien zur Entstehungsgeschichte der Stücke.

Heinar Kipphardt, geboren am 8. März 1922 in Heidersdorf (Schlesien), gestorben am 18. November 1982 in München, Dr. med. mit der Fachrichtung Psychiatrie, übersiedelte 1949 von Krefeld nach Ost-Berlin, wurde Arzt an der Charité und später Chefdramaturg am Deutschen Theater. Seit 1961 lebte er in der Nähe von München. 1970/71 war er Chefdramaturg der Münchner Kammerspiele. Er wurde vor allem als Dramatiker bekannt. Sein Stück «In der Sache J. Robert Oppenheimer» (rororo Nr. 12111) gehört zu den Klassikern des modernen Theaters. Auch sein letztes Stück «Bruder Eichmann» (rororo Nr. 5716) erregte Aufsehen. Weitere Stücke sind in dem Band «Shakespeare dringend gesucht» (rororo Nr. 12193) zusammengefaßt. Überdies verfaßte er Erzählungen (ein Sammelband unter dem Titel «Der Mann des Tages» erschien als rororo Nr. 4803), Gedichte («Angelsbrucker Notizen», rororo Nr. 5605), «Traumprotokolle» (rororo Nr. 5818), Fernsehspiele und den Roman «März» (rororo Nr. 5877).

Kipphardts gesammelte literarische Arbeiten erscheinen in einer Werkausgabe im Rowohlt Taschenbuch Verlag.

Heinar Kipphardt

Joel Brand
und andere
Theaterstücke

Rowohlt

Gesammelte Werke in Einzelausgaben

Herausgegeben von Uwe Naumann
Unter Mitarbeit von Pia Kipphardt

Veröffentlicht im Rowohlt Taschenbuch Verlag GmbH,
Reinbek bei Hamburg, Oktober 1988
Copyright © der in diesem Band enthaltenen Stücke
by Verlag Kiepenheuer & Witsch, Köln
Die Aufführungsrechte liegen beim
Ute Nyssen & J. Bansemer Theaterverlag,
Merowingerstr. 21, 5000 Köln 1
Umschlaggestaltung Klaus Detjen
(Szenenfoto aus «Joel Brand» von
Linde Schleinkofer-Kipphardt)
Gesetzt aus der Garamond (Linotron 202)
Gesamtherstellung Clausen & Bosse, Leck
Printed in Germany
1680-ISBN 3 499 12194 8

Inhalt

Joel Brand.
Die Geschichte eines Geschäfts 7

Die Nacht, in der
der Chef geschlachtet wurde 97

Die Soldaten
von Jakob Michael Reinhold Lenz.
Bearbeitung 151

Sedanfeier 213

März, ein Künstlerleben 249

Anhang 355

Anmerkung zu «Joel Brand» 357

Zur Bearbeitung der «Soldaten»
von Jakob Michael Reinhold Lenz 358

Zur Bearbeitung der «Soldaten».
Beispiele für den Vergleich des Originals
mit der Bearbeitung 359

Zu «März, ein Künstlerleben» 371

Nicht aufgenommene Szenen zu «März,
ein Künstlerleben» 372

Editorische Bemerkungen 390

Nachwort des Herausgebers 392

Anmerkungen 407

Joel Brand
Die Geschichte eines Geschäfts

Personen

Becher
Eichmann
von Klages
Brand
Komoly
Kastner
Gisi Golesch
Hansi Brand
Schmidt
Sedlaczek
Grosz
Puchinger
Goldstein
Barlasz
Bader
Detektiv
Tunney
Moyne

1. Szene

Arbeitszimmer Eichmanns im Hotel Majestic in Budapest. 25. April 1944. Der Obersturmbannführer Eichmann, hellgraue, elegante Uniform, geht hinter seinem großen Empireschreibtisch auf und ab. Sein Besucher, der Obersturmbannführer Becher aus dem Wirtschaftshauptamt der SS, sitzt abseits in einem Sessel. Er raucht eine Zigarre.

BECHER – Wenn dirs so contre cœur geht, Adolf, ich verstehs, es ist ein Hickhack, ja, – dann mach das ich, daß ichs verhandel und verantwort. Du bleibst im Hintergrund. –

EICHMANN Es ist nicht das Geschäft als solches, das mir contre cœur geht, es ist der Zeitpunkt, Kurt. Was ich befürchte, ist, es ist zu spät. Wenn ich hier fertig machen soll in Ungarn, und ich solls, dann jetzt. Wenn ich jetzt Zeit verlier, dann krieg ich hier Schlamassel. Es ist die Kriegslage.

BECHER Es ist nun andererseits der Wunsch des Reichsführers, der die Kriegslage auch kennt, Adolf, mit diesen Juden, die wir anzubieten haben, zu Verhandlungen zu kommen. Mit den Alliierten.

EICHMANN Und hier fertig zu machen, Kurt. Und!

BECHER Das auch, Adolf. Auf den Verlauf der Verhandlungen abgestimmt. Vorrang der Verhandlungen.

EICHMANN Das ist mir klar, Kurt, ja. Da hab ich nachgedacht. Wie das zu machen ist.

BECHER Das freut mich, Adolf. Da hab ich auch nachgedacht. – Es ist der Wunsch, daß ich dich unterstütz. Geschäftlich, Adolf.

EICHMANN Das freut mich, Kurt.

BECHER Mich freuts, daß dich das freut. Ich hätts sonst nicht gemacht.

Der Hauptsturmführer von Klages tritt auf.

EICHMANN Herr von Klages?

KLAGES Der Herr Brand, Joel, von der Waada.

EICHMANN Er kann reinkommen.

Eichmann setzt sich an seinen Schreibtisch und beginnt in seinen Papieren zu arbeiten. Klages gibt durch eines der Tischtelefone die Anweisung: «Der Herr Brand.» Er stellt sich neben Eichmann auf. Brand wird von einem Posten hereingeführt und bleibt in der Nähe des Eingangs stehen. Er ist klein, abgetragener Wintermantel, Hut in der Hand. Eichmann arbeitet eine lange Zeit in seinen

Papieren ohne aufzusehen. Wenn er sich schließlich an Brand wendet, sind seine Bewegungen und seine Sprechweise kraß verändert. Ein durchschnittlicher kaufmännischer Angestellter gibt sich das Air eines Staatsmannes. Sprachlich äußert sich das so, daß er einige Worte schnell hervorstößt, dann eine unmotivierte Pause macht und den Satz dezidiert zu Ende bringt. Die Bewegungen sind betont knapp. Er verfügt über ein Sortiment eingelernter Blicke und Gesten, die er geschickt einsetzt. Er liebt Verhandlungen, er redet gern, er inszeniert sich.
Sie – sind – der Herr Brand?
BRAND Ja.
EICHMANN Kommen Sie her.
Brand kommt vom Eingang auf den Schreibtisch zu. Eichmann weist ihm einen Platz in einiger Entfernung an.
Dort hin.
Brand stellt sich an die befohlene Stelle.
Die – Daten vom Herrn Brand.
KLAGES *entnimmt einer Akte eine Karteikarte und referiert*:
Brand, Joel, 38, verheiratet, Karpahorußland geboren, sagen wir Galizien, Erfurt aufgewachsen, Abitur, Ingenieurschule, 33 abgeschoben, Inhaber einer Strickerei, die hier kürzlich zugemacht hat.
EICHMANN Politische Daten.
KLAGES Zionist, Sozialist, Mapei, Rädelsführer der illegalen Waada, dem jüdischen Rat für Rettung und Hilfe hier in Budapest.
EICHMANN Das wär der Herr Brand. – Sie wissen – wer ich bin?
BRAND Ja.
EICHMANN Ich habe die Aktionen im Reich, im Generalgouvernement, im Protektorat – etcetera durchgeführt. In diesem schönen Frühjahr 1944 jetzt, zuletzt, bin ich mit meinen Mitarbeitern, erstklassigen, nach Ungarn gekommen. Sie – wissen, was das heißt?
BRAND Ja. Deshalb hat mich unsere Organisation beauftragt –
EICHMANN Im Moment rede noch immer ich, gelt? Die ungarische Regierung, der Herr Horthy, hat uns gebeten – Ungarn judenfrei zu machen. Es gibt dazu verschiedene Wege. Es gibt den Weg nach Auschwitz – und den Weg der Auswanderung. – Wieviel Juden haben Sie hier in Ungarn?
BRAND Das weiß ich nicht, Herr Obersturmbannführer. Nicht exakt.

EICHMANN Herr von Klages?
KLAGES Achthunderttausend echte, einhundertfünfzigtausend getaufte Juden. Eine knappe Million.
BRAND Das ist zuviel, glaub ich.
EICHMANN Das glauben wir auch, ja.
BRAND Die Zahl meine ich.
EICHMANN Ich auch, ja. – Wieviel sind davon in Budapest?
BRAND Das weiß ich auch nicht, Herr Obersturmbannführer. Unsere Unterlagen –
EICHMANN Herr von Klages?
KLAGES Dreihunderttausend.
EICHMANN *zu Brand*: Sie werden mir aber vielleicht sagen können, Herr Brand, wie viele Zertifikate Ihnen die Engländer für die Einreise in ihr Mandatsgebiet nach Palästina bewilligen, oder? Monatlich.
BRAND Für Budapest?
EICHMANN Für Budapest, ja.
BRAND Das wechselt, Herr Obersturmbannführer.
EICHMANN Letzten Monat?
BRAND Da waren es zweihundertfünfzig.
Klages legt Eichmann einen Zettel vor.
EICHMANN Wir wollen die zweihundert weglassen, die Ihre Waada dazugefälscht hat, Herr Brand, es waren fünfzig, für fünfzig Kinder, gelt?
BRAND Ja.
EICHMANN Als gründliche Leute – haben wir – den Vertrag der Engländer mit den Arabern studiert. Wissen Sie, was er besagt?
BRAND Nicht im einzelnen, Herr Obersturmbannführer.
EICHMANN Herr – von Klages?
KLAGES Daß jährlich höchstens fünfzehntausend Juden nach Palästina einwandern dürfen. Insgesamt. Von diesen fünfzehntausend jährlich sind die illegal eingewanderten Juden jeweils abzuziehen.
EICHMANN Und wieviel können wir – täglich nach Auschwitz schicken, Herr von Klages?
KLAGES Vierundzwanzigtausend, wenn wir acht Transportzüge annehmen.
EICHMANN Und ab wann – hätten wir diese acht Transportzüge täglich?
KLAGES Sie sind uns vom 4. Mai an zugesichert. Reichsbahndirektion. In neun Tagen.

EICHMANN *studiert die Wirkung auf Brand. Dann wechselt er zu einem neuen, konzilianten Ton über.* Ich bin ein idealistischer Deutscher, Herr Brand, und ich betrachte Sie als einen idealistischen Juden. Ich möchte Ihnen deshalb ein Geschäft vorschlagen. *Er wechselt zu einem militärischen Vortragston:* Wir haben Ihre Organisation prüfen lassen, die jüdischen Hilfsorganisationen in der Schweiz – Joint – und die in Istanbul – die sogenannte Sochnuth. Wir haben dabei – festgestellt, daß sie leistungsfähig sind. – Wir sind also bereit – und der Herr Obersturmbannführer Becher ist eigens deswegen aus dem Wirtschaftshauptamt hierher gekommen, – deswegen – *er lächelt zu Becher hinüber* – Ihnen eine Million Juden zu verkaufen. Ware für Ware, Sie können – diese Million aus Ungarn nehmen, aus Polen, Theresienstadt, Auschwitz, wo immer Sie wollen. Zeugungsfähige Männer – Frauen, Greise, Kinder, was wollen Sie haben, und welche Waren können Sie uns dafür bieten? – Sie können sich einen Stuhl nehmen.

BRAND Ich bin von meiner Organisation beauftragt, Herr Obersturmbannführer, über alle Juden zu verhandeln, im gesamten deutschen Machtbereich. Möglichst.

EICHMANN Wir sprechen jetzt von einer Million, gelt? Ich kann Ihnen – nicht alle Juden Europas verkaufen. Soviel Geld und Waren können Sie nicht aufbringen. Ich habe – Vollmacht, eine Million laufen zu lassen. Was können Sie uns dafür bieten?

BRAND Devisen, Herr Obersturmbannführer, Devisen jeder Währung.

EICHMANN Wir sind an Waren interessiert, nicht an Geld. An kriegswichtigen Waren.

BRAND Wir könnten diese Waren kaufen. Versuchen. Was wir hier an Waren hatten, Herr Obersturmbannführer, das haben Sie beschlagnahmt, jüdische Fabriken, Geschäfte –

EICHMANN Wir verstehen uns nicht, Herr Brand, wir sind nicht an ungarischen Waren interessiert. Die haben wir selber. Ich verhandle mit Ihnen – in der Annahme, – daß Sie – in der Lage sind, die ökonomischen Ressourcen des Weltjudentums für dieses Geschäft zu mobilisieren. Das jüdische Finanzkapital. Das halte ich für interessant.

BRAND Ich verstehe, Herr Obersturmbannführer. Sicher. Es ist für uns nur schwierig, hier von Budapest aus, vom deutschen Machtbereich aus –

EICHMANN Sie können ins Ausland fahren. Stellen Sie – die Verbin-

dungen zu Ihren Leuten und den Alliierten her, den westlichen
Alliierten – und bringen Sie uns eine konkrete Offerte. Sagen Sie
uns, wohin Sie fahren wollen, und wir besorgen Ihnen die Reise-
dokumente.
BRAND – Ich würde dann Istanbul vorschlagen, unsere Organisa-
tion in Istanbul. Dort wären die schnellsten Verbindungen herzustellen, glaube ich. – Was für Waren brauchen Sie?
EICHMANN *zu Becher*: Was meinst du, Kurt?
BECHER Was wir ganz gern bekämen, Herr Brand, das wären Lastwagen für unsere Ostfront.
BRAND Lastwagen? – Wie viele Lastwagen sollten das sein?
BECHER Wir machen Ihnen ein kulantes Angebot: Sie liefern uns
ein Lastauto für hundert Juden.
EICHMANN Das ist nicht zu viel, oder? Das sind nicht einmal fünfzig Dollar pro Jude, umgerechnet.
BECHER Für eine Million Juden wären das nach meiner Rechnung
zehntausend Lastautos, fabrikneu, mit Anhängern, für Winter-
betrieb geeignet. Mit den entsprechenden Ersatzteilen. – Einverstanden?
BRAND Ich wäre sofort einverstanden, Herr Obersturmbannführer, nur Lastautos sind Kriegsmaterial, sie fallen unter die Blok-
kadebestimmungen. –
EICHMANN Juden auch, Herr Brand.
BECHER Wir können Ihren Alliierten fest und ehrenwörtlich versichern, daß wir die Lastwagen nur an der Ostfront einsetzen wer-
den. Nur gegen die Russen.
EICHMANN – Das ist unser Angebot. Offiziell und definitiv – gelt?
BRAND Was mich persönlich angeht, Herr Obersturmbannführer,
so glaube ich natürlich, daß Sie Ihr Wort immer halten werden – –
EICHMANN Das würde ich Ihnen raten, ja.
BRAND – – Aber unsere Leute in Istanbul werden Garantien verlangen, irgendwelche Sicherheiten, daß Sie die Juden im Falle des
Abschlusses dann auch wirklich freilassen.
EICHMANN Garantien – *zu Becher:* Hör dir das an, Kurt. Unsere
Leut halten uns für Betrüger. Für Amateure, die von ihnen gelernt haben. – *Er amüsiert sich. Freundlich:* Ich werde Ihnen jetzt
beweisen, was wirkliches Vertrauen ist, Herr Brand: Wenn Sie
aus Istanbul zurückkommen und mir mitteilen, daß unser Angebot angenommen ist, dann löse ich Auschwitz auf und stelle Ihnen hunderttausend Juden an die spanische Grenze. Sie übernehmen die Juden und liefern mir dafür erst nachträglich tausend

Lastautos. Dann geht das Geschäft Zug um Zug weiter. Je tausend Lastautos für hunderttausend Juden. – Sie werden nicht denken, daß Sie uns bluffen können. Ist das eine entgegenkommende Offerte?

BRAND – Herr Obersturmbannführer, dieses Angebot, ich glaube bestimmt – daß dieses Angebot von unseren Organisationen, Istanbul, Jerusalem, akzeptiert wird. – Wann könnte ich fahren?

EICHMANN Sobald Sie uns die Nachricht bringen, daß seriöse Leute – zu seriösen Verhandlungen bereit sind. Wir können Ihnen ein ungestörtes Telefongespräch mit Istanbul vermitteln. *Zu Klages:* Geht das?

KLAGES *lächelt:* Das geht natürlich, wenn es der Herr Brand nicht vorzieht, seine Verbindungen zu unserer Abwehr zu benutzen. *Zu Brand:* Sie haben doch gute Verbindungen zu unserer Abwehr, Herr Brand?
Brand sieht besorgt erst von Klages an, dann Eichmann, dann Becher, ohne sich zu einer Antwort zu entschließen.

EICHMANN Sie müssen uns das nicht jetzt beantworten, Herr Brand. Ich möchte Sie nur darauf aufmerksam machen, daß diese Verhandlungen ein erstrangiges Reichsgeheimnis sind, gelt? Kein Mensch in Budapest darf das Geringste erfahren.

BRAND Aber ich muß Ihr Angebot ja doch mit meinen Leuten diskutieren, Herr Obersturmbannführer.

EICHMANN Sie können sich mit Ihren engsten Freunden beraten, aber – Sie haften mir dafür, daß weder die Ungarn noch die Abwehr davon Wind kriegen. Bereiten Sie Ihre Reise vor, und geben Sie uns – die Namen Ihrer Frau und Ihrer Kinder, damit denen hier nichts geschieht, bis Sie zurück sind. –
Sie haben doch Kinder, Herr Brand?

BRAND Zwei.

EICHMANN Mutter? Geschwister?

BRAND Ja.

EICHMANN Ich nehme an, Sie wollen die gesund wiedersehen.

BRAND Ja.

EICHMANN Von unserer Seite wird Sie Herr Bandi Grosz begleiten. Er wird uns berichten, was Sie da auspacken.

BRAND – Ich bitte um Entschuldigung – Bandi Grosz?

EICHMANN Wundert Sie das? Warum? Weil er Jude ist? Wir haben mit einigen Juden in Geschäftsdingen sehr gute Erfahrungen gemacht. Ich hoffe, Sie werden uns das bestätigen.

BRAND Jawohl, Herr Obersturmbannführer.

EICHMANN *nimmt ein Paket aus seinem Schreibtisch und reicht das Brand*: Es ist da noch ein Paket für Sie aus der Schweiz an den falschen Empfänger geraten. Hundertzwanzigtausend Dollar. Das Geld ist dazu bestimmt, jüdischen Kindern zu helfen.
BRAND – Ich habe keine Ahnung – Herr Obersturmbannführer.
EICHMANN Sie müssen sich nicht fürchten. Wir haben gegen Ihre Wohltätigkeitsorganisationen nichts einzuwenden. Bestätigen Sie Ihren Leuten im Ausland, Joint, daß Sie das Geld durch uns bekommen haben.
Brand nimmt das Paket in Empfang und sieht Eichmann verständnislos an.
Auch die Briefe hier werden sich vermutlich um Ihre Kinderhilfe handeln. Sie sind in hebräisch geschrieben, wir können uns jetzt nicht damit beschäftigen. Wenn etwas Gefährliches drin steht, wider Erwarten, dann werden Sie uns das melden – gelt? *Er reicht Brand einige Briefe.* Lassen Sie mich wissen, wenn Sie mit Ihren Leuten so weit sind. Sie haben nicht viel Zeit. – Sie können gehen.
Brand verbeugt sich und geht zur Tür.
Auf was ich Sie noch aufmerksam machen wollte, Herr Brand, die jüdischen Organisationen, daß diese Verhandlungen nur möglich sind, wenn unsere Maßnahmen hier still über die Bühne gehen.
Brand ist stehengeblieben und nickt.
Was ich hier in Budapest gerne sehen würde, Herr Brand, von meinen alten Interessen her, das wäre das jüdische Museum und die jüdische Bibliothek hier in Budapest. Sie werden mir das vermitteln.
BRAND Ja, Herr Obersturmbannführer.
EICHMANN Sie können gehen.

2. Szene

Illegales Hauptquartier der Waada. Kleiner Heizungskeller einer stillgelegten Fabrik. Karbidlampe. Einige Kisten, die zu Sitzgelegenheiten zusammengerückt sind.
Die übernächtigten Mitglieder der Waada, Otto Komoly, Dr. Rescö Kastner, Joel Brand, gehen unruhig wartend auf und ab. Gisi Golesch, ein junges Mädchen, Mitglied des jüdischen Selbstschutzes,

Hagana, vervielfältigt Aufrufe mit einem primitiven Hektographen.

KOMOLY Wir können nicht mehr warten. *Er setzt sich und fordert die anderen dazu auf.*
Die Leitung der Waada Eszra wa Hazalah, bestehend aus den Mitgliedern Otto Komoly, Rescö Kastner, Joel Brand, Gisi Golesch, setzt ihre Beratungen fort.
BRAND Wenn Hansi nicht kommt, ist sie verhaftet.
KASTNER Sie hat Papiere. Ungarische.
BRAND Von uns, ja. Warum, in dieser Lage, schickst du meine Frau als Kurier nach Siebenbürgen?
KASTNER Wir müssen wissen, was in der Provinz los ist.
BRAND Gerüchte.
KOMOLY Unsere Vertrauensleute fordern die jüdischen Gemeinden auf, sich der Verbringung in Lager oder Ghettos zu widersetzen.
BRAND Ich glaube nicht an Deportationen. Sobald wir in Istanbul verhandeln, wird Himmler keine Maßnahmen zulassen, die diese Verhandlungen gefährden.
GISI Wir haben einen Bericht aus Auschwitz, Joel. Die Krematorien sind erweitert, die jüdischen Leichenkommandos von 224 auf 860 Mann verstärkt worden. SS-Wachen haben geäußert: Jetzt werden wir bald feine ungarische Salami essen.
BRAND Was sagt das? Was Eichmann selber sagt. Daß er täglich 24000 Juden deportieren wird, wenn wir sein Angebot nicht akzeptieren.
GISI Wenn Eichmann das Angebot nur macht, weil es nicht akzeptiert werden kann? Um seine Deportationen ohne Widerstand durchführen zu können? Er weiß so gut wie wir, daß ihm die Alliierten kein Kriegsmaterial liefern können, mitten im Krieg!
BRAND Dann werden wir anderes Material anbieten, Rohstoffe, Lebensmittel, Valuta. Eichmann verspricht auf den bloßen Vertragabschluß hin, hunderttausend Juden an die spanische Grenze zu stellen. Weißt du, was das heißt? Daß mit verschiedenen Ländern verhandelt werden muß, die Transporte, der Schiffsraum, das dauert Monate, und wir haben noch immer kein einziges Lastauto geliefert. Wie sehen die Deutschen in einem halben Jahr aus? Militärisch, transporttechnisch? Vor der Weltöffentlichkeit, die uns helfen wird?
GISI Sie wird uns helfen, wenn wir uns selber helfen.

BRAND Wie, Gisi?
GISI Durch organisierten Widerstand!
BRAND Sieh dich um, Gisi. Die Realität. Keine 500 Juden, die einem Aufruf folgen würden.
GISI Der jüdische Selbstschutz, die Hagana, hat diesen Verhandlungen unter der Bedingung zugestimmt, daß wir zur gleichen Zeit den militärischen Widerstand organisieren. Die jüdische Legion wird hier in Ungarn Fallschirmspringer absetzen, um mit uns jüdische Kampfverbände und Partisanengruppen aufzubauen.
BRAND Das ist Unfug. In dieser Lage jedenfalls. Das kann unsere Verhandlungen nur gefährden.
KOMOLY Wir haben die Möglichkeiten des Widerstandes untersucht, Gisi. Es gibt keine. Keine der jüdischen Organisationen, die wir zusammengerufen haben, war bereit, dem aktiven Widerstand irgendeine Chance zu geben. Keine, ihn zu unterstützen. Es gibt keine Voraussetzungen.
GISI Wenn es sie nicht gibt, dann müssen wir sie herstellen. Die deutschen Judenkommandos bestehen aus 400 Mann.
KASTNER Aus wieviel Mann besteht die ungarische Gendarmerie? Die Pfeilkreuzler? Die deutsche, die ungarische Militärmacht? Wieviel Stunden, Gisi, würden gebraucht, einen jüdischen Aufstand mit einem Massaker niederzuwerfen? Wir würden der SS die Züge sparen, das ist alles. Wir sind keine Abenteurer.
GISI Mit dieser Haltung begeben wir uns auf die Linie der Judenräte, die unsere Bevölkerung auffordern, den antijüdischen Verordnungen der Regierung loyal zu folgen! Sie liefern die Listen, und sie stellen die jüdischen Polizeikommandos zusammen, die uns morgen zu den Stellplätzen bringen!
KASTNER Ich war bei Hauptsturmführer Wisliczeny, dem philanthropischen Baron, dem drei Zentner schweren, der uns die Verbindung zu Eichmann gemacht hat –
GISI Für 20000 Dollar.
KASTNER Ja. Und wir bezahlen die deutsche Abwehr ebenfalls für diese Verbindung. Das ist die Lage. – Er sagte mir, daß die totale Deportation im Einverständnis mit der ungarischen Regierung beschlossen sei. Mit allen Machtmitteln. Nur der erfolgreiche Abschluß der Verhandlungen durch Brand in Istanbul könne den Plan noch stoppen.
GISI Sagte der Esser zum Fisch: Spring mir jetzt nicht in der Pfanne.

Komoly Von wem geht das Angebot aus? Wisliczenys Ansicht.
Kastner Himmler hofft, daß er über dieses Angebot zu Sonderverhandlungen mit den westlichen Alliierten kommt. Daß es ihn verhandlungsfähig macht.
Brand Was du klären wolltest, Rescö: – Wie ist Eichmann zu dem Geld und zu den Briefen gekommen, die über unsere Verbindungen zur deutschen Abwehr gelaufen sind?
Geste Kastners, daß er keine Erklärung habe.
Kastner Was Wisliczeny zur Abwehr gesagt hat, war, lassen Sie die teuren Herren fallen, sie können Ihnen nur noch schaden.
Komoly Wenn Eichmann die Abwehr ausschalten will, warum will er dann, daß Joel von Bandi Grosz begleitet wird, der ein Agent der Abwehr ist?
Kastner Der deutschen Abwehr, der ungarischen Abwehr, warum nicht der SS? Ich halte es für möglich, daß unsere Post durch ihn an die SS gekommen ist. Er war von der Gestapo verhaftet.
Brand Sollen wir die Verbindungen zur Abwehr abbrechen?
Kastner Nein. Wir informieren sie über das Angebot und halten uns aus allen deutschen Machtkämpfen heraus. Ich bin mit Dr. Schmidt verabredet.
Komoly Was hat Wisliczeny zu den Nachrichten gesagt, die wir aus den Ostprovinzen kriegen?
Kastner Daß deutscherseits nur an langfristige Maßnahmen gedacht sei. Für den Fall, daß die Verhandlungen nicht in Gang kommen.
Ein junger Mann kommt herein, Kurier der Waada.
Kurier Ein Telegramm der Sochnuth aus Istanbul. Wir haben es dechiffriert. *Er gibt es Komoly, der es durchliest und sich dann erhebt.*
Komoly Ich bitte euch, daß ihr mit mir aufsteht. Ich verlese es: – Die Sochnuth verneigt sich vor euch. Joel soll kommen. Chaim erwartet ihn. Die ganze zivilisierte Welt wird euch helfen.
Brand Chaim Weizmann, der Präsident unserer Exekutive in Jerusalem. Das ist die Rettung.
Hansi Brand kommt herein, etwa 30 Jahre, zierlich, hübsch. Sie sieht verstört auf die Versammelten, sie setzt sich auf eine der Kisten. Brand eilt zu ihr.
Hansi! Wir haben uns Sorge gemacht. – Hast du gehört? Ein Telegramm. Chaim Weizmann selbst wird unsere Verhandlungen in Istanbul führen.

Sie liest das Telegramm ohne Reaktion.
Was hast du?
HANSI Ich komme aus Munkacz. Der erste Deportationszug hat heute Munkacz verlassen. Heute nachmittag.
Starke Reaktion der Anwesenden. Lange Pause.
BRAND Die Eltern?
Sie reagiert nicht.
GISI Iß etwas. Iß.
Sie gibt ihr Kekse.
Sie ißt die Kekse.
HANSI – – Es lag noch Schnee. An den Grabenrändern, dem Holzzaun von der Bahn, dem schwarzen, dem geteerten. Ich war mit der Bahn gekommen. Dem Elfuhrzug. Es war niemand auf der Straße. Um Mittag. Ein Pferdefuhrwerk. Auch die Gasse runter war niemand. Ich klinkte, es war zu. Auch die Fensterläden. Auch anderswo war zu. Um die Ecke da war ein alter Mann in den Schnee gefallen, der Viehhändler, von dem es hieß, daß wir uns nicht von ihm abküssen lassen sollten, wir Kinder, der war tot. Dem war der Mantel in den Straßendreck gefroren. Dem war ein Knopfloch ausgerissen an der Weste, von der Uhrkette. Dem war das Bestellbuch aus der Tasche gefallen. Hier. *Sie holt ein kleines schwarzes Notizbuch hervor.* Sie waren in die Ziegelei gekommen, nach dem Pogrom, die Juden des Kreises, nach Anordnung der Gendarmerie. Die Ziegelei war offen. Wo sie die Ziegel trockneten. Sie hatten ihr Sack und Pack bei sich, Bettzeug, und sie vernagelten die Windseite mit Bretterzäunen und mit Blech. Es hieß aber, daß sie in bessere Unterkünfte kämen, in feste, daß sie in Zügen dahin fahren würden, heute nachmittag. – Ich sagte ihnen, wohin die Züge fahren, was ihr mir aufgetragen habt. Daß sie nicht gehen – fliehen, untertauchen. Mein eigener Vater zeigte auf mich und schrie: Hört nicht auf diese Frau, sie ist eine Gotteslästerin. Sie sagt, daß Gott es zulassen wird, unsere heilige Gemeinde, die nur Gutes getan hat, auszurotten. Hört sie nicht an. Der Wille des Allmächtigen geschehe, der unsere Zuflucht ist. –
KASTNER Waren deutsche Kommandos daran beteiligt?
Sie schüttelt den Kopf.
GISI Ungarische Pogrome, ungarische Massaker, ungarische Deportationen, die von den Deutschen dirigiert werden, während wir mit ihnen verhandeln.
HANSI Ich fuhr mit dem Vieruhrzug. Vesperzeit. Ich fuhr an den

Güterwagen vorbei, die sie bestiegen, vertrauensvoll wie Schafe. Mir war, daß ich sie hineinsteigen hieß.
KASTNER Wenn wir in diesen Verhandlungen unterliegen, werden wir Verräter genannt werden.

3. Szene

Chambre separée eines Nachtkabaretts. Samtportieren, Samtfauteuils. Ein Animiermädchen verläßt den Raum. Dr. Schmidt, Vertreter der deutschen Abwehr in Budapest, ist ein schwerer Mann, der mit weltmännischen Gepflogenheiten seinen Wiener Vorstadtjargon bekämpft. Während Brand und Kastner eintreten, stopft sich sein Kollege Dr. Sedlaczek die Pfeife.

SCHMIDT Nehmen Sie Platz, meine Herren. In dieser schönen Maiennacht, was führt Sie zu uns?
BRAND Wir möchten Sie um Ihre Unterstützung bitten. In einer sehr dringenden Angelegenheit.
SCHMIDT *lächelt*: Ich kenne die Angelegenheit. Wir wollen vorher die Formalitäten erledigen.
BRAND *reicht ihm ein dickes Kuvert mit Geldscheinen*: Es sind 4000 Dollar. Für die Vermittlung. Wie abgesprochen.
SCHMIDT Die Geldsachen, die leidigen. Sie erlauben, daß ich das Geld nachzähle. Das letzte Mal haben 100 Pengö gefehlt. *Er zählt das Geld.*
BRAND *entnimmt seinem Portemonnaie 100 Pengö und legt sie auf den Tisch*: 100 Pengö.
SCHMIDT Es geht nicht um 100 Pengö, aber ich mag keine Laxheit in Geschäftsdingen. Die mir zuwider sind, menschlich gesehen. *Er steckt das durchgezählte Geld ein, und er steckt die 100-Pengö-Note ein.* Diesmal stimmt es. – Also, meine Herren, die Abwehr wird nicht zulassen, daß Sie in dieser Sache nach Istanbul fahren. In Ihrem wohlerwogenen Interesse.
BRAND Warum? Was spricht dagegen?
SCHMIDT Es gibt so etwas wie Anstand, denke ich. Wir haben Ihnen die Verbindungen ins Ausland gemacht, Ihren Kurierdienst besorgt, Ihre Leute aus polnischen Ghettos herausgeholt sogar, und jetzt wollen Sie uns zugunsten von einigen korrupten Verbrechern ausbooten. Das kommt nicht in Frage.

KASTNER Von ausbooten, Herr Doktor Schmidt, kann nicht die Rede sein, glaube ich. Wir bitten Sie bei einem Angebot um Ihre Hilfe, das die ungarische Judenheit retten kann, und wir informieren Sie vollkommen offen, obwohl uns das von Eichmann ausdrücklich verboten wurde.

SCHMIDT Das ist ja nett von Ihnen, Herr Doktor Kastner, aber es genügt uns nicht, informiert zu werden. Verhandlungen im Ausland sind nicht Sache der SS, sondern der Abwehr. Wir lassen nicht zu, daß sich der Herr Schellenberg vom Sicherheitshauptamt die Kompetenzen der Abwehr einverleibt. Es liegt nicht in Ihrem und nicht in unserem Interesse, die SS außenpolitisch aufzuwerten, hoffe ich.

KASTNER Die Verhältnisse sind nur leider so, Herr Doktor Schmidt, daß Sie uns ein derartiges Angebot nicht machen können.

SCHMIDT Wenn das Angebot tatsächlich von der Reichsregierung ausgeht, seriös, dann können wir das so gut wie der Herr Eichmann. Wir sind dabei, das zu recherchieren.

KASTNER Sie haben uns vor zwei Monaten gesagt, daß Bestrebungen im Gange sind, die ausländischen Juden in die Kompetenz der Wehrmacht übergehen zu lassen. Das ist nicht eingetreten. Wir sind zuverlässig informiert, daß die Deportation beschlossen ist. Das Schicksal der ungarischen Juden bestimmt einzig und allein die SS.

SCHMIDT Aber wir, Herr Doktor Kastner, bestimmen, wer im Ausland verhandelt. Wir werden gegen die Machenschaften des Herrn Eichmann beim Außenministerium protestieren. Dann wird man ihm das von Berlin aus verbieten.

BRAND Aber Sie werden doch unser Vertrauen nicht dahin mißbrauchen, daß Sie das Außenministerium einschalten. Das kann die Verhandlungen doch nur gefährden. Es ist die einstimmige Ansicht unserer Organisation und des Zentralrats der ungarischen Juden, daß wir über das Angebot verhandeln müssen. Der Chef unserer Exekutive selbst wird nach Istanbul kommen.

SEDLACZEK *nach einer Pause, seine Pfeife rauchend*: Gut, Herr Brand, wir haben nichts gegen diese Verhandlungen an sich. Es ist aber weder den jüdischen Bevollmächtigten noch etwa den Alliierten zumutbar, mit Verbrechern zu verhandeln. Es liegt in Ihrem eigenen Interesse, wenn wir, wenn Leute mit sauberen Händen da am Verhandlungstisch sitzen. Was wollen Sie mit die-

sen Lumpen, die nicht das Papier wert sind, auf dem ihre Unterschriften stehen?
SCHMIDT Der Herr Schellenberg, der jetzt den Herrn Becher hierher schickt, bezahlt als seinen Hauptagenten den Großmufti von Jerusalem. Das wird Ihre Verhandlungen ja nicht fördern.
BRAND In den Karpaten sind die ersten Züge abgegangen. Wir können nicht wählerisch sein.
SEDLACZEK Sie sehen das alles nur von Ungarn. Ein kleiner Stein im Spiel der Entscheidungen, die jetzt heranreifen. Sie sehen nicht weit genug voraus. Weltpolitisch.
BRAND Wie weit soll ich voraussehen, wenn Eichmann täglich 24 000 Juden deportieren kann?
SCHMIDT Es ist mein letztes Wort, daß diese Verhandlungen ohne uns nicht stattfinden werden.
Pause. Das Animiermädchen kommt herein, um zu sehen, ob die Herren frei sind.
Später, Kindchen, wir haben noch zu tun.
Das Mädchen geht hinaus.
KASTNER Ich habe einen Kompromiß vorzuschlagen, namens unserer Organisation. Um Ihre Bedenken auszuräumen. Sie schicken Ihren eigenen Vertreter mit Ihren Instruktionen nach Istanbul, und wir verpflichten uns, unsere Schritte jeweils mit ihm abzustimmen. Im Hinblick auf die Alliierten insbesondere.
Dr. Schmidt wirft einen fragenden Blick auf Dr. Sedlaczek.
SEDLACZEK *nach einer Pause*: Wir können diesen Vorschlag akzeptieren, glaube ich, wenn Sie Eichmann dazu überreden, daß Herr Brand von unserem Vertrauensmann, Herrn Bandi Grosz, begleitet wird.
BRAND Bandi Grosz? Aber Eichmann hat mir von sich aus Bandi Grosz als seinen Vertreter vorgeschlagen.
SEDLACZEK Dann geht Ihr Angebot ganz in Ordnung, Herr Doktor Kastner.
Pause.
KASTNER Wir haben in bezug auf Bandi Grosz einen bestimmten Verdacht, und ich bitte Sie, uns die Wahrheit zu sagen.
SCHMIDT Ich denke, daß wir das immer getan haben. Nahezu immer. Zehn Prozent, sagen wir, die gehen in unserem Geschäft auf Rabatt. Auch bei Ihnen, oder?
KASTNER Sie wissen, daß Bandi Grosz von der Gestapo verhaftet war.
SCHMIDT Das wissen wir, ja.

KASTNER Als Brand am Tag darauf bei Eichmann war, da wurde ihm ein Paket mit Briefen übergeben, das über Ihre Verbindungen an uns gegangen sein muß.
SCHMIDT Ein Paket mit Briefen und ein Paket mit Geld, ja?
KASTNER – Auch Geld, ja. Verzeihung –
SCHMIDT Das waren jetzt nahezu fünfzig Prozent Wahrheitsrabatt, Kastner. *Er lacht.*
BRAND Wir befürchten nun, daß Bandi Grosz, dem wir nicht vertrauen –
SEDLACZEK Befürchten Sie nichts, Herr Brand, und lassen Sie diese Geheimdienstspiele unsere Sorge sein. In den Briefen stand nur überholtes Zeug, so daß wir uns das leisten wollten. –
SCHMIDT Ich schlage vor, daß Sie Herrn Grosz morgen abend in Ihrer illegalen Wohnung treffen. Da werden wir unsere Instruktionen mit Berlin abgestimmt haben. Schönen Dank.
Er steht auf.
Brand und Kastner erheben sich ebenfalls. Dr. Schmidt geleitet sie zum Ausgang.
Was ich Ihnen noch mitgeben wollte, Herr Brand, für Ihre Organisation in Istanbul und die Alliierten, das ist eine Liste der integeren Leute in der Abwehr, denen bei Verhandlungen zu trauen ist. Sie finden sie in diesem Anhänger, ein Skorpion, mein Sternzeichen.
Es gibt Deutsche, die ihrem Vaterlande dienen, Verbrechern aber nicht.

4. Szene

Dachwohnung. Eine weiße Wand mit einer Tür. Joel Brand. Bandi Grosz, Ende Dreißig, gut aussehend, angenehmes, ungezwungenes Wesen, entwaffnend jungenhaft, elegant gekleidet, tritt auf.

GROSZ So sieht man sich wieder, Joel. Als Reisegefährten. Ich freue mich sehr, dich wiederzusehen, und ich weiß, daß das nicht auf Gegenseitigkeit beruht.
BRAND *verlegen*: Ich freu mich auch, Bandi. Du siehst gut aus, du hast dich nicht verändert.
GROSZ Du siehst schlecht aus.
BRAND Wenig geschlafen.

GROSZ Was macht Hansi? Ihr habt Kinder, hör ich.
BRAND Ja.
GROSZ Weißt du, daß ich in Hansi verliebt war?
BRAND Nein.
GROSZ Wirklich. Ehrlich. Sie hat mich immer an das Mädchen aus der Schrift erinnert, das irgendeinem König beigelegen hat, um ihm den Kopf abzuschneiden. Judith oder so. Nichts für einen Ganeff wie mich. – Hast du einen Weg, sie nach Istanbul zu bringen?
BRAND Nein. Sie wird hier bleiben.
GROSZ Ich kann sie rausbringen, Joel. Mit den Kindern. Ohne jedes Risiko. Einen Tag nach unserer Abreise.
BRAND Das geht nicht. Nein. Das würde sie nicht wollen.
GROSZ Aber. Ihr habt Kinder.
BRAND Eichmann hat mir Schutzpässe zugesagt. Für die Zeit der Verhandlungen.
GROSZ Und wenn du in Istanbul siehst, daß die Sache nicht zu machen ist, daß du nicht zurück kannst?
BRAND Wenn ich den Auftrag übernehme, gehe ich zurück.
GROSZ Immer redlich, Joel, immer redlich. Das ist eine Tugend, die sehr für Auschwitz prädestiniert.
BRAND Chaim Weizmann selbst kommt zu den Verhandlungen nach Istanbul.
GROSZ Du bist kein Kind, Joel, überleg dirs.
BRAND Ich möchte dich etwas fragen, ohne jeden Auftrag, von mir zu dir, Bandi –
GROSZ Immer feierlich, Joel. Bitte, frag.
BRAND Ich bin kein Moralprediger, ich will deine Handlungen nicht beurteilen –
GROSZ Die Einleitung geschenkt, Joel. Ich hör da Kastner, den Unbestechlichen, den Westentaschen-Robespierre des jüdischen Untergrunds. – Ich weiß, daß ihr mir nicht vertraut, ich versteh das, aber ich bin Jude, und ihr könnt mir vertrauen, Joel.
BRAND Für wen arbeitest du gegenwärtig, für die Abwehr oder für Eichmann?
GROSZ Das ist alles?
BRAND Was wird zwischen der Abwehr und der SS gespielt, und welche Rolle spielst du?
GROSZ Nach eurem Gespräch mit Dr. Sedlaczek ist das eine komische Frage, Joel, die dir die Tatsachen des Lebens beantworten werden.

BRAND Was heißt das?
Klingeln in einem bestimmten Rhythmus.
GROSZ Schmidt und Sedlaczek. Da ihr mir nicht traut, habe ich darauf bestanden, daß ich ihre Instruktionen in deiner Gegenwart bekomme. Mach auf. Wir können ihnen gegenüber vollständig offen sein.
Brand geht ab, kehrt mit Dr. Schmidt und Dr. Sedlaczek zurück. Bandi Grosz geht ihnen entgegen und nimmt ihnen die Mäntel ab.
Hallo, Doktor Schmidt, hallo, Dr. Sedlaczek, ich habe Joel gerade erzählt, wie wir die Herren von der SS eingeseift haben. Nehmen Sie Platz. *Er holt ein Sortiment kleiner Flaschen aus einer Tasche, die für diesen Zweck eingerichtet ist.* Whisky, Gin Tonic, alles aus der kleinen Hausapotheke. Ich habe leider keinen Eisschrank bei mir. *Er serviert.* Bitte sehr, bitte gleich, die kleine Leberanfeuchtung. *Sie trinken.*
SEDLACZEK Ich glaube, der Herr Brand war durch diese Briefsachen da schon etwas irritiert, wie?
BRAND Ja. Einer der Briefe nannte uns ungarische Politiker, zu denen wir Verbindung aufnehmen sollten.
SEDLACZEK Richtig. Bis auf einen wurden diese Leute schon beim Einmarsch der SS verhaftet. Sie kennen unsere Spielregeln nicht, Herr Brand. Die Mittel in unserem Geschäft, die sind nicht immer sauber, aber das Spiel ist aufgegangen. Es gibt Ihrerseits keinen Grund, Herrn Grosz zu mißtrauen. Wir haben ihn da zu gut in der Hand, wie?
Er lacht und Grosz lacht zurück.
SCHMIDT Was Berlin betrifft, so haben wir das volle Einverständnis. In der Erwägung, daß alle Kompetenzfragen der Rettung von Menschenleben unterzuordnen sind. Die SS denkt und die Abwehr lenkt.
Schmidt und Sedlaczek lachen. Klingeln in dem vorigen Rhythmus.
BRAND Wer ist das?
GROSZ Unsere neuen Papiere. Vom Taufschein bis zur Versicherungspolice. Mach auf.
Brand geht ab. Er kommt mit einem Zivilisten zurück. Hinter ihm mehrere SS-Leute mit Maschinenpistolen.
PUCHINGER Oberscharführer Puchinger. Ich hoffe, die Herren werden mir keine Scherereien machen als ehemaligem Kriminal-Kommissär, Sittlichkeitsdezernat, Wien, I. Bezirk, wenn Sie ken-

nen. An die Wand, wenn ich die Herren bitten darf. *Bandi Grosz und Joel Brand stellen sich mit erhobenen Händen an die Wand.* Wenn ich die übrigen Herren auch inkommodieren dürfte. Nachdem sie ausgetrunken haben, bitt schön.

SCHMIDT *von seinem Platz aus:* Es tut mir leid, daß ich Sie da auf einen Irrtum aufmerksam machen muß, Oberscharführer. Wir sind Abwehr-Offiziere, die mit diesen beiden Herren hier dienstlich beschäftigt sind. Wenn Sie sich überzeugen wollen.
Er zeigt seine Legitimation, die der Oberscharführer prüft und einsteckt.

PUCHINGER Sehr erfreut, Herr Doktor Schmidt, sehr erfreut. Wenn ich den Herrn Doktor Sedlaczek dann ebenfalls um seine Legitimation bitten dürfte.
Er nimmt Dr. Sedlaczek die Papiere ab.
Schönsten Dank. Ich hab gewußt, daß gebildete Leute kein Remiduri machen, wegen einer Bagatell. Wenn ich an die Wand bitten dürfte, bitt schön.
Dr. Schmidt und Dr. Sedlaczek treten an die Wand.
Wenn sich die Herren noch einmal umdrehen möchten, bitte.
Der Oberscharführer tastet über ihre Kleidung, immer voller Ehrerbietung, und nimmt ihnen Pistolen ab.

SEDLACZEK Das kann für Sie ein sehr teures Vergnügen werden, Herr Oberscharführer. Als hätten Sie den Bischof von Wien als Päderasten verhaftet im dienstlichen Übereifer, Sie Hadatsch.

PUCHINGER Da es mein Auftrag ist, als untergeordnetes Element, werden es die Herren nicht persönlich nehmen.

BRAND Herr Oberscharführer, ich möchte bitte bemerken –

PUCHINGER Bemerken Sie nichts, Herr Brand, kommen Sie mit.

5. Szene

Verhörzimmer der Gestapo im Hotel Majestic. Von Klages in Zivil an einem kleinen Tisch. Vor ihm Brand, von starken Lampen angestrahlt.

KLAGES Haben wir Ihnen nicht verboten, die Schmidt-Gruppe in die Sache hineinzuziehen, Herr Brand?

BRAND Ja, das habe ich auch nicht gemacht.

KLAGES Aber Herr Brand, wir erfahren aus Berlin, daß Sie das gemacht haben. Vom Judenreferat des Außenministeriums, das bei unserer hiesigen Botschaft anfragt, was es mit den Verhandlungen auf sich habe.
BRAND Ich habe niemanden informiert.
KLAGES Vorsicht, Herr Brand, Sie gehören zu den Leuten, die ich lieber warne.
BRAND Ich wurde von Herrn Grosz in meiner 2. Wohnung besucht. Ich dachte, daß er in Ihrem Auftrag käme. Ich habe die anderen Herren nicht gekannt.
KLAGES Wieviel Geld haben Sie an Doktor Schmidt an Provisionen gezahlt, so insgesamt? In all den Jahren? Ungefähr, Herr Brand?
BRAND Ich habe nichts gezahlt. Ich weiß von keinen Provisionen. Ich hatte mit diesen Geldsachen nie etwas zu tun.
KLAGES Da Sie nicht hören wollen, Herr Brand, ich habe hier 4000 Dollar, die wir in der Wohnung von Doktor Schmidt beschlagnahmt haben. Sie sind ein Teil des Geldes, das wir Ihnen vor drei Tagen ausgehändigt haben. Was meinen Sie dazu?
BRAND Ich habe das Geld unserer Organisation übergeben.
KLAGES Und wer hat es Doktor Schmidt übergeben?
BRAND Ich weiß nichts davon.
KLAGES Ich habe hier eine Aussage Ihrer Frau, eine Aussage von Kastner und eine von Schmidt. Warum lügen Sie? Sie haben es Schmidt gestern abend im Nachtkabarett Moulin rouge gegeben. Können wir uns darauf einigen?
BRAND Wo ist meine Frau? Wo ist Kastner?
KLAGES Das werde ich Ihnen sagen, wenn Sie meine Fragen beantwortet haben. Wie lange besteht die Verbindung Ihrer Organisation zu unserer Abwehr? Wer sind die Verbindungsleute in der Schweiz und in der ungarischen Abwehr?
BRAND Ich bin von meiner Organisation nur beauftragt, die von Ihnen vorgeschlagenen Verhandlungen in Istanbul zu führen. Ich weiß von keinen Verbindungen. Ich kann Ihre Fragen nicht beantworten.
KLAGES Sie wollen gar nichts wissen, Herr Brand? Nichts von ungarischen Politikern, zu denen Sie Verbindung aufnehmen sollten? Nichts von einem Brief vor zwei Monaten über die voraussichtliche Wendung in der Judenfrage, den Oberleutnant Badjony nach Istanbul bringen sollte? *Er zeigt ihm zwei Fotokopien.*
BRAND Ich weiß nichts.
KLAGES War es nicht so, Herr Brand, daß Sie uns informieren soll-

ten, wenn in den Briefen, die wir Ihnen gaben, was Gefährliches drin stünde?
BRAND Ich habe sie nicht gelesen. Ich kann kein Hebräisch.
KLAGES Und wenn ich Ihnen sage, daß diese Verhandlungen nur stattfinden werden, wenn Sie meine Fragen beantworten?
BRAND Ich weiß nichts.
KLAGES Und Sie würden auch nichts wissen, glauben Sie, wenn ich Sie jetzt ein bißchen ernsthafter verhören lasse?
BRAND Was meinen Sie mit ernsthafter, Herr Hauptsturmbannführer?
KLAGES Mit ernsthafter, da meine ich die Sachen, wo ich dann weggehe, Herr Brand, weil ich sie nicht vertrage. Sind Sie schon einmal ernsthaft von uns verhört worden?
BRAND Nein, aber ich weiß wirklich nichts, ich würde es Ihnen sonst sagen.
KLAGES Sie enttäuschen mich menschlich, Herr Brand. Sie schonen Dummköpfe, die erledigt sind. Warum halten Sie sich mit Bagatellen auf?
BRAND Ich bin von meiner Organisation nur ermächtigt, Herrn Obersturmbannführer Eichmann über die Ergebnisse unserer Verhandlungen mit der Sochnuth und der Exekutive zu unterrichten. – Da ich jetzt verhaftet bin, weiß ich nicht, wie ich das machen soll.
KLAGES Aber Sie sind nicht verhaftet. Sie wohnen hier im Hotel Majestic zusammen mit dem Herrn Grosz. Wir sehen uns dann morgen früh wieder.

6. Szene

Appartement im Hotel Majestic. Kleiner gedeckter Tisch.

GROSZ *kommt strahlend auf Joel Brand zu*: Was habe ich dir gesagt, Joel? Die Tatsachen des Lebens werden dir deine Fragen beantworten. Wie fandest du meine Regie? – Zieh den Mantel aus. Was willst du essen? Kaltes Geflügel? *Er hilft Brand aus dem Mantel und schiebt ihn in einen Sessel.* Der Oberkellner hat bedauert, daß im Hotel Majestic nicht mehr koscher gekocht wird. Ich habe ihn danach gefragt. – Weißen oder roten? – Ich empfehl den roten, den sich der Obersturmbannführer Becher hat reservieren lassen, als Genußmensch. *Er schenkt Wein ein.* Die sehr

verdutzten Herren Schmidt und Sedlaczek wissen bis jetzt nicht, wie die Sache über die Bühne gegangen ist wirklich.
Auf dein Wohl. *Er trinkt.*
BRAND Was gehen uns die Intrigen der Deutschen an? Wir baden sie aus. –
GROSZ Die Schmidt-Leute waren so und so erledigt. Schwätzer ohne Macht. Man muß sie wegräumen. Wir sitzen jetzt direkt an der Quelle. – Iß, Joel. Wir werden die Sache in Istanbul managen. Nach allen Regeln der Kunst. Auf allen Kanälen. Ich habe Krebsmayonnaise kommen lassen. Du hast das früher gern gegessen. *Er legt sich und Brand etwas auf.*
BRAND Ja, das ist lange her.
GROSZ Gut?
BRAND Ja. Wo ist Hansi? Wer ist sonst noch verhaftet?
GROSZ Aber die ganze Waada. Entschuldige, ich dachte, daß dich Klages informiert hätte. Ein Trick, die Ungarn zu beruhigen, die das Gras wachsen hören. Meine Idee. Sie sind in ein, zwei Tagen wieder frei und stehen dann unter dem Schutz der SS.
BRAND Und wenn sie nicht freikommen? Wenn das Angebot ein Bluff ist, die Abwehr und uns zu erledigen?
GROSZ Masummes, Joel. Die SS ist an den Verhandlungen in Istanbul mehr interessiert als du und ich zusammen. – Ich weiß, daß Becher seine Direktiven täglich aus Berlin bekommt. Von Himmler persönlich. – Ich bin kein Dilettant, Joel.
BRAND – Als du dich nach Hansi erkundigt hast, wußtest du da, daß sie verhaftet ist?
GROSZ Aber ja. Ich sage dir doch, meine Idee, die Ungarn zu düpieren. Daß die nicht quer schießen.
BRAND Warum hast du mir das nicht gesagt?
GROSZ Weil ich dich kenne. Weil ich ein Realist bin.
BRAND Ich versteh dich nicht, Bandi.
GROSZ Du mußt dich nicht so vornehm ausdrücken, du kannst ruhig sagen, daß du mich verachtest, denn ich verachte euch auch, mit eurer Heldenpose, eurer Märtyrermiene – was hat sie euch eingebracht? Ich muß lachen, wenn ich eure Phrasen höre. Illusionen, Ideale. Gedichte in einem Schlachthaus. – Man will, daß ich die und die Meinung habe? Gut, ich habe sie längst. Man will eine andere Meinung? Gut, die habe ich immer gehabt. Meinungen sind Mittel, um zu leben. Tote brauchen keine Meinung. Die wirkliche Dummheit in dieser Welt ist der Idealismus aller Schattierungen. –

BRAND Ich rede nicht von Idealen, ich rede von Vertrauen, das ich nicht hab, solang du mich belügst.
GROSZ Du wirsts, ich fürchte, haben müssen, Joel. Es kriecht niemand durch eine Jauchegrube und bleibt rein. Du wirst dran denken.
BRAND Rein, was ist rein?
Auftritt Oberscharführer Puchinger in Zivil, Pantoffeln an den Füßen.
PUCHINGER Wenn ich die Herren beim Essen stör, Entschuldigung, es ist die Idee der Reinheit, die mich interessiert, beim Abhören, so daß ich mich ein bissel hersetz. Sie gestatten. *Er setzt sich, schenkt sich Wein ein, ißt.* Was ist Reinheit, Herr Brand? Da könnt ich Ihnen aus meiner Erfahrung ein Beispiel geben, als ehemaliger Sittlichkeitskommissär. Da hab ich ein Mensch gekannt, eine Hur, die ist Ihnen so rein gewesen, vollständig, daß sie niemand von ihrer Kundschaft, die doch gezahlt hat dafür, hat gelassen, und hat die Herren prügeln lassen von ihrem Louis, wanns ihr zu nah getreten sind aus Reinheit, so daß wir sie haben verhaften müssen als Drecksau, mehrfach, und dienstverpflichten schließlich in eine Munitionsfabrik, wo's Privatsache ist, die Reinheit, weil sie dafür nicht gezahlt kriegt. Ich sags als Beispiel, daß ich dem Herrn von Klages keine Schwierigkeiten machen möchte in Ihrer Lage, solang die eine Hand die andere wäscht, Herr Brand.

7. Szene

Verhörzimmer der Gestapo im Hotel Majestic.
Hauptsturmführer von Klages in Uniform. Von Klages erhebt sich, als Brand hereingeführt wird.

KLAGES Wie haben Sie geschlafen, Herr Brand? Nehmen Sie Platz.
Brand setzt sich.
Haben Sie gefrühstückt?
BRAND Ja.
KLAGES Möchten Sie ein Klavier?
BRAND Klavier?
KLAGES Ich habe ein paar übrig, wissen Sie. Es waren da gerade ein paar Herren vom Judenrat bei mir, ich hatte um ein Klavier gebeten, weil ich gern spiele, und um ein paar Watteau-Originale für

mein Büro, jetzt haben die mir acht Klaviere angeschleppt und über zwanzig Watteaus. Ich kann ja aber nur auf einem Klavier spielen, und ich bin kein Klavier- oder Bilderhändler, wie die Herren vielleicht vermutet haben in ihrem Überschwang. Brauchen Sie ein Klavier?

BRAND Nein. Ich verstehe nichts von Musik.

KLAGES Das ist schade. Dann wollen wir zu unseren Geschäften kommen. –
Es ist nur die kleine Formalität, Herr Brand, daß Sie uns die Aussage bestätigen, die Sie gestern gemacht haben. Ich habe ein Protokoll vorbereiten lassen. Bitte.

Er reicht Brand ein Blatt herüber, Brand liest es.

Ich glaube, es gibt wieder, was Sie über Doktor Schmidt und seine Leute ausgesagt haben.

BRAND Ich habe keine derartige Aussage gemacht, Herr Hauptsturmführer.

KLAGES Aber Herr Brand, es ödet mich an. Wollen wir unsere Zeit vertrödeln, oder weiterkommen? Haben Sie mir nicht zugegeben, daß Sie Herrn Oberleutnant Badjony einen Brief nach Istanbul mitgegeben haben?

BRAND Ich?

KLAGES Was stand da drin?

BRAND Ich hab ihn nicht gelesen. Was Sie mir zeigten, war in Hebräisch geschrieben, ich verstehe kein Hebräisch.

KLAGES Also, Herr Brand, was stand in dem Brief drin?

BRAND Ich weiß es wirklich nicht. Ich hatte mit dieser Korrespondenz nichts zu tun.

KLAGES Und Sie möchten dabei bleiben, daß Sie die Herren nicht kennen, mit denen wir Sie gestern verhaftet haben?

BRAND Nicht namentlich.

KLAGES Dann möchte ich Ihr Gedächtnis ein bißchen auffrischen.

Er bedient einen Summer. Dr. Schmidt betritt den Raum, behaglich eine Zigarre rauchend.

SCHMIDT Guten Morgen, Herr Brand.

BRAND Guten Morgen.

SCHMIDT Sie wollen mich nicht mehr kennen, Herr Brand? Womit habe ich das verdient? Warum wollen Sie denn unseren Freunden von der SS nicht sagen, in welcher Beziehung wir zueinander gestanden haben, und warum machen Sie aus diesem alten Brief ein solches Geheimnis? In diesem Brief stand ja doch nur die Information, die wir Ihnen gegeben haben – daß die ausländischen

Juden nämlich nach einem Beschluß in Berlin in die Kompetenz
der Wehrmacht übergehen sollen, nicht wahr?
BRAND *verwirrt*: Das ist möglich, ja.
SCHMIDT Dieser Beschluß ist dann hinsichtlich der Befehlsgewalt
nicht verwirklicht worden, wie wir wissen. Das ist alles. Aber die
neue Linie in der Judenfrage ist geblieben. – Ich gehe mit meinen
Leuten nach Wien, meiner Heimatstadt, und Ihre Organisation
wendet sich in allen Angelegenheiten vertrauensvoll an unsere
Freunde hier. Wir stimmen in der Sache überein. Das Protokoll
enthält nur die Wahrheit, Sie können es ruhigen Gewissens unterschreiben. – Ich empfehle mich dann, ich möchte in der Stadt
noch ein paar Einkäufe machen. *Er grüßt und verläßt den Raum.*
KLAGES Können wir das Protokoll dann abschließen?
BRAND Ja. *Er unterzeichnet es.* Was ich an dieser ganzen Sache
nicht verstehe, Herr Hauptsturmführer –
KLAGES Sie müssen nicht alles verstehen, Herr Brand. – Wir haben
uns mit der Abwehr arrangiert, indem sie auf ihre Kompetenz in
Auslandsverhandlungen verzichtet und Schellenberg, SS, das
übernimmt.
Ich bringe Sie jetzt zu Herrn Eichmann.

8. Szene

Frühstückszimmer in der Hotelwohnung Eichmanns.
Eichmann, dunkler Morgenmantel, weißer Seidenschal, frühstückt
mit Becher, nunmehr in der Uniform eines Standartenführers.

EICHMANN Probier die Wurst, Kurt, erstklassig, seit ich sie eß, mit
frischer Paprika, morgens, und reite eine Stunde, keine Magen-
beschwerden. Es geht nicht ohne Sport. Nicht bei der Schreib-
tischarbeit. Ich nehms jetzt leichter, Kurt. Was ich seit Jahren
nicht gemacht hab mehr, ich leb. Mich regt nichts auf.
BECHER Aus Berlin, was ich dir mitbring, wird dich begeistern. –
Schiefer Blick Eichmanns.
Ein Schwimmwagen, weiß, fünfzig im Wasser, offen, persön-
liches Geschenk des Reichsführers.
EICHMANN Das freut mich wirklich, Kurt. Jetzt besonders.
BECHER Was ihn am meisten gefreut hat, den Reichsführer, das war

der Tee für seine kranken Nieren, den ich ihm gebracht hab. Daß wir dran denken hier. Und daß die Abwehr spurt, durch dich, das auch. Das sagt mit Schellenberg. Daß wir die Pflaumen schütteln beim Verhandeln. Der Reichsführer erwartet den direkten Einfluß der amerikanischen Bank- und Pressejuden. Er setzt auf dich. Auf dein Geschick mit Longe und Kandare.
EICHMANN Ich tu da, was ich kann, das weißt du, Kurt. Ich fahre hier, so gut das geht, auf den zwei Gleisen. Soweit ich sehe, gehts.
BECHER Was mich erstaunt hat, ehrlich, und auch Schellenberg, im Hinblick auf unsere Pläne, das war ein Telegramm der hiesigen Gesandtschaft, unserer, Veesenmeyer, von gestern, ich habs hier: ‹150000 Juden bereits erfaßt. Bis Ende nächster Woche Aktion abgeschlossen. Schätzungsweise 300000 Juden. Daran anschließend Siebenbürgen und weitere Grenzkomitate. Zu erfassen sind weitere 250000 bis 300000 Juden. Transportverhandlungen eingeleitet. Aufnahmeort Auschwitz.› Wie reimt sich das?
EICHMANN Daß ich den Wind ausnutz und voran mach für jeden Fall? Ich muß die Ungarn ja doch bei der Stange halten, die mich bedrängen noch und noch mit ihren Juden jetzt, nachdem hier nichts passiert ist jahrelang.
BECHER Wer drängt da wen, Adolf? Das fragt sich Schellenberg.
EICHMANN Was kann uns, wenns die Ungarn machen, verfrieren? Das meint Kaltenbrunner.
BECHER Es kann, das meine ich, die Verhandlungen zum Platzen bringen. Ein Pferd, das ich verkauf, dem reiß ich nicht die Zähne.
EICHMANN Ich weiß, wie ich verkauf, Kurt, ja, ich kenn mich aus. Wenn die Verhandlungen ins Laufen kommen sollen, ich bezweifels, dann nur durch eins, durch Feuer unterm Hintern. Du siehst von deinen LKWs auch nicht ein Trittbrett ohne Auschwitz.
BECHER Du reitest da, fürcht ich, Prinzipien, Adolf. Ich rat dir ab. Ich habe Vollmacht, dir da abzuraten.
EICHMANN Ich nehms zur Kenntnis, Kurt. Und ich verantworts. Der Chef von IV b4 bin, glaub ich, ich. Bedien dich.
Auftritt Hauptsturmführer von Klages.
Herr von Klages?
KLAGES Ich bitte um Entschuldigung.
EICHMANN Ja?

KLAGES Wann Sie für den Herrn Brand Zeit hätten? Er verspricht große Nachrichten.

EICHMANN Dann schicken Sie ihn rein.

BECHER Wenns dich nicht stört, es interessiert mich, Adolf.

EICHMANN Ich bitt dich, Kurt. Was ich vergessen hab, du bist befördert, ich gratuliere zum Standartenführer. Nimm von der Räucherbrust, ich weiß, wie gern du ißt.

Brand tritt auf und wartet in einigem Abstand. Die Herren frühstücken. Eichmann pellt ein Ei und löffelt es während des folgenden Gesprächs aus. Becher ißt sehr genußvoll die ganze Szene über.

– – Nehmen Sie sich einen Sessel. Als ehrenhafte Feinde, die sich in einer Kampfpause begegnen, wollen wir auch die Form wahren. Vielleicht schon morgen treffen wir uns wieder in der Schlacht. – Was haben Sie uns zu berichten?

BRAND Wir haben ein Telegramm, daß der Präsident unserer Exekutive in Jerusalem, Chaim Weizmann, die Verhandlungen selbst zu führen wünscht. Er erwartet mich in Istanbul.

Er legt Eichmann das Telegramm auf den Rand des Tisches. Eichmann schiebt es zurück, ohne es zu lesen.

EICHMANN Und warum sitzen Sie dann noch hier herum?

BRAND Ich habe keine gültigen Reisedokumente, Herr Obersturmbannführer. Als Jude –

EICHMANN Das hat der Herr von Klages für Sie erledigt. Sie sind zum Arier avanciert. In Ihrem deutschen Reisepaß heißen Sie Eugen Band. Ich hoffe, daß Ihnen der Name gefällt. *Er gibt ihm einen Paß.* Das Einreisevisum in die Türkei, das werden Ihnen ja Ihre Leute in Istanbul besorgen, gelt?

BRAND Sie haben uns das Visum und jede Hilfe zugesagt.

EICHMANN Dann fliegen Sie morgen früh mit dem Herrn Grosz von Wien aus in unserer Kuriermaschine. – Worauf warten Sie?

BRAND Namens unserer Organisation, Herr Obersturmbannführer, habe ich für den Eintritt in die Verhandlungen einige Forderungen zu übermitteln.

EICHMANN Was denn noch, Herr Brand?

BRAND Wir kriegen aus den Grenzgebieten alarmierende Nachrichten. Die Juden werden in Ghettos und Lager gebracht, ohne Lebensmittel, ohne Dach, es gibt Pogrome, Massaker –

EICHMANN Aber das sind doch alles Greuelmärchen, Herr Brand. Ich habe hier die Beschwerde liegen, daß Ihre Juden in Siebenbürgen alle Kekse aufgekauft haben. Das sieht nicht nach Hunger aus. Was wir tun, was wir ungarischerseits zulassen, ist, daß Ihre Leute konzentriert werden, um sie vor den Übergriffen unverantwortlicher Elemente zu schützen, vor dem Janhagel.

BRAND Aber es gibt Deportationen, Herr Obersturmbannführer.

EICHMANN Ja, natürlich. – Da unser ferneres Vorgehen hier nicht entschieden ist, muß ich mit den Deportationen anfangen. Die SS kann sich den Ungarn gegenüber nicht als Schutztruppe für die Juden aufspielen, gelt?

BRAND Wer soll das Angebot in Istanbul ernst nehmen, wenn die Vernichtung der Leute, die gerettet werden sollen, bereits im Gange ist?

EICHMANN Wir wollen diesen Ton, wir wollen diese Dramatisierung lassen, gelt? Es handelt sich um Arbeitsjuden aus kampfnahen Gebieten. Mein Angebot heißt, ich liefere eine Million Juden ab Reich. Ich seh da keinen Widerspruch.

BRAND Das wird niemand glauben. Nicht Istanbul und nicht die Alliierten.

EICHMANN Lassen Sie das meine Sorge sein, Herr Brand. Ich verstehe meine Arbeit. Um Ihnen zusätzlich entgegenzukommen, deportieren wir nicht viel, täglich vielleicht zwei Transportzüge, 6000 Leute. Das sind fast keine Deportationen, das ist schon Homöopathie.

BRAND Ich bin beauftragt, die vollständige Aussetzung der Deportationen für die Zeit der Verhandlungen zu fordern.

EICHMANN Wenn Sie das fordern, dann können Sie gleich nach Haus gehen, gelt? Dann finden die Verhandlungen nicht statt. *Er entschließt sich zu schreien:* Denken Ihre Leute, daß sie mich erpressen können? Daß ich auf ihren Bluff hereinfalle? Stelle ich Vorbedingungen? – *leise:* Wenn Sie nur unter Bedingungen verhandeln wollen, dann geben Sie Ihren Paß wieder her. Wenn Freunde auseinandergehen, dann sagen sie auf Wiedersehen. Was sagst du, Kurt?

BECHER Was man vielleicht erwägen könnte, Adolf, aus optischen Gründen, daß wir die Transporte für eine gewisse Zeit in Österreich zurückhalten. Das könnte ich in Berlin erreichen. Dann sind die Ungarn zufrieden, und der Herr Brand auch. Was meinst du dazu?

BRAND Eine solche Garantie, Herr Obersturmbannführer, würde die Verhandlungen in Istanbul ungeheuer erleichtern.

EICHMANN Das denke ich mir, ja. – Nun gut, das kann ich mir überlegen. Für eine sehr kurze Zeit kann ich eine gewisse Anzahl

auf Eis legen. – Wie lange werden Sie in Istanbul brauchen? Acht
Tage?
BRAND Acht Tage sind zu wenig. Da ja die alliierten Behörden eingeschaltet werden müssen wahrscheinlich, die ihrerseits mit ihren Regierungen zu verhandeln haben.
EICHMANN Also vierzehn Tage.
BRAND Vierzehn Tage müssen reichen.
EICHMANN Wenn Sie in vierzehn Tagen mit dem unterschriebenen Vertrag nicht zurück sind, sehen wir uns an unsere Offerte nicht ferner gebunden. Dann können Sie Ihre Juden suchen gehen. Sie wissen, daß ich Wort halte, gelt?
BRAND Ja. – – Wenn ich noch eine Bitte äußern dürfte?
EICHMANN Ungern. Es heißt, wird man wo gut aufgenommen, muß man nicht gleich wiederkommen, Herr Brand.
BRAND Wir haben Zertifikate für etwa 1000 Leute.
EICHMANN Das ist dem Amt bekannt, ja. Wir haben alle Ausreisen gesperrt.
BRAND Wenn Sie die gegenwärtigen Bestimmungen dahingehend aufheben könnten, Herr Obersturmbannführer, daß dieser eine kleine Transport im voraus ins Ausland geschickt werden könnte, das würde bei den Alliierten einen großen Eindruck machen, moralisch. –
EICHMANN Die Alliierten sollen sich nicht aufspielen. Wir machen mit diesem Krieg Politik, nicht Moral. Die Alliierten auch. – Sie haben mit unserer Offerte eine ausgezeichnete Gelegenheit zur Moral. Sie können nicht nur tausend, Sie können eine Million Juden haben, wenn sie fix zugreifen. – Im übrigen kann man über diesen Sonderposten verhandeln, wie wir das ja auch im Falle der Familie Weiss getan haben. Da haben wir allerdings für fünfzig Leute frei an Lissabon die Aktienmehrheit in dem sogenannten Weiss-Konzern erwerben können. Da ist der Herr Becher zuständig als Wirtschaftler. *Er lacht zu Becher hinüber.*
BECHER Ich find den Vorschlag interessant, Adolf. Es ist eine Vorleistung, die uns nicht viel kostet, und die der Gegenseite den Ernst unserer Absichten klar dokumentiert. Ich werde also nicht teuer sein, Herr Brand. An was für Leute haben Sie gedacht, an Prominente oder Meterware?
BRAND Wir würden die Personen gerne einzeln benennen, nach unserer Wahl.
EICHMANN Also gut, du wirst die Details ausmachen. Von mir aus können 1000 Leute über Wien nach Konstanza gebracht werden,

die Donau hinunter. Die Waada bringt mir die Liste und sie sorgt für einen Dampfer.

BRAND Herr von Klages hat mir gesagt, daß die Waada verhaftet ist, Herr Obersturmbannführer.

EICHMANN Sie sind nicht auf dem laufenden. Die Leute sind seit einer Stunde frei. Wir haben jetzt genug geschachert, gelt? Es steht in Ihrer Hand, über unser Angebot rasch abzuschließen. Sie werden uns ja nicht für die Caritas halten. Gute Reise.

Er geht schnell hinaus. Becher seufzt ein bißchen wie über einen Emporkömmling.

BECHER Sie werden mich richtig verstanden haben, Herr Brand. Wir kommen da schon klar. Das ist meine Privatnummer. – *Er gibt ihm einen Zettel.* Ich habe den Mitgliedern der Waada und Ihrer Familie Schutzpässe ausstellen lassen. Sie brauchen keinen Stern zu tragen, und sie sind auch den sonstigen Einschränkungen nicht unterworfen. Sie können mit der heutigen Verhandlung zufrieden sein, glaube ich.

BRAND Ich möchte mich für Ihre Unterstützung bedanken. – Wir haben die Information, daß Sie sich für diese Verhandlungen besonders einsetzen.

BECHER Ich will das nicht kommentieren. Vital ist, daß Sie in kurzer Frist mit einem eindrucksvollen Gegenangebot zurückkommen.

BRAND Darf ich den Begriff Gegenangebot so interpretieren, daß auch andere Waren oder Devisen in Betracht kämen, Herr Standartenführer?

BECHER Das hab ich nicht gesagt. Bei Gott und in Geschäften ist manches möglich.

BRAND Andere Waren oder Geld, das wäre für uns viel leichter.

BECHER Ich brauche kriegswichtige Ware, um zentral den kriegswirtschaftlichen Nutzen unserer Linie zu beweisen. Die SS ist kein monolithischer Block. Galgen oder Orden, das wird jetzt die Frage.

BRAND Wie soll ich das verstehen?

BECHER Hannemann, geh du voran, du hast die größten Stiefel an, sagt man bei uns zu Hause. – Wie groß, Herr Brand, privat, sind die Stiefel Ihrer Organisationen?

BRAND Sie können mit uns rechnen. Ich weiß, ich bin in kurzer Zeit mit einem Gegenangebot zurück.

9. Szene

Zimmer im Hotel Palace Pera in Istanbul.
Brand sitzt niedergeschlagen neben seinem Gepäck. Ein junger Mann, Peres Goldstein, stürzt herein, umarmt Brand und küßt ihn.

PERES Joel! Joel! – Kennst du mich nicht mehr? – – Peres. Peres Goldstein, der Waisenhausjunge, der aus dem Warschauer Ghetto zu euch getürmt war. Was macht Gisi? Du weißt. Was macht sie? Sie hat mir nie geschrieben.
BRAND Sie arbeitet in der Hagana. Sie ist von ihren Eltern weg damals. Ich hätte dich nicht wiedererkannt.
PERES Die Haare. Blond. Daß ich als Goj durchgeh. Ich bin als Fallschirmspringer ausgebildet, bei der jüdischen Legion. Ich werde mit der ersten Gruppe über Ungarn abgesetzt, nächste Woche. Den militärischen Widerstand zu organisieren. Endlich! Wie in Warschau!
BRAND Jetzt? Während unserer Verhandlungen? Wem soll das nützen? Wem nützt ein zweites Warschau?
PERES Der Ghettoaufstand war ein Fanal!
BRAND Für wen? Für die Toten? Die ungarischen Juden gehen ins Gas, wenn wir den Nazis jetzt die Helden machen!
PERES Sie gehen ins Gas, solange die Nazis nicht vernichtet sind! Nur wenn wir die Maschinerie ihrer Macht zertrümmern –
BRAND Mit was? Ich komme aus Budapest. Ich arbeite im jüdischen Untergrund, solange es ihn gibt. Du hast keine Ahnung, was in Ungarn los ist, wie machtlos wir sind!
PERES Weil wir nichts getan haben. Wir haben 120000 junge Männer in den jüdischen Arbeitsdienst gehen lassen, der den Nazis Befestigungen baut, statt zu den Partisanen! Sieh dir Jugoslawien an, Griechenland! –
BRAND Ich kann diese Schwärmerei nicht ertragen! «Nur wenn wir die Maschinerie ihrer Macht zertrümmern!», aber ihr könnt mir kein Visum am Flugplatz hinterlegen! Ich wäre abgeschoben, wenn nicht Bandi Grosz den Beamten bestochen hätte! – Helden! Wir brauchen gewöhnliche Juden, die ihre Arbeit machen. Entschuldige, Peres.
PERES Was ist meine Arbeit? Hier bei der Sochnuth? Reden, schwätzen, lamentieren. Ich halt das hier nicht aus.
BRAND WarumwarstdunichtamFlugplatz?Warumwarniemandda?

PERES Ich habe mich um deine Sache nicht gekümmert, Joel. Ich bin mit der Werbung für die jüdische Legion beschäftigt.
BRAND Du hättest dich kümmern sollen! Diese Verhandlungen sind die einzige Chance, die einzig effektive Form des Kampfes, die uns geblieben ist! Wo ist Chaim Weizmann?
PERES Wieso?
BRAND Ihr habt uns telegrafiert, daß mich Chaim Weizmann erwartet! «Joel soll kommen, Chaim erwartet ihn!»
PERES Chaim? Chaim Barlasz, der Leiter unserer Sochnuth. Er bearbeitet eure Sache, mit Menachem Bader zusammen. Sie werden gleich hier sein.
BRAND Wo ist Chaim Weizmann?
PERES Ja, in Jerusalem denke ich.
BRAND Aber er wird hier gebraucht! Hier!
Chaim Barlasz tritt ein, von Menachem Bader begleitet. Barlasz ist ein würdevoller Mann, er neigt zur Rührung und Feierlichkeit, seine Bewegungen sind groß, sein Ton ist ein bißchen salbungsvoll. Menachem Bader wirkt kühl, diplomatisch, eher knöchern. Barlasz geht auf den viel kleineren Brand zu, umarmt ihn und küßt ihn auf beide Wangen.
BARLASZ Du bist Joel Brand, die Stimme der ungarischen Juden. – Ich begrüße dich im Namen unsrer Sochnuth, die dich erwartet, ungeduldig und freudig wie niemand vorher erwartet wurde. –
Ein Kellner bringt Kaffee.
Ich habe uns Kaffee bestellt. Du hast eine anstrengende Reise hinter dir. Das ist Menachem Bader, unser Finanzexperte, unser Außenminister sozusagen. Setzt euch. Möchtest du etwas essen?
BRAND Danke. Ich kann euch Kuchen anbieten. Von meiner Frau.
Er holt ein in Zeitungspapier gewickeltes Paket aus der Tasche, das kulinarische Genüsse nicht verspricht, und bietet Kuchen an.
Bitte.
BARLASZ O, ich esse nie bei Fremden, auch nicht bei Juden. Aus Sorge, es könnte nicht ganz koscher sein. Jedoch von deinen Händen, Joel, nehme ich alles entgegen, denn es sind heilige Hände. *Er nimmt ein Stück Kuchen von dem Papier und reicht es zeremoniell weiter.*
BRAND Sie hätten auf dem Flugplatz gerne ein Visum entgegengenommen, die Hände. – Es wird Eichmann Eindruck machen, daß die Sochnuth kein Visum beschaffen kann.
BARLASZ Wir haben es beantragt. Gäste in einem Polizeistaat, ungebetene, machtlose Gäste.

BRAND Bandi Grosz hat es für 300 Dollar bekommen. Auf die Hand eines Subalternbeamten. Ohne Antrag. – Warum ist niemand aus Jerusalem da? Wir haben euch vor einer Woche informiert, was davon abhängt, ihr habt uns Telegramme geschickt, warum ist niemand da? Was habt ihr bis jetzt gemacht?
BADER Wir haben die Exekutive in Jerusalem und Joint in der Schweiz unterrichtet, daß du herkommst.
BARLASZ Und wir haben an alle Organisationen appelliert.
BRAND Was können sie tun? Wen schicken sie?
BADER *nimmt einen Brief aus seiner Mappe und referiert*: Saly Mayer, Joint, schreibt, daß man erst verhandeln dürfe, wenn die Deutschen die Deportationen eingestellt haben.
BRAND Aber sie stellen nicht ein, ehe wir ihr Angebot annehmen!
BADER Saly Mayer schreibt, daß man ihnen gegebenenfalls dann Geld anbieten solle, das bei Schweizer Banken zu deponieren sei bis Kriegsende.
BRAND Sperrkonten? Was denn noch? Ich soll Eichmann Schweizer Sperrkonten anbieten! Hält er die SS für schwachsinnig? In welcher Welt lebt dieser Mann!
BADER Ich referiere, Joel. Ich halte das für ebenso unrealistisch wie du. – Ich habe telegrafiert, daß er uns alles verfügbare Geld für den Kauf von Waren im neutralen Ausland freigeben soll.
BRAND Und?
BADER Wir haben noch keine Antwort.
BRAND Aber in Ungarn wird deportiert! Kann sich das Saly Mayer vorstellen? Hat er einen Transport gesehen? – Die SS verspricht, die Leute in Österreich zu halten, aber sie gehen ins Gas, wenn ich in 14 Tagen nicht mit einem brauchbaren Angebot zurück bin. Dann gehen täglich 24000 Juden ins Gas! Sperrkonten. Sperrkonten!
BADER Ich teile deine Gefühle. Ich glaube nur nicht, daß sie uns hier weiterbringen.
BRAND – Gut. Entschuldigt. – Das ist Joint. – Was hat die Exekutive in Jerusalem beschlossen? Wen schickt sie her?
BADER Unsere Schwierigkeit, Joel. Was uns die Hände bindet. Ich weiß es nicht. Die Exekutive hat uns bis zur Stunde keine Weisungen erteilt.
BRAND Was heißt das?
BADER Daß sie das Einverständnis der Alliierten einholen, denke ich.
BRAND Aber mit wem soll ich verhandeln? Eichmann glaubt, daß

Chaim Weizmann, daß eine ganze Delegation zu den Verhandlungen hier ist.

BADER Das habt ihr mißverstanden. Wir haben Chaim Barlasz gemeint.

BARLASZ Um irgend etwas zu telegrafieren, Joel.

BRAND Aber ihr habt weder die Vollmacht noch die Mittel, über ein solches Angebot abzuschließen! – Sollen die Leute ins Gas gehen, weil kein maßgebender Mann der Exekutive rechtzeitig nach Istanbul kommt? Weil es keine Weisungen gibt? Weil die Bürokratie –

BADER Auch Chaim Weizmann könnte dir nicht zusagen, daß die Engländer oder die Amerikaner den Nazis 10 000 Militär-Lastautos liefern, mitten im Krieg.

BRAND Darum geht es nicht. Die SS bietet an, 100 000 Juden als Vorschuß an die spanische Grenze zu stellen und Auschwitz in die Luft zu sprengen, wenn wir, die jüdischen Bevollmächtigten, auch nur akzeptieren! Glaubst du, daß sie das vor der Weltöffentlichkeit zurücknehmen können, wenn wir ihnen statt der Lastwagen dann andere Wagen liefern oder Geld oder Rohmaterial?

BADER Ich glaube, daß sie es deshalb nicht tun werden. 100 000 Juden, die in der Welt verbreiten, was geschehen ist.

BRAND Sie werden es tun, wenn wir ihnen ein Angebot machen, bei dem sie nicht das Gesicht verlieren. Bei dem sie das Gefühl haben, daß sie zu ernsten Verhandlungen auf hoher Ebene kommen.

BARLASZ Um ein reales Gegenangebot aber doch machen zu können, muß die Exekutive mit den Alliierten verhandeln. Das braucht Zeit, Joel.

BRAND Die ungarischen Juden haben keine. Deshalb werde ich Eichmann spätestens übermorgen telegrafieren, daß sein Angebot prinzipiell angenommen ist, wenn er die Deportationen einstellt.

BARLASZ Wer soll das glauben? Eichmann?

BRAND Wenn Leute zu den Verhandlungen hier sind, die in der Welt bekannt sind, ja. Ich verlange, daß Chaim Weizmann oder Moshe Shertok telegrafisch hierher beordert werden!

BARLASZ Wir können die Exekutive nicht beordern, Joel. Das ist unrealistisch. Sie wissen Bescheid.

BRAND Dann werde ich das tun. Namens der Leute, die in Waggons und Lagern auf uns hoffen.

BADER Ich bin nicht sicher, daß ein derartiges Telegramm wirklich

ankommen würde. Die Engländer sind die Mandatarmacht über Palästina. Sie haben ihre arabischen Verträge. Und ihre Geheimdienste, Joel. –
BARLASZ Wenn wir ein einziges zusätzliches Einreisezertifikat wollen, dann ist das ein Problem.
BRAND Wir haben Tausende von solchen Zertifikaten hergestellt! Und Tausende von Pässen! Hier. Ich habe eins bei mir. *Er reicht Barlasz ein gefälschtes Zertifikat.*
BARLASZ Ihr fälscht meine Unterschrift?
BRAND Freilich.
BARLASZ Und die vertraglichen Komplikationen, die sich daraus ergeben, denkt ihr daran? Daß ihr die gesamte legale Einreise nach Palästina damit gefährdet? Alle unsere Abmachungen!
BRAND Ich denke an die Juden, die gerettet werden können. Legal, illegal. – Deshalb müssen die verantwortlichen Leute der Exekutive hier her.
BARLASZ Wie, Joel? Du überschätzt unseren Einfluß.
PERES Ich habe gültige Reisepapiere, ich kann Moshe Shertok holen. Übermorgen geht ein Zug.
BRAND Warum nicht fliegen, heute!
BADER Wir müssen jedes Flugbillett drei Tage vorher beantragen. Wir sind Gäste, geduldete Gäste.
BRAND Die Deutschen geben mir eine Kuriermaschine, und ihr kriegt keinen Platz in einem Flugzeug. Eichmann glaubt, daß hier die allmächtige jüdische Weltverschwörung sitzt, und ihr kriegt kein Flugticket!
PERES Ich komme in ein Flugzeug rein. Ich hole Shertok.
BARLASZ Auf dein Risiko, Peres. Du bist Soldat der jüdischen Legion.
PERES Ja. Ich hoffe, daß du hier immer koscher zu essen kriegst. *Er geht schnell ab.*
BADER Versteh uns, Joel. Wir sind an die Disziplin der Organisation gebunden. Die Organisation hat tausend Augen, du zwei.
BRAND Sie sehen, daß ihr nichts getan habt. – Warum habt ihr euch nicht mit den Amerikanern in Verbindung gesetzt, wie wir euch geraten haben? Mit der amerikanischen Botschaft in Ankara, Steinhardt, das ist ein Jude.
BARLASZ Wir haben das getan. Ich habe ihn gestern angerufen.
BRAND Was tut er?
BARLASZ Er hat mir fest versprochen, seine Regierung sofort zu informieren und ihr ein spezielles Hilfsprogramm vorzuschla-

gen. Er ist bereit, uns in Ankara zu empfangen, sobald er seine Direktiven hat. Er ruft an.

BRAND Dann fahren wir gleich hin.

BARLASZ Wir möchten auch da die Zustimmung der Exekutive haben, Joel.

BRAND Dann fahre ich allein.

BARLASZ Das geht nicht.

BRAND Das geht. Ich fahre. Entweder mit dir oder allein.

BADER Nur, wenn wir wissen, ob er uns jetzt schon empfangen will, empfangen darf.

BRAND Ruf ihn an, sofort, ich sprech mit ihm.

BADER *zieht seine Uhr*: Der amerikanische Botschafter hält sich nicht unseretwegen abends in der Botschaft auf. Morgen früh. Ich muß dich vor wirren und unkontrollierten Schritten warnen, Joel, sie können der Sache nur schaden. Du bist Mitglied der Mapei.

Auftritt Bandi Grosz, elegant, gut gelaunt.

GROSZ Hallo, Joel, hallo – deine unbefristete Aufenthaltsbewilligung für Istanbul marschiert. Ich habe weitere zweihundert Dollar für dich ausgelegt, fünfhundert also mit dem Flugplatzhonorar, da die Finanzexperten gerade da sind.

BRAND Das ist Bandi Grosz, mein Begleiter. – Der uns geholfen hat, unser Informationsnetz in Budapest auszubauen. –

BADER Wir kennen uns. Guten Abend, Herr Grosz. Wir haben leider noch zu tun. Für morgen früh ist eine Vollversammlung der Sochnuth einberufen, deinen Bericht entgegenzunehmen.

BARLASZ Sei wie zu Hause, Joel, wie bei guten Freunden. Bis morgen also.

Er geht mit Bader zusammen ab, macht Brand in der Tür ein Zeichen, daß er Grosz gegenüber vorsichtig sein solle.

GROSZ Na, Joel, na, wie fühlst du dich im Orient? Ich hab mir einen neuen Anzug gekauft, Rohseide, was schätzt du? – Vierzig Dollar. Der Direktor der türkischen Transportgesellschaft, Freund von mir, hat für heute abend eine Party arrangiert, auf der alle Militär-Attachés sind, die uns interessieren, elf Geheimdienste allein, die er gezählt hat, es arbeiten in Istanbul achtzehn. Mich interessiert die englische Militärmission. Ich halts für richtig: immer an die Quelle.

BRAND Das Angebot darf nicht publik werden, bevor es von der Exekutive im Prinzip angenommen ist.

GROSZ Konträr, Joel. Viel Wind und große Fahrt. – Was haben die guten Freunde gemacht in dieser ganzen Woche?

BRAND Moshe Shertok kommt her, Joint in der Schweiz bietet hohe Geldbeträge für Waren jeder Art, der amerikanische Gesandte in Ankara, Steinhardt, hat sich wegen des Angebots persönlich an Roosevelt gewendet. Ich fahre mit Barlasz nach Ankara, morgen.
GROSZ Tüchtig. Nach allem, was ich höre, tüchtig.
BRAND Könntest du Eichmann übermitteln, daß Shertok kommt, die Kontakte zu den Alliierten von der Exekutive initiiert sind, Roosevelt und so weiter –
GROSZ Ich übermittle, was ich seh, Joel. Wenn Shertok hier ist, kann ichs übermitteln.
BRAND Eichmann muß glauben –
GROSZ Wir sind nicht allein in Istanbul, Joel. Ich lüg nur, wenn ich weiß, daß man mir glaubt. Ich begleite euch nach Ankara.

10. Szene

Halle in Bechers Wohnung.
Becher, am Kamin, empfängt Kastner und Hansi Brand.

BECHER Warum ich Sie hierher gebeten habe, Dr. Kastner, und auch Sie, Frau Brand, das ist der Wunsch nach einer offenen Aussprache. Vertrauen gegen Vertrauen. Wenn ich Sie zu einem Glase Rotwein einladen darf? *Er schenkt ein.* Ich bin kein Freund der Juden, das ist Unsinn, ich säße sonst nicht hier. Ich bin Antisemit aus Erziehung und aus Überzeugung, ich laß dahingestellt, wie weit zu Recht, das wäre taktlos. Was mich von anderen Antisemiten unterscheidet jedoch, das ist die praktische Behandlung der Judenfrage, die halte ich für übertrieben, und ich finde, daß da eine neue Orientierung gefunden werden kann bei gutem Willen beiderseits, daß es an der Zeit ist, und das ist der Hintergrund unseres Angebotes: eine völlig neue Orientierung in der Lösung der Judenfrage, die eine Anzahl hoher SS-Führer anstreben und nicht zuletzt der Reichsführer.
HANSI Himmler?
BECHER Es ist mir klar, daß Sie das wundert, da Uneingeweihte immer wieder Himmler für die derzeitige Behandlung der Judenfrage, die nicht schön ist, zugegeben, verantwortlich machen.

Das ist jedoch ein Irrtum. Wenn Sie sich die Mühe machen würden, die Reden Himmlers einmal durchzugehen, dann würden Sie sehen, daß Himmler die Juden nie beschimpft hat, und ich kann Ihnen aus meiner internen Kenntnis versichern, daß man ihn besonders in den letzten Jahren zu verschiedenen harten Maßnahmen gezwungen hat, die nicht in seiner Absicht waren. Er ist im Grunde genommen ein gutherziger, eher weicher Mensch, und alles andere als ein Massenmörder.

KASTNER Wer ist der Massenmörder?

BECHER Das ist eine Frage, die ich Ihnen nicht erlaube, weil sie taktlos ist. Die Übertreibungen der Auslandspresse sind lächerlich, und niemand ahnt, daß sich Himmler, Schellenberg und andere seit Monaten um eine neue Linie bemühen, um die Lage der Juden zu erleichtern. Gegen Kaltenbrunner und gegen Müller, Gestapo, die mich bei Himmler anschwärzen, daß ich mich vom Weltjudentum bluffen lasse. – Da hoch gespielt wird, möchte ich klar sehen. Was hören Sie von Ihrem Mann, Frau Brand?

HANSI Er ist optimistisch. Unsere letzte Nachricht ist, daß er nach Ankara fährt, um mit dem amerikanischen Botschafter zu verhandeln, der Roosevelt für das Angebot eingenommen hat.

BECHER Warum ist Chaim Weizmann nicht nach Istanbul gekommen?

HANSI Das weiß ich nicht.

BECHER Haben ihn die Engländer zurückgepfiffen?

KASTNER Wir nehmen eher an, das ist inoffiziell, daß er nach London gerufen wurde. Wir nehmen das Interesse der Alliierten als ein sehr positives Zeichen.

BECHER Wenn wir die Annahmen weglassen, sieht es mies aus, oder?

KASTNER Im Gegenteil. Wir sind erstaunt, wie prompt reagiert wird.

BECHER Das hör ich anders.

KASTNER Ihre Gewährsleute verkennen da vielleicht die psychologischen Schwierigkeiten.

BECHER Die haben wir auch. Der Großmufti von Jerusalem hat schon protestiert.

KASTNER Da er Ihr eigener Agent ist, wird das nicht tragisch sein.

BECHER Nicht tragisch, aber teuer.

KASTNER Ich glaube, es ist sehr wichtig, daß Sie Ihre hiesigen Zusicherungen schnell einlösen.

BECHER Wer gibt, dem wird gegeben. Ich kann nur drücken, wenn es voran geht.
KASTNER Was wir dazu tun können, das wird getan.
BECHER Ich will einmal Ihre ehrliche Meinung, Dr. Kastner. Halten Sie es für möglich, daß die Alliierten das Angebot in der vorliegenden Form akzeptieren?
KASTNER Ich halte es für wahrscheinlich, daß sie ein Gegenangebot machen.
BECHER Welcher Art? Was erwarten Sie?
KASTNER Sie werden statt der LKWs vermutlich andere Waren anbieten.
BECHER Da sind von unserer Seite Möglichkeiten. Es dürfen aber nicht zu harmlose Waren sein. Wolfram wäre möglich, Kupfer, diese Kategorie.
KASTNER Ich hatte Ihnen die Liste für den Transport in die Schweiz eingereicht, Herr Standartenführer.
BECHER Die habe ich gesehen, ja. Wonach ist sie zusammengestellt?
KASTNER Personen, die sich im jüdischen öffentlichen Leben Verdienste erworben haben, vorwiegend, und deren Familien.
BECHER Können Sie mir sagen, wieso sich soviel reiche Juden öffentliche Verdienste erworben haben? Welche Verdienste würden Sie den Industrie- und Bankkapitänen Vida und Lang zuschreiben?
KASTNER Wir haben eine Anzahl von Plätzen verkauft.
BECHER Das ist nicht besonders sozial gedacht, oder?
KASTNER Wir haben sie verkauft, um spätere Transporte damit finanzieren zu können.
BECHER Und Sie erwarten von uns, daß wir Leute für tausend Dollar rauslassen, die eine Million zahlen können? Ich find das unsozial.
KASTNER Sie haben uns für den Transport zugesagt, Leute unserer Wahl.
BECHER Na gut, da es um wichtigere Dinge geht, einverstanden. – Was, Dr. Kastner, haben Sie sich für die Leute gedacht, die wir in Österreich auf Eis legen?
KASTNER Was meinen Sie, gedacht?
BECHER Wieviel pro Kopf?
KASTNER Wir dachten das im Rahmen des Gesamtvertrages abzurechnen, später.
BECHER Das ist nicht möglich. Die Leute müssen verpflegt und untergebracht werden.

KASTNER Die Waada könnte die Kosten für den Unterhalt übernehmen –
BECHER Das ist zu kompliziert. Ich schlage 100 Dollar vor pro Kopf. Kinder die Hälfte.
KASTNER Das ist zuviel. Wir haben bis zur Stunde keine Gewähr, daß sie wirklich in Österreich bleiben.
BECHER Die Gewähr bin ich. Ich kann den Vorschlag nur auf dieser Grundlage vertreten. Um Ihnen entgegenzukommen, bin ich einverstanden, daß wir auf offene Konten arbeiten, gegenseitig. Die eingezahlten Gelder können zu einem späteren Zeitpunkt mit der Gesamtsumme verrechnet werden, abzüglich Verpflegung und Unterkunft.
KASTNER Darf ich das mit meinen Freunden beraten?
BECHER Das dürfen Sie. Und Sie dürfen dem Herrn Komoly sagen, daß es sinnlos ist, fernerhin bei den Ungarn zu antichambrieren. Das kann Ihnen nur schaden, denn wir hören es.
KASTNER Es ging bei den Kontaktversuchen nur um örtliche Hilfsmaßnahmen, Herr Standartenführer.
BECHER Wir kennen die örtlichen Hilfsmaßnahmen der Waada, Dr. Kastner, und ich warne Sie.
KASTNER Inwiefern?
BECHER Kennen Sie Gisi Golesch?
KASTNER Ja.
BECHER Arbeiten Sie mit ihr zusammen?
KASTNER Ja.
BECHER Arbeitet sie in der sogenannten Hagana, die den militärischen Widerstand propagiert?
KASTNER Ich kenne keine jüdische Organisation, die an militärischen Widerstand dächte.
BECHER Und Sie, Frau Brand?
HANSI Nein.
BECHER Können Sie mir dann sagen, wie ich diesen Brief hier verstehen soll, den uns die ungarische Abwehr zustellt, wo ein Mann namens Goldstein sein baldiges Zusammentreffen mit Gisi Golesch ankündigt?
HANSI Das ist ein privater Brief. Gisi Golesch ist mit Peres Goldstein befreundet. Sie wollten sich vermutlich im Ausland treffen. Sie sollte auf unserer Liste sein. Ihre Eltern hatten das Geld aufgebracht.
BECHER Aber sie ist nicht auf der Liste.
HANSI Sie wollte nicht, schließlich.

BECHER Was ich Ihnen nur sagen möchte, es ist nicht mein Geschäft, in Ihrem wohlverstandenen Interesse: Wenn sich die Waada in irgendwelche läppischen Aktionen gegen uns verwikkeln läßt, kann ich nichts für Sie tun.
HANSI Das wird nicht geschehen, Herr Standartenführer –
BECHER Wenn sich was rührt, wenn Sie aus Ankara was hören, kommen Sie zuerst zu mir. – Daß ein lebendiger Hund besser ist als ein toter Löwe, das sagt der Prediger.

11. Szene

Polizeibüro in Istanbul.
Ein älterer Detektiv der türkischen Fremdenpolizei, versorgtes Gesicht, arme Kleidung, verhört Joel Brand. Da er seinen Vorgesetzten vertritt, hat er dessen Uniformjacke an und dessen Dienstmütze auf.

DETEKTIV Sie gestatten, daß ich die Dienstmütze absetze, sie ist mir zu klein, ich vertrete meinen Vorgesetzten. Sie werden eine gewisse Schärfe verzeihen, er ist jung, ehrgeizig infolgedessen. Ich beginne: – Heißen Sie wirklich Eugen Band?
BRAND Sie haben meinen Paß vor sich, ja.
DETEKTIV Ingenieur aus Erfurt?
BRAND Ja.
DETEKTIV Sie sind also deutscher Staatsbürger, nicht wahr?
BRAND Ja.
DETEKTIV Seit wann?
BRAND Immer.
DETEKTIV Parteimitglied?
BRAND – Ja.
DETEKTIV Ist es in diesem Zusammenhang nicht merkwürdig, daß sich das Palästina-Amt für Ihre Person interessiert, Herr Band?
BRAND Ich habe jüdische Bekannte hier. Von früher. Ich bin nur ganz formal Parteimitglied. Als Geschäftsmann.
DETEKTIV Und daß sich eine bestimmte alliierte Militärmission für Sie und den Herrn Grosz interessiert, das finden Sie auch nicht merkwürdig?
BRAND Ich weiß von keinem solchen Interesse.

DETEKTIV Für wen arbeiten Sie, Herr Band? Für welchen Geheimdienst?

BRAND Für keinen. Ich bin ein unpolitischer Geschäftsmann.

DETEKTIV In diesem Punkte, Herr Band, da wären Sie ganz sicher? Auch was den Herrn Grosz angeht?

BRAND Ich habe Ihre Frage beantwortet. Ich kann nicht für Herrn Grosz sprechen. Ich kenne ihn zu wenig.

DETEKTIV Aber Sie sind doch mit ihm hergekommen, nicht wahr?

BRAND Wir sind Geschäftsfreunde. Wie man sich unter Geschäftsleuten kennt.

DETEKTIV Darf ich fragen, Herr Band, um welche Art von Geschäften es sich handelt? Da ich meinen Vorgesetzten vertrete: um welche Größenordnung auch vielleicht? *Er macht das Zeichen des Geldzählens, eine Aufforderung zur Bestechung offensichtlich, die Brand nicht versteht.*

BRAND Das dürfen Sie nicht. Sie sind nicht berechtigt, mich zu verhören. Ich protestiere gegen meine Verhaftung. Ich verlange, dem Chef der Fremdenpolizei vorgeführt zu werden.

DETEKTIV O, Sie sind nicht verhaftet, sondern nur angehalten, Herr Band. Sie können also auch nicht vorgeführt werden. Sie werden über Swillengrad nach Wien abgeschoben.

BRAND Aber warum?

DETEKTIV Sie sind ohne Einreisevisum gekommen, und Sie haben unsere Anordnung, sich in Istanbul aufhalten zu dürfen, verletzt, indem Sie nach Ankara weiterreisen wollten. Wir haben Sie auf frischer Tat festgenommen, im Zug. Was wollten Sie in Ankara?

BRAND Ich habe dort zu tun. Ich dachte, daß meine Bewilligung auch für Ankara gilt.

DETEKTIV Leider nicht, Herr Band. Und leider ist damit auch die Bewilligung für Istanbul erloschen. Es ist die Frage der Papiere lediglich. Rein formal.

BRAND Warum weisen Sie dann Herrn Grosz aus, der ein reguläres Visum für die Türkei hat?

DETEKTIV Ich tue nur meine Pflicht, Herr Band. Sie können in Wien bei der türkischen Botschaft um ein reguläres Visum einkommen.

BRAND Ich lasse mich nicht abschieben.

DETEKTIV Das sagt sich so, Herr Band.

BRAND Kann ich ein reguläres Visum nicht auch von hier aus beantragen? Ich bitte Sie darum. *Der Detektiv seufzt.*

DETEKTIV Da ich in der Person meines Vorgesetzten zu handeln habe – ehrgeizig, wie gesagt –, werden Sie zusammen mit Herrn Grosz abgeschoben. Sie haben Zeit, bis wir ihn gefunden haben. *Er steht auf.*

BRAND Ich verlange Ihren Chef zu sprechen!

DETEKTIV Es ist jetzt Dienstschluß, Herr Band. Leider. Ich habe einen sehr pünktlichen Vorgesetzten. *Er legt die neue, einen höheren Rang bekundende Dienstjacke ab und zieht seine eigene abgetragene Dienstjacke an.* Ich bin der Nachtdienst hier, der ständige. Als langgedienter und dienstlich nie gemaßregelter Detektiv ein Abstieg. Sie dürfen hier im Büro übernachten. Wenn Sie irgendeine Bitte haben, ich achte die Gastfreundschaft.

Ein Polizist kommt herein und übergibt dem Detektiv eine Meldung.

Da wir den Herrn Grosz nunmehr auch gefunden haben, werden Sie in Gesellschaft sein.

Der Polizist führt Grosz herein. Er schließt die Handschellen auf und entfernt sich.

GROSZ Guten Abend, die Herren. Notieren Sie sich diesen Tag, er kostet Sie Ihre Stellung. Rufen Sie diese Nummer an, und sagen Sie, daß ich hier bin. *Er gibt dem Detektiv einen Zettel und einen Geldschein.*

DETEKTIV Das ist nicht zulässig, Herr. Die Vorschrift.

GROSZ Ich weiß. Sonst hätte ich Ihnen nicht zehn Pfund gegeben.

DETEKTIV Zehn Pfund sind für einen älteren Herrn nicht viel, der seine Stellung riskiert. – Ich habe Kinder.

GROSZ Fünfzehn also. *Er gibt ihm einen kleinen Geldschein dazu. Der Detektiv geht ab.*

Was sind das für Schwachköpfe! Deine guten Freunde! Barlasz sieht zu, wie du verhaftet wirst und fährt allein nach Ankara. Ich sitze eine Stunde lang im Damenklo. Was tun sie, uns hier rauszuholen?

BRAND Ich kann niemanden erreichen und niemand kommt her. Morgen früh sind wir im Zug.

GROSZ Wenn wir abgeschoben werden, dann knallen uns die Nazis noch an der Grenze ab wie tolle Hunde.

BRAND Ich gehe nicht zurück. Ich springe aus dem Zug.

GROSZ Ein Märtyrer mehr. Großartig. Wird ins Lesebuch aufgenommen.

BRAND Im äußersten Falle sage ich Eichmann, daß die Sochnuth seine Offerte akzeptiert hat, daß sie mit den Alliierten verhandelt, daß wir nur den Türken gegenüber geschwiegen haben, um das Reichsgeheimnis zu wahren.

GROSZ Sei nicht kindisch, Joel. Wer die Verbindung hat, von den Alliierten 10 000 Lastwagen zu kriegen, der wird nicht abgeschoben wie ein Dreck. Wir kriegen Eichmann nicht einmal mehr zu sehen. Zwei Löcher im Genick, aus. An der Müllkippe der Grenzstation. Er wartet auf dieses Debakel hier.

BRAND Dann hätte er das Angebot nicht gemacht, von sich aus. Wenn er das Geschäft nicht wirklich machen will.

GROSZ Es geht der SS gar nicht um Lastwagen oder Dollars.

BRAND Um was dann?

GROSZ Himmlers Traum, die westlichen Alliierten gegen die Russen umzudrehen. Deine Juden, die sind dabei ein Abfallprodukt. Das hat man mir offen gesagt.

BRAND Und dazu schicken sie zwei kleine Juden wie dich und mich nach Istanbul?

GROSZ Meine Instruktion war, die Lastwagensache zu benutzen, um die Verbindung zu den Alliierten zu kanalisieren. – Wenn sie sehen, daß die Verbindungen der jüdischen Organisationen Makulatur sind, dann werfen sie uns weg wie ausgelutschte Zitronen. – Wie kann die Sochnuth nur diese impotenten Gesundbeter hier versammeln. In Istanbul, einem Kreuzungspunkt der Weltdiplomatie! Wir müssen hier raus. Himmel und Hölle in Bewegung setzen.

BRAND Wie denn?

Der Detektiv kommt zurück, sichtlich beeindruckt.

DETEKTIV Ich habe Ihre Aufträge erledigen können, Herr Grosz. – Ihre Freunde kommen Sie besuchen. – Ich habe nicht gewußt, daß Sie mit dem Direktor der Transportgesellschaft befreundet sind.

GROSZ Würden Sie mich mit Ihrem Innenminister verbinden?

DETEKTIV Ich? Mit dem Innenminister? Wie?

GROSZ Indem Sie diese Nummer wählen. Er hat sie mir gestern gegeben. *Er schreibt ihm irgendeine Nummer auf.*

DETEKTIV Ich?

GROSZ Oder ich.

DETEKTIV Das ist nicht ohne Rückfrage bei meinem Vorgesetzten möglich, Herr.

GROSZ Dann wollen wir es lassen. Es geht so. Können Sie uns bis morgen früh auf freien Fuß setzen, wenn der Direktor der Transportgesellschaft für uns bürgt?

DETEKTIV Nicht ohne meinen Vorgesetzten.
GROSZ Aber wo sollen wir in diesem Dreckloch schlafen?
DETEKTIV Ich könnte Ihnen Betten bringen lassen, auch ein Abendessen, wenn Sie zu essen wünschen. Fünf Pfund. Ein Freundschaftspreis, wenn man die Strenge der hiesigen Gesetze bedenkt.
GROSZ Bei aller Liebe, nein. Ich würde kein Auge zutun. Sind Sie allein in der Dienststelle?
DETEKTIV Die Nacht über. Als ständiger Nachtdienst allein und voll verantwortlich.
GROSZ Um Sie mit Ihrer Aufsichtspflicht nicht in Konflikt zu bringen, schlage ich vor, für uns drei ein Appartement im Hotel Palace Pera zu nehmen. Da können wir gut essen, trinken, angenehm schlafen, und morgen früh bringen Sie uns eine Stunde vor Dienstbeginn in dieses Loch zurück.
DETEKTIV O, das ist undenkbar, Herr. Bei aller Großzügigkeit, die aus meiner Natur und meiner Menschenkenntnis kommt, kann ich inhaftierte Ausländer –
GROSZ Aber wir sind nicht verhaftet, sondern angehalten, Herr Kommissar. Sie haben unsere Pässe und die Bürgschaft unserer Freunde.
Der Detektiv schüttelt den Kopf.
– Sehen wir wie Leute aus, die das Vertrauen eines Freundes mißbrauchen?
Der Detektiv schüttelt den Kopf.
– – Wie hoch ist Ihr Gehalt, Herr Kommissar? – Es interessiert mich, wie die türkische Regierung ihre Detektive bezahlt, denn ich ersehe daraus, ob sie gut sind.
DETEKTIV Dreißig Pfund, türkische.
GROSZ Täglich oder wöchentlich?
DETEKTIV Im Monat.
GROSZ Und wieviel Kinder haben Sie?
DETEKTIV Elf.
GROSZ Elf nette Kinder. Der Sinn des Lebens. Ich nehme an, daß Sie reizende Kinder haben. Gehen sie in die Schule?
DETEKTIV O, nein.
GROSZ Ich biete Ihnen dreihundert Pfund, das ist fast ein Jahresgehalt, weil Sie so hilfsbereit waren.
Der Detektiv denkt nach.
Und tausend Pfund Sicherheitsgarantie bei meinen Freunden hinterlegt, zu Ihrer Beruhigung.

Der Detektiv schüttelt den Kopf.

Ich bitte Sie, dreihundert Pfund für Sie, tausend Pfund Sicherheitsgarantie!

DETEKTIV Das ist so viel Geld, daß ich Ihnen nach meiner Lebenserfahrung mißtrauen muß, Herr.

GROSZ Dann streichen wir die Sicherheitsgarantie, sie ist überflüssig.

Von außen das Hupen eines Autos.

Das werden meine Freunde sein. Hier sind die dreihundert Pfund. Einhundert, zweihundert, dreihundert. Sagen wir dreihundertfünfzig. Es wächst der Mensch mit seinen höheren Zwecken.

Der Detektiv zögert lange, kann aber schließlich der belebenden Wirkung einer so großen Summe nicht widerstehen und steckt das Geld ein.

Also gehen wir.

12. Szene

Hotelzimmer in Istanbul.
Brand geht rauchend auf und ab. Menachem Bader tritt auf.

BADER Das ist nicht zu verantworten, Joel. Mit diesen Disziplinlosigkeiten gefährdet ihr unsere ganze Arbeit!

BRAND Wenn ich mich diszipliniert verhalte, werde ich morgen abgeschoben. Oder kriegt ihr mich frei?

BADER Wir haben alles versucht. Über das Palästina-Amt, über die Alliierten Militärmissionen –

BRAND Was haben sie gesagt?

BADER Daß sie keine Vollmachten haben, sich in innertürkische Angelegenheiten einzuschalten. – Daß sie auch uns davor warnen.

BRAND Dann verlasse ich heute nacht das Hotel, und ihr versteckt mich.

BADER Das dürfen wir nicht riskieren, Joel. Die ganze Delegation kann ausgewiesen werden.

BRAND Das wäre nicht das Schlimmste. –

BADER Das findest du.

BRAND Wir können in Budapest tausend Leute vor der Gestapo

verstecken, und ihr nicht einen Mann. Weil ihr vor der Ausweisung zittert!
BADER Ich zittere nicht um mich, Joel. Die offizielle jüdische Vertretung kann nicht wegen dir illegal werden.
BRAND Wem nützt eure Legalität?
BADER Der einzelne ist nicht unersetzbar, die Sochnuth ja, wir können ohne dich weiterverhandeln im äußersten Fall.
BRAND Hör mir zu, Menachem. Wenn ich abgeschoben werde, dann ist das für Eichmann der Beweis, daß die Verhandlungen sinnlos sind. Daß er recht hat. Dann setzt sich Eichmann gegen Becher durch, Kaltenbrunner gegen Schellenberg, und es wird keine Verhandlungen mehr geben.
BADER Das scheint entschieden.
BRAND Was?
BADER Die Budapester Waada ist verhaftet.
BRAND Von wem? Von der SS?
BADER Von den Ungarn. Ungarische Gestapo. Im Auftrag nehme ich an.
BRAND Hansi?
BADER Alle außer Kastner, den sie suchen. Er hat uns das geschickt: «Waada verhaftet. Deportationen werden verstärkt.»
Er gibt Brand die Nachricht.
BRAND Ich schicke ein Telegramm an Eichmann, augenblicklich.
BADER Was kannst du ihm telegrafieren?
BRAND Daß ein Interimsabkommen angenommen ist, daß es ihm zugeht, sobald er die Waada freikriegt und die Deportationen einstellt. Du unterschreibst.
BADER Ich bin von der Exekutive angewiesen, nichts zu unternehmen, bis Moshe Shertok hier eintrifft. *Er gibt ihm eine andere Nachricht.*
BRAND Wann ist das gekommen?
BADER Heute. Shertok kommt her.
BRAND Wenn ich abgeschoben bin, kommt er zu spät.
BADER Mir sind die Hände gebunden.
BRAND – Wenn ihr wenigstens durchsetzen könntet, daß ich das Land mit dem deutschen Kurierflugzeug verlasse. Dann kann ich Eichmann bluffen. Ich kann ihm irgendein Zwischenabkommen vorlegen.
BADER Wer soll das unterschreiben?
BRAND Die Sochnuth, du, irgendwer. – Wir können Bedingungen stellen, andere Waren anbieten oder Dollar – Zeit gewinnen.

BADER Ich kann nichts unternehmen, ohne die Exekutive oder die Alliierten. – Du siehst nicht die politischen Auswirkungen.
BRAND Ich sehe die Leute, die nicht ins Gas wollen.
BADER Die Rettung der ungarischen Juden, wenn sie möglich ist, ist nicht um den Preis der Verlängerung des Krieges möglich.
BRAND Wer will das denn?
Das Telefon läutet.
BADER Bitte! Eure Extravaganzen!
BRAND *am Telefon:* Ja? – Hallo? –
Zu Bader: Für dich. Aus Ankara. *Er übergibt den Hörer.*
BADER Ja? – Ich warte. – *Zu Brand:* Schreib auf. Die Zahlen einzeln, untereinander. In das Code-System. *Er gibt ihm ein Heft.*
BRAND Chaim Barlasz?
BADER Chaim? – Ja, ich verstehe dich. Deine Reiseroute, gut, wir notieren. – Zugnummer 1, 3, 2, 4 – Mansura 12 Uhr 46 – Sagazig 16,20 – Giseth 18,12 – Beni suel 21,03 – Matai 23,56 und Ankunft Girga 13 Uhr 43 – ja. Ich habe verstanden. Wir erwarten dich, ja. – *Er legt den Hörer auf und dechiffriert die Meldung nach einem Code.*
BRAND Was heißt das? Was hat er erreicht.
BADER – Chaim Barlasz teilt uns mit, daß der Präsident der Vereinigten Staaten seinen Außenminister beauftragt hat, einen speziellen Bevollmächtigten zu uns zu schicken. *Er liest:* ‹Die amerikanische Botschaft hat ihren Einfluß geltend gemacht, die Aufenthaltsbewilligung von Joel Brand bis zu dessen Ankunft zu verlängern.›
BRAND Das ist die Rettung.
BADER Ich habe nicht mehr daran geglaubt, Joel.
BRAND Dann schick ich jetzt die Telegramme. An Kastner und an Eichmann.
BADER Ich bin einverstanden.
Der Detektiv tritt auf.
DETEKTIV Verzeihung, Herr Band, die Pflicht, ich finde den Herrn Grosz nicht in seinem Zimmer.
BRAND Seien Sie unbesorgt. Man hat uns soeben mitgeteilt, daß uns die türkische Regierung in der nächsten Zeit nicht entbehren kann.
DETEKTIV Das freut mich, Herr, das entspricht meiner Lebenserfahrung.
BRAND Wieso? Wie ist die?
DETEKTIV O, nur ein Satz, Herr. Eine Weisheitsregel.
BRAND Wie heißt die?

DETEKTIV Der Weise, will er ein Ziel erreichen, braucht drei Tugenden: Geld, Geld, Geld. – Geld, Herr, ist eine angenehme Ware.

13. Szene

Arbeitszimmer Eichmanns im Hotel Majestic. Eichmann arbeitet am Schreibtisch. Becher tritt auf.

BECHER Stör ich, ich seh du schaffst.
EICHMANN Arbeit ist des Bürgers Zierde, Segen ist der Mühe Preis, Kurt. Organisationsfragen. Was führt dich her?
BECHER Sorgen, Adolf, ja, ich mach mir Sorgen. –
EICHMANN Das hör ich ungern, Kurt. Warum?
BECHER Du hast die Telegramme, denk ich, gelesen, aus Istanbul. «Zwischenabkommen wird durch Kurier übermittelt, sobald Partner Bedingungen einhält.»
EICHMANN Ich les und seh, was ist. Was ich in Budapest hier seh von der Verhandlung, sind Proteste. Von Roosevelt bis zum Nuntius Rotta. Bei Horthy, diesem alten Trottel, der sich ja sowieso schon in die Hosen scheißt. Der erste Luftangriff war da. Sogar der Fürstprimas von Ungarn wird mobil, verlangt auf einmal Schutz für die getauften Itzigs. Wer, wenn das durchgeht, ist denn nicht getauft? Ich tät ihn an die Wand stellen, wenn ichs könnte. Es hilft nur Druck. Nur, glaub mir, Kurt. – Sobald ich etwas seh in Istanbul, bin ich kulant, nicht vorher.
BECHER An einem Zwischenabkommen, hör ich, ich führ ja doch nur aus, du weißt, wär man stark interessiert als einem ersten Schritt. Es wird, obs stimmt, gefragt, ob nicht bei dir im Amt, nicht du, wer sabotiert. Ich werd gefragt. Ich frag dich, Adolf.
EICHMANN Was du da immer hörst, ich hör es anders. Es herrscht, scheints, in Berlin Schizophrenie.
BECHER Das find ich eher hier. Du läßt dich da in eine Sturheit reiten, find ich –
EICHMANN Da lach ich, Kurt, flexibel bin doch ich. Wenn ich hier drück, drück ich auf Istanbul, ich hab Erfahrung. Ich tue, was ich kann, was mir Erfolg verspricht, und den Befehl, den ich verantwortlich nicht durchführ, den soll man mir noch zeigen.

BECHER Ich sags, weil ich das weiß. Doch jemand bremst, ich sag nicht sabotiert. Das macht mir Sorge.

EICHMANN *lächelt*: Die Ungarn, Kurt.

BECHER Na, Vorsicht, alter Schwede.

EICHMANN Wenn du die Waada-Leute meinst, die Verhaftung, daß ich die Finger drin hätt bei den Ungarn, ich wär doch blöde, Kurt. Ich habs versucht, dreimal, sie frei zu kriegen. Wenn sie was hörn von unserm Angebot, Prost Mahlzeit.

BECHER Das mein ich nicht, ich hab die Waada frei.

EICHMANN Wieso?

BECHER Auf Anordnung des ungarischen Ministerpräsidenten, via Reichsführer, via Auswärtiges Amt. Ich hab den Kastner da.

EICHMANN Das find ich tüchtig, Kurt, das muß ich sagen. Mein Kompliment.

BECHER Um dir den Druck zu nehmen, von den Ungarn, seit sie die Russen hörn in den Karpaten, sind sie auf «Ungarn judenfrei» nicht mehr so heiß.

EICHMANN Das hör ich gerne, Kurt. Nachdem sie dreihundert Millionen an Geld und Werten kalt kassiert haben. – Willst du an meinem Schreibtisch sitzen, wenn die Verhandlungen, was ich befürchte, im Eimer sind?

BECHER Das nicht, ich bin kein Fachmann. Was ich nur rate, ist, daß du dich nicht verbockst, das große Ganze aus dem Aug verlierst, als Spezialist, politisch mein ich.

Der Hauptsturmführer von Klages tritt auf.

EICHMANN Ich sehs als Realist. Zahlen entscheiden, sagt Benzenberg. – Herr von Klages?

KLAGES Die 4500 Judenwohnungen sind da, die wir vom Judenrat verlangt haben nach dem Luftangriff. Drei Waschkörbe Schlüssel. Die Herren möchten Ihnen hinsichtlich der vorgesehenen Judenhäuser eine Bitte vortragen.

EICHMANN Nein. Noch was?

KLAGES Ihr Chauffeur, Obersturmbannführer, bittet, ihn wegen der Linoleumgeschichte anzuhören.

EICHMANN Ich habe gesagt, nein. Ich spreche nicht mit Dieben.

KLAGES Ein kleines Stück Linoleum, sagt er, acht Quadratmeter aus einer Judenwohnung, die sowieso –

EICHMANN Ob acht, ob achttausend Quadratmeter, ich verlange von meinen Leuten, daß sie finanziell sauber sind.

KLAGES Er geht, wenn Sie die Meldung aufrechthalten, ins Zuchthaus, Obersturmbannführer.

EICHMANN Das geht in Ordnung, ja. Die Meldung bleibt. – Ich bitte dann den Herrn Kastner.
KLAGES *am Telefon*: Kastner bitte.
Eichmann setzt sich an seinen Schreibtisch, von Klages tritt hinter ihn. Becher bleibt in seinem Sessel.
EICHMANN Wenn du zu tun hast, Kurt, ich machs allein.
BECHER Nein, nein, ich kann nur lernen. – Ein Kaffee vielleicht. *Er zündet sich eine Zigarre an.*
Kastner wird hereingeführt. Seine Brille ist geflickt, die Augenpartie verschwollen. Für Becher wird Kaffee gebracht.
EICHMANN Sie können sich einen Stuhl nehmen, Herr Doktor Kastner.
Kastner trägt einen entfernten Stuhl heran.
Ich nehme an, Sie bringen den Vertrag.
KASTNER Ich habe ein neues Telegramm aus Istanbul.
EICHMANN Das habe ich auch. Telegramme kann jeder schicken. Ihr dürft mich nicht für blöde halten, gelt? – *Zu Klages, ohne ihn anzusehen:* Wie lange ist der Herr Brand weg?
KLAGES Elf Tage.
EICHMANN Wie lange habe ich ihm gegeben?
KLAGES Vierzehn Tage.
EICHMANN *zu Kastner*: Also?
KASTNER Das Telegramm kündigt ein Interimsabkommen der jüdischen Seite an, sobald die zugesagten Bedingungen hier eingehalten werden.
EICHMANN Bedingungen, ich bitte Sie, Herr Kastner – seit wir miteinander verhandeln, höre ich immer Bedingungen. *Er verläßt plötzlich den konzilianten Ton und schreit Kastner an, ein taktisches Schreien:* Können Sie mir sagen, warum es die jüdische Weltmacht in elf Tagen nicht fertigbringt, einen einmalig günstigen Vertrag zu realisieren? Ihr habt die Macht, das Geld, die Verbindungen! Glaubt Ihr, daß ich Euch auf Euren jüdischen Dreh hereinfalle? Mit nichts und gar nichts, Zeit herauszuschinden? Warum geschieht nichts?
KASTNER Das Zwischenabkommen kann in 24 Stunden hier sein, wenn Sie es wirklich wollen. Die Bevollmächtigten der Exekutive und der Alliierten sind nach Istanbul unterwegs.
EICHMANN Auf dem Papier, ja. Da habe ich auch gelesen, daß der Herr Brand von Chaim Weizmann erwartet wurde, gelt? – Wo ist der unterschriebene Vertrag? Wo sind die autorisierten Vertreter, mit denen wir die Einzelheiten besprechen können? Köpfe, keine

Nebbichs. Taten, kein Blabla. Sie haben noch drei Tage. Es ist bekannt, international glaube ich, daß ich meine Termine halte. Mit Drohungen und Luftangriffen gegen unschuldige Frauen und Kinder, da sind die Alliierten ja auch fixer, oder?

KASTNER Die Verhandlungen haben sich verzögert, weil Ihre Zusagen hier nicht eingehalten wurden, Herr Obersturmbannführer.

EICHMANN So? Ist das so?

KASTNER Es ist in Istanbul bekannt geworden, daß die Leitung der Waada –

EICHMANN Das haben die Ungarn gemacht, nicht wir, die ungarische Gestapo, gelt?

KASTNER Wie soll man aber glauben, daß Sie eine Million Juden freigeben können, wenn Sie nicht imstande sind, Ihre hiesigen Verhandlungspartner freizukriegen? Sie haben den Schutz der Waada garantiert.

EICHMANN Darf ich fragen, warum die Waada verhaftet wurde? – – Ich will es Ihnen verraten. Weil Sie Pässe, Taufscheine und andere Dokumente gefälscht und jüdische Terroristen damit ins Ausland gebracht haben! Weil Sie jüdische Verbrecher verstecken und ausländische Diversanten unterstützen, die hier mit dem Fallschirm abspringen. Deshalb! – –
Wir haben den Schutz der Waada unter der Voraussetzung garantiert, daß Sie sich an die Gesetze halten. Obwohl das nicht geschehen ist, habe ich durch die Intervention des ungarischen Ministerpräsidenten erreicht, daß wir die Waada-Leute übernehmen. Wir setzen sie heute abend auf freien Fuß. – Was sonst? Was haben wir uns als Geschäftspartner zuschulden kommen lassen?

KASTNER Sie haben uns zugesagt, daß täglich allerhöchstens 6000 Leute deportiert werden, und daß sie in Österreich bleiben.

EICHMANN Ja?

KASTNER Es verlassen aber nach unseren Informationen täglich mehr als 12 000 Menschen die ungarische Provinz – nach Auschwitz. 75 Menschen in einen Waggon gepfercht, mit einem Eimer Wasser, die Fenster vernagelt –

EICHMANN Ich schlage doch vor, die überflüssigen Greuel zu lassen, gelt? – Ich komme Ihnen ja auch nicht mit jüdischen Partisanen, die volksdeutschen Frauen die Brüste abschneiden, oder?

KASTNER Das Karnickel hat angefangen, sagte der Hundebesitzer.

EICHMANN Ihre Karnickel, Herr Kastner –

KASTNER Man weiß in Istanbul, Herr Obersturmbannführer, was das heißt: Auschwitz.

EICHMANN So? Was heißt das?

BECHER Wenn ich mich da mal einmischen darf, Herr Kastner, wir haben das ja schon angesprochen, die Transportziele und auch die Transportbedingungen, da wird natürlich übertrieben, ich hab mich informiert. Die Transporte, das Gros jedenfalls, vielleicht nicht gerade alle Ostjuden, gehen nicht nach Auschwitz, sondern nach Auspitz, das ist ein Durchgangslager im Protektorat Böhmen-Mähren, ein ordentlich geführtes, und was dort nicht aufgenommen werden kann, das geht über Wien nach Bergen-Belsen, ein Lager für Bevorzugte.

EICHMANN In Wien erhalten sie Erfrischungen, in Linz gehen sie baden.

KASTNER Wer noch am Leben ist.

BECHER Auch da, Herr Kastner, wird gerüchteweise übertrieben. Herr Hunsche, von unserer Rechtsabteilung hier, hat recherchiert, daß höchstens 40–50 Leute bei einem Transport sterben. Alle arbeitsfähigen Juden werden mit dem Bau von unterirdischen Hangars für unsere Flugzeugindustrie beschäftigt und entsprechend verpflegt. Sie kennen unseren Arbeitskräftemangel.

KASTNER Sie haben uns versprochen, daß alle Deportierten für die Zeit der Verhandlungen in Österreich bleiben. Wir haben eine Quote von 100 Dollar pro Kopf vereinbart.

EICHMANN Wir haben nie darüber abgerechnet, glaube ich, oder?

KASTNER Es sollte auf offene Konten gearbeitet werden. Wir haben angeboten, auch die Verpflegung zu übernehmen.

EICHMANN Das hat sich erübrigt. Es ist nicht nötig, daß Ihre Ostjuden jeden Schabbes Macces fressen.

KASTNER Sie meinen Scholet, Herr Obersturmbannführer.

EICHMANN Ich meine, daß sie weder Scholet noch Macces brauchen.

KASTNER Da die Bedingungen von der Gegenseite hier nicht eingehalten wurden, verlangt die Sochnuth, daß die Deportationen für die Zeit der Verhandlungen gänzlich eingestellt werden.

EICHMANN Nein. Kategorisch nein, gelt? –
Es liegt an euren Leuten in Istanbul, schnell fertig zu machen! Wenn ich einstelle, kommen wir mit den Verhandlungen nie zu Stuhl! –
Wenn Brand in drei Tagen mit dem unterschriebenen Vertrag hier ist, stelle ich ein, löse ich Auschwitz auf. Bis dahin muß ich auf die Ungarn Rücksicht nehmen. Was ich verspreche, halte ich.

KASTNER Sie haben uns versprochen, 1000 Leute unserer Wahl ins

Ausland fahren zu lassen. Wir haben die Liste gebracht, Sie haben den Befehl erteilt, die reklamierten Personen aus der Provinz nach Budapest zu bringen, aber sie sind nicht gekommen.

EICHMANN Ich habe den Befehl gestern telegrafisch zurückgenommen. Es ist von unserer Seite alles klar und sauber, gelt? Ich habe jetzt keine Zeit mehr.

Er steht auf. Wider Erwarten bleibt Kastner sitzen.

KASTNER Ich muß darauf bestehen, Herr Obersturmbannführer, daß unsere Abmachungen eingehalten werden. Wollen Sie die Deportationen wie vereinbart begrenzen, und wollen Sie die 1000 Personen nach Budapest bringen?

EICHMANN Wenn ich einmal nein gesagt habe, bleibt es nein.

KASTNER Dann sehe ich für unsere Seite keine Möglichkeit mehr, weiter zu verhandeln. Ich werde Istanbul, ich werde die Alliierten informieren, daß jedes weitere Verhandeln sinnlos ist! *Er steht auf, ein taktisches Aufstehen, um etwas zu erreichen.*

EICHMANN Ihre Nerven sind überspannt, Kastner, Sie brauchen Erholung. Ich schicke Sie nach Theresienstadt. Oder ziehen Sie Auschwitz vor? – Ich schicke Sie mit Ihrer Familie privat nach Auschwitz. Was meinen Sie?

KASTNER Es wird niemand anders an meiner Stelle weiterverhandeln. – Wir sind nicht die einzigen, die ein Geschäft abschließen wollen, Sie auch.

EICHMANN Mut zeigt auch der Mameluck, die Chuzpe ist des Juden Schmuck. Sie haben Mut, Kastner, eine Tugend, die mir immer imponiert. – Jetzt verstehen Sie mich auch einmal: Den Ungarn ist versprochen, daß kein Jude zurückkommt. Ich muß heut nachmittag zum Innenminister Jaross. Da krieg ich was zu hören, glauben Sie mir. Ich kann mich gerade jetzt nicht als Judenretter aufspielen. Ich muß diesen jüdischen Powel aus der Provinz ausräumen. Da hilft kein Argument, kein Weinen.

KASTNER Dann hilft in Istanbul auch kein Argument. Die Sache stockt, weil Sie die Deportationen forcieren.

EICHMANN Sie haben es dort in der Hand, wann ich einstelle. Vertrag und Lieferung ab Reich sofort.

KASTNER Wir werden in Istanbul augenblicklich zum Erfolg kommen, wenn Sie Beweise liefern, daß Ihr Angebot ernst ist. – Was machen Ihnen denn diese 1000 Juden aus?

EICHMANN Was wollen Sie denn, Herrgott, mit den 1000 Juden?

BECHER Wenn ich mich noch mal einschalte, Herr Kastner, entschuldige, Adolf, wenn es bloß darum geht, psychologische Vorurteile bei der Gegenseite auszuräumen, ohne die Ungarn zu strapazieren, da wär ein Weg zu finden, glaub ich.

EICHMANN Nein! Nur ab Reich.

KLAGES Und wenn wir die 1000 Leute in Extrawaggons einem Deportationszug anschließen? Sie werden in der Slowakei abgekoppelt und gehen via Theresienstadt in die Schweiz?

EICHMANN Was meinen Sie dazu, Kastner?

KASTNER Das ist für uns nicht kontrollierbar. Sie haben uns zugesagt, daß sie hier von Budapest aus regulär auswandern können.

EICHMANN Ich will in Budapest jetzt keinen Skandal! Ich kann das nicht verantworten.

BECHER Mit den Ungarn würdest du, glaube ich, keine Schwierigkeiten haben, Adolf. – Ich habe dem Unterstaatssekretär Endre heute morgen erzählt, daß wir einer zionistischen Verschwörung in der Provinz auf die Spur gekommen sind, und daß wir diese Verschwörer isolieren und extra abschieben müssen. Damit sie im Reich keine Unruhe stiften.

EICHMANN Und hat er das geschluckt?

BECHER *lächelnd*: Ja, freilich.

EICHMANN Das hat der Dämel geschluckt. – Gut, Herr Kastner, dann kommen die 1000 Leute hier in Speziallager unter unsere Bewachung und gehen von hier aus weiter.

KASTNER Wenn es schon eine Verschwörung ist, Herr Obersturmbannführer, dann könnte es ja auch eine große sein. Zweitausend, sagen wir.

EICHMANN Sobald aus Istanbul faßbare Erfolge kommen.

BECHER *behäbig lächelnd*: Man könnte dann auch die Deportationen insofern etwas dilatorisch behandeln, Herr Kastner, als das Transportsystem ja sehr überlastet ist. Was meinst du?

EICHMANN Wenn das Zwischenabkommen in den nächsten Tagen hier ist, können wir das so oder anders honorieren.

KASTNER Diese Zusagen werden in Istanbul eine günstigere Wirkung haben.

BECHER Ich empfehl mich dann. *Er geht ab.*

EICHMANN – Daß wir uns richtig verstehen, Herr Doktor Kastner: Wenn der Herr Brand nicht wiederkommt oder in den nächsten Tagen nichts Entscheidendes passiert, dann kann das Transportsystem auch ganz vorzüglich sein. Dann geht es hier rund. *Er geht schnell ab.*

Kastner steht ebenfalls auf, um zu gehen.

KLAGES Wenn Sie noch einen Moment Zeit haben?

KASTNER Bitte.
KLAGES Ich habe das Protokoll der Verhöre gelesen, die Sie bei den Ungarn hatten. Meine Hochachtung.
Kastner rückt an seiner zerbrochenen Brille.
Wir haben Frau Brand in unserem Spital versorgen lassen. Brauchen Sie eine neue Brille?
KASTNER Was wünschen Sie?
KLAGES Eine Gefälligkeit, als Chef der Stapo-Leitstelle. – Es geht um die drei Fallschirmjäger der sogenannten jüdischen Legion, Sie wissen. Hanna Szenes, Joel Nußbecher –
KASTNER Nein.
KLAGES Herr Kastner! Wir wissen, daß Sie's wissen. Von der ungarischen Abwehr, die uns die Leute eine Woche vorher avisiert hat. Es geht um den, den wir noch nicht haben. Goldstein. Wenn Sie uns seine Adresse vermitteln könnten, bis morgen abend sagen wir.
KASTNER Das kann ich nicht.
KLAGES Möchten Sie die Waada in einen militärischen Spionagefall verwickelt sehen, Herr Kastner?
KASTNER Ich weiß nichts darüber.
KLAGES Es war eine Frage. Wenn Sie nichts wissen wollen, gut, dann mach ichs anders. Ich schick das Lager Columbusgasse auf Transport, wenn die Adresse nicht bis morgen abend da ist. Sie überlegens mal mit Ihren Freunden, ja?

14. Szene

Zimmer im Hotel Palace Pera.
Joel Brand und Bandi Grosz.

GROSZ Es ist zwecklos, mit der hiesigen Sochnuth noch länger herumzufipsen, glaub mir, Joel. Alles zu kleinkariert. Ich habe jetzt den direkten Draht zu den Alliierten. An der Quelle saß der Knabe. Erst fahren wir nach Syrien, dann nach Jerusalem. Die Einreisepapiere liegen für uns bereit, Diplomatenpässe, VIP, very important persons.
BRAND Wir können jetzt nicht wegfahren.
GROSZ Warum nicht?

BRAND Weil ich Moshe Shertok und den amerikanischen Sonderbevollmächtigten erwarte. Jede Stunde.
GROSZ Als wir hier ankamen, da sollte Chaim Weizmann hier sein. Jetzt wartest du zwölf Tage auf Moshe Shertok und auf ein amerikanisches Mirakel. Was haben wir mit der Sochnuth erreicht? Palaver. Wenn ich den Zuschnitt hier seh, dann kriege ich Hautjukken. Ich wind mich jeden Abend, wie ich das Fiasko kaschieren soll vor Budapest.
BRAND Sobald Shertok zustimmt, können wir das Zwischenabkommen abschicken.
GROSZ Und wer garantiert dir, daß er kommt?
BRAND Shertok weiß, daß mir Eichmann eine Frist von 14 Tagen gegeben hat. Für ein reales Angebot.
GROSZ Ja, und er kann keins machen, offensichtlich. Die Sochnuth nicht und nicht die Exekutive. Das Schicksal unserer Mission entscheidet sich bei den Alliierten oder nirgends. Ich habe das Terrain sondiert, es geht jetzt nur noch so, auf höchster Ebene. Pack ein, wir fahren.
BRAND Ich warte. Ich weiß, daß ich nicht mit leeren Händen zurückkehre.
GROSZ Gott erhalte dir deine Arglosigkeit, Joel, du wirst sie brauchen. *Er trinkt seinen Kaffee aus und steht auf.* Du schuldest mir dreihundert türkische Pfund. Dreihundertfünfzig. Ich krieg kein Geld mehr nach.
Brand gibt ihm das Geld.
Komm mit, Joel.
BRAND Nein.
GROSZ Wenn Shertok nicht kommt, komm nach.
BRAND Er kommt. Ich fahre jedenfalls nach Budapest zurück.
GROSZ Du bist verrückt.
BRAND Was sage ich Eichmann, daß ich allein komme?
GROSZ Grüß ihn schön, Joel. – Ich hab dich gewarnt.
Er verschwindet. Brand sieht ihm nach, geht ans Telefon, wählt eine Nummer.
BRAND – Menachem? Ob ihr was Neues habt. – Aus Budapest? – Gut, ich erwarte euch.
Er legt auf. Wie er sich umdreht, sieht er sich einem abenteuerlich aussehenden jungen Mann gegenüber, der hastig und schwer verständlich spricht.
DER JUNGE MANN Joel Brand? Joel Brand?
BRAND Was wollen Sie?

DER JUNGE MANN Joel Brand?
BRAND Ja –
DER JUNGE MANN Die jüdischen Revisionisten sind gewarnt, daß Joel Brand in eine Falle geht.
Er gibt ihm einen Brief, den Brand aufreißt und liest.
BRAND Was soll das heißen, Shertok hat kein Visum bekommen? Die Engländer –
Er sieht, daß der junge Mann verschwunden ist.
Merkwürdig. «Die Engländer wollen Brand auf englisches Gebiet locken –»
Chaim Barlasz und Menachem Bader treten auf.
Ich habe eine Nachricht bekommen, soeben – was kann das bedeuten – *Er gibt den Brief Bader.*
BADER Lächerlich. Das sind die Sektierer, die ihren Privatkrieg mit der englischen Mandatarmacht führen. Wirrköpfe.
BRAND Aber wie kommen sie darauf, «die Engländer sind in dieser Frage nicht unsere Verbündeten», was wollen sie?
BADER Sie haben die Nachricht aufgeschnappt, daß Shertok kein Einreisevisum in die Türkei bekommen hat, und daß er dich deshalb in Aleppo bei den Engländern erwartet. Das malt sich dann in ihren Köpfen so. Was immer die Sochnuth macht, sie werden dagegen sein.
BRAND Entschuldige, die Engländer können Shertok kein türkisches Visum beschaffen? Das ist absurd.
BARLASZ Ich habe mich mit den englischen Stellen in Verbindung gesetzt, Joel. Es ist keine Frage des Visums. Jerusalem hält es für erforderlich, daß alliierte Vertreter teilnehmen.
BRAND Aber ich habe noch zwei Tage. Ich habe mich verbürgt. Meine Frau, meine Kinder – Eichmann wartet nicht.
BARLASZ Die englischen Stellen haben mir versprochen, daß deinen Reisen im Nahen Osten jeder Vorrang gegeben wird. Du kriegst überall Flugzeuge, auch für deine Rückkehr in den deutschen Machtbereich.
BADER Die Organisation hat beschlossen, daß du nach Syrien fährst.
BRAND Ich kann nur fahren, wenn Eichmann meine Frist verlängert.
BADER Das wird er tun, Joel, da ihm ja vor allem an Verhandlungen mit den Alliierten liegt. Wir haben erfreuliche Nachrichten aus Budapest.
BRAND Von wem?

BADER Von deiner Frau und Kastner. Ein Telegramm. Die Waada ist frei, Eichmann hat die Ausreise der tausend Juden als Vorleistung definitiv zugesagt, Becher hat Kastner versprochen, seinen Einfluß geltend zu machen, die Deportationen für die Zeit der Verhandlungen zu verlangsamen und keine Transporte aus Budapest zu nehmen.
BARLASZ Alles auf die bloße Ankündigung eines Zwischenabkommens. Das war eine gute Idee. Ich bin zuversichtlich.
BRAND Wo ist das Telegramm?
BADER Es steht drin, was ich dir gesagt habe. Die Fakten.
BRAND Wo ist es?
BADER Wozu?
BRAND Ich will es lesen.
BADER Dann lies es. – *Er gibt ihm das Telegramm.*
BRAND *liest*: ‹Joel muß fristgemäß zurück. Notfalls gewaltsam, wenn er zu feige ist. Hansi und Rescö.›
BARLASZ Das ist durch die Ereignisse überholt, Joel. Panik. Wir haben ihnen auf dem Kurierweg mitgeteilt, warum sich die Verhandlungen hinziehen, daß das nicht an dir liegt.
BADER Ich habe an Eichmann telegrafiert, daß du zu Verhandlungen mit den Alliierten nach Syrien mußt.
BARLASZ Wir haben formuliert: ‹Zu Verhandlungen mit den höchsten Stellen der Alliierten.›
BRAND Ich fahre nach Budapest. Ich bringe Eichmann das Protokoll des Zwischenabkommens. Das genügt mir.
BADER Ausgeschlossen, Joel, du mußt nach Syrien, sofort. Das ist ein Beschluß der Exekutive, und du mußt dich fügen.
BRAND Wann schickt ihr das Abkommen?
BADER Sobald ich die Vollmacht habe. Die Sochnuth tritt in einer Stunde zusammen.
BRAND Es muß bei Ablauf meiner Frist in Budapest sein.

Pause.

15. Szene

Kleiner Bunker.
Peres Goldstein über einer Karte, in die er Eintragungen macht. Ein Klopfzeichen. Er wartet. Ein zweites, vom ersten verschiedenes Klopfzeichen. Er öffnet.

PERES Gisi, he, Gisi! *Er zieht sie herein, umarmt sie, schließt die Bunkertür.* Was ist los? Was bringst du?
GISI Essen. Zigaretten. Kirschen. *Sie packt die Sachen aus.*
PERES Kirschen? Woher?
GISI Von Szentendre. Wo ich dich verführt habe. Vor zwei Jahren.
PERES Ich dich. *Er ißt Kirschen.*
GISI Erinnerungen?
PERES An die Ameisen. Es war voller Ameisen.
GISI Sonst?
PERES Daß ich Angst hatte.
GISI Ich.
PERES Dann hatten wir beide Angst. *Er bemerkt, daß Gisi seine Uniform ausgepackt hat.*
Meine Uniform? Wozu?
GISI Hanna Szenes und Joel Nußbecher sind verhaftet.
PERES Von wem?
GISI Von der ungarischen Abwehr. Sie sind der Gestapo überstellt. Sie wissen, daß du in Budapest bist. Du mußt weg.
PERES Ich bin weg, sobald ihr mir drei oder vier Leute für einen Sprengtrupp gebt. Die Eisenbahnlinie Kaschau–Oderberg, wo die Transporte laufen, drei, vier Sprengtrupps können sie lahmlegen. *Er zeigt es auf der Karte.*
GISI Hör zu, Peres. – Die Mitglieder der Waada sind über dich verhört worden. Sie haben nichts zugegeben.
PERES Aber?
GISI Das Unternehmen ist verraten worden, vorher, die Absprungstellen, Verbindungen, alles. Die Gestapo hat Kastner vor eine Alternative gestellt.
PERES Welche?
GISI Wenn ihr die Waada bis heute abend deinen Unterschlupf nicht bekannt macht, werden Hanna Szenes und Joel Nußbecher erschossen.
PERES Weiter.

GISI Wenn sie ihn bis morgen abend nicht kennt, deportieren sie das Lager Columbusgasse.
PERES Ich verstehe.
GISI Die Waada hat beschlossen, dich selbst entscheiden zu lassen.
PERES Was?
GISI Ich bin beauftragt, dir zu sagen, daß sie deinen Unterschlupf heute abend sieben Uhr benennen muß, um ihre Verhandlungen nicht zu gefährden. Du sollst entscheiden, ob du bis dahin fliehen oder ob du dich stellen willst. – –
PERES – – Drei Fragen, Gisi: Wenn ich mich melde, glaubst du, daß Hanna Szenes und Joel Nußbecher geschont werden?
GISI Die Gestapo verspricht, euch als Kriegsgefangene zu behandeln.
PERES Wenn ich mich melde, zweitens, glaubst du, daß sie das Lager Columbusgasse ungeschoren lassen?
GISI Für die Zeit der Verhandlungen ja.
PERES Wenn die Verhandlungen scheitern, drittens, welche Chance, glaubst du, hat ein jüdischer Widerstand?
GISI In Budapest keine mehr. –
PERES Würdest du mit mir nach Szentendre fahren, Gisi? –
GISI Ja.
PERES Es sind bis sieben Uhr vier Stunden.
GISI Peres – Peres! –
PERES Was ist? Wir fahren nach Szentendre.
GISI Geh weg, Peres, sofort, zu den slowakischen Partisanen, du kommst durch – warte nicht – sofort – sofort!
PERES Komm, Gisi, keine Szene.
Er nimmt seine Sachen und öffnet die Bunkertür.
Der Oberscharführer Puchinger tritt ihnen in Zivil mit einem Begleiter entgegen.
PUCHINGER Wenn ich schon wieder ungelegen komm, Fräulein Gisi, es ist mir peinlich. Der Herr Goldstein, wenn ich recht unterrichtet bin, in Zivil. Wenn ich die Hände bitten dürfte, eine Formalität.
Goldstein hält ihm die Hände hin, der Begleiter legt ihm Handschellen an.
GISI Er hat sich stellen wollen, Herr Oberscharführer, freiwillig, es ist uns zugesagt, daß er als Kriegsgefangener behandelt wird, wenn er sich stellt. Er hat sich in Uniform stellen wollen.
PUCHINGER Das wird zu seinen Gunsten immer angenommen, Fräulein Gisi. Wenn Sie uns die Uniform mitgeben möchten,

auch Waffen, wenn sind, auch die Karte da. Im Zweifel immer für den Angeklagten, das sagt die Polizei. Wenn ich in den Wagen bitten dürfte.
PERES Ihr habt das hier gewußt!
GISI Nein.
PERES Warum hast du gewollt, daß ich fliehe? Sofort! Sofort! Warum? Weil du gewußt hast, daß sie unterwegs sind. Entscheidung? Sag, daß du es gewußt hast! Sag es!
GISI Ich hab es nicht gewußt. Peres! Niemand! Herr Oberscharführer! –
PERES Herr Oberscharführer, ja! Herr Oberscharführer!
GISI Peres! –
PERES Ich glaub dir nicht.
PUCHINGER Warum, wenn ich sagen darf, Fräulein Gisi, wollen Sie es einem jungen Helden schwer machen? Ein Held, nach meiner Erfahrung, braucht den Verräter wie ein scharfer Hund den Einbrecher, sagen wir. Ich hab einmal einen Anarchisten gekannt, in Wien, nach dem ersten Weltkrieg, der Polizei insofern bekannt, als er gerne Kriegerdenkmale gesprengt hat, obwohl er auch Könige genommen hat notfalls, ein Idealist. Der ist uns im Gefängnis gestorben vor Gram, ein umgänglicher Mensch, als er erfahren hat, daß ihn niemand verraten hat.
PERES Es ist leicht, aus einem Schweinestall wegzugehen.
PUCHINGER Sehns, junger Mensch, das sag auch immer ich. Es ist Unwissenheit, die den Tod fürchtet, sozusagen, es ist Unerfahrenheit. Wenns dann vorausgehen möchten.

16. Szene

Büro des Secret Service in einer arabischen Villa in Kairo. Der großzügige, nahezu leere Raum ist mit einem hohen, richterlichen Pult alten englischen Stils ausgestattet. Auf dem Pult ein Tonbandgerät. Eine Barriere trennt diesen Platz von dem übrigen Raum.
Captain Tunney begrüßt Joel Brand, der einen Wintermantel mit sich herumschleppt.

TUNNEY Es ist mir eine Ehre, Sie hier in Kairo willkommen zu heißen, Herr Brand. Ich bewundere Sie. Ich habe noch keine Zeit gehabt, leider, dieses umfangreiche Dossier, dieses erstaunliche, das uns Aleppo schickt, wirklich durchzuarbeiten, ich werde das aber schnellstens tun. Ich heiße Tunney, wie dieser damals berühmte Boxer. *Er schüttelt Brand lachend die Hand.* Was wollen Sie mit diesem Mantel, mein Gott? Wir haben 42 Grad.

BRAND Als ich von Budapest abfuhr, war es dort noch kalt.

TUNNEY Ich wollte, Sie hätten uns ein bißchen was davon mitgebracht. Ich habe wieviel Jahre keinen Schnee mehr gesehen. Ihre Reise in diesen Zügen hier muß die Hölle gewesen sein. *Er setzt sich an das erhöhte Pult.* – Ich bitte um Entschuldigung, daß ich Sie aus dieser Position anhören muß, es ist die Vorschrift. Wenn Sie es sich bequem machen würden?
Brand setzt sich.
Wir haben uns jedenfalls sehr zu bedanken, daß Sie sich der beschwerlichen Reise so bereitwillig unterzogen haben.

BRAND Gezwungen.

TUNNEY Wie soll ich das verstehen, gezwungen?

BRAND Nachdem mich Ihr Geheimdienst in Aleppo wie einen feindlichen Spion aus dem Zug heraus gekidnappt und in geschlossenem Wagen in das Hauptquartier gebracht hat, haben mir Ihre dortigen Behörden eröffnet, nach zwei Tagen, daß eine Entscheidung unserer Sache ihre Kompetenzen überschreitet, und daß sie mich nach Kairo bringen müssen.

TUNNEY Wir wollten Sie gerne hier haben, Herr Brand, weil wir Ihrer Angelegenheit eine sehr große Bedeutung geben, und weil wir hoffen, daß Sie uns eine Menge nützlicher Dinge sagen können.

BRAND Aber ich werde in Budapest erwartet! Von meiner Rückkehr hängt das Leben der ungarischen Juden ab! Es ist mir zugesichert worden, daß ich jederzeit nach Budapest zurückkehren kann!

TUNNEY Sie werden nach Budapest zurückkehren, ohne Zweifel, sobald das möglich ist. Ich bin sicher. Nach Ihrer Zusammenkunft in Aleppo ist Herr Shertok von meiner Regierung nach London gerufen worden, und er wird den Komplex mit Mr. Eden besprechen können. Unser Geschäft wird es in der Zwischenzeit sein, die Motive und den Hintergrund dieser undurchsichtigen Geschichte zu kriegen.

BRAND Ich habe in Aleppo zehn Stunden lang darüber gesprochen, Sie haben das Protokoll. Ich verlange, mit dem Staatsminister für den Nahen Osten zu sprechen.

TUNNEY Ich will Ihre Bitte an Lord Moyne gerne weiterleiten, Herr Brand. Ich fürchte nur, es gibt in diesem frühen Stadium keine Voraussetzungen. Die Entscheidung fällt auf der Regierungsebene.

BRAND Wann?

TUNNEY Das ist ein bißchen über meiner Kompetenz, Herr Brand. Leider. Ich bin ein kleiner Captain, der die Ergebnisse seiner Untersuchungen nach London kabelt.

BRAND Wenn ich mit niemandem sprechen kann, der kompetent ist, warum läßt man mich dann nicht nach Budapest zurück, wo ich etwas tun kann?

TUNNEY Es ist nicht meine Entscheidung, Herr Brand. Ich kann die Weisheit der Entscheidung nicht untersuchen.

BRAND Die Weisheit der Entscheidung ist, daß meine Frau, meine Kinder, meine Mutter als Geiseln geschlachtet werden. Daß Eichmann die Verhandlungen abbricht, daß in zwei Monaten von den ungarischen Juden soviel übrig ist wie vom Warschauer Ghetto.

TUNNEY Ich verstehe Ihre Panik, Herr Brand, aber Sie haben nicht recht. Glücklicherweise. Wir wissen, daß die Deutschen in den nächsten zwei Monaten ganz andere Sorgen haben werden, militärisch, als die Deportation von Juden.

BRAND Sie deportieren täglich 12000, und Eichmann wird die Zahl verdoppeln, wenn die jüdische Seite das Angebot nicht akzeptiert.

TUNNEY Wir haben die Information, Herr Brand, daß die Transporte in den letzten Tagen stark reduziert wurden, und ich bin sicher, daß sie in Kürze ganz aufhören.

BRAND Wieso?

TUNNEY Ich möchte Ihnen eine vertrauliche Information geben, die Sie sofort vergessen müssen. In weniger als 24 Stunden wird das alliierte Oberkommando die Invasion in Nordfrankreich begonnen haben.

BRAND Das kommt für uns zu spät.

TUNNEY Die Deutschen werden von diesem Augenblick an keinen einzigen Güterwagen mehr für die Deportation von Juden freigeben, die militärisch irrelevant ist. Die Russen stehen in Rumänien, vor Warschau, an der ungarischen Grenze, wenn jetzt die Invasion dazu kommt –

BRAND Wenn die Verhandlungen scheitern, werden sie die Wagen haben. Sie haben sie immer gehabt.

TUNNEY Wir wissen aber, Herr Brand, daß das deutsche Transportsystem nicht ausreicht, die jetzigen militärischen Erfordernisse zu erfüllen. Wir haben es mit unseren Luftangriffen zerschlagen. Die Invasion zwingt sie zu riesigen Truppenverschiebungen. Ein Zug mit 3000 Juden, das sind 3000 fehlende Soldaten.

BRAND Wenn meine Mission scheitert, werden die ungarischen Juden diesen Krieg nicht überleben.

TUNNEY Bemühen Sie sich doch einmal, von diesem einen Punkt, Budapest, die großen Zusammenhänge zu sehen.

BRAND Ich sehe meine Kinder.

TUNNEY Sie werden auch Ihre Kinder nur retten, letztlich, wenn wir die Nazis schnell zur Kapitulation zwingen. Alle militärischen, alle politischen, alle diplomatischen Maßnahmen müssen dieses Ziel haben. Auch diese Verhandlungen, die von den Nazis doch natürlich kalkuliert sind. Als ein Zug in ihrer psychologischen Kriegsführung zumindest. Aus der Kenntnis ihrer Absichten ergibt sich unser Gegenzug. Das ist der Wert Ihrer Information für uns.

BRAND Ich rede und rede, seit ich von Budapest weg bin. Warum geschieht nichts?

TUNNEY Wenn Sie in der Lage der britischen Regierung wären, Herr Brand, würden Sie den Deutschen 10 000 Lastwagen liefern, um ihre Fronten zu stabilisieren?

BRAND Ich erkläre immer wieder, daß wir nach meiner Ansicht keine Lastwagen brauchen. Geben Sie uns ein Versprechen, das Sie nicht halten müssen. Damit allein kann ich 100 000 retten.

TUNNEY Aber die Alliierten könnten doch nicht offiziell einen Vertrag abschließen, den sie dann nicht halten, Herr Brand.

BRAND Es genügt, wenn die Sochnuth den Vertrag unterschreibt.

TUNNEY Die britische Regierung, ich bin sicher, wird jedes Opfer bringen, das mit unseren Kriegsanstrengungen vereinbar ist. Für eine verantwortliche Entscheidung müssen wir die Hintergründe klar haben. Darum bitte ich Sie.

BRAND Kann ich den amerikanischen Bevollmächtigten hier treffen?

TUNNEY Das werde ich gern versuchen. Es wird ein bißchen mit unseren Fortschritten zusammenhängen, glaube ich.

BRAND Wenn Eichmann erfährt, daß ich verhaftet bin –

TUNNEY Aber Sie sind nicht verhaftet. Sie werden sich in meiner Begleitung hier in Kairo vollständig frei bewegen können.

BRAND Warum kann ich nicht nach Budapest zurück?
TUNNEY Ich möchte Sie jetzt nicht länger strapazieren, Herr Brand, Sie werden erschöpft sein. Ich würde auch meinerseits erst in die Details gehen wollen, wenn ich die Sache ganz durchgearbeitet habe. – Wir wollen nach dem Essen weiter reden.
BRAND Ich werde nichts essen, bis Sie mich freilassen. Ich werde in Budapest gebraucht.

17. Szene

Arbeitszimmer Eichmanns im Hotel Majestic.
Eichmann arbeitet. Hauptsturmführer von Klages gibt seinen morgendlichen Bericht und legt ihm Papiere zum Abzeichnen vor.

EICHMANN Fragen Sie Höss in Auschwitz an, Fernschreiber, wie das passieren konnte? Wieso ist der Kommerzienrat Storfer vom Judenrat in Wien, den ich von jeder Arbeit befreit habe, durch Aktennotiz, auf einmal tot?
KLAGES Er ist von einer Wache erschossen worden, irrtümlich, weil er auf einer Bank in der Gartenanlage vor der Kommandantur gesessen ist.
EICHMANN Aber das habe ich ihm erlaubt, extra mit Höss abgesprochen, wie ich dort war, daß er nur die Kieswege in Ordnung zu halten hat und sich mit seinem Besen jederzeit auf die Bänke setzen darf. – Der Mann hat gar nicht nach Ausehwitz, sondern nach Theresienstadt gehört als jüdischer Funktionär. Der Mann ist immer ordentlich gewesen, vernünftig, bis er sich in Wien versteckte, so daß er als fluchtverdächtig nach Auschwitz gekommen ist. Da hat er mir sein Leid geklagt. Da habe ich ihm gesagt, daß er das gar nicht nötig hatte, daß ich ihn aber jetzt aus Auschwitz selbstverständlich nicht mehr herausnehmen kann als Geheimnisträger. Das hat er eingesehen, da hab ich ihm diesen Posten besorgt, da war er sehr erfreut, da hat er den Besen bekommen und sich auf die Bank gesetzt. Da wird er einfach abgeknallt von irgendeinem Idioten. Ich verlange von Höss, daß der Mann zur Rechenschaft gezogen wird. – Bei dieser Schlamperei kein Wunder, daß er den Laden nicht auf Leistung bringt. Was heißt das, überfüllte Abteilungen, C II, B III, da soll er sie halt schneller leer machen.

KLAGES Es liegt, sagt er, daran, daß die neuen Krematorien nicht die erwartete Kapazität haben, daß zwei ausgefallen sind, durch Materialfehler, und daß er auf zusätzliche Verbrennungsgruben nicht ausweichen kann wegen der Fliegergefahr, da er sie nachts nicht abdecken kann.

EICHMANN Das ist ja seine Sache. Ich kann nicht umleiten, und ich gehe auch in den Quoten nicht noch weiter runter. Da schaff ichs nicht, da brichts mir hier zusammen.

KLAGES Wir haben anfangs ziemlich überzogen, sagt er, wirklich. Ostungarn gibt er an, nach Listen geliefert 300000. Daß wir ihm die Differenz jetzt nachlassen, bis er Luft hat.

EICHMANN Das kann ich nicht. Wenn ich den Film jetzt anhalt, reißt er. Wenn ich die Karre stoppe, steckt sie mir im Dreck. Und jeder nimmts als Schwäche, daß ich nicht mehr hoch kann. Die Ungarn wie die Juden. Das kommt nicht in Frage. Ich kann nur stoppen, wenn ich hier Vertrag hab, und ich glaub nicht dran. Ich laß mich nicht ausmanövrieren, wenn da in London jemand redet oder wo. Ich will Kontrakt. – Weiter.

KLAGES Unsere ungarischen Gewährsleute bestätigen die Information, daß der Kronrat unter Horthy auf alliierten Druck beschlossen hat, den Premierminister anzuweisen, keine weiteren Deportationen zuzulassen. Der Premierminister seinerseits versichert, daß er die formelle Anweisung nicht befolgen wird, wenn wir ihn stützen.

EICHMANN Das geht in Ordnung, ja. Wir haben ein Kommando vorbereitet, das Horthy verhaftet und eine neue Regierung unter Lazlo Endre einsetzt, wenn er unverschämt wird, der Verbrecher. – Weiter.

KLAGES Speer beschwert sich –

EICHMANN Weiter –

KLAGES Das Auswärtige Amt, Judenreferat, Herr von Thadden, empfiehlt, «die Frage der Budapester Juden schlagartig zu regeln», solange die internationale Presse mit der Invasion beschäftigt ist.

EICHMANN Schön wärs. Ich brauche Budapest aber, um auf die Verhandlungen zu drücken. Es muß ja zum Verkaufen auch was vorzuzeigen sein.
Klages lächelt. Pause.
Im Fall ich krieg die Order abzubrechen, wie lange brauchen wir, die Terminpläne von Westungarn auf Budapest umzustellen?

KLAGES Das laß ich prüfen.

EICHMANN Ich bitte um einen produktionsfähigen Alternativplan, der die Ladekapazität des zurückrollenden Fahrguts von der Rumänienfront berücksichtigt.

KLAGES Jawohl.

EICHMANN Was gibts in Frankreich, Normandie?

KLAGES – Große Raumgewinne.

EICHMANN Das ist gut.

KLAGES Wie meinen Sie?

EICHMANN Wenn ich einen Sack zubinden will, da laß ich doch zuerst mal schön was rein, nicht wahr?

KLAGES Ich verstehe.

EICHMANN Wie hat der Standartenführer Becher die Invasion aufgenommen, an der ihm seine Finanzjuden ja doch drehen sollten, wie?

KLAGES Ich hab ihn gestern nicht gesehn und auch nicht heute.

EICHMANN Der wird uns doch nicht etwa krank geworden sein im Übereifer, Herr von Klages?

Klages lächelt.

Da wollen wir mal die kleineren Geschäftspartner zur Kasse bitten.

KLAGES *am Telefon*: Die Waada-Juden zum Chef.

EICHMANN Wie sind die Juden konzentriert?

KLAGES In 2681 Judenhäusern, wegen der Fliegerangriffe schön über die Stadt verteilt. Dazu die Ziegeleien Budakalasz und Monor.

Kastner und Hansi Brand werden hereingeführt.

EICHMANN Sie sind die Frau Brand?

HANSI Ja.

EICHMANN Sehr erfreut. – Ehret die Frauen, sie flechten und weben himmlische Rosen ins irdische Leben! Ist das so, Kastner? *Er gibt Hansi Brand die Hand. Klages holt einen Stuhl.* Wir werden keinen Stuhl brauchen. Wenn der Herr Kastner nichts in seiner Tasche hat, geht heute alles schnell, gelt? *Er setzt sich hinter den Schreibtisch, Klages steht hinter ihm.* Wie geht es Ihrem Mann, Frau Brand? Was hören Sie?

HANSI Er ist in Kairo, um mit dem englischen Staatsminister für den Nahen Osten zu verhandeln.

EICHMANN Ist das so? Hat er Ihnen das geschrieben?

HANSI Die Sochnuth.

EICHMANN Was?

HANSI Daß Shertok in London und Joel in Kairo ist.

EICHMANN Er sollte aber hier sein, glaube ich. –
Wann sollte er hier wieder eintreffen, Frau Brand?
HANSI Vor fünf Tagen. Die Sochnuth hatte um eine Verlängerung der Frist ersucht, wir haben darüber verhandelt, mit Herrn Standartenführer Becher.
EICHMANN Sie haben darum ersucht, und ich habe es nicht genehmigt, gelt? Ich habe Ihnen mitgeteilt, daß ich den Herrn Brand fristgemäß mit dem Zwischenabkommen erwarte.
KASTNER Wir haben Joel Brand nicht abberufen, weil wir die Verhandlungen in diesem entscheidenden Stadium nicht gefährden wollten. Herr Shertok ist bei Mr. Eden, der persönliche Beauftragte Roosevelts ist zu Joel Brand unterwegs, Joint bietet Verhandlungen an, Genf, Lissabon –
EICHMANN Wenn ich den Höhenflug mal unterbrechen darf, Herr Kastner: Wo ist das angekündigte Zwischenabkommen? Namen sind Schall und Rauch.
KASTNER Wir haben das Zwischenabkommen reklamiert, wir erwarten es täglich.
EICHMANN Und warum kommts nicht? – – Ich will es Ihnen sagen. Weil Ihre Freunde nicht abschließen wollen. Weil sie sich der trügerischen Hoffnung hingeben, daß die militärische Entwicklung ihre Position stärkt. Das ist ein Irrtum, gelt?
KASTNER Aber die jüdische Seite will unbedingt abschließen, Herr Obersturmbannführer. Die Sochnuth hat mir fest zugesagt, daß Menachem Bader selbst nach Budapest kommt, um das Zwischenabkommen zu überbringen.
EICHMANN Wann?
KASTNER In den nächsten Tagen. Sobald er die Ausreisepapiere hat.
EICHMANN *amüsiert*: Daß Sie sich nicht genieren, Herr Kastner. Seit Wochen höre ich denselben abgestandenen Schmus, und ich habe vom ersten Tag an gewußt, daß die Geschichte jüdischer Dreh ist. Es wird da immer behauptet, daß Ihr Volk ein Genie für Geschäfte hat. Jetzt sehe ich, daß auch das eine Legende ist. Sie können vielleicht auf einem Kleidermarkt herumschachern, das ist möglich, aber Sie sind nicht befähigt, ein ehrliches Geschäft großen Stils abzuschließen. Ein Geschäft ist kein Schacher. Ein Kontrakt kein Rumfeilschen mit dem billigen Jakob auf der Weißen Woche.
KASTNER Sie werden uns zugestehen, Herr Obersturmbannführer, daß wir jede denkbare Anstrengung machen, die Verhandlungen zu beschleunigen. Wenn sich der Abschluß verzögert, so liegt das

an der kolossalen Bedeutung, die der Vertrag auch politisch hat, und daß sich die Vertragspartner miteinander im Kriege befinden. Nicht an unserem schlechten Willen.

EICHMANN Es kommt bei einem Geschäft nicht auf das Wollen an oder die Anstrengungen, sondern die Lieferungen. Worin Ihre Anstrengungen hier bestehen, Herr Kastner, das ist, uns das Debakel zu verbergen. Daß die Verhandlungen in Wahrheit bereits gescheitert sind, gelt?

KASTNER Das ist absurd.

EICHMANN Was würden Sie zu der Nachricht sagen, daß Bandi Grosz und Joel Brand in Kairo verhaftet sind? – Herr Kastner?

KASTNER Ich würde das für eine Lüge der Leute halten, die den Vertrag mit immer neuen Maßnahmen zu boykottieren suchen.

EICHMANN Was für Maßnahmen?

KASTNER Die Ghettoisierung der Budapester Juden zum Beispiel, die Ihre Glaubwürdigkeit erschüttert!

EICHMANN Ich darf Ihnen mal eine Frage stellen, Herr Kastner: Wie ist die Freigabe des Tausender-Transportes durch mich in die Schweiz honoriert worden? – Durch Hetzmeldungen. Wie ist die Reduzierung der Deportationsquoten, die ich veranlaßt habe, von Ihren alliierten Freunden honoriert worden? Durch Erpressungsversuche der ungarischen Regierung. Meine Großzügigkeit wird für Schwäche gehalten, und damit ist jetzt Schluß.

HANSI Wenn Joel noch nicht zurück ist, Herr Obersturmbannführer, so liegt das nicht an ihm! Er weiß ja, daß wir bürgen, daß seine Kinder –

EICHMANN Das denk ich mir, Frau Brand, und deshalb will ich nachhelfen, gelt? – Die B-Akte. *Er nimmt von Klages eine Akte entgegen.* Ich habe hier einen ausgearbeiteten Plan für die Deportation der Budapester Juden, Herr Kastner. Für die Frau Brand einen Stuhl.

Klages bringt ihr einen Stuhl, sie setzt sich.

Mit Fahrplänen, Kapazitäten und allen Schikanen. Wir werden das in einer Woche erledigt haben, gelt? Dann ist auch Budapest judenfrei. – Wann können wir damit anfangen, Herr von Klages?

KLAGES Wenn wir die Ziegeleien Budakalasz und Monor vorziehen, morgen abend.

EICHMANN Den Ziegeleien folgen Zug um Zug die Vorstädte Ujpest, Kispest, Pest-Szent-Erzsebet und so weiter. Das wird für die Verhandlungen günstig sein, da man eine andere Sprache nicht versteht.

Kastner Wenn Sie die Budapester Juden deportieren, werde ich veranlassen, daß alle Verhandlungen augenblicklich abgebrochen werden, da der Vertrag sinnlos wird.
Eichmann Ich bin einverstanden, Herr Kastner. Sie können hier sofort herausgehen und den Abbruch der Verhandlungen einleiten. Dann habe ich freie Hand, dann habe ich klare Verhältnisse. Bitte.
Kastner Aber Sie leiten den Abbruch ein! Wie wollen Sie Ihre Verpflichtungen denn noch erfüllen, wenn Sie nach der Provinz auch die Budapester Juden deportieren?
Eichmann Ich behalte genug Juden zur Hand, glaube ich. Es ist ethnisch nicht so wertvolles Material, Westungarn und so, aber ich bleibe lieferfähig. Ich werde jetzt massiv, ich wills jetzt wissen, gelt?
Kastner Ich habe Vollmacht, Ihnen eine Million Schweizer Franken anzubieten, wenn Sie uns noch eine Frist von einer Woche einräumen.
Eichmann Wieviel ist das pro Jude, Herr von Klages?
Klages Drei Franken reichlich.
Eichmann Drei Franken sind drei Mark, ein Taler. Ich würd bei einer Million Dollar eine Chance sehen. Ist das Geld da?
Kastner Es wird da sein.
Eichmann Dann gebe ich Ihnen für das Zwischenabkommen eine letzte Frist von drei Tagen, wenn das Geld morgen mittag 12 Uhr hier auf meinem Schreibtisch liegt. Drei Tage danach geht die Post ab. Es ist nicht meine Gewohnheit, Juden mit Kurierflugzeugen ausreisen zu lassen.

18. Szene

Büro des Secret Service in einer arabischen Villa in Kairo. Captain Tunney in einem seiner täglichen Verhöre mit Joel Brand, der zermürbt, müde, fahrig wirkt.

Tunney Ich habe heute nur erfreuliche Dinge, Herr Brand. Wir lassen dieses absurde Pult, was da auch immer vorgeschrieben sein mag, ich möchte mit Ihnen nach meiner eigenen Empfindung reden, als der Freund, den Sie in diesen tagelangen Gesprächen in mir gewonnen haben. *Er verläßt das Pult und setzt sich zu Brand. Ein Diener serviert einen Imbiß und Getränke.* Ich habe gebeten, uns eine kleine Erfrischung zu servieren, wir können sie gebrauchen, glaube ich.

BRAND Ich habe gesagt, daß ich nichts esse, bis Sie mich freilassen.

TUNNEY O, das tut mir leid. Irgend jemand hat mir gesagt, daß Sie auf dem gestrigen Empfang gegessen hätten. Ich war sehr froh. Wenn ich einer falschen Information aufgesessen bin –

BRAND Nein. Ich habe nicht vermutet, daß Secret Service seine Freunde auch am kalten Buffet beobachten läßt. Sind das die erfreulichen Dinge?

TUNNEY Es war ein bißchen taktlos von mir, mit dem Frühstück ins Haus zu fallen. Entschuldigung. *Er schiebt den Wagen mit dem Frühstück zur Seite.* Ihr Bericht hat in London einen tiefen Eindruck gemacht, Herr Brand.

BRAND Was geschieht in Budapest?

TUNNEY Sehr interessante, sehr schnelle Entwicklungen.

BRAND Was?

TUNNEY Horthy hat seine Polizeiorgane angewiesen, die Aktionen der Eichmannschen Judenkommandos zu sabotieren. Unter dem Eindruck der Invasion und dem Vormarsch der Roten Armee.

BRAND Horthy hat keine Macht. Wenn er sich widersetzt, werden ihn die Deutschen stürzen.

TUNNEY Das haben sie versucht. Horthy hat daraufhin im Gegenzug Panzer- und Infanterieregimenter nach Budapest beordert. Das wird Eichmann zwingen, unsere Einschätzung, seine Deportationspläne aufzugeben.

BRAND Falsch. Eichmann wird triumphieren und die Deportation mit allen Mitteln zu Ende bringen.

TUNNEY Sie meinen, die deutsche Regierung wird wegen der Judensache den Absprung Ungarns von der Achse riskieren?

BRAND Sie werden die Regierung an die Macht bringen, die ihnen hilft, die ungarischen Juden abzuschlachten.

TUNNEY Und sie geben diese Absicht auf, nach Ihrer Meinung, wenn Sie dem Herrn Eichmann mit einem netten Papier über zehntausend Lastwagen kommen?

BRAND Ich glaube, daß wir mit einem Gegenangebot von zehn Millionen Dollar durchkämen.

TUNNEY Man bringt vier oder fünf Millionen um und gibt die letzte Million dann frei, um zehn Millionen Dollar zu kriegen?

Wie soll man das verstehen? Sie müssen irgend etwas anderes damit beabsichtigen.

BRAND Wenn man sie in ein neutrales Land zu Verhandlungen einlädt, hat man das sofort heraus.

TUNNEY Aber die britische Regierung kann nicht mit Massenmördern über Erpressungen verhandeln, Herr Brand. Hinter dem Rücken ihrer Alliierten. Wir sind durch die Verträge von Casablanca und Teheran auf die Politik der bedingungslosen Kapitulation verpflichtet.

BRAND Die Sochnuth kann verhandeln. Die Alliierten können ihre Beobachter dabei haben. Zum 10. Mal.

TUNNEY Sie können sicher sein, Herr Brand, daß das, wenn irgend möglich, geschehen wird. Sie machen bei Ihrer Betrachtung den Fehler immer wieder, dieses Banditen-Angebot isoliert zu betrachten. Was ist der Hintergrund? Wo ist der Trick? Wenn es sich nicht überhaupt um die Privataktion einer Clique handelt, die sich persönlich bereichern will.

BRAND Mit Lastwagen? Um sich Lastwagen für die Zeit nach dem Kriege zurückzulegen?

TUNNEY Gut, was dann? Thesen.

BRAND Das Angebot der Nazis geht von der eigenen Propaganda-Vorstellung, der unbegrenzten Macht des sogenannten Finanzjudentums aus. Himmler glaubt, daß die Macht des Weltjudentums die westlichen Alliierten zu einem Sonderfrieden bringen könnte.

TUNNEY Phantastisch. Und um das zu verwirklichen, da lassen sie einen unbekannten Juden und einen zwielichtigen Agenten herumreisen –

BRAND Ich bin von den ungarischen Juden beauftragt.

TUNNEY Gut, gut, ich spreche von der Naziperspektive. Das sieht nicht sehr ernst aus, oder?

BRAND Es ist von ihnen aus vielleicht ein Versuchsballon, sicher –

TUNNEY Warum ist der Versuchsballon so klein?

BRAND Es ist denkbar, daß eine bestimmte Gruppe in der SS, Eichmann, Kaltenbrunner, darauf spekuliert, daß ihr Angebot von den Alliierten abgelehnt wird, um die Schuld vor der Weltöffentlichkeit von sich abzuwälzen: Wir wollten die Juden loswerden, die andern wollten sie nicht nehmen. Was blieb uns da übrig, als sie zu vernichten?

TUNNEY Wenn man Massenmördern kein Kriegsmaterial gegen die eigenen Verbündeten liefert, gegen sich selbst also, verschuldet man den Massenmord? – Das ist eine bizarre Logik.

BRAND Nicht meine.
TUNNEY Gar nicht?
BRAND Nein. – Was ich nur immer wieder fordere, ist, die Gegensätze in der SS auszunutzen. Warum können Sie die jüdische Seite nicht ermächtigen, endlich ihr Gegenangebot zu machen, endlich in direkte Verhandlungen einzutreten?
TUNNEY Das wird wahrscheinlich bald geschehen, Herr Brand. Im Rahmen unserer Kriegsanstrengungen.
BRAND Woraus schließen Sie das?
TUNNEY Ich habe einen Brief für Sie, der durch unsere Zensur gehen mußte, leider, von Herrn Barlasz, ich darf Ihnen den freigegebenen Teil vorlesen: ‹Lieber Joel, ich hoffe, daß Dich dieser Brief erreicht. Er soll Dich über den Fortgang der Angelegenheit auf dem laufenden halten. Du weißt, daß Shertok in London ist. Wir haben von ihm ständige und optimistische Nachrichten. Das gleiche kann von Amerika gesagt werden, und wir glauben, daß die Grundvoraussetzungen unsererseits so gut wie erfüllt sind.› Auslassung. ‹Wir haben auch Nachrichten von Hansi und Rescö. Nach dem bitteren Anfang scheinen die Dinge zum Stillstand zu kommen, und wir haben Grund zur Annahme, daß noch nicht alles verloren ist.› Auslassung. ‹In unveränderter Treue und Gesinnung   Dein Chaim.›
BRAND Kann ich den Brief lesen?
TUNNEY Leider nicht. Ich habe darum ersucht, daß der Inhalt ganz freigegeben wird.
BRAND Schreibt er, daß sie das Zwischenabkommen an Eichmann geschickt haben?
TUNNEY Das schreibt er nicht. Die Auslassungen beziehen sich wesentlich auf Bandi Grosz.
BRAND Wo ist Bandi Grosz?
TUNNEY Hier in Kairo. Vor Ihnen. Wir haben ihn verhaftet, nachdem er kreuz und quer mit allen möglichen Geheimdiensten und Militärmissionen verhandelt hat. Er hat sich in unseren Vernehmungen in ganz phantastische Widersprüche verwickelt.
BRAND Kann ich ihm gegenübergestellt werden?
TUNNEY Das ist zur Stunde noch nicht möglich, Herr Brand. Er ist der Agent einer feindlichen Macht, nach unseren Recherchen, und er handelt in deren Auftrag.
BRAND Der Auftrag ist, für Eichmann das Leben der ungarischen Juden zu verkaufen.

TUNNEY Na ja. Wenn es nach Herrn Grosz geht, dann ist die ganze Sache sogar von ihm ausgegangen. Er schwört, daß die ungarischen Juden bis zum letzten Mann geschlachtet werden, wenn wir ihm auch nur ein Haar krümmen.
BRAND Sie haben mir versprochen, sich um ein Gespräch mit Lord Moyne und dem amerikanischen Bevollmächtigten zu bemühen.
TUNNEY Ich habe Ihr Ersuchen befürwortet weitergegeben, Herr Brand, sobald Lord Moyne Zeit hat, wird er Ihnen sicher zur Verfügung stehen.
BRAND In Ungarn wird deportiert, jeden Tag, den Lord Moyne keine Zeit hat.

19. Szene

Der Standartenführer Becher, im Bademantel, packt einen Koffer. Eichmann kommt herein.

EICHMANN Ich komm auf einen Sprung vorbei, laß dich nicht stören, es ist jetzt alles klar, es klappt.
BECHER Was?
EICHMANN Horthy hat zugestimmt, auf unser Ultimatum und auf unsre Panzerdivision, daß wir das auserwählte Volk aus Budapest herausführen. Der Ministerpräsident Sztojay ist erkrankt, ich schätze, daß Lazlo Endre ihn ersetzen muß, mein Freund. Das freut dich, seh ich.
BECHER Das freut mich, ja. Was ich gehört hab, ist, daß du sie nur aus Budapest herausbringst, nicht aus Ungarn. Das sagt mir Veesenmeyer, sehr verbittert.
EICHMANN Das mach ich schon, das laß mich nur machen.
BECHER Was ist, wenn ich aus Lissabon zurückkomm mit unterschriebenem Kontrakt?
EICHMANN Lissabon entfällt.
BECHER Wieso?
EICHMANN Wir haben die Bestätigung, daß Joel Brand und Bandi Grosz verhaftet sind.
BECHER Na und?
EICHMANN Das Sicherheitshauptamt fürchtet für Lissabon, daß

sich der Intelligence Service auch für dich interessieren könnte, als Geisel.

BECHER Das fürcht ich weniger, Adolf.

EICHMANN Anordnung Kaltenbrunner, Kurt.

BECHER Der Reichsführer andererseits ist weiterhin bereit, Juden für Waren freizugeben.

EICHMANN Wer jetzt noch kaufen will, kommt her. Ich hab von falschen Telegrammen jetzt genug. Wer nicht bis morgen mittag an der Kasse ist, der kommt zu spät. Die Frist ist morgen mittag abgelaufen.

BECHER Im Hinblick auf die Ungarn würd ich das bedenken, Adolf.

EICHMANN Wer gar zu viel bedenkt, wird wenig leisten, sagt das Sprichwort.

BECHER Und wo ein Aas ist, sammeln sich die Geier, sagt es auch.

EICHMANN Was meinst du?

BECHER Ich mein das treulose Komplott des Königs von Rumänien mit den Bolschewisten. Schlechte Beispiele verderben gute Sitten.

EICHMANN Deswegen mach ichs. Weil nur Härte hilft. Wer nicht geschunden wird, wird nicht erzogen.

BECHER Ich würd mir das bestätigen lassen, Adolf. Anordnung Kaltenbrunner hin und her. Ich würd auf den zwei Augen nicht gern stehen wollen.

EICHMANN Das ist geschehen, Kurt. Ich denk, du kennst mich. Ich hab es schwarz auf weiß. Ich hab die Hände frei ab morgen mittag. Aus der Traum. Es war mir ein Vergnügen, Kurt, ich hoff dir auch. Ich bin begleitet, du entschuldigst mich. Heil Hitler, gelt?
Er entfernt sich in stillem Triumph.
Becher geht zum Telefon.

BECHER Sicherheitshauptamt, Schellenberg, Blitz. Flugkarten nach Berlin nächste Maschine. Wenn Kastner da ist, reinschikken.
Oberscharführer Puchinger tritt auf.

PUCHINGER Wenns jetzt recht wär, Standartenführer, die Morgenmassage? Ich sage immer meinen Kindern, wer was gelernt hat, kann nicht untergehen. Da immer gefressen wird, meine Meinung, wird auch immer massiert. Hab ich recht? Bittschön.

BECHER *zieht den Bademantel aus und legt sich auf einen Massagetisch*: Wir fahren nicht nach Lissabon, Puchinger. Ich flieg nach Berlin.

PUCHINGER Auch eine schöne Gegend. Wenn ich den Herrn Standartenführer begleiten dürfte als gelernter Masseur und als gelernter Koch? Entspannen, bittschön. *Er massiert Becher.*

BECHER Ich reis vermutlich ab. Ich komme nicht zurück.

PUCHINGER Das wär mir, wenn ich sagen darf, nur recht. Ich bin kein seßhafter Mensch eigentlich. Wenn der Krieg zu Ende ist, hab ich mir gedacht, da möcht ich mich verändern, beruflich meine ich, auch örtlich, sagen wir, kein Polizeidienst mehr.

BECHER Wann ist der Krieg zu Ende, Puchinger?

PUCHINGER Ich hoffe stark auf bald, ich fürchte. Daß wir ihn bald gewonnen haben, das sagt mir mein Verstand, daß sie stark einschlagen werden, die Wunderwaffen, dann möcht ich mich der menschlichen Erholung widmen, mit kleinem Kapital sagen wir ein kleines Erholungsheim in einer schönen Gegend, auch Ausland käm in Frage, Massagen, Wasserkuren, Wassertreten, ich halte viel auf Wasser, medizinisch. Wenn ich die andre Seite bitten dürfte. Diätküche, schwedische Gymnastik –

Das Telefon läutet. Becher nimmt den Hörer ab.

BECHER Ja? – Ja. Schellenberg ist nicht im Amt. Na gut, dann ruf ich später. *Er legt auf.* Das kenn ich, nicht im Amt. Ich mach hier Schluß. Sie sind zu dämlich.

PUCHINGER Wenn ich fragen darf, wer?

BECHER Alle. Gehirne, die im eingefahrenen Gleise laufen, und gehts auch auf die Müllkippe. Nur nichts Neues, nur nicht denken.

Kastner wird hereingeleitet.

Nehmen Sie Platz, Kastner. Es wird Sie nicht stören, daß ich etwas für meine Gesundheit tue. Der Blutdruck ist zu hoch, und die Zeiten sind schwer. Ich muß abnehmen. – Wenn Sie um einen neuen Aufschub kommen, kommen Sie vergeblich. – Entweder ich kann heute etwas vorweisen, oder ich fahre morgen nach Berlin zurück. Ich habs satt. Ich habe Sie und Ihre Leute für intelligenter gehalten. Kalter Kaffee. – Ich bin doch kein Vieh, Puchinger! Also Kastner.

Kastner wirft einen fragenden Blick auf Puchinger.

Sprechen Sie ungeniert. Wer mich massiert, ist auf die höheren vaterländischen Ideale vereidigt. Was gibt es?

KASTNER Wir haben das Interimsabkommen aus Istanbul.

BECHER *richtet sich auf*: Was? Wirklich? Geben Sie her.

KASTNER Es ist hebräisch abgefaßt, ich habe es noch nicht übersetzt, um keine Zeit zu verlieren.

BECHER Hebräisch! Was für Dummheiten. –
Der «Stürmer» hat nie entdeckt, daß die Juden Prinzipienreiter sind. Sie sind mit uns verwandt. Der Haß von Verwandten, wie? – *Er legt sich wieder auf den Bauch und wird weiter massiert.* Also, was steht drin? Die Fakten.
KASTNER *liest:* ‹Die jüdische Seite ist bereit, sofort in Verhandlungen über das Angebot einzutreten, das ihr von Herrn Joel Brand unterbreitet wurde.›
BECHER Das denke ich ja. Schmonses, in Ihrer Sprache zu reden.
KASTNER ‹Sie erwartet, daß die Gegenseite bevollmächtigte Vertreter in die Schweiz und nach Lissabon entsendet.›
BECHER Wer vertritt Ihre Seite?
KASTNER Die Sochnuth und Joint.
BECHER Wie sind die Alliierten beteiligt?
KASTNER Durch Beobachter. Es finden parallele Verhandlungen in London und Washington statt.
BECHER Das ist ein Hoffnungsschimmer. Gut. Weiter.
KASTNER *liest:* ‹Die jüdische Seite ist bemüht, die verlangten Waren schnellstens zu beschaffen.›
BECHER Wenn man ein Geschäft abschließen will, muß man die Waren haben. Bemüht.
KASTNER Sofern auf Kriegsmaterial nicht voll bestanden wird, kann schnell geliefert werden.
BECHER Gut, aber Waren. Waren, die uns fehlen. Weiter.
KASTNER ‹Bis zum Abschluß eines endgültigen Abkommens schlägt die jüdische Seite ein Interimsabkommen vor, das folgende Bedingungen enthält:
1. Die Deportationen werden eingestellt, hierfür erhält die Gegenseite monatlich eine Million Schweizer Franken.›
BECHER Das ist läppisch, Kastner. Bei der jetzigen Kriegslage, ganz läppisch. Indiskutabel. Täglich vielleicht.
KASTNER Ich bin autorisiert, die Summe zu erhöhen, wenn das von Ihrer Seite gefordert wird.
BECHER Gut. Weiter.
KASTNER ‹2. Die Auswanderung nach Israel wird erlaubt. Für je 1000 Personen erhält die Gegenseite 400000 Dollar.›
BECHER Viel zu wenig. 400 Dollar pro Nase ist zu wenig. Weiter.
KASTNER ‹3. Die Auswanderung nach Überseeländern wird erlaubt. Für je 10000 Personen erhält die Gegenseite eine Million Dollar.›
BECHER Jetzt sind wir schon auf hundert Dollar pro Seele. Da muß

ich Ihren Leuten leider sagen, daß sie da schon ein bißchen tiefer in die Tasche greifen müssen.

KASTNER Das Zwischenabkommen ist ein Vorschlag, über dessen Einzelheiten verhandelt werden kann, Herr Standartenführer. Was haben Sie sich gedacht?

BECHER Bei Leuten und Zigarren darf man den Preis ja sagen, wie? Ich würde 2000 Dollar pro Person für einen anständigen Preis halten. Für einen Preis, mit dem ich in Berlin durchkomme. Man soll den Wert des Menschen nicht unterschätzen, was meinen Sie, Puchinger?

PUCHINGER Ein Mensch, sofern er lebt, ist unbezahlbar, sag ich immer.

KASTNER Die jüdische Seite wird jede Summe zahlen, die sie zahlen kann, sofern Sie Herrn Eichmann bewegen können, das Interimsabkommen anzunehmen.

BECHER Jetzt bin ich für heute gesund genug, Puchinger. Wir bleiben.

Puchinger geht hinaus. Becher zieht einen Bademantel an und zündet sich eine Zigarre an.

KASTNER Wir haben ungarischerseits die Information, daß Obersturmbannführer Eichmann gegen die ungarischen Absichten entschlossen ist –

BECHER Das lassen Sie bitte meine Sorge sein, Kastner. Die Höhe des Angebots ist indiskutabel, damit kann ich nicht antanzen, aber ich werde Verhandlungen auf der Grundlage dieses Abkommens beim Reichsführer SS durchsetzen, gegen die bekannten Strömungen. Und ich werde die Auslandsverhandlungen selber führen. Morgen früh melden Sie sich bei Eichmann. –

KASTNER Ja.

BECHER Wenn Sie mich bluffen, Kastner, sind Sie aus und ich.

KASTNER Ich weiß. *Ab*.

BECHER *telefoniert*: Reichsführer SS, Blitz, Visum in die Schweiz vorbereiten.

20. Szene

Arbeitszimmer Eichmanns im Hotel Majestic.
Eichmann am Schreibtisch. Hinter ihm von Klages.

EICHMANN Der hintersinnige Hund, die maliziöse Sau. Stoppen. Und darauf fällt man rein: Auf ein Papier, auf einmal ist das da, der Teufel aus der Kiste.
Das Telefon läutet. Von Klages nimmt den Hörer ab.
KLAGES Ja? – – Ich übergebe.
EICHMANN Was?
KLAGES Westungarn jetzt. Stuhlweißenburg. Die ungarische Gendarmerie hat den Bahnhof besetzt. Sie läßt den Transport nicht rausgehen. *Er übergibt Eichmann den Hörer.*
EICHMANN *ins Telefon*: Wenn dieser ungarische Dreck den Bahnsteig nicht freimacht, dann lassen Sie ihn räumen. Kriegsmäßig! *Er legt auf.* Das ist der Dank. Ein Tritt. Schmeißfliegen, die sich auf jeden Kadaver setzen! Ungarn ist nicht Rumänien! Zwei Bataillone Waffen-SS nach Stuhlweißenburg.
Becher kommt herein, eine Zigarre rauchend. Er setzt sich in den gewohnten Sessel.
BECHER Das würde ich jetzt nicht machen, Adolf. Der Kastner ist da.
EICHMANN Ich mach es aber. *Zu Klages:* Der Befehl geht raus. Ich bleib am Drücker.
BECHER Da rat ich ab. Da laß ich den Befehl nicht rausgehen.
EICHMANN Wer hier befiehlt, bin ich.
BECHER Wer hier befiehlt, bist du, und ich berat dich, ja. Im Auftrag des Reichsführers. Ich rat dir ab, daß dich nichts morgen reut.
EICHMANN Reue ist etwas für kleine Kinder, Kurt. Und für Doppelspieler.
BECHER Was meinst du, Adolf?
EICHMANN Ich mein die Ungarn, Kurt. – Die mit den Juden pakkeln. Der junge Horthy, hör ich, hat gesagt, daß er manchmal gerne laut weinen möchte vor Verzweiflung. Ich sorge, daß ers kann.
BECHER Ich halts für falsch.
EICHMANN Meinst du?
BECHER Meint Schellenberg. Warum, Adolf, willst du mit den Un-

garn anbinden, wenn du die Deportationen ab morgen sowieso einstellen mußt?
EICHMANN Ich stelle sie für eine sehr kurze Zeit ein. Denk ich, Kurt.
BECHER Das glaub ich nicht, Adolf.
EICHMANN Das wirst du glauben, wenn du mit deinen Leuten aus der Schweiz und aus Portugal zurückkommst. Da hat sich dann nämlich herausgestellt, was ich immer gesagt habe, daß diese Verhandlungen ein Windei sind.
BECHER Ich häng nun mal an der Idee, und das Sicherheitshauptamt auch, du hast ja das Fernschreiben des Reichsführers, Adolf.
EICHMANN Ich kanns abwarten, Kurt.
BECHER Ich auch, Adolf. Dann schick ich dir den Kastner jetzt rein. Ich hab noch was zu packen, für die Schweiz. *Er geht ab.*
EICHMANN *zu Klages*: Soweit sind wir. Daß man im Sicherheitshauptamt auf Leute hört, deren einzige Idee es ist, ihren Hintern ins Trockene zu bringen. – Ideale! – Als ich vor Jahren die Massenauswanderung der Juden vorgeschlagen habe, wo sie wirklich Geld gebracht hätte, da waren dieselben Leute dagegen.
Kastner wird von einem Posten hereingeführt und wartet in der Nähe der Tür.
Kommen Sie näher, Herr Kastner. Wenn ein großes Geschäft scheitert, so soll man sich dabei in die Augen sehen.
Kastner tritt an den Schreibtisch.
Was würden Sie von einem Mann halten, Herr Kastner, bei dem Sie zu einem bestimmten Termin einen großen Posten Schuhe bestellt haben zu einem großzügigen Preis. Er bittet Sie fünfmal um Terminaufschub, und dann kommt er nach vier Wochen und mauschelt: Herr Kastner, es steht alles glänzend, ich kann Ihnen zwar keine Schuhe verkaufen, aber ich habe dafür erstklassige Hosenträger.
KASTNER Das Zwischenabkommen bietet Hosenträger und Schuhe, Herr Obersturmbannführer. Dollars und Lastwagen.
EICHMANN Wann kommen die Schuhe? Ich les da nichts davon in diesem Abkommen.
KASTNER Sobald der Vertrag perfekt ist.
EICHMANN Wann? Exakt wann? Das möchte ich wissen, gelt?
KASTNER So schnell wie möglich. Die jüdische Seite wird alles Erdenkliche tun, sofort abzuschließen.
EICHMANN Ich sehe, was Ihre jüdische Seite tut: Sie packelt mit den Ungarn, und sie will mich mit diesem Zwischenabkommen auf

den Sankt-Nimmerleins-Tag vertrösten. Das kommt nicht in
Frage. Denn meine Ware ist verderblich, Ihre nicht. Das muß
man klar sehen, gelt?

KASTNER Da ich das sehe, die Kriegslage, Herr Obersturmbannführer, finde ich den Vorschlag der jüdischen Seite großzügig.

EICHMANN Wenn man mir für einen Juden 100 Dollar anbietet?
Was hat der Reichsführer zu diesem Angebot gesagt, Herr von
Klages? Lesen Sie.

KLAGES ‹Die Gegenseite ist wohl verrückt geworden. Die Einreise
eines Europäers nach Amerika kostet tausend Dollar. Die Ausreise eines Juden aus Europa kostet auch tausend Dollar. Himmler.›

EICHMANN Das ist die Basis für die Verhandlungen; teilen Sie das
Ihren Leuten mit.

KASTNER Ich bin autorisiert, diesen Preis zu akzeptieren. Unter
der Bedingung, daß Sie die Deportation einstellen und das jüdische Leben respektieren.

EICHMANN Ich stelle für die Zeit der Verhandlungen ein, sobald die
ersten Zahlungen erfolgen. Wenn die Verhandlungen stocken,
setze ich fort.

KASTNER Ich kann Ihnen einen zu bestimmenden Dollarbetrag und
ein Schweizer Akkreditiv für den Gegenwert von 30 Lastwagen,
15 000 kg Kaffee und 2 Waggons Schaffelle sofort übergeben.

EICHMANN Diesen Trödel möchte ich meiner Dienststelle überlassen. Wenn der Herr von Klages Zeit hat.

KLAGES Wenn der Herr Kastner die Vollmachten bei sich hat?

KASTNER Ja.

EICHMANN Dann nehmen Sie Platz, Herr Kastner. In Geschäften
fängt die Gemütlichkeit an. *Er erhebt sich, den Raum zu verlassen.*

KASTNER Ich hätte noch einen Transport zu reklamieren, Herr
Obersturmbannführer, 3000 Personen aus Györ, die nach Österreich sollten und die durch eine Verwechslung der Zugnummern
jetzt nach Auschwitz unterwegs sind.

EICHMANN Wo sind sie jetzt? Wo hat man das gemerkt?

KASTNER An der slowakischen Grenze, da die Nummer des Zuges
nicht im Transitabkommen figurierte.

EICHMANN Na, wenn sie schon an der slowakischen Grenze sind,
dann fahren sie halt schön weiter. Nach Auschwitz, gelt? *Er geht
ab.*

21. Szene

Terrasse eines englischen Clubs in Kairo.
Lord Moyne, etwa 65 Jahre, trinkt Tee, liest die Zeitungen.
Captain Tunney tritt auf, grüßt, wartet.

MOYNE Ja?
TUNNEY Captain Tunney, Sir.
MOYNE Und?
TUNNEY Sie hatten uns zugesagt, Ihr Büro, eine Viertelstunde für Leutnant Jakobson zu haben. Hier im Club.
MOYNE Wer ist das?
TUNNEY Entschuldigung, Sir. Das ist der militärische Status, den wir Herrn Brand gegeben haben, der als Eugen Band eingereist ist. Aus Sicherheitsgründen, damit er sich frei bewegen kann.
MOYNE Und wer ist der Herr Brand oder Band? –
TUNNEY Der aus Budapest gekommen ist, ein Budapester Jude.
MOYNE Der mit den Lastwagen? Die Geschichte?
TUNNEY Ganz recht, Sir.
MOYNE Dieser jüdische Agent.
TUNNEY Nein, Sir, der andere. Der von den ungarischen Juden geschickt wurde, über Sochnuth, Aleppo –
MOYNE Richtig, ich weiß, der uns die vielen Schwierigkeiten gemacht hat.
TUNNEY Anfangs, Sir, verständlich, finde ich. Ich halte ihn für einen besonders anständigen und vollkommen loyalen Menschen. Wir haben von ihm den besten und zuverlässigsten Bericht, den wir über die Judenverfolgung der Nazis je bekommen haben.
MOYNE Gräßlich. Unvorstellbar und gräßlich. – Wie dieses absurde Kolportage-Angebot. Was kann ich für ihn tun? Wir haben unsere Einschätzung an London gegeben.
TUNNEY Sie würden ihm sehr helfen, glaube ich, psychologisch, wenn Sie ihm das Gefühl geben, daß unsere Bemühungen Erfolg haben, daß unsere Maßnahmen die Nazis zwingen, ihr Vernichtungsprogramm aufzugeben. Ich war in Kairo hier mit ihm bei 20 Ämtern, und er will Lord Moyne.
MOYNE Ja, natürlich.
TUNNEY Ich darf ihn dann holen.
MOYNE Gern. Wir brauchen dann noch ein zweites Gedeck.

Tunney ab, um gleich darauf mit Brand in der Uniform eines Leutnants vom Secret Service zurückzukehren.
Es ist mir sehr angenehm, Sie endlich kennenzulernen, Herr Brand. Sie kommen aus der Höhle des Löwen und Sie wollten in die Höhle zurück. Sie haben uns sehr beeindruckt. Bitte.
Sie setzen sich.
BRAND Ich hätte Sie gern früher kennengelernt, Sir.
MOYNE Ich weiß, es war eine schwere Zeit für Sie, aber es hatte keinen Sinn, miteinander zu reden. Wir haben lange Zeit in Ihnen so etwas sehen müssen wie einen Hess Nummer zwei, mit positiven Vorzeichen natürlich, immerhin von einer irrealen Idee besessen. – Ich freue mich, daß wir jetzt in Budapest Erfolg haben, und daß Sie diesen Nazi-Trick durchschauen.
BRAND Welchen Trick, Sir? Die Nazis haben ein großes Repertoire.
MOYNE Er war bei aller Dummheit gefährlich. Er lief darauf hinaus, uns mit einem Schlag in Schwierigkeiten mit Rußland, den Arabern und der Weltöffentlichkeit zu bringen. Ich glaube, das hat sich Goebbels ausgedacht, Himmler ist zu dumm. – Von Ihrer Lage her verstehe ich natürlich, daß Sie das Angebot ganz ernst genommen haben. Es war der Strohhalm, den wir nicht mehr brauchen, Gott sei Dank.
BRAND Es ist ernst! Ich habe ja die Nachricht, daß Eichmann die Deportationen gerade eingestellt hat! Auf unser Zwischenabkommen hin für die Zeit der Verhandlungen.
MOYNE Ich denke, daß das andere Gründe hat. Zwingende und irreversible.
BRAND Aber Sie verhandeln doch darüber.
MOYNE Wer und worüber? – Von welchen Verhandlungen sprechen Sie?
BRAND Die gegenwärtig in der Schweiz und in London geführt werden. Von den Vertretern der Sochnuth und den Alliierten.
MOYNE Die britische Regierung? Wie könnte sie das? Schon der Gedanke, Lastwagen gegen Menschen zu liefern, ist ekelerregend. Kein britischer Regierungsbeamter kann sich dazu hergeben, diese Massenmörder als Verhandlungspartner anzunehmen. Von unseren Verträgen in Casablanca und Teheran einmal abgesehen, die uns gesonderte Verhandlungen verbieten.
BRAND Die jüdischen Vertreter können unterschreiben. Das genügt, um die Leute freizukriegen, die Eichmann als Vorschuß versprochen hat.

MOYNE Sie glauben, daß dieser Eichmann, diese Bestie, Leute freigibt, ohne Garantien für die entsprechenden Waren? Warum?
BRAND Weil Himmler verhandeln will.
MOYNE Warum wendet er sich dann nicht durch die Vermittlung einer neutralen Macht an uns? Über diplomatische Kanäle?
BRAND Soll er in einer diplomatischen Note fordern: Gebt uns soundsoviel Lastwagen, sonst vergasen wir anderthalb Millionen Menschen? Das wird er doch nie zugeben.
MOYNE Es ist nicht das erste Angebot, das wir von diesen Leuten kriegen in der Richtung, und sie versuchen es nicht zum ersten Mal, uns zu erpressen, seit sie militärisch erledigt sind. – Wie groß sollte der Vorschuß sein, diesmal?
BRAND 100000, die er an die spanische Grenze stellen will.
MOYNE Und insgesamt?
BRAND Eichmann sprach von einer Million. Ich weiß nicht, wieviel noch leben.
MOYNE Aber ich bitte Sie, Herr Brand, was mache ich in unserer Lage mit einer Million Juden? Wo soll ich sie hinbringen? Wer wird die Leute nehmen? Wissen Sie, was hier in unseren arabischen Mandatsgebieten losbricht, wenn wir nur den zehnten Teil hereinbringen würden?
BRAND Wenn der Planet keinen Platz für uns hat, dann bleibt unseren Leuten nichts anderes übrig, als ins Gas zu gehen. *Er verläßt den Tisch, ohne sich zu verabschieden.*
Captain Tunney erscheint.
MOYNE Es war keine gute Idee, mich mit ihm zusammenzubringen. Ein Don Quichote. Tragisch.

22. Szene

Arbeitszimmer Eichmanns im Hotel Majestic.
Eichmann an seinem Schreibtisch, Becher in einem Empiresessel.

EICHMANN Daß du mit mir nicht übereinstimmst, Kurt, nachdem was du in die Geschichte investiert hast, ideell, versteh ich menschlich völlig. Das ist klar.
BECHER Ich sprech von Taktik, Adolf. Was ist taktisch richtig? Daß du drohst mit Budapest, das ja. Daß dus auch machst, das nein, bis wir ganz klar sehn.

EICHMANN Ich seh ganz klar, daß ich am Drücker bin.
BECHER Ich sehs, obwohl enttäuscht bis in die Knochen von der Reise, als schwirig an, noch nicht als hoffnungslos.
EICHMANN Da die Verhandlung stockt, du kennst die Weisung, heb ich die Budapester Juden aus. Wer dran ist, zieht. – Es ist, so wie wir stehn, kein billiger Triumph, weil ichs vorausgesehen hab. Wenn ich auch jetzt nicht handel, als Idealist und Pflichtmensch, ists eine Schraube ohne Ende, glaub mir.
BECHER Auf deine Kappe, Adolf. Was ich mir überleg, was bringts uns ein? Ich sehs mal militärisch.
EICHMANN Ich auch. Nachdem ich die Deportationen gestoppt habe, fordern die Ungarn den Abzug der Judenkommandos! Damit ist Schluß! Ich kann, rein militärisch, nicht riskieren, daß uns, im Fall wir werden Kampfgebiet, die Budapester Juden in den Rücken fallen. Ich bring sie weg.
BECHER Und dann?
EICHMANN Was, dann? – Was meinst du, Kurt?
BECHER Was uns an diesem Angebot doch interessiert hat, und mich noch, ich wart auf Weisung, das ist, was holen wir aus diesen Juden, diesem Faustpfand raus, für eine Friedenswende, sagen wir. Ob Waren oder Geld ist nicht die Frage, scheint mir.
EICHMANN Was ich mehr sehe, Kurt, das ist die Kriegswende. Wer nachgibt, bricht den Hals. In diesem Kriege siegt, wer daran glaubt. – *Ins Telefon:* Die Waada-Juden. *Zu Becher:* Oder?
BECHER Wenn du das glaubst, dann glaub ichs, glaub ich, auch. Bis ich Gewißheit hätt, würd ich nur drohen, Adolf. Wenn du jetzt anhaust, ist der Fisch vom Haken.
Kastner und Hansi Brand werden von einem Posten hereingebracht.
EICHMANN Da seh ich Sie noch einmal, Herr Doktor Kastner. Es ist bestimmt in Gottes Rat, daß man vom Liebsten, was man hat, muß scheiden. Es ist unsere letzte Besprechung. Nehmen Sie Platz. Sie haben anstrengende Tage vor sich. – *Zu Hansi:* Sie können sich auch setzen. *Sie setzen sich.*
Es hat sich also jetzt herausgestellt, daß diese großartig angekündigten Verhandlungen ein jüdischer Schmus sind, ein aufgelegter jüdischer Schwindel. Der Herr Becher hat an der Schweizer Grenze nichts, buchstäblich gar nichts erreicht.
KASTNER Ich habe gehört. Da es sich um die ersten Kontakte in einem ganzen Verhandlungskomplex handelt, Herr Obersturmbannführer, würde ich das nicht überschätzen wollen.

EICHMANN Das ist nett von Ihnen.
KASTNER Die Waada ist dahingehend informiert, daß in Lissabon weiterverhandelt wird, daß alles vorbereitet ist, das Abkommen zu unterzeichnen, Herr Obersturmbannführer.
EICHMANN Sie sind vielleicht informiert, aber der Herr Saly Mayer, der war über die Offerte, die wir vor Monaten durch Joel Brand gemacht haben, leider nicht informiert. Der hat dem Herrn Becher erzählt, daß ihm unsere Judenpolitik nicht gefällt, und ob uns nicht mit ein paar Koffern Geld gedient wäre. *Zu Becher:* Wie war das, Kurt?
BECHER Unser Treffen war so gut vorbereitet, Herr Kastner, daß ich mir im Regen stehend seine humanitären Phrasen anhören mußte. Weil man mir nämlich kein Einreisevisum in die Schweiz besorgt hatte, und der Herr Mayer deutsches Reichsgebiet nicht zu betreten wünschte. Nicht einmal unser Zollhaus. Wir standen auf dem Grenzstrich einer Brücke, und er machte mir in seiner einnehmenden Art erst mal klar, daß wir Beweise liefern müßten, daß wir auf dem Weg der Besserung sind, daß Menschen keine Tauschobjekte sind etcetera. Es war eine Farce. Er ließ ein paar Koffer mit Dollars anschleppen, um sie mir vorzuzeigen. Ganz unmöglich.
EICHMANN Erzähl doch mal dem Herrn Kastner, Kurt, was der Herr Saly Mayer gesagt hat, als du ihm ein Versprechen über zukünftige Warenlieferung abverlangt hast. Was hat er da geantwortet?
BECHER Ein Schweizer Bürger verspricht nur, was er halten kann.
EICHMANN Und daraus habe ich geschlossen, Herr Kastner, daß wir für die Juden nicht mehr tun können, als der Herr Saly Mayer.
BECHER Ich habe seinen positiven Bescheid telegrafisch nach Budapest erbeten.
KASTNER Aber Saly Mayer ist ein alter und völlig weltfremder Mann. Wir haben von Joint verlangt, daß er ersetzt wird. Es ist uns zugesagt, daß Roswell McClelland, der amerikanische Bevollmächtigte, die weiteren Verhandlungen führen wird. Erfolgreich führen wird, Herr Obersturmbannführer.
EICHMANN Jetzt kommen Sie mir nicht mit Ihren amerikanischen Märchen. Was ich von denen bis jetzt gesehen habe, das sind Demarchen bei der ungarischen Regierung und im neutralen Ausland. Sie müssen uns ja nicht für Trottel halten, gelt? Die Post in Budapest, die geht jetzt ab.

KASTNER Aber das ist doch nur ein Mißverständnis. Wir haben die Gewißheit, daß London, Washington –
EICHMANN Ich kenne Ihre Mißverständnisse, Kastner, seit wir verhandeln, nichts als das.
KASTNER Was haben Sie davon, wenn Sie jetzt den Rest der Juden vernichten?
EICHMANN Ich? Sie. Gelt?
KASTNER Warum wollen Sie die Verhandlungen in letzter Stunde abbrechen, nachdem Sie Ihren guten Willen unter Beweis gestellt haben, nachdem alles klar ist, unmittelbar vor Verhandlungen mit den Alliierten –
Hauptsturmführer von Klages kommt mit einer Meldung herein.
EICHMANN Was ist?
KLAGES Eine Vorrangmeldung, Obersturmbannführer. *Er legt sie Eichmann vor. Eichmann überfliegt sie und wird blaß. Er steht auf und geht mit dem Blatt zu Hansi Brand.*
EICHMANN Lesen Sie uns das bitte vor. – Es ist eine Meldung der britischen Nachrichtenagentur Reuter. – Lesen Sie.
HANSI *liest*: ‹Es liegt schon lange auf der Hand, daß die deutschen Machthaber angesichts ihrer gewissen Niederlage ihre Bemühungen verstärken, die Alliierten zu erpressen, zu betrügen und zu spalten. Aus zuverlässiger Quelle erfahren wir, daß die Deutschen in den letzten Monaten 400 000 ungarische Juden nach Polen deportiert und vergast haben. Unter dem Hinweis, daß die restlichen Juden das gleiche Schicksal erwartet, haben die Nazis zwei Abgesandte mit einem Erpressungsvorschlag in die – Türkei geschickt. Sie› –
EICHMANN Weiter, lesen Sie.
HANSI – ‹Sie bieten die übriggebliebenen Juden gegen Lastwagen und anderes Kriegsmaterial an, das, wie sie sagen, nicht an der Westfront verwendet werden solle. Die ganze Geschichte ist eine der widerlichsten dieses Krieges. Die Vorschläge sollen angeblich von der Gestapo stammen. Die Prüfung durch die Alliierten hat ergeben, daß die Vorschläge keine ernste Grundlage haben.›
EICHMANN *freundlich*: Keine ernste Grundlage. Haben Sie gehört, Kastner? *Zu Hansi Brand:* Weiter.
Da Hansi Brand schweigt.
Ist Ihnen nicht gut, Frau Brand? Darf ich Ihnen den Rest dann vorlesen? *Er nimmt die Reuter-Meldung und liest:* ‹Sie – die Vorschläge – sind ein Mittel in der psychologischen Kriegsführung der Nazis. Ihr Gemisch aus Drohung und Erpressung verfolgt

den phantastischen Zweck, die Zusammenarbeit der Alliierten zu stören, um die erfolgreiche Kriegsführung zu lähmen. London sorgte dafür, daß Moskau und Washington schnell über alle Umstände des Angebots unterrichtet wurden, ungeachtet seiner Verrücktheit.›

Becher verläßt den Raum. Eichmann sieht Kastner schweigend an, wendet sich dann freundlich an Hansi Brand.

Und wer ist der Abgesandte, der diese Information gegeben hat, Frau Brand?

HANSI Nicht Joel, Herr Obersturmbannführer. Er weiß ja, daß wir hier sind, seine Kinder, er weiß ja, was das heißt!

EICHMANN Vielleicht ist sein Familiensinn nicht so entwickelt, wie Sie und ich das erhofft haben, Frau Brand? Vielleicht bleibt er hinter dem Familiensinn des Herr Kastner zurück, der seine Leute ja schon mit dem Tausender-Transport herausgebracht hat. Nicht wahr, Herr Kastner? – – Sie brauchen sich nicht zu genieren. Ich bin als idealistischer Deutscher ein großer Freund der Familie. – Wissen Sie, was diese Reuter-Nachricht heißt?

KASTNER Es muß sich um eine gezielte Indiskretion handeln, um den Abschluß des Abkommens in letzter Stunde zu verhindern, Herr Obersturmbannführer. –

EICHMANN Aber Herr Kastner, wir wollen uns doch diese letzten Minuten nicht verbittern. Man soll Gott nicht mit einer Lüge auf den Lippen entgegentreten, gelt? – Diese gezielte Indiskretion geht morgen durch die ganze Weltpresse. Und auf diesem Höhepunkt unserer geschäftlichen Verbindung habe ich mir gedacht, daß wir die Deportationen der Budapester Juden in einer Stunde – von jetzt an – beginnen und in 48 Stunden abgeschlossen haben. Geht das, Herr von Klages?

KLAGES Das geht natürlich. Vorausgesetzt, daß wir in dieser kurzen Zeit das Einverständnis der Ungarn erreichen.

EICHMANN Da wir den alten Wunsch des Admirals Horthy «Ungarn judenfrei» weisungsgemäß durchführen, werden wir sein Einverständnis einholen, wenn wir ihn festgesetzt haben.

KLAGES Eine andere Schwierigkeit, kurzfristig, wären für heut die Züge, die Transportmittel.

EICHMANN Da wir die Züge jetzt für andere Zwecke brauchen, werden die Budapester Juden auf ihren natürlichen Transportmitteln befördert, zu Fuß. –

Jetzt wird hier gearbeitet, stramm und hurtig, gelt?

Die Nacht, in der der Chef geschlachtet wurde

Komödie
Fassung 1980

Personen

Oskar Bucksch
Joi, *seine Frau*
Anita, *ihre Tochter*
Cibull / Jonathan
Michael Schaber / Mike
1. Leibwächter
2. Leibwächter
Regierungsinspektor Schultz

1. Szene

Schlafzimmer in der Wohnung von Bucksch.
Ererbte, ältere Möbel, dunkle Tapeten, abgetretene Böden, Doppelbett.
Darin Oskar Bucksch. Er studiert ein größeres Werk, ein Kursbuch der internationalen Fluglinien. Auf seinem Nachttisch zusätzliche Literatur, Reiseführer, Atlanten, Lexikon. Er beschäftigt sich mit einer bestimmten Reiseroute, die er sich memorierend einzuprägen wünscht.
Seine Frau kommt mit ihren kosmetischen Gerätschaften herein, zieht sich aus, ohne von Bucksch bemerkt zu werden, legt sich in ihr Bett, klappt den Kosmetikkoffer auf und widmet sich ausschweifend der Gesichtspflege.

BUCKSCH *memorierend:* Abflug 5 Uhr 25, 5 Uhr 25 ab, an Lisboa 10 Uhr 50, 10 Uhr 50 an Lisboa – Lisboa.
Er schlägt in einem Lexikon nach.
Lisboa, portugiesisch; 158 B 3, Landeshauptstadt, an der Tejo-Mündung, 900000 EW, EW gleich Einwohner, Kathedrale 14. Strich 18. Jahrhundert, Erzbischofssitz, Necessidadespalast, Ne-cessi-dadespalast, Necessidadespalast, Technische und andere Hochschulen, Verkehrsknotenpunkt, Kriegs- und Handelshafen. Stadtplan 157 klein b, 10 Uhr 50 an, 5 Uhr 25 ab, 10 Uhr 50 an Lisboa, Necessidadespalast.
Er freut sich seiner Gedächtnisleistung und wendet sich wieder dem Kursbuch zu.
Erzbischofssitz.
Joi beklopft ihre eingecremte Haut mit Behagen, entfernt die Creme, trägt Gurkensaft auf, legt Gurkenscheiben auf die Augenlider etc.
Lisboa ab 11 Uhr 25. 5 Uhr 25, 11 Uhr 25, Mnemotechnik: 5 Uhr 25 – linke obere Tasche, 10 Uhr 50 an – rechte obere, 11 Uhr 25 Lisboa ab – linke untere –
Er fährt mit der Hand in die jeweiligen Taschen des Schlafanzuges an Rio de Janeiro wieder 5 Uhr 25! – LZ – LZ.
Er sucht die Erklärung für die Abkürzung.
LZ, LZ, LZ, LZ gleich Landeszeit, Wendekreis des Steinbocks, 5 Uhr 25 also wiederum linke obere, Rio an 5 Uhr 25, Rio ab – 7 Uhr 45?

empört
2 Stunden 20 Minuten Aufenthalt in Rio? Rio de Janeiro –
Er bemüht einen Lexikonband, den er aus einer Reisetasche an seinem Bett holt. Joi hat sich in einem Schälchen aus verschiedenen Ingredienzien eine weiße Paste bereitet, die sie mit großer Sorgfalt auf ihr Gesicht aufträgt. Auch die Haare werden mit einer Packung versorgt.
Rio de Janeiro – brasilianisch, ehemalige Landeshauptstadt, 8,3 Millionen EW, gleich Einwohner, Kathedrale, Erzbischofssitz, ca. 390 m hoher ‹Zuckerhut›, Universität und andere Hochschulen, Verkehrsknotenpunkt, Handels- und Kriegshafen. – Stadtplan 292 klein a.
Er schließt die Augen und memoriert, die jeweiligen Taschen mit der Hand beklopfend.
5 Uhr 25 ab, 10 Uhr 50 an, 11 Uhr 25 ab, 5 Uhr 25 an LZ, 7 Uhr 45 ab, ca. 390 m hoher Zuckerhut.
Er macht sich wieder an das Kursbuch.
Verkehrsknotenpunkt. An Caracas, Venezuela – 15 Uhr 30, wiederum LZ – Caracas –
Er greift zu einem anderen Lexikonband in seiner Reisetasche. Joi, die indessen ihre Gesichtsmaske vollständig aufgetragen hat, hat sich mit geschlossenen Augen entspannt zurückgelehnt und vermeidet fortan jede mimische Bewegung. Das Haar ist auch unter einem strengen Tuch verborgen.
Die beiden Handlungen laufen getrennt voneinander, keiner nimmt von dem anderen Notiz. Bucksch redet natürlich auch, wenn man Joi sieht. Der Text von Joi besteht aus Lauten des Behagens, Seufzern, Klopfen. Joi spricht zum ersten Mal, weil sie wegen der Maske mit geschlossenen Augen liegt, als sie Bucksch in seiner Reisetasche rumkramen hört.
JOI Oskar? Was machst du, Oskar? – – Ich habe mich erkundigt, was du tust, Liebling?
BUCKSCH Wie immer, Liebling. Ich studiere.
Er blättert in dem Kursbuch.
JOI Warum weckst du mich dann auf? Ich schlafe seit Wochen nicht mehr.
BUCKSCH Aber Liebling, du hast bis jetzt geschlafen, bis jetzt!
JOI Nicht in diesem Ton.
BUCKSCH Ich habe **freundlich** – ‹aber Liebling› gesagt.
JOI Du hast **gequält** ‹aber Liebling› gesagt.
BUCKSCH *gequält*: Aber Liebling!

JOI Wieder! Ich kann diesen erniedrigenden Ton nicht ertragen.
BUCKSCH Ich erniedrige dich nicht, ich studiere.
JOI Das Flugwesen!
BUCKSCH Die internationalen Flugverbindungen. Du unterbrachst mich in Caracas, 15 Uhr 30 an.
JOI In Caracas oder woanders, du fliegst doch nie!
BUCKSCH Eben. Weil ich nie fliege, studiere ich das Flugwesen! Ich bilde mich durch das Studium des Flugwesens.
JOI *nach einer Pause*: – Du hast etwas Träumerisches, Oskar. Ich begreife nicht, warum man Cibull und nicht dich zum Kontrollkassierer gemacht hat. Du bist dienstälter. –
BUCKSCH Der Personalchef hat mir persönlich mitteilen lassen, daß mein Gesuch wohlwollend behandelt wird.
JOI Und?
BUCKSCH Was und?
JOI Und dann ist Cibull aufgerückt. Der niemals deine Persönlichkeit hat. Nur aus Beziehungen. Weil der Personalchef mit ihm vierhändig Klavier spielt.
BUCKSCH Der Leiter der Kreditabteilung spielt mit ihm Klavier.
JOI Also. – Warum hast du dann nicht die Tochter des Abteilungsleiters zu Anitas Konfirmation eingeladen, wenn es nur mit Beziehungen geht? Sie sind gleichaltrig.
BUCKSCH Da siehst du wohl die tieferen Gesetzmäßigkeiten in einer Großbank zu oberflächlich, Joi.
Er fährt mit seinem Kursbuchstudium fort.
JOI Das kränkt dich doch.
BUCKSCH Aber nein.
JOI Aber ja.
BUCKSCH Aber nein.
JOI Es kränkt dich, daß dein Gesuch bis heute nicht einmal beantwortet wurde.
Abwehrende Geste von Bucksch.
Vielleicht liegt etwas vor?
BUCKSCH Was denn? Was? Was kann gegen mich vorliegen?
JOI Weil du doch sagst, daß dieses Fräulein Rosa von der Personalabteilung –
BUCKSCH Depositenabteilung –
JOI – oder Depositenabteilung, Cibull zugelacht hat, als du in die Kantine gekommen bist.
BUCKSCH Sie hat dem Personalchef zugelacht, der in Raum I ißt.
JOI Siehst du.

BUCKSCH Sie lacht jedem zu, mit ihren durchsichtigen Blusen und ihrem Walroßhintern.
JOI Ich suche eine Erklärung.
BUCKSCH Der Organismus einer Großbank ist nicht zu erklären. Also.
JOI Ich sehe dich durchaus als Kontrollkassierer. Du mußt es natürlich verlangen. Wer verlangt, dem wird gegeben. Wann wirst du es verlangen?
BUCKSCH Wenn Cibull ausscheiden sollte. Caracas an, 15 Uhr 30, Caracas ab –
JOI Wie alt ist Cibull, Liebling?
BUCKSCH 48.
JOI Und immer gesund? Ich meine –
BUCKSCH Seine Gesichtsfarbe läßt an eine geschädigte Leber denken. Caracas ab –
JOI Trinkt er?
BUCKSCH Gelegentlich.
JOI Wie gelegentlich? Unmäßig?
BUCKSCH Als Kontrollkassierer absurd.
Er tastet die Taschen ab, die Flugzeiten stumm memorierend.
JOI Was ist das für ein Mensch eigentlich, dieser Cibull?
BUCKSCH Ein großer, dicker Mensch mit einer Liebe zur Hausmusik und Kremschnitten. Caracas –
JOI Hat er mal mit dir über seine Krankheiten gesprochen? Blutdruck vielleicht?
BUCKSCH Ich werde ihn morgen fragen. Caracas –
Er versenkt sich in die Flugpläne.
JOI Ich nehme an deinem Leben teil, Liebling. Eine Frau muß an dem Leben ihres Mannes teilnehmen.
BUCKSCH Aber doch nicht mitten in der Nacht. – Caracas ab –
JOI Was ist mit diesem ewigen Caracas?
BUCKSCH *sehr entzückt*: Hast du dir je vorgestellt als Laie, daß eine Zwischenlandung in Caracas nur zwanzig Minuten in Anspruch nehmen würde? 15 Uhr 30 an, 15 Uhr 50 ab.
JOI Großartig. *Schwärmerisch:* Caracas!
BUCKSCH Universität, Kathedrale, Erzbischofssitz –
JOI Nein.
BUCKSCH Wieso nein? Hier steht Erzbischofssitz.
JOI Ein Erzbischofssitz kann nur in einem Land sein, das katholisch ist. Oder etwas Ähnliches.
BUCKSCH Venezuela ist katholisch.

JOI Aber.
BUCKSCH Da es einen Erbischofssitz hat, ist Venezuela katholisch.
JOI Ich sehe Venezuela nicht katholisch.
BUCKSCH Es ist katholisch! Hier: 90% der Bevölkerung katholisch, Verkehrsknotenpunkt, Kriegs- und Handelshafen La Gueira.
Joi lacht wie eine helle Glocke.
Was ist daran komisch?
JOI Ich finde den Namen so komisch. La Gueira.
Sie lacht wieder los.
La Gueira.
Sie lacht.
BUCKSCH Was ist an La Gueira komisch?
JOI Ich finde La Gueira wahnsinnig komisch.
BUCKSCH Ich nicht. Da finde ich noch eher Caracas komisch. Oder Verkehrsknotenpunkt.
JOI Weil du keinen Sinn für Humor hast, Liebling. Weil du den Humor eines Grabsteines hast, den hast du, Liebling. Mit deinen ganzen Zahlen. Du bist entzückend humorlos. –
Bucksch studiert weiterhin seine Fahrpläne und brabbelt Zahlen vor sich hin. Er hat seine Frau während des ganzen Gesprächs nicht angesehen. Joi entfernt ihre Gesichtsmaske und trägt eine neue auf.
JOI *nach einer Pause*: Verkehrsknotenpunkt – Verkehrsknotenpunkt – was ist an Verkehrsknotenpunkt komisch?
BUCKSCH Ich finde Verkehrsknotenpunkt nicht komisch. *Flüsternd*: Habana an 17 Uhr 10, Habana ab 17 Uhr 40 –
JOI Du hast soeben gesagt, daß du Verkehrsknotenpunkt komisch findest.
BUCKSCH Eher.
JOI Eben. Du findest Verkehrsknotenpunkt eher komisch. Was ist daran komisch?
BUCKSCH Ich habe nicht gesagt, daß ich Verkehrsknotenpunkt eher **komisch** finde, ich habe gesagt, daß ich Verkehrsknotenpunkt **eher** komisch finde. Oder Caracas.
JOI Wir sprechen von Verkehrsknotenpunkt. – Was ist an Caracas komisch?
BUCKSCH Gar nichts. Ich finde weder Caracas noch Verkehrsknotenpunkt komisch, ich finde sie noch **eher** komisch.
JOI Eher als was?
BUCKSCH Als La Gueira, Kriegs- und Handelshafen, 15 Uhr 30 an, 15 Uhr 50 ab.

Joi lacht bei der Nennung des Namens La Gueira wieder wie eine helle Glocke, den Namen unter Lachtränen wiederholend.

JOI La Gu-eira- La Gu-eira-
Bucksch legt zum ersten Mal seine Materialien zur Seite und wendet sich an seine Frau.

BUCKSCH Ich muß dich bitten, zu respektieren, daß ich arbeite. Ich studiere. Ich werde die mittelamerikanischen Linien niemals zufriedenstellend beherrschen, wenn du mich ohne Unterlaß störst. – Wie siehst denn du aus?

JOI Was meinst du?

BUCKSCH Was du dir wieder ins Gesicht geschmiert hast?

JOI Ich habe mir nichts geschmiert. Ich führe eine Placenta-Skin-Regeneration durch. Ich tonisiere die atmende Haut, indem ich ihr die natürlichen Urstoffe zuführe, die in der Placenta enthalten sind, dem Mutterkuchen bekanntlich, und die die erwachsene Haut seit langem entbehrt. Was du in meinem Gesicht bemerkst, ist eine Placenta-Hormonmaske, aus nur natürlichen Wirkstoffen, die ich selbst hergestellt habe.

Sie legt sich beleidigt zurück.

BUCKSCH *zu den Fahrplänen übergehend*: So. – Caracas an 15 Uhr 30, linkes Auge.

Er schließt es aus mnemotechnischen Erwägungen mit der Hand.

Caracas ab 15,50, rechts.

Er schließt das rechte.

Habana an 17,10.

Er zieht an seinem linken Ohr.

Habana ab 17,40.

Er zieht an seinem rechten Ohr.

So: Habana.

Er schlägt im Lexikon nach.

JOI Das ist alles, was du dazu zu sagen hast: ‹so›.

BUCKSCH Zu was, Liebling?

JOI Du verlangst, daß ich ununterbrochen an deinem Flugwesen teilnehme, aber die wirklichen Probleme meiner Haut sind dir Hekuba.

BUCKSCH Ich verlange nicht, daß du teilnimmst, Liebling. Habana –

JOI Aber du erwartest es.

BUCKSCH Gar nicht.

JOI Doch. Du erwartest, daß ich dich jetzt nach diesem Habana frage, diesem Erzbischofssitz und Verkehrsknotenpunkt, cubanisch. Das erwartest du.

BUCKSCH Ich erwarte es nicht.
JOI Du wirfst es mir innerlich vor, wenn ich dich jetzt nicht nach diesem Habana frage.
BUCKSCH Habana, obwohl katholisch, verzeichnet keinen Erzbischofssitz.
JOI Die Fragen der atmenden Haut interessieren dich einen Häckerling.
BUCKSCH Durchaus nicht.
JOI Aber du willst nicht wirklich wissen, warum ich mich für welche Wirkstoffe entschieden habe.
BUCKSCH Ich möchte das gerne wissen.
JOI Wirklich?
BUCKSCH Sehr gern.
Er sinkt resigniert in die Kissen. Joi rückt an seine Seite.
JOI Der Ausgangspunkt war, daß die Haut ein Organ ist, ein atmendes, das seine schönste Ausprägung in der rosigen, duftenden, blühenden Frische der Haut des Säuglings erfährt. Erinnerst du dich der goldigen kleinen Hinterbäcklein unseres Babys, wie sie dufteten, die winzigen, erinnerst du dich?
BUCKSCH *unterdrückt ein Gähnen*: Ja. Jetzt sind sie riesig.
JOI Und was bewirkt die atmende Zartheit der duftenden Säuglingshaut? – Oskar?
BUCKSCH Der Mutterkuchen.
JOI Der Mutterkuchen, lateinisch Placenta, und die Muttermilch. Von diesen Grundstoffen ging ich folglich aus. Hörst du mir zu?
BUCKSCH Aber ja, Liebling.
JOI Erwarb ich also, biologisch rein, Hormon- und Placentasubstanzen, versetzte sie mit Vitamin B 1 bis 6, Chlorophyll und Kamille, Frischzellensubstanz 5 Gramm, die ich zusammen in den Mixer gab, während auf kleiner Flamme, niemals kochend, die mit Zitronensaft angesäuerte Muttermilch abschäumte, mit Lecithin angereichert und angedickt mit Mandelkleie, die ich nun zusammengab, den ganzen hormonalen Überfluß, kurz abschreckte und parfümierte mit Lavendelwurzelöl aus der Provence.
BUCKSCH Was hat das gekostet?
JOI Das mußt du raten, Oskar. Das kannst du nicht raten.
BUCKSCH Das ist eine ganze Wissenschaft, finde ich. Hochinteressant. – Ich folgere aus dem Studium der mittelamerikanischen Routen, den Flugweg nicht über Habana, sondern über Mexico City zu nehmen, da dieser sowohl schneller als auch sicherer ist. An Mexico City 18 Uhr 15 – ab 18 Uhr 45.

Er zieht erst an seinem linken, darauf an seinem rechten Ohr.
JOI Was ich so beglückend finde, immer von neuem beglückend, das ist die Gemeinsamkeit, daß ich an deinem Flugwesen teilnehmen kann mit allen fremden Ländern und du an meinen Skin-Regenerationen, das finde ich so wundervoll. – Hast du das kleine Joi-Mädchen mit den Amsel-Augen und den kleinen Vogelfüßen – Oskar – Oskar?
Bucksch antwortet mit einem tiefen, seufzenden Schlaflaut.
Er schläft. Halb elf. Wie ein Beamter. Des lieben Gottes Kamel. – Du hast deine Banane nicht gegessen, Oskar!
Sie schält eine Banane.
BUCKSCH Ne - cessi - da - des - palast.
JOI Necessidadespalast? Necessidadespalast? – Er träumt. Das war doch früher nicht. Nie. Du hast deine Banane nicht gegessen, Liebling.
BUCKSCH Zirka – 390 Meter-hoher-Zuckerhut, - o - Joi –
JOI O Oskar. Oskar o.
Sie ißt die geschälte Banane, sinkt auf ihr Bett zurück.

2. Szene

Marmorhalle, Lüster, Empiremöbel. Das Hauptquartier des Chefs. Eine goldene Wand. Davor ein eleganter Empireschreibtisch und ein Empiresessel. Marmorstufen führen hinauf.
Links ein schwarzes Harmonium, an dem Cibull (Jonathan) geistliche Musik spielt. Rechts eine gläserne Kassenbox, darin Michael Schaber (Mike), ein dürrer, blasser Mensch, der melancholisch Pfannkuchen ißt. Die beiden tragen schwarze Anzüge, ihre schwarzen Börsenhüte und Regenschirme hängen an Garderobenständern. Nachdem Cibull eine Zeitlang gespielt und Schaber Pfannkuchen gegessen hat, beginnen die Fernschreiber rechts und links zu tickern. Die Herren springen hin, entziffern die weißen Papierschlangen begierig und werfen sie verachtungsvoll zu Boden.

MIKE Was haben Sie?
JONATHAN *deprimiert*: Einbruch in Kreissparkasse. Achtzig Mille. Sie?
MIKE Dito. Vorortfiliale. Dreißig. Läppisch.

JONATHAN Ich sehe mich auf dem elektrischen Stuhl.
Er spielt Bach, Mike ißt Pfannkuchen.
MIKE Ich hätte mich mit Ihrem Organisationsplan nicht abfinden dürfen. Nie.
Er ißt.
Muß es denn immer Bach sein, Jonathan? Als ehemaliger Kontrollkassierer?
Jonathan spielt.
Nicht einmal Händel, sagen wir?
JONATHAN Entweder Bach oder die Stille.
Er klappt den Deckel zu und starrt ins Leere.
MIKE Ich war für Polizeiuniformen, wenn Sie sich erinnern. Und in der Mittagszeit.
Er ißt.
JONATHAN Pfannkuchen. Wie, Mike, kann ein ernster Geschäftsmann Pfannkuchen essen? Als ehemalige Führungskraft der Personalabteilung.
MIKE Es ist die Form, nicht die Füllung, die vollendete Form. – Ich sehe mich an diese Wand gestellt, von ihm, dem Chef.
JONATHAN Können es nicht einmal Kremschnitten sein, wenigstens? Ich kann Kremschnitten verstehen.
Er klappt den Deckel des Harmoniums auf und spielt Bach.
MIKE Pfannkuchen oder gar nichts.
Er schließt die Pfannkuchen in sein Pult und starrt ins Leere. Die Fernschreiber beginnen erneut zu tickern, die Herren springen hin, werfen die Papierschlangen abermals enttäuscht zu Boden.
JONATHAN Eine Raiffeisenkasse. Die dritte. Über die Staatsbank nichts. Sie?
MIKE Gar nichts. – Ich sehe mein Gehirn an dieser goldenen Wand.
Mike tippt die erlösten Summen in den Kontencomputer seiner Kassenbox. Ein elektronischer Ton, auf dem Computerschirm erscheint ein Rasterbild von Bucksch.
Der Chef.
Bankdiener rollen einen roten Empfangsteppich vom Eingang zum Schreibtisch des Chefs. Mike und Jonathan nehmen ihre Hüte und Schirme, stehen an Kassenbox und Harmonium. Ein Auftrittsmotiv. Oskar Bucksch im Cut, mit allen Attributen des erfolgreichen Geschäftsmanns, geht lässig über den Empfangsteppich, von unauffälligen Herren umschwärmt. Mit einem leichten Sprung sitzt Bucksch auf dem Empireschreibtisch und

räkelt sich zurecht, genießt die respektvolle Stille. Er hebt dann den Arm und macht eine große winkende Geste zu Cibull.

BUCKSCH *mit milder Chefstimme*: Also hören wir heute von unseren tüchtigen Sekretären den Bericht über das todsichere Staatsbankunternehmen.
Er zündet sich eine Zigarre an.
Wie stehts, lieber Jonathan?

JONATHAN – Glänzend. Im südlichen Bezirk, Chef, Kapitaleingänge aus acht Kreissparkassen, drei Raiffeisenkassen sowie einem Geldtransport die Gesamtsumme von 1,4 Millionen, die ich nach Abzug des Polizeirabatts –

BUCKSCH Wir wollen über die Staatsbank informiert werden, lieber Jonathan, nicht über Provinzlappalien. – Da ziehen wir es vor, unseren unermüdlichen Mike Schaber von der Personalabteilung zu hören, der für die Durchführung verantwortlich ist.
Mike schweigt.
Ich höre, Mike.
Mike schweigt.
Sehen Sie mich an, Mike.

MIKE *der zu Boden blickt*: Ich kann nicht, Chef.

1. LEIBWÄCHTER Der Chef ist Ihr Freund, Herr Schaber. Ihr Vater und Ihr Freund.

2. LEIBWÄCHTER Die Bank ist eine Familie.

BUCKSCH Also, mein lieber Mike?

MIKE *sehr schnell*: Was also den nördlichen Bezirk angeht, Chef, meinen, so steht der, sagen wir hervorragend, so daß ich berichten kann –

BUCKSCH Die Staatsbank, Mike.

MIKE Die Staatsbank, also. Ich versteh es nicht, Chef, die besten Leute, die modernsten Werkzeuge –

JONATHAN Wir verstehen es beide nicht.

BUCKSCH Wenn Sie das Bankgeschäft nicht verstehen, so werden Sie es Besseren überlassen und an diese Wand treten. Bitte.
Die Leibwächter reichen ihm eine Maschinenpistole und dirigieren die Sekretäre an die Wand.

1. LEIBWÄCHTER Wenn ich etwas für Sie tun kann?
Er wischt Jonathan den Schweiß ab. Mike fällt um. Er wird von dem 2. Leibwächter wieder aufgestellt.

2. LEIBWÄCHTER Es ist nur dieser eine kurze Moment. Man stirbt an einer Silbe: Tod.

1. LEIBWÄCHTER Wenn Sie Ihre Hüte bitte aufsetzen möchten.

BUCKSCH *die Maschinenpistole im Anschlag*: Nur der Erfolgreiche lebt.
Mike reißt sich den Hut herunter und wirft ihn zu Boden.
MIKE Nein, Sie sind zu früh gekommen! Ich verlange, daß noch gewartet wird!
BUCKSCH Sie haben zu Ihrem Chef kein Vertrauen. Zu früh ist nie zu spät.
Der 1. Leibwächter klaubt den Hut auf, gibt ihn auf Mikes Kopf.
1. LEIBWÄCHTER Wenn ich raten darf, es ist oft nur die Blickrichtung.
Er dreht Mike und Jonathan um, so daß sie mit dem Rücken zu Bucksch stehen.
BUCKSCH Was ist Ihr letztes Wort, Mike?
MIKE Es lebe –
BUCKSCH Was?
MIKE Es lebe –
Bucksch schießt die beiden Sekretäre zusammen. Danach das Geräusch der tickernden Fernschreiber. Mike und Jonathan rennen zu den Fernschreibern.
MIKE Die Staatsbank, Chef! Wie ich gesagt habe!
JONATHAN Anderthalb Tonnen an Devisen –
MIKE Sieben Tonnen Wertpapiere –
JONATHAN Einziger Zwischenfall: Ein Kassierer, der sich gewehrt hat.
BUCKSCH *sieht in einen Abgrund*: Einer. Von zwölf amtierenden Kassierern ein einziger.
JONATHAN Er war sofort hin, Chef. Die Hand noch nicht am Knopf, kein Mucks. Sein Hirn am Kassenschrank.
BUCKSCH Wie war sein Name?
Jonathan zieht eine Zeitung aus der Tasche.
JONATHAN Oskar Bucksch. 44 Jahre, Familienvater, Kenner des Flugwesens.
BUCKSCH Ich möchte mehr von diesem Oskar Bucksch hören. Wie war er?
Mike zieht ebenfalls eine Zeitung aus der Tasche.
MIKE Ein großer Mensch, Chef.
JONATHAN Und bescheiden.
MIKE Pünktlich, gewissenhaft.
JONATHAN Und stets in allem Vorbild.
MIKE Die Seele von einem Menschen, Chef. Fachlich und menschlich alles um sich überragend.

JONATHAN Ein Pflichtmensch und Charakter.
BUCKSCH Durch und durch. Ich wünsche, daß die übrigen Kassierer hingerichtet werden, wegen Pflichtverletzung, insbesondere der Kontrollkassierer Cibull.
JONATHAN Wird veranlaßt, Chef.
BUCKSCH Ich möchte, daß Sie ihm den Blutdruck messen und persönlich umlegen.
JONATHAN In Ordnung. Gern.
BUCKSCH Wie hat sich der Direktor geschlagen?
JONATHAN Ein schwacher Mensch. Er ließ sich ohne Widerstand festnehmen, ein Flugticket in der Tasche. Nach La Gueira.
Mike lacht, aber es ist das Lachen von Joi.
BUCKSCH Was ist daran komisch?
MIKE Ich finde La Gueira wahnsinnig komisch. La Gueira.
Er lacht.
BUCKSCH Man soll mir den Direktor augenblicklich vorführen.

3. Szene

Gerichtssaal.
Ein Gerichtsdiener (1. Leibwächter) fährt mit einem Gabelstapler einen sehr großen Koffer herein. Dem Koffer entsteigt der Direktor der Staatsbank, sehr elegant, sehr selbstbewußt. Der Direktor ist Joi.
An dem Richtertisch der Vorsitzende (Bucksch) und die Beisitzer Mike (Schaber) und Jonathan (Cibull) in Roben und mit den entsprechenden Kopfbedeckungen.

BUCKSCH Das Gericht tritt in die Ermittlungen ein. Wir wollen ein Protokoll aufnehmen.
JONATHAN Ihre Personalien, Herr –
DIREKTOR Pinks, Joseph, Bankdirektor.
JONATHAN Alter?
DIREKTOR 42 Jahre, katholisch, verheiratet, 2 Kinder, parteilos.
JONATHAN Achten Sie die Gesetze?
DIREKTOR Aber ja.
JONATHAN Lieben Sie Ihre Familie?
DIREKTOR Aber stark.

MIKE Außerehelicher Geschlechtsverkehr?
DIREKTOR Nie.
MIKE Päderastische Neigungen?
DIREKTOR Nein.
JONATHAN Würden Sie uns dann bitte Ihre Vermögenslage beschreiben?
DIREKTOR *zu Bucksch*: Das ist eine unzulässige Frage, die meine Intimsphäre verletzt! Einspruch!
BUCKSCH Der Einspruch ist angenommen, und ich ermahne die Beisitzer, die Würde des Gerichts sowie das Bankgeheimnis zu wahren. – Sie wissen, vor wem Sie hier stehen, Herr Pinks?
DIREKTOR Vor meinem Richter und Chef.
BUCKSCH Wozu ich Sie hier hören muß, Herr Pinks, wie ist das nun gewesen, bei diesem kürzlichen, unerhörten Bankraub, wie haben Sie sich da verhalten?
DIREKTOR Pflichtgemäß, Euer Ehren.
BUCKSCH Wie hat sich das abgespielt?
DIREKTOR Banal. Von mir aus gesehen. Ich bin in meinem Privatbüro, seh durch, ich glaube, Notierungen des Wertpapiermarktes, erwarte einen ausländischen Besuch, Staatsanleihe. Er wird mir gemeldet, herein kommt ein älterer Herr, leicht exotisch, gute Manieren, gut angezogen, klein. Er stellt sich vor und bittet mich, die entsprechenden Anweisungen zu geben, danach in diesen Koffer, sehr höflich, eher förmlich, Herr Vorsitzender.
MIKE Der alte Cliff, Chef, alte Oxford-Schule.
DIREKTOR Ich kann nur sagen, meine Hochachtung. Er überbrachte mir Grüße von einem alten Freund.
BUCKSCH Versuchten Sie die Alarmanlage zu betätigen?
DIREKTOR Aber nein.
BUCKSCH Warum nicht?
DIREKTOR Weil ich bei einer falschen Bewegung ein toter Mann gewesen wäre, Herr Vorsitzender.
BUCKSCH *zu Mike*: Die Frage an den Beisitzer:
Hatte Cliff eine Waffe bei sich?
MIKE Niemals, Chef, er kennt das Strafgesetzbuch. Raubmord nie.
BUCKSCH Ist es fair zu sagen, Herr Pinks, daß Sie in diesem Augenblick die Sicherheit Ihres Lebens über die Sicherheit Ihrer Bank gestellt haben?
DIREKTOR Ich glaube, Sie hätten sich ebenso verhalten, jeder vernünftige Mensch.
BUCKSCH *schwenkt Zeitungen*: Ist Ihnen aber bekannt, daß der

Kassierer Oskar Bucksch in treuer Pflichterfüllung die Sicherheit der Staatsbank stellte über sein eigenes Leben, getreu der Instruktion: Ist Gefahr im Verzug, so hat der Kassierer mutig und entschlossen die Alarmvorrichtung zu betätigen.

DIREKTOR Er wird die Situation nicht begriffen haben. Das intellektuelle Niveau des Kassierers ist in aller Regel niedrig, Euer Ehren. Naturgemäß.

BUCKSCH War Ihnen der Kassierer Oskar Bucksch bekannt?

DIREKTOR Nein.

Er überlegt.

Keinerlei Vorstellung, nein.

BUCKSCH Ist Ihnen sein Gesuch bekannt, auf Grund seiner sechzehneinhalbjährigen Dienste seine Eignung für den vakanten Posten des Kontrollkassierers zu erwägen?

DIREKTOR Ich lese keine Gesuche. Sie gehen an die Personalabteilung.

BUCKSCH Und wie erklären Sie, daß sein Gesuch bis heute, seinem Todestage, nicht einmal beantwortet wurde?

MIKE Es scheint, auch der Personalchef liest keine Gesuche.

BUCKSCH Nachdem er sein Leben für die Bank hingegeben hat, als einziger von zwölf Kassierern, finden Sie es da nicht bedauerlich, ihm den Versager Cibull vorgezogen zu haben?

DIREKTOR Nein. Wie sein Verhalten lehrt, er war der dümmste.

BUCKSCH Pflichttreue ist Dummheit? Tugend Dummheit?

DIREKTOR Für einen Angestellten seines Ranges ist ohne Pflichttreue, Tugend bitte, nicht auszukommen. Die Tugend eines Direktors ist seine geschäftliche Effektivität.

BUCKSCH Das Gericht zieht sich zur Beratung zurück.

Er wendet sich kurz an die Beisitzer, die ernste Zustimmung nikken. Das Gericht bedeckt sich.

Das Gericht erkennt den Tod des Kassierers Oskar Bucksch als pflicht- und gesetzmäßig. Es billigt das Verhalten des Herrn Pinks, Joseph, der seine Sicherheit stellte über die Sicherheit der ihm anvertrauten Vermögen, als ein vernünftiges und interessengerechtes. – Es spricht den Angeklagten frei. Im Namen des Volkes und auf Kosten der Gerichtskasse.

DIREKTOR Ich danke, Herr Vorsitzender.

BUCKSCH Das Gericht erlaubt sich hinsichtlich der Interessen die Zusatzfrage, ob für Sie bei dem bedauerlichen Vorfall eigene Vermögensverluste etwa eingetreten sind?

DIREKTOR Leider mein ganzes Privatvermögen, Euer Ehren.

Bucksch Indem Sie den Bankraub nicht verhindert haben, sind Sie persönlich vermögenslos geworden?
Direktor Mein nächstes Steak bezahle ich mit diesem Hut.
Bucksch *klopft auf den Richtertisch*: In diesem neuen Licht des also eingestandenen Verstoßes gegen die eigenen Interessen widerruft das Gericht das Urteil. Da es sich um das Kapitalverbrechen des Vermögensverlustes handelt, verurteilt es den Angeklagten zum Tode, dem Gesetze gemäß, daß nur der Erfolgreiche lebt.
Die Beisitzer entkleiden den Direktor (Joi) und betatschen ihn (sie).
Wir wollen dem Delinquenten die Sühnemaschine vorführen und ihn belehren.

4. Szene

Sektionssaal. Professoren, Doktoren, Anatomiediener (Leibwächter) in weißen Kitteln.
Ein phantastisches Exekutionsgerät, einer riesigen Küchenmaschine nicht unähnlich, wird von einem der Doktoren (Jonathan) dem Delinquenten und den übrigen Anwesenden erklärt. Der Delinquent und die Fachleute umstehen die Maschine und folgen dem Vortrag mit sachverständigem Interesse.

Jonathan Das Wesen einer Kultur, meine Herrschaften, findet der tiefere Betrachter in ihrer bevorzugten Tötungsart. Starke Kulturen entwickeln starke, ihrem Wesen immanente Exekutionsmethoden. Das Kreuz, der Scheiterhaufen, die Guillotine leiteten Zeitalter ein. Die relevanten Entdeckungen menschlichen Geistes, vom Schießpulver bis zur Elektrizität, fanden ihren Ausdruck in neuen Exekutionsstilen, Genickschuß, elektrischer Stuhl, Gaskammer. Wiewohl der neueren Kulturgeschichte quantitative Erfolge im Exekutionsbereich nicht bestritten werden, bemerken wir beunruhigt, daß ihre Methoden zunehmend kunstloser, wahlloser, massenhafter werden. Wo überhaupt noch individuell getötet wird, fühlt sich moderner metaphysischer Sinn nicht angesprochen. – Also erwuchs uns die Aufgabe, ein Gerät zu entwickeln, das der Exekution ihren Sinn zurückgibt,

die Reinigung, die Sühne, die Feier und das Wesen unserer Epoche, das Innerste unserer Kultur gleichzeitig dokumentiert: Perfektion.
Er weist auf die Maschine, verneigt sich vor den Zuschauern und begibt sich an ein Harmonium.
BUCKSCH Danke, Doktor. Ich bitte den Delinquenten, Platz zu nehmen.
Die Anatomiediener wenden sich an den Direktor.
1. ANATOMIEDIENER Ist es Ihnen jetzt recht?
2. ANATOMIEDIENER Kann ich Ihnen behilflich sein?
DIREKTOR *(Joi) schreit*: Nein! Nein! Nein!
Er versucht zu entweichen.
BUCKSCH Ich bitte den Delinquenten um ein würdiges Verhalten. Der Tod ist keine Alltagsangelegenheit. –
DIREKTOR *hilfesuchend zu Bucksch*: Oskar! Oskar!
BUCKSCH Da sich der Delinquent als unfähig erweist, eine wissenschaftliche, objektive und zur Mitarbeit bereite Haltung einzunehmen, bitte ich zur Demonstration und Einführung um eine Versuchsperson.
DIREKTOR Es war kein böser Wille, Herr Professor, es ist das Ungewohnte.
BUCKSCH Der Tod ist meistens ungewohnt, zuerst. – Wo ist die Versuchsperson?
Es wird ein schmaler, bebrillter Mann in Hut und Mantel und mit einer Aktentasche hereingeführt, ein durchschnittlicher Angestellter mittleren Alters.
MANN, *indem er den Hut abnimmt und sich verlegen umschaut*: Guten Tag, guten Tag.
BUCKSCH Schön, daß Sie uns helfen wollen, Sie wollen der Wissenschaft dienen, bitte sehr. –
Die Anatomiediener legen ihn in die Maschine, Mappe und Hut auf den Bauch.
Wie heißen Sie?
MANN Schultze mit tz, Erwin, Regierungsinspektor.
BUCKSCH Alter? Kinder?
MANN Alter 49, Kinder 8. In allem, was ich mach, will ich mal sagen, hundertprozentig, Herr Professor.
BUCKSCH Sehr schön. Als Versuchsperson, V. P., müssen Sie jetzt an den Tod denken. Intensiv denken: Sie sterben.
MANN Jawohl, Herr Professor.
BUCKSCH Bitte, Doktor.

Zum Direktor:
Wenn Sie sich hierhin stellen wollen, es ist für Sie.
Mike bedient eine Fernsteuerung. Man hört angenehme Summtöne in musikalischer Reihung. Der Körper des Mannes hebt sich.
MANN Ah. Aaah!
BUCKSCH Wie fühlen Sie sich?
MANN Ich fühle mich sehr gut, Herr Professor.
Mike bedient einen anderen Hebel, der Körper des Mannes senkt sich in einen bläulich leuchtenden Schacht.
Immer besser – wunschlos.
BUCKSCH Was denken Sie?
BUCKSCH Gar nichts. Gar nichts. Jedoch vergnügt, Herr Professor.
BUCKSCH Wer sind Sie?
MANN Immer noch Schultze mit tz, Regierungsinspektor, jedoch viel kleiner – viel, viel kleiner – Kikeriki –
Bucksch entnimmt der Maschine einen Lochstreifen und zeigt ihn dem Direktor.
BUCKSCH Wenn Sie sich überzeugen wollen: Ki-keriki-
MIKE Ist unserem Hirnschriftsystem zu entnehmen, daß die Ruhe des Delinquenten innerlich und äußerlich hergestellt ist, läßt ihn das Gerät in der Nullzone schweben. Dabei schließt sich der Schneidemechanismus selbsttätig. Viertausend Platindrähte funktionieren nach dem Prinzip des Thermokauter, das Gewebe in Scheiben zerlegend, blutlos, sekundenschnell oder bedächtig, dem erstrebten Sühnecharakter gemäß.
MANN Wie eine Haselnuß klein ah – aah – oh – ooh –
Mike betätigt seine Fernsteuerung, das Licht aus dem Schacht wird zu einer goldenen Beleuchtung.
BUCKSCH Danke, Doktor Schaber. Auch Ihnen schönsten Dank.
Er bemerkt, daß der Mann nicht mehr vorhanden ist und Goldstaub aus dem Schneidemechanismus rieselt.
Wo ist er?
MIKE Wer?
BUCKSCH Ich hab Versuchsperson gesagt, ausdrücklich.
MIKE Oh, tut mir leid, Professor.
BUCKSCH Na gut. *Zum Direktor:* Wir hoffen, daß Ihnen unsere Demonstration gefallen hat.
DIREKTOR Ich bin sehr beeindruckt.
JONATHAN Im Ernstfall, wenn ich sagen darf, sind wir vermittels der Sprache der Musik noch feierlicher.

BUCKSCH Wenn ich bitten darf.
Jonathan beginnt Bach zu spielen. Die Anatomiediener legen den Direktor in die Maschine. Sie falten ihm die Hände, stecken einen Blumenstrauß hinein und pudern sein Gesicht.
DIREKTOR Danke. Sehr aufmerksam. Danke.
Er riecht an dem Strauß.
Sie löst mich so, Musik.
Mike betätigt die Fernsteuerung. Der Körper des Direktors beginnt zu schweben.
BUCKSCH Wenn Sie uns Ihre Empfindungen beschreiben würden.
DIREKTOR Wunschlos. Schwerelos – azurnes Himmelsblau in seidiger Beleuchtung.
BUCKSCH Wer sind Sie?
DIREKTOR Niemand, o niemand. Der Schatten der Feder des Wasserweißkehlchens.
BUCKSCH Ihre letzten Gedanken, Wünsche, Visionen wird der Lochstreifen festhalten.
Mike betätigt die Fernsteuerung, der Körper des Direktors schwebt in den leuchtenden Schacht. Jonathan singt einen Choral, in den die anderen einfallen.
JONATHAN O Jerusalem, du schöne,
    ach wie helle glänzest du!
    Ach wie lieblich Lobgetöne
    hört man da in sanfter Ruh!
ALLE O der großen Freud und Wonne:
    jetzo gehet auf die Sonne,
    jetzo gehet an der Tag,
    der kein Ende nehmen mag.
In goldener Beleuchtung fährt an Stelle des Direktors ein neuer Koffer mit einem feuchten Blutfleck aus dem Schacht. Auf dem Koffer ist ein Damenbein mit einem rosenverzierten Strumpfband befestigt.
BUCKSCH Ich habe nichts von Geschenkpackung gesagt, Mike.
MIKE Ich dachte, daß die kleine Aufmerksamkeit den Angehörigen – ein Damenbein hat immer was Ansprechendes.
BUCKSCH Sie wollen das Denken bitte mir überlassen, stellvertretender Abteilungsleiter, kleinhirniger! Wo ist der Lochstreifen?
Mike entnimmt der Maschine einen Lochstreifen und kriecht zu Bucksch. Bucksch liest den Lochstreifen.
BUCKSCH Hm! Der Schatten der Feder des Wasserweißkehlchens! Erstaunlich. Gedankentrümmer. «Oskar – vielleicht grüßen las-

sen. Wozu? Wozu?» Erstaunlich gemütskalte Sau. – Weil hier und in der Bank und überall zu wenig gearbeitet wird!
Er eilt hinaus. Die Schwingtüren schlagen zu. Die Maschine speit einen weiteren Lochstreifen aus.
MIKE Was wird sein allerletztes Wort gewesen sein, was tippst du?
Jonathan spielt weiter.
Da am Hause keine Luft ist, ist sie überm Dache fast vier Meter hoch. – Das ist tief. Das ist das tiefste letzte Wort, das wir bisher gehabt haben.

5. Szene

Schlafzimmer in der Wohnung von Bucksch.
Oskar Bucksch wälzt sich in schweren Träumen. Seine Frau Joi schläft.

BUCKSCH Der Koffer.
Er tastet im Halbschlaf nach dem Koffer unter dem Bett, kriecht heraus.
JOI *im Halbschlaf*: Oskar? Was machst du, Oskar?
BUCKSCH Wegschaffen.
JOI Was?
BUCKSCH Die Leiche.
JOI *gleichgültig*: Welche Leiche?
BUCKSCH Des Direktors.
Er hat den Koffer unter dem Bett vorgezogen und versucht, ihn zu öffnen.
JOI Sie ist nicht im Koffer, weil die Bettwäsche drin ist, Anitas Aussteuer.
BUCKSCH Wo kann sie dann hingekommen sein?
JOI Was?
BUCKSCH Die Leiche.
JOI Die Leiche? Bist du verrückt geworden? Du weckst mich mitten in der Nacht wegen irgendeiner Leiche?
BUCKSCH Entschuldige – ich muß geträumt haben – furchtbar.
JOI Deshalb weckst du mich auf? Erst fliegst du nach Mexiko, dann weckst du mich wegen einer idiotischen Leiche.
BUCKSCH Geträumten Leiche.
JOI Warum träumst du von einer Leiche? Träume ich von einer

Leiche? Weil du jeden Abend, den Gott der Herr gibt, Bratskartoffeln –
BUCKSCH Bratkartoffeln.
JOI Eben. Du sollst Früchte –
BUCKSCH Ohne s. Bratkartoffeln.
JOI Bratkartoffeln, Bratkartoffeln. Der alternde Organismus verträgt keine Bratkartoffeln.
BUCKSCH Ohne s.
JOI – die in tierischen Fetten gebraten sind. Jeder träumt von Leichen, wenn er jeden Abend schwere Bratkartoffeln in sich hineinschaufelt. Das wird dir jeder Arzt sagen. –
BUCKSCH Humbug.
JOI In Speck. Jeder.
BUCKSCH Humbug. Ich habe geträumt, weil du mich –
JOI Ich dich?
BUCKSCH Aufgewiegelt hast. Gegen Cibull.
JOI Ich habe mich nach Cibulls Gesundheit erkundigt.
BUCKSCH Ich habe ihn kaltblütig und überlegt umgebracht.
JOI Wenn du das aufwiegeln nennst. Wen? Cibull?
BUCKSCH Erst Cibull, dann Schaber, dann den Chef. Mittels deiner neuen Küchenmaschine.
Joi lacht hell wie eine Glocke.
Nachdem ich die Bank ausgeraubt hatte als Gangsterboß einer Bande. Zu geistlicher Musik.
JOI Weil du es gewünscht hast.
BUCKSCH Unsinn.
JOI Weil du das in deinen tieferen Schichten gewünscht hast, als dir Cibull vorgezogen wurde. Jeder Traum ist ein Wunsch oder eine Befürchtung aus einer tieferen Schicht.
BUCKSCH Häckerling.
JOI Des Unbewußten.
BUCKSCH Häckerling. Er hatte deine Stimme und auch deine Körperformen übrigens. Es ist durchaus möglich, daß ich nicht den Chef, sondern dich in Scheiben geschnitten habe. Also.
JOI Dann ist es dein Wunsch in einer tieferen Schicht, eben mich in Scheiben zu schneiden. Das ist ganz normal.
BUCKSCH Mit einer hydraulischen Eierschneidemaschine. Wie käme ich dazu?
JOI Das Ei ist ein Muttersymbol. Es ist in deiner tieferen Schicht der Wunsch, das Muttersymbol zu zersägen.
BUCKSCH Nonsens, ich liebe meine Mutter.

JOI Bist du über Treppen gegangen oder Stiegen?
BUCKSCH Ich glaube, zu einer Art von Sessel.
JOI Dann ist alles klar. Die Treppe symbolisiert den Vollzug der körperlichen Liebe, der Sessel die Herrschaft, die Autorität. Durch den Vollzug der körperlichen Liebe wünschst du die Herrschaft, die Autorität.
BUCKSCH Ich wünsche nicht die Herrschaft, und ich wünsche auch nicht diese, diese körperlichen Treppen oder Stiegen. Ich wünsche zu schlafen.
Er dreht sich auf die Seite.
JOI Unbewußt, Oskar, in deinem expansiven Unbewußten, das sich nicht auslebt.
BUCKSCH Ich lebe mich aus. Völlig.
JOI Wo?
BUCKSCH In meiner Arbeit und Aufgabe.
Er greift zu seinen Kursbüchern, in die er während des folgenden Gesprächs vertieft bleibt.
JOI Wir leben uns nicht aus, Oskar?
BUCKSCH Aber wieso denn nicht, Liebling?
JOI Ich weiß nicht, Oskar.
BUCKSCH Was?
JOI Ob wir es uns in diesen – diesen seelischen Dingen, die uns ja doch auch beherrschen, nicht zu bequem machen. Auch in der sexuellen Frage, meine ich, die unser Unbewußtes mehr oder weniger speist.
BUCKSCH Ich habe keine sexuelle Frage. Ich hatte nie so viel Zeit, um eine sexuelle Frage zu haben. Glücklicherweise. Wenn du eine sexuelle Frage hast –
JOI Ich weiß nicht, warum du das gleich persönlich nimmst. Warum sollen wir uns nicht mehr damit beschäftigen? Studieren, wie anderes auch? – Schon um beruhigt zu sein, daß man gewisse Triebe, die man vielleicht nicht kennt, nicht verdrängt, gesundheitlich meine ich.
BUCKSCH Was studieren?
JOI Die Liebesbräuche fremder Völker zum Beispiel. Wir sind moderne Menschen –
BUCKSCH Hm.
JOI In Verbindung mit deinem Flugwesen meinetwegen. Ich fand es interessant zu erfahren zum Beispiel, daß die Inder, die Hindus, genauer gesagt, in ihrem Ritual 729 Formen des möglichen Liebesgenusses kennen.

BUCKSCH 729, ausgeschlossen.
JOI Aber sie beschreiben sie. Ich war ebenso erstaunt wie du. Als Laie. Yasodhra, ein Kommentator, beschreibt in seinem Werk 729. Vatsvana 84.
BUCKSCH 84 eher. 729 ausgeschlossen.
JOI Sie lassen sich die Nägel wachsen, um sich Wunden beizubringen, und sie verwenden zusätzlich künstliche Geschlechtsteile, die je nach Stand golden oder silbern, aus Elfenbein oder auch nur aus Holz sind, ich nehme an aus Ebenholz.
BUCKSCH Inder sind Asiaten. Ihrer Natur nach unberechenbar. 500 Millionen Inder, 900 Millionen Chinesen, 100 Millionen asiatischer Geburtenüberschuß jährlich, statistisch.
JOI Ich fand es nur interessant, daß sie kleine Geschlechtsteile am meisten schätzen.
BUCKSCH Klein oder groß, ich sehe die Gefahr. –
Er setzt das Studium der Fluglinien fort.
Mexico City an 18,15, ab 18,45.
JOI Wir leben uns nicht aus, Oskar. – Warum können wir nicht einmal ins Ausland reisen, nach Italien wenigstens, wie die anderen Leute auch?
BUCKSCH Was soll ich in Italien. Mir mein Auto ausrauben lassen?
JOI Eindrücke sammeln, Erlebnisse. Wir haben vielleicht zu wenig gemeinsame Erlebnisse in der letzten Zeit.
BUCKSCH Meinst du.
JOI Nicht daß ich mich an deiner Seite nicht wohlfühle, aber wir könnten uns vielleicht noch wohler fühlen durch gemeinsame Erlebnisse, durch dieses, dieses Glück irgendwie, der italienische Himmel allein – cielo azzuro italiano, diese Musikalität, diese Leichtigkeit. – Warum willst du sie nicht lernen? Warum sollen wir sie nicht gemeinsam lernen, diese wundervolle Sprache, statt deiner mittelamerikanischen Linien?
BUCKSCH Weil mich das Flugwesen interessiert, nicht Italienisch.
JOI Du kennst es doch gar nicht. Ich habe uns dieses herrliche Buch gekauft.
Sie holt es aus ihrem Nachtkasten.
Mille parole di italiano. Warum willst du es nicht wenigstens kennenlernen?
BUCKSCH Es ist mir wesensfremd.
Er studiert die Flugzeiten.
JOI Weil du seiner Melodie niemals nachgegangen bist. *Liest*: Parlamo italiano, signori! Non è molto difficile! – Es ist nicht sehr

schwer. Conto, netto, brutto, saldo, bilancio, agio – was heißt agio, Liebling?

BUCKSCH *studierend*: Rabatt.

JOI Wunderbar, magnifico, ich habe gewußt, daß es dir als Bankfachmann Vergnügen machen muß, alle diese prächtigen Wörter zu kennen. Vedere Napoli poi morire!

BUCKSCH Achtzig Prozent aller Verbrecher Amerikas sind italienischer Herkunft.

JOI Niemals.

BUCKSCH Statistisch.

JOI Man erkennt Verbrecher an ihrer Physiognomie, nicht an ihrer Nationalität. Angewachsene Ohrläppchen, Augen, die zu eng stehen. Asymmetrische Gesichtsbildung. Zigeuner zum Beispiel.

BUCKSCH Sie erinnern mich an Zigeuner. Mit ihren zusammengewachsenen Augenbrauen. Levantinische Zigeuner.

JOI Zigeuner sind Asiaten. Herkunftsmäßig. Wieso haben Italiener zusammengewachsene Augenbrauen? Dein Vater hat zusammengewachsene Augenbrauen.

BUCKSCH Ihr Verhältnis zum Eigentum. Geh zum Bahnhof. Herumgammelnde italienische und balkanesische Fremdarbeiter.

JOI Und Dante, Leonardo da Vinci, Johannes XXIII.?

BUCKSCH Was hat das mit Religion zu tun? Hat es im Krieg Terrorismus gegeben? Bankraub, Jugendkriminalität? Weil nicht durchgegriffen wird. Mord für mich, Rübe ab, Sicherheitsverwahrung. Sollst du mal sehen. Gewalt, da hört die Gemütlichkeit auf. – Was ist denn das?

JOI Oben. Sie baden.

BUCKSCH Jetzt in der Nacht?

JOI Da hört man jedes Wort, wenn die im Badezimmer sind.
Sie steigt aus dem Bett, horcht an der Wand.
Hier, wo die Rohre laufen.
Bucksch, steigt aus dem Bett und horcht neben Joi.
Ob die denn in der Badewanne? Er: laß doch Licht, sie: Rolf.

BUCKSCH Niemals ihr Mann, sie lachen. – Heißt der Mann Rolf?
Joi zuckt die Schultern.

JOI Hast du gehört? – Da ist wer anders noch. *Sie lacht:* Jetzt sind sie still.

BUCKSCH Jetzt haben sie das Wasser abgedreht. – Da hören sie uns doch, wenn wir die hören, auch.

JOI Was sprechen wir denn?

BUCKSCH Du hast doch letzt gesehen im Fernsehen, wie sie alles abhören. Sogar Politiker. Ein Sender von der Größe eines Stecknadelkopfes in der Tapete und alles läuft auf Tonband. Gigantisch.
JOI Aber die Leute über uns, die interessiert doch nicht –
BUCKSCH Weißt du, was das für Leute sind?
JOI Nichts Näheres. Du denn?
BUCKSCH Gar nichts. Vollkommen anonym. Nicht wer, nicht wann, nicht was. Hochhaus, Tiefgarage, Nähe Autobahn.
JOI Quatsch, Quatsch.
BUCKSCH Du fragst gleich morgen.
Das Telefon läutet.
Telefon jetzt?
Er nimmt zögernd den Hörer ab.
Hallo? – Nichts – Hallo? – *Rauschen* – Nichts.
Er legt den Hörer auf.
Du fragst gleich morgen, ob der Mann, der dort gemeldet ist, Rolf heißt.
JOI Du bist so mißtrauisch manchmal.
BUCKSCH Aus Erfahrung, Liebling. Aus bitterer Erfahrung.
Das Telefon läutet.
– Hallo? – Musik –
Joi nimmt den Hörer.
JOI *hört eine Weile*: – AFN – eindeutig – was soll das?
Sie legt den Hörer auf.
BUCKSCH Für wen jetzt AFN?
Pause.
JOI Und wenn du es mir zuliebe tätest?
BUCKSCH Was?
JOI Italien. Italienisch. Wenn du mir zuliebe hinausrudertest in dunkelblauer Nacht, wie es auf Seite 32 hier steht, und wir vor uns hinsummen: «Santa Lucia – l'astro d'argento sul mare luccica. – Heilige Lucia, das silberne Gestirn leuchtet auf dem Meere.» Wenn du es nur meinetwegen einmal sagen würdest: «L'astro d'argento sul mare luccica!»
BUCKSCH *verdrossen*: L'astro d'argenta sul mare luccica. Wozu bei Arbeitslosigkeit noch Fremdarbeiter.
JOI Splendido, magnifica! Nur nicht d'argenta, sondern d'argento, Liebling, da man das Geschlecht an den Endungen erkennt, meistens, o männlich, a weiblich, la donna è mobile. Das Weib ist wankelmütig. La – die. Il – der. La donna è mobile.

BUCKSCH La donna è mobile. Weil niemand wirklich unsere Interessen verfolgt.
JOI Il cane è fedele. Der Hund ist treu. Il cane è fedele.
BUCKSCH Il cane è fedele. Deutsche Interessen.
JOI Io sono in Italia. Io – ich, sono – bin. Io sono in Italia.
BUCKSCH Io sono in Italia. Damit nur jeder seine Schuhe an uns abstreift. Aber Kredite, Milliarden.
JOI Sono, scharfes s wie Semmel, Semmel, nur scharf, sono, io sono in Italia.
BUCKSCH Io sono in Italia. Die streiken, und wir zahlen.
JOI *aus dem Buch lesend*: Si, signore – Ja, mein Herr. Wir stellen fest, daß wir bei dieser Gelegenheit schon wieder eine ganze Menge gelernt haben. Schneller, als wir dachten, sind wir in Rom angekommen, wo wir uns der Sehenswürdigkeiten der Ewigen Stadt erfreuen wollen. Siete pronti? – Seid Ihr bereit? Worauf sich alle zusammenraffen und wie aus einem Munde antworten: Si, siamo pronti! – Ja, wir sind bereit. Oskar!
BUCKSCH Si, siamo pronti. Bis alles sowieso zusammenkracht.
Bucksch zeigt nach oben.
Ob das der Typ ist, der sich heute morgen an mich rangemacht hat?
Anita kommt herein, ihre pubertär üppigen Formen kommen durch ein zu kleines Kindernachthemd zu großer Wirkung.
JOI Anita?
ANITA Was ist denn heute los? Erst Telefon, dann Reden, Italienisch? Let's spend the night together, ganz toll. Mick Jagger und Keith Richard toll.
JOI Und was möchtest du?
Anita beleckt sich die Finger, wie sie das als Kind gemacht hat, und benutzt auch ihre frühere Kindersprache.
ANITA Will Massipan, will Lade Nugatnuß.
JOI *im Kinderton*: Will Lade, will Schokolade, will cioccolata, ist das Nixchen aufgewacht, das süße, das kleine Seeschwälbchen und will un po' di cioccolata – ein Stückchen cioccolata –
Sie holt Schokolade aus ihrem Nachtkasten und macht Anita in ihrem Bett Platz.
Indem sie Anita zu ihrer Linken ein Stück Schokolade gibt: Un po' di cioccolata per la filia –
Indem sie Bucksch ein Stück gibt: un po' di cioccolata per il padre –
Indem sie selber ein Stück ißt: un po' di cioccolata per la madre.

Während sie alle Schokolade essen:
Tutta la famiglia manga di cioccolata. Tutta la famiglia fortunata manga di cioccolata.
Reisen, Oskar! Reisen.
Die Familie schaut Schokolade lutschend zur Decke.
BUCKSCH Ob das der Typ ist, der mich heut morgen fragt, ob ich hier wohne?

6. Szene

Überwachungszentrale des Büros 06.
An der Hinterwand Bildschirme, die übereinander geschaltet sind. Informationsspeicher für die Abhörgeräte mit Schaltungen und Lichtsignalen.
Vor den Informationsspeichern sitzen junge Büro-Mädchen und stricken. Sie haben weiße Kopfhörer auf und werfen gelegentlich Routineblicke auf die Bildschirme, die Bilder aus Wohnungen, Hotelzimmern, Badezimmern wiedergeben, darunter eben das Schlafzimmer von Bucksch. Ein leises Gesumm von Frequenztönen und Morsesignalen. Jonathan und Mike, dunkle Brillen, Bärte, Abteilungsleiter des Büros 06, arbeiten.
Jonathan an einem Computer, Mike telefoniert an einem gläsernen Schreibtisch, der mit Telefonen bestückt ist. Während er telefoniert, garniert er eine Schale mit Kremschnitten.

MIKE Leckebusch Elli – Elli oder Elisabeth? – Leckebusch Elli, Kreditabteilung, da hab ich hier verhaften – Leckebusch, Elisabeth V-Überwachung. Lekkert, Rosa, Depositen – heuern und feuern – Legissa, Livio –
Zu Jonathan:
Kann Bach nicht einmal leiser sein, Jonathan?
JONATHAN Nein, Mike. Leider.
Elektronische Geräusche.
MIKE Legissa, Livio – Personalabteilung – Internierungslager – ja, die ganze Personalabteilung ist für Internierung vorgesehen – die Depositenabteilung – die soll mit dem Flugzeug abstürzen – ja, Ende. –
Hast du den Tagesbericht fertig Jonathan? Die Zusammenfassung?

JONATHAN Tagesbericht für wen?
MIKE Na, für den Chef. Für wen!
JONATHAN Für welchen Chef? 06 oder 011?
MIKE Ich habe 06 informiert, daß ich für 011 arbeite.
JONATHAN Und ich habe 011 informiert, daß wir 06 darüber informiert haben.
MIKE – Sieh dir das an.
Auf einem der Bildschirme eine ziemlich gewalttätige Liebesszene zwischen Joi und zwei Männern. Joi scheint an der Sache Gefallen zu finden.
Mike (Schaber) setzt sich einen Kopfhörer auf und beobachtet die Bildschirmszene mit den Mädchen und dem zögernden Jonathan (Cibull).
MIKE *zu Jonathan*: Rolf heißt die Sau.
Jonathan wendet sich der Computerarbeit wieder zu.
JONATHAN Ein Gentleman liest nicht die Briefe anderer Leute.
MIKE Was ist jetzt mit dem Tagesbericht?
Jonathan legt Mike einen winzigen Zettel auf den Tisch.
Mexico City ab 18,45? Vatsvana 84? Das kann doch nicht dein Ernst sein. Du kannst doch nicht aus drei Millionen Wörtern Meldungsrohstoff auf das Ergebnis kommen: Mexico City ab 18,45. Vatsvana 84. Vatsvana 84? Was heißt Vatsvana?
JONATHAN Wenn ich das wüßte, Mike, dann wüßt ichs lieber nicht.
Er flüstert ihm etwas ins Ohr.
MIKE *flüstert*: Staatsstreich?
JONATHAN Ich sag, daß, wenn ichs wüßte, wüßt ichs lieber nicht. –
Auf allen Fernsehschirmen erscheint Oskar Bucksch, das Klischee eines undurchdringlichen Geheimdienstchefs. Randlose Brille, englischer Bart, Pokerface, leise Stimme.
BUCKSCH Entschuldigt, daß ich störe. Es ist wichtig. Ich mach mir etwas Sorgen. Um den Präsidenten. Ich möchte in den nächsten Stunden sicher sein, daß ihm nichts zustößt.
JONATHAN Verstanden, Chef.
BUCKSCH Mexico City ab, Jonathan?
JONATHAN 18,45, Chef. Vatsvana 84.
Das Bild von Bucksch verschwindet.
Musik. Die Leibwächter bringen einen offensichtlich unter Drogen stehenden Mann, den Präsidenten (Joi). Er nimmt von den Büro-Mädchen Blumen entgegen, grüßt präsidentenhaft abwesend.

PRÄSIDENT Was wollen Sie? – Wer sind Sie?
1. LEIBWÄCHTER Ihre Leibwächter, Herr Präsident.
PRÄSIDENT – Ich wollte aber doch – ich wollte –
1. LEIBWÄCHTER In die Zentrale, wie Sie befohlen haben.
PRÄSIDENT – Ich habe meinen Haushalt immer einwandfrei geführt – und immer sparsam – immer sauber –
MIKE Deshalb, Herr Präsident, sind wir in diesem Augenblick besonders glücklich, Ihnen die Einrichtungen zeigen zu dürfen, die für die Sauberkeit im Staate sorgen.
PRÄSIDENT Der Staat – ist eine Familie. Ich sorge – für meine Familie.
JONATHAN Das ist, wenn ich so sagen darf, Herr Präsident, staatsphilosophisch an das Wesen rührend. Der Staat, gebaut im Kern nach den Prinzipien der Familie. Die Legislative: der Vater, der Präsident, der Haushaltsvorstand, die Exekutive, mit liebend strenger Hand: die Mutter. Die Kinder: die Bevölkerung, erzogen von der Mutter und dem Vater, zum allgemeinen Wohl.
PRÄSIDENT Ich muß das Abendbrot machen. Ich muß weg.
DER ÄRZTLICHE BEGLEITER Wenn ich um eine weitere Spritze ersuchen dürfte?
Er gibt die Spritze.
PRÄSIDENT Ich – ich – was wollte ich –
JONATHAN Wenn wir uns den Staat als eine Familie vorstellen, so sind in ihr natürlich auch ungeratene Kinder herangewachsen, verräterische, gesetzesbrecherische. Den Staat vor ihnen väterlich zu schützen ist unsere Pflicht.
MIKE Mit dem Etat von 3 Milliarden beschäftigt der Konzern 30 000 zufriedene Mitarbeiter.
PRÄSIDENT Ich will nach Hause, will das Abendbrot machen.
JONATHAN Sie sind in unserm Schutz, Herr Präsident.
PRÄSIDENT Was heißt das?
Bucksch erscheint auf den Fernsehschirmen.
BUCKSCH Ich bitte um Entschuldigung, Exzellenz. 06 ist dabei, einen Staatsstreich aufzudecken. Ihr Leben ist in Gefahr. Hinweis Subjekt X, schwarzer Aktenkoffer.
Buckschens Bild erlischt. Jonathan und Mike setzen Kopfhörer mit Kehlkopfmikrophonen auf und dirigieren die Nachforschungen. Die Mädchen arbeiten an ihren Schaltpulten. Auf den Schirmen erscheinen kurze Einstellungen der nächtlichen Stadt. Ein Gewirr von Signalen und Frequenztönen.
JONATHAN Alarmstufe 0 für alle Abteilungen.

MIKE Ü-Quellen melden. P-Quellen melden. R-Quellen melden.
JONATHAN Teleskope in Beobachtungsfeld N 34 zentrieren.
Über die Schirme laufen Buchstaben und Zahlenreihen. Auf einem Schirm Bucksch als Geheimdienstchef.
BUCKSCH Hinweis Subjekt X 18–18.
MIKE Teleskope D-Bank zentrieren.
Über die Schirme laufen Aufnahmen der D-Bank. Gänge, Tresorräume, Kassenräume. Die Kamera wandert durch den Kassenraum über die Kassierer, unter ihnen Bucksch. Auf den Bildschirmen der Kassierer Bucksch.
MIKE Hinweis, Kassierer 10, Subjekt X, Hinweis 44 Jahre, schwarzer Aktenkoffer.
Die Kamera wandert über die Kassierer zurück, Bucksch sieht erschreckt in die Kamera.
Der reale Bucksch ist als Geheimdienstchef unbemerkt eingetreten und verfolgt mit den anderen seine Verfolgung.
BUCKSCH Das ist er.
PRÄSIDENT Welcher?
BUCKSCH Der blasse, kleine Niemand. Der mit der asymmetrischen Gesichtsbildung.
Das Bild des Kassierers Bucksch auf allen Schirmen. Er nimmt einen schwarzen Aktenkoffer und eilt die Treppe hinunter.
JONATHAN Teleskope auf die Ausgänge Staatsbank zentrieren. Subjekt X alias Kassierer 10 folgen. Hinweis schwarzer Aktenkoffer und asymmetrische Gesichtsbildung.
Auf den Schirmen sieht man Bucksch im Mantel mit dem Aktenkoffer durch nächtliche Straßen laufen.
BUCKSCH *zum Präsidenten*: Ich hoffe, Sie haben verstanden, warum wir Sie ein bißchen überstürzt in unseren Schutz nehmen mußten. 06 ist in dieser Minute sicher, daß sich die Umsturzpläne mit allen Hintermännern im Aktenkoffer des Subjekts X befinden, alias Kassierer 10. Wir folgen ihm.
Auf den Schirmen sieht man den Kassierer Bucksch eine lange Rolltreppe der U-Bahn hinauffahren. Er sieht sich mehrfach um, läuft dann allein eine abendliche Straße entlang.
BUCKSCH Mit Ihrer freundlichen Erlaubnis weise ich unsere Aktionsabteilung an, die Order 32 durchzuführen. Ich bitte den Aktenkoffer in die Dechiffrierzentrale.
PRÄSIDENT Was ist die Order 32?
BUCKSCH Oh, das ist eine konventionelle Taxiangelegenheit. Es geht dabei nicht immer schön zu.

JONATHAN Geheimdienst, Exzellenz, ist ein so schmutziges Geschäft, daß sich nur ein Gentleman damit befassen kann.
Man sieht den Kassierer Bucksch auf den Schirmen durch eine enge Straße gehen, ein Taxi taucht auf und überfährt ihn in rasender Fahrt. Während er auf der Straße verblutet, springt ein Mann aus einer Haustür, nimmt den Aktenkoffer an sich und verschwindet. Ein Krankenwagen erscheint.
MIKE *wählt eine Telefonnummer*: Wenn Sie mit ihm mal telefonisch reden wollen, bitte.
Er reicht dem Präsidenten den Telefonhörer.
PRÄSIDENT Hallo? – Es atmet da nur jemand – oder röchelt – hallo? Es röchelt da nur jemand – oder Rauschen?
Er gibt Bucksch den Hörer. Ein rauhes Atmen, Röcheln. Bucksch hört es befriedigt und legt den Hörer auf.
BUCKSCH Nichts! – Feind Nr. 1 ist tot. *Auf den Schirmen wird eine Bahre mit Buckschens Leiche vorbeigetragen.*
JOI Oskar. Oskar!
BUCKSCH Ein «Hoch» auf unseren Präsidenten!
Ein Mädchen serviert Sekt. Bucksch teilt die Gläser aus. Es wird zeremoniell angestoßen. Mike trinkt nicht. Es wird abermals angestoßen.
BUCKSCH Mein lieber Mike!
MIKE Ich trink, wenn Sie erlauben, lieber das.
Er nimmt das Glas vom Präsidenten. Er trinkt es aus und fällt tot um.
PRÄSIDENT Was ist mit ihm?
BUCKSCH Er hat für 011 gearbeitet.
JONATHAN Wir beobachten ihn seit einiger Zeit in unserer Personalabteilung. Er war in seinen Fundamenten niemals staatserhaltend. – Ein fauler Mensch.
PRÄSIDENT Ich möchte mir erlauben, Ihnen das goldene Verdienstkreuz zu verleihen.
Helle, unangenehme Frequenztöne. Über die Schirme laufen Buchstaben und Zahlen, am Schluß immer wieder 18,45.
JONATHAN Das Ergebnis der Dechiffrierzentrale unserer Forschungsabteilung, Chef. – Ich kanns nicht glauben!
BUCKSCH Was?
JONATHAN Meciko City, 18,45. Vatsvana 84.
PRÄSIDENT Was heißt Vatsvana?
JONATHAN Das Haupt der niederträchtigen Verschwörung: Der Präsident. –

Die Leibwächter entkleiden den Präsidenten. Es steht Joi in Unterkleidung schließlich zwischen ihnen.
JOI Was habe ich getan?
BUCKSCH Wir wollen die Zeugin vorführen.
Es erscheint Anita, nahezu nackt, in Stulpenstiefeln, von schwarzen Trauerschleiern verhüllt.
JOI Anita?
BUCKSCH Was möchten Sie zu Protokoll geben?
ANITA Ich habe meinen Vater sowie mein Vaterland verraten. Ich habe für 011 gearbeitet. Ich bin ein Opfer dieses Heuchlers –
JOI Anita! Anita!
ANITA – und seines Plans, die gottgewollte Autorität in der Familie wie im Staat verschwörerisch zu stürzen. Ich mußte meinen Vater erniedrigen, verhöhnen und sexuell aufreizen. Dabei wurde ich gezwungen, Italienisch zu sprechen und ausländische Schokolade zu essen. Meine nationale Würde wurde besonders verletzt, weil ich nie die vollständige Nationalhymne singen durfte, sondern stets nur deren dritte Strophe.
1. LEIBWÄCHTER Nieder mit der Regierung des nationalen Verrats!
ÄRZTLICHER BEGLEITER Nieder mit der Regierung der Schwäche!
BUCKSCH Vom Volke verurteilt und gehaßt, verstrickt in Schmutzereien, ekelhafte, beschließt das Volk die Absetzung des bisherigen Haushaltsvorstandes und ruft an seiner Stelle mich.
JOI Ich habe dich nicht kränken wollen, Oskar.
BUCKSCH Bedaure.
Joi fällt zu Boden. Die Leibwächter schleifen sie hinaus.
ANITA *zu Bucksch*: Ich möchte in Zukunft nur noch Ihnen zur Verfügung stehen.
BUCKSCH Das ist schön, Anita. Ich bitte die Dame gebadet und gesalbt in mein Schlafzimmer. – Ich habe eine Regierungserklärung abzugeben.
JONATHAN Ich habe mir erlaubt, ein bißchen vorzuarbeiten, Chef. –
Auf den Bildschirmen erscheinen Panzer, die eine Stadt besetzen.
BUCKSCH Das ist die Präzision, die ich mir von einem Kontrollkassierer erwartet habe. – Welches Ressort wünschst du zu übernehmen?
JONATHAN Ich würde mich gerne der Reinheit der Kunst widmen, Chef.
BUCKSCH Du sollst die ganze Reinigung übernehmen. Ich wünsche

als Regierungschef von Geistlichen umgeben zu sein, die eine innere Heiterkeit ausstrahlen.
JONATHAN Danke, Chef.

7. Szene

Rednerbalkon auf einem nächtlichen Platz von Scheinwerfern angestrahlt.
Fackeln.
Die Menge schreit in militantem Rhythmus:
Os-kar Bucksch! Os-kar Bucksch! Os-kar Bucksch!
Während sein Name von der Menge immer begeisterter gerufen wird, erscheint Bucksch auf dem großen Balkon, von großem Gefolge umrahmt, Leibwächter, die Soutanen tragen. Unter den Soutanen Maschinenpistolen. Bucksch trägt eine pompöse Uniform. Er verwendet längere Zeit darauf, den Wald der Mikrophone auszurichten. Als die Begeisterung der Menge nicht enden will, nimmt er von einem Leibwächter die Maschinenpistole und schwenkt sie mit großer Gebärde. Es verebbt der Jubel. Er trinkt ein Glas Wasser aus.

BUCKSCH Brüder und Schwestern!
DIE MENGE Brau! Brau! Brau! (Bravo!) – Brau! Brau! Brau!
   Bucksch schwenkt abermals die Maschinenpistole. Abermals Ruhe. Er legt sie zwischen die Mikrophone.
BUCKSCH *gesammelt, in militärisch zurückhaltender Diktion*:
   Da alle Gewalt vom Volke ausgeht,
   beschirmt durch unsere Organisation,
   erkläre ich,
   Sohn des Volkes
   und seines Willens Vollstrecker,
   erkläre ich
   das Zeitalter der Erneuerung für eröffnet.
Jubel, den Bucksch mit seiner Maschinenpistole abwinkt.
BUCKSCH Gegen Materialismus und Korruption!
   Für eine neue Ordnung!
   Gegen Kritik und Zersetzung,
   Unzucht und Überfremdung!
   Für eine neue Wahrheit!
   Für eine neue Schönheit!

>   Für eine neue Gottesfurcht!
> MENGE Ordnung macht frei! Ord-nung macht frei!
> BUCKSCH *indem er den Jubel mit seiner Maschinenpistole abwinkt*:
>   Namens des Volkes und in dessen heiligem eiligen Auftrag
>   erkläre ich unseren Willen,
>   diese Ideale
>   allüberall dort einzuführen,
>   wo sie fehlen,
>   insbesondere bei denen,
>   deren Augenbrauen zusammengewachsen sind –
>   wir schulden das den Kindern,
>   die unsere Zukunft sind!
> *Großer Jubel, Sprechchöre. Licht auf einen Kinderchor.*
> KINDERCHOR Im Licht muß alles rege sein
>   und sich zur Arbeit wenden,
>   im Lichte singt früh das Vögelein,
>   im Lichte will es vollenden;
>   so soll der Mensch in Gottes Licht
>   aufheben willig sein Gesicht
>   zu dem, der ihn erleuchtet.

8. Szene

Schlafzimmer. Doppelbett. Darin Bucksch, Anita, Joi.
Läuten des Telefons. Bucksch richtet sich auf, nimmt den Hörer ab.

BUCKSCH Es ist zwei Uhr? Natürlich. Was heißt das?
JOI *nimmt den Hörer*: Zwei Uhr! Ja, vielen Dank. – Meine Gesichtsmaske. Es ist die Vorschrift, sie nicht länger als vier Stunden wirken zu lassen.
Sie macht sich mit Gesichtswasser und Watte daran, ihre Gesichtspackung zu entfernen.
BUCKSCH Telefonisch? Wecken telefonisch?
JOI Der Wecker ist kaputt.
BUCKSCH Wieso ist der Wecker kaputt?
JOI Oh, das ist wundervoll. Ein über alle Erwartungen wundervolles Spannungsgefühl. Das atmet, das pulsiert. Ich habe herrlich geschlafen. Wie findest du mich?

BUCKSCH Was?

JOI Die Haut, die aus der Tiefe erneuerte Gesichtshaut. Du mußt sie aus der Nähe betrachten, fühlen, riechen. Ich bin so wach, so rundum frisch, so – was suchst du?

BUCKSCH Schlafpulver. Ich kann nicht schlafen, träume, träume, träume, zum Verrücktwerden.

JOI Weil du nicht richtig atmest.
Bucksch hustet ärgerlich.
Das wird dir jeder Arzt sagen. Wenn du nicht richtig atmest, tief und Nasenatmung, bei deiner sitzenden Beschäftigung, entsteht Schlaflosigkeit, zwangsläufig. Weil du die Übungen nicht machst. Bauchatmung, Brustatmung – Zusatzatmung–
Sie führt eine Yoga-Übung vor.
Bauchatmung – Brustatmung –

BUCKSCH Ich habe doch früher nicht geträumt, nie in dieser Weise.

JOI Weil du tiefer geatmet hast, früher.

BUCKSCH Ich atme auch jetzt tief. Besonders. – Es ist nicht meine Atmung, es ist diese, diese –
Er schluckt eine Tablette.
Überreizung, diese dauernde. Was gehen mich die Liebesbräuche der Hindus an? Warum schläft Anita hier in unserem Bett?

JOI Ich habe nicht gewußt, daß sie dich stören könnte. Sie ist ein Kind.

BUCKSCH Aber im Gegenteil.

JOI Wieso im Gegenteil?

BUCKSCH Obwohl du sie wie ein Baby behandelst, ist sie als Frau voll entwickelt. Besonders voll. Sie gehört nicht in unser Schlafzimmer.

JOI Du bist ihr Vater.

BUCKSCH Eben. Es ist nach Ansicht aller Psychologen falsch, daß Väter mit ihren Kindern schlafen. Sie hat ihr eigenes Zimmer. Sie wird nur immer dicker, weil sie ißt und ißt.

JOI Anita! Anita!
Sie weckt sie ausführlich.

ANITA Was jetzt wieder? Könnt ihr einen nie in Ruhe lassen?

JOI Dein Vater wünscht, daß du in deinem Zimmer schläfst. Du störst ihn.

BUCKSCH Ich habe nicht gesagt, daß sie mich stört, sondern daß es für sie gesünder ist.

ANITA Ach das. Ich habe nicht gedacht, daß ihr noch miteinander schlaft.

Sie geht.
BUCKSCH *indem er sie anfaßt*: Sag das nochmal! Du Niedertracht! Du Balg!
ANITA Du willst doch, daß ich gehe, also laß mich los.
Sie geht hinaus, kommt nochmal zurück, holt ihre Schokolade aus dem Bett, geht.
BUCKSCH Die Frucht deiner Erziehung.
JOI Ich glaube, sie hat es kindlich gemeint, Oskar, schlafen, ganz kindlich.
BUCKSCH Mein Vater, wenn ich das gesagt hätte, schlafen, hätte mich erschlagen.
JOI Das war doch krankhaft bei ihm.
Über dem Ehebett der Farbdruck ‹Christus wird gegeißelt›.
BUCKSCH Er ist ein Pflichtmensch, und er hat uns so erzogen. Was ich geschafft hab, nur durch Fleiß und Zuverlässigkeit.
JOI Was meinst du, geschafft?
BUCKSCH Kontoführung der Großkunden immerhin. Ich sprach von meinem Vater.
JOI *legt sich Nachtcreme auf*: Er ist irgendwie gestört, oder?
BUCKSCH Wieso gestört?
JOI In einer Heilanstalt untergebracht, oder?
BUCKSCH Als Pflegefall. Weil keines seiner Kinder ihn haben wollte.
JOI Du hast gesagt, daß du ihn nicht erträgst.
BUCKSCH Ich? Du.
JOI Warum nimmt ihn deine Schwester nicht?
BUCKSCH Sie schreibt, er fühlt sich dort ganz wohl.
JOI Er ist doch über mich nur hergezogen. Wie deine Schwester. Als ich sie das erste Mal im Badeanzug gesehen habe, mein Gott –
BUCKSCH Noch immer schlaflos. – Was man zusammenträumt.
JOI Weil du dich nie entlädst. Träume sind Entladungen.
BUCKSCH Ich als Bluthund, ausgerechnet ich. Wo ich keiner Fliege, keinem Vogel –
JOI Weil du keiner Fliege, deshalb.
Sie rückt zu ihm hin.
BUCKSCH Was ich als Junge immer werden wollte, Tierarzt in fernen Ländern. Kiautschou.
JOI Ich Ausgrabungen.
BUCKSCH Wo?
JOI Bei den Inkas. Atahualpa.
In der Wohnung über ihnen wird Badewasser eingelassen.

BUCKSCH Jetzt baden die schon wieder. Ist das möglich?
JOI Physiologisch ja.
BUCKSCH Ein ganzes Nest.
Fahrstuhlgeräusche.
Fahrstuhl. Noch wer. Um diese Zeit!
Er zeigt nach oben. Es läutet.
Bei uns. Was kann das sein?
JOI Man hört so viel.
BUCKSCH In der Etage geirrt.
Zeigt nach oben. Es klingelt abermals.
JOI Notfall vielleicht. Oder Besuch von auswärts?
Sie wirft den Bademantel über und geht in den Flur.
BUCKSCH Wer soll uns zwei Uhr nachts besuchen?
Laß die Kette vor. – Chicago. Viertel drei.
Joi kehrt zurück.
JOI Ein Telegramm, dringend.
BUCKSCH Was habe ich gesagt. Es kann nur unerfreulich sein.
Sie öffnet das Telegramm.
JOI ‹Vater verstorben, versehen mit den Sterbesakramenten, Beisetzung übermorgen. Sankt Joseph Heilstätten.›
Oh, Oskar.
BUCKSCH Was ist übermorgen? Übermorgen von jetzt ab, zwei Uhr nachts, heute, oder übermorgen vom Datum der Aufgabe, gestern, also morgen? Warum nicht klar Sonntag oder Montag? Montag ist Kassentag.
JOI Vom Datum der Aufgabe, empfinde ich.
BUCKSCH Beerdigung nach der Bestattungsordnung nicht vor drei Tagen. Gesetzlich.
JOI Vielleicht ist er schon früher gestorben.
BUCKSCH Warum dann Telegramm? Beisetzungsort und Stunde, alles ungewiß. Ich war von Anfang an dagegen, ihn dorthin zu geben. Ein Vater stirbt nicht in der Heilanstalt.
JOI Wir können ja telefonieren.
BUCKSCH Warum denn wir? Das ist doch deren Sache. – Überträgt das Telegramm die Regelung der Trauererfordernisse mir?
JOI Vermutlich doch.
BUCKSCH Nicht daraus ersichtlich. Nicht einmal, ob die Meldung an die Sterbekasse von seiten der Heilanstalt erfolgt ist.
Er steigt aus dem Bett, sucht nach Papieren.
JOI Ich habe von seinen zusammengewachsenen Augenbrauen gesprochen. Oskar. In seiner Sterbestunde vielleicht.

BUCKSCH Wo sind die Statuten?
JOI Was?
BUCKSCH Der Sterbekasse. Nichts ist zur Hand.
Er wirft einen Packen Papier aufs Bett. Joi sucht.
JOI Hier sind doch Statuten der Sterbekasse.
BUCKSCH Dann lies.
Er geht auf und ab.
JOI Alles?
BUCKSCH Die Leistungen.
JOI Leistungen groß A in Klammern Formalitäten: Totenschein, Abmeldung Sterberegister, sonstige Behördenwege.
BUCKSCH Das machen die. Weiter.
JOI Groß B in Klammern Ausstattung: Totenwäsche, einfach, Spitze Zuschlag. Sarg, Holz natur oder gebeizt, Eiche Zuschlag. Blumenarrangement Leichenhalle, nach Jahreszeit. Leichenwagen, Träger, ohne Trinkgelder. Kirchen- bzw. Krematoriumsschmuck, Orgelmusik, kurze Predigt, Grundtarif, persönliche Würdigung Zuschlag –
BUCKSCH Spitze Zuschlag, Eiche Zuschlag, persönliche Würdigung Zuschlag. Wieso? Wieso persönliche Würdigung Zuschlag, wenn ich dreißig Jahre in eine Sterbekasse zahle?
JOI 25 Trauerbriefe.
BUCKSCH An wen? An wen 25 Trauerbriefe? Wer hat ihn gekannt?
JOI Ich habe die zusammengewachsenen Augenbrauen nicht in einem beleidigenden Sinne gemeint, Oskar, auch nicht, daß er irgendwie gestört wäre. Er war so klein, so bescheiden. Warum ist er nie gekommen? Warum ist er nicht hier bei seinen Angehörigen gestorben wenigstens?
BUCKSCH Wir sind bei den Statuten.
JOI Platzmiete Friedhof, groß C, 30 Jahre, Grabstein bzw. Grabplatte bis 300,– DM, Trauerkleidung direkte Angehörige, Anreise, falls der Gesamtbetrag von DM 2500 nicht erschöpft ist.
BUCKSCH Was heißt erschöpft? Als Sohn brauche ich jedenfalls schwarzen Anzug und Überzieher.
JOI Warum willst du die Trauerkleidung kaufen? Für dieses eine Mal. Warum nicht leihen?
BUCKSCH Man beerdigt seinen Vater nicht in geliehener Trauerkleidung. Prinzipiell nicht.
Er nimmt Zigaretten aus seinem Nachtkasten und legt sich ins Bett.

Joi Du willst rauchen? Wo dein Vater gestorben ist, willst du rauchen?
Bucksch Er war selbst Raucher.
Er zündet die Zigarette an.
Joi Was bist du für ein Mensch, Oskar? Was empfindest du beim Tode deines Vaters? Da empfindet man doch.
Sie legt sich ebenfalls ins Bett.
Bucksch Für sich. Ohne Brimborium.
Joi Was?
Bucksch – Was ist das Leben?
  Nicht nur die Leich ist bleich,
  auch unser Streben. – Ja, Joi.
Joi Verzeihung, Oskar. *Sie weint.*
Bucksch Wie ich einmal mit ihm zum Bahnhof gegangen bin, als Junge, ich hab so gerne Malzbonbons gegessen, die braunen, die hat er mir gekauft, wo die Züge abgefahren sind, pünktlich, das war seine Freude als Landvermessungsangestellter, da hat er das auf seiner Taschenuhr verglichen, einer großen, mit der Bahnhofsuhr, wie die Züge abfahren, immer pünktlich, da hat er mir einen Satz gesagt, ruhig, der mir eine Lehre fürs Leben gewesen ist, wie der Zug herausgefahren ist, einen einfachen Satz.
Joi Welchen?
Bucksch Da hat er mir gesagt, in seiner stillen, schlesischen Art, hat er gesagt: «Nu, Pirschla, doas doampft.» Eine Lehre. «Nu, Pirschla, doas doampft.»
Er wischt sich eine Träne weg.
Es war sein Jugendwunsch, die Eisenbahn.
Joi Der letzte Rock hat keine Taschen, Oskar.
Bucksch Nu, Pirschla, doas doampft. Das Unfaßliche.
Joi War er entmündigt?
Bucksch Wieso?
Joi Ich meine, daß sie die Insassen einer Heilanstalt vielleicht automatisch –
Bucksch Er war kein Insasse, sondern ein Pflegefall und kerngesund, wie unsere ganze Familie. Mein Ur-Großvater ist mit Napoleon durch die Beresina geschwommen auf dem Rückzug.
Joi Ich meine, weil das Testament sonst angefochten werden könnte, im Falle. Er muß doch hinterlassen, oder?
Bucksch Was groß? Geteilt durch drei Geschwister.
Joi Er hat Anita sehr geliebt, auf seine Art.
Bucksch Er hat sie doch nur als Baby gesehen.

JOI Er hat sie schon als Baby sehr geliebt. – Und wenn es nur zwei- oder dreitausend sind. Für eine Reise, Sizilien sagen wir, neue Gardinen, neue Möbel, du brauchst diese Entspannung. Er hat doch Lastenausgleich. Schon mit fünftausend kann man sich an einer Autowaschanlage beteiligen, einer automatischen.
BUCKSCH Es sind Dinge zwischen Himmel und Erde, die sich keine Schulweisheit träumen läßt. In uns. – Da röchelt einer aus dem Telefon, und der bin ich.
Sie kriecht unter seine Bettdecke.
JOI Was hast du denn geträumt? Von Frauen?
BUCKSCH Abartig irgendwie.
JOI Wie abartig? Mit wem?
BUCKSCH Irgendwie mit irgendwem. Während mein Vater starb.
Er gähnt.
Endlich.
JOI Er schläft den letzten Schlaf. Er war dir doch sehr ähnlich.
BUCKSCH Nu, Pirschla, doas doampft. – Nu, Pirschla, doas doampft.
JOI Was ich geträumt habe: Supermarkt, ich war im Supermarkt. Das war aber eine Kirche oder Dom mit Haupt- und Nebenaltären voller schönster Sachen, und die Gebetbücher waren Kataloge mit herrlichen Abbildungen. Ich knie vor einem Altar, und es werden erlesene Waren um mich aufgehäuft. Wie ich mich aber kämme, fallen mir die Haare aus. Ich schaue erschreckt nach oben, da winkt mir vom Altarbild der Heiland mit einer Scheckkarte. –
Oskar?
BUCKSCH *im Schlaf*: Asien.
JOI Was sagst du?
BUCKSCH *im Schlaf*: Die Welt wird asiatisch.

9. Szene

Kahler Saal in einem Sanatorium. Ein paar Kranke in einer Reihe kriegen mit Löffeln Medikamente von Jonathan, der an einem Harmonium sitzt. Wenn die Medikamente verabfolgt sind, spielt er Choräle. Ein asiatisches Kind, Anita, schlägt ihm die Noten um. Mike sitzt in einem weißlackierten, fahrbaren Krankenstuhl an einem Computer. Beide tragen dünne Gefechtsuniformen aus Tarnstoff und ohne Rangabzeichen.

Das Gerät gibt in unregelmäßigen Abständen schnelle Tonimpulse und speit Lochkarten aus, die Mike ablegt.

MIKE Nicht, daß ich dich stören möchte, Nat, aber das sind jetzt die Städte zwischen einhundert- und zweihunderttausend Einwohnern in Asien.

JONATHAN *während er weiterspielt*: Waren die Städte.

MIKE Natürlich, waren, die sind jetzt abgebucht. Wie wollen wir jetzt weiter vorgehen?

JONATHAN *weiterspielend*: Wie er befohlen hat, alphabetisch. Nach den Großstädten die Städte zwischen fünfzig- und hunderttausend alphabetisch, mittels phi-Mesonen, damit die Gebäude erhalten bleiben für die Besiedlung mit Arbeitslurchen.

MIKE Ich muß sagen, daß ich mir diese ganze Weltreinigung irgendwie abwechslungsreicher vorgestellt habe.

JONATHAN Was ist der Wunsch nach Abwechslung, Mike? Fehlende Weisheit. Wer den Bau dieser Quadrupelfuge zu hören imstande ist, verlangt nicht nach Abwechslung.
Er singt:
> O Ewigkeit, du Donnerwort,
> o Schwert, das durch die Seele bohrt,
> o Anfang sonder Ende.
> O Ewigkeit, Zeit ohne Zeit,
> ich weiß vor großer Traurigkeit
> nicht, wo ich mich hinwende.
> Mein ganz erschrocknes Herz erbebt,
> daß mir die Zung am Gaumen klebt.

Zwischenspiel.
Dagegen aber dann:
Er singt:
> O Ewigkeit, du Freudenwort,
> das mich erquicket fort und fort,
> o Anfang sonder Ende!
> O Ewigkeit, Freud ohne Leid,
> ich weiß vor Herzensfröhlichkeit
> gar nichts mehr vom Elende,
> weil mir versüßt die Ewigkeit,
> was uns betrübet in der Zeit.

ANITA Ich könnte immer hier sitzen und dir die Noten umschlagen, Onkel Jonathan.
Jonathan streichelt sie.

Mike Ich muß sagen, daß ich mich in diesen Klinikmonaten hier über Erwarten an Quadrupelfugen gewöhnt habe.

Jonathan *schwermütig*: Ich habe mich an fast alles gewöhnt. – Obwohl ich mich manchmal frage –

Mike Das frage ich mich auch, Nat.

Jonathan Was?

Mike Was du dich fragst. Lurche, daß er uns von heute abend an als Lurche sehen will, wie alle Bankkunden. – Wir waren in der Bank seine Vorgesetzten.

Jonathan Es ist nicht das, was ich mich frage, Mike –

Mike Das frage ich mich auch, Nat.

Jonathan Was?

Mike Seit er keine andere Idee mehr hat, als mit diesen Raumschiffen um die Planeten zu fahren, immerzu Lurcheier aussäend, frage ich mich, ob das noch Wahnsinn ist oder nur Verblödung.

Jonathan Es sind nicht die Lurcheier, Mike, es ist schlimmer. Erniedrigender. In geschlechtlicher Hinsicht.

Mike Was?

Jonathan In seinem Schlafzimmer. Dienstlich. Wo er mit diesem Titelbildflittchen, diesem unersättlichen – Ich bin kein sehr geschlechtlicher Mensch, Mike, im Vertrauen gesagt, das bin ich nicht –

Mike Ich schon. Es ist die Hölle, Nat.

Jonathan Was?

Mike Was du gemeint hast.

Es taucht Joi auf, zum Sex-Idol der Kinos verwandelt. Anita beginnt sofort, sie zu bedienen, besprüht sie mit Parfum. Ein Dienstbote, der nicht bemerkt wird.

Joi Was hast du gemeint, lieber Jonathan? Was ist kein Ersatz?

Mike Wir sprachen von China, Madame, den chinesischen Mittelstädten, die ich gerade in den Computer gebe – da meinte Jonathan –

Joi Was, Jonathan?

Sie bemerkt das Mädchen.

Was macht denn die noch hier? Ich denk, die ist längst ab als Asiatin.

Jonathan Wir haben keinen Befehl, Madame.

Joi O doch, doch, doch.

Sie zeigt ihm ein Papier.

Jonathan Er ist nicht unterschrieben.

Joi Es ist die Weisung, daß Befehle nicht mehr unterschrieben werden –
Jonathan Und woher kann ich wissen –
Joi Vertrauen, Jonathan. Bis gleich.
Sie überreicht ihm eine Spritze und geht.
Mike Da geh ich, wenns dir recht ist, auch mal raus.
Zu der Kleinen: Hallo.
Er fährt hinaus.
Jonathan beginnt wieder auf dem Harmonium zu spielen.
Anita Du spielst so schön, Onkel Jonathan, daß ich weinen könnte. – Was heißt ‹ab›, Onkel Jonathan?
Jonathan Magst du Schokolade?
Anita Ja, gern. O gern.
Er gibt ihr eine Tafel.
Jonathan Mach einen Arm frei.
Anita Warum?
Jonathan Du magst mich doch?
Anita Ja, du bist immer gut zu mir.
Jonathan Aber ja.
Er injiziert.
Anita Warum?
Jonathan Das verstehst du nicht.
Er zieht die Spritze aus dem Arm, er wischt ihr den Mund ab, der von Schokolade verschmiert ist, er trägt sie hinter einen Wandschirm, er geht an das Harmonium zurück und singt:

>Ach wie flüchtig, ach wie nichtig
>ist der Menschen Leben!
>Wie ein Nebel bald entstehet
>und auch wieder bald vergehet,
>so ist unser Leben, sehet!

Mike kommt zurück gefahren.
Mike Sie war sehr nett, die Kleine. Für eine Asiatin, meine ich. Besonders nett. – Was ist mit dir?
Jonathan Ich werde jeden Tag ein bißchen dicker, älter und häßlicher.
Joi taucht auf, setzt sich neben Jonathan auf die Harmoniumbank.
Jonathan Sie hätten mir das nicht befehlen dürfen.
Joi Was, Jonathan?
Jonathan Ich habe sie nicht umbringen wollen. Mike ist mein Zeuge! Mike ist mein Zeuge, daß Sie es befohlen haben!

MIKE Ich war, soviel ich weiß, die ganze Zeit nicht da, Nat. Leider.
JONATHAN Sie hat mir die Noten umgeschlagen.
JOI Dann werde ich dir jetzt die Noten umschlagen.
Sie spielen vierhändig.
Liebst du mich, Jonathan?
JONATHAN Wie meinen Sie?
JOI Ob du auf deine Kosten gekommen bist, als Voyeur, zwischen den Orchideen?
JONATHAN Er hat es mir befohlen, Madame. Dienstlich.
JOI Hab ich dir gefallen?
JONATHAN Gegen meinen Willen, Madame.
JOI Wolltest du an seiner Stelle sein?
JONATHAN Ja.
JOI Wolltest du ihn totschlagen, um an seiner Stelle zu sein?
JONATHAN Ja.
JOI Wirst du ihn totschlagen, um an seiner Stelle zu sein?
Jonathan wirft sich auf den Boden und umschlingt verzweifelt ihre Knie.
MIKE Wenn Sie gestatten, Madame, wenn es Ihnen nur auf den Effekt ankäme. Auf welche Art Sie wünschen.
JOI Das ist sehr lieb von dir, Mike, aber es würde mir bei Cibull mehr Spaß machen. –
Sie krault ihm den Kopf.
Wenn ich dich darum bitte?
JONATHAN Ja, Madame, ja.
Bucksch wird von zwei Pflegern (Leibwächtern) hereingefahren. Er thront im Raumfahreranzug auf einem Patientenwagen.
BUCKSCH Was geht hier vor? Mein Vater ist gestorben, Trauer angeordnet, und meine angestellten Böcke läuten die Sauglocke!
JOI Hallo, Buckie, endlich.
BUCKSCH Ich wünsche, daß die Planetenbepflanzungen der Zukunft einheitlich und dunkel gehalten werden. Fortpflanzung künstlich in Grundtypen. Ernährung ozeanisch. Allgemeine Zufriedenheit auf der Grundlage einer allgemeinen Bedürfnislosigkeit.
JOI Du siehst wundervoll aus, du wirst mit jedem deiner Flüge jünger, strahlender.
BUCKSCH Du nicht. Du bist als Geliebte abgesetzt, da du weder charakterlich, noch sexuell, noch erbbiologisch gestiegenen Anforderungen entsprichst. Ich ernenne zu deiner Nachfolgerin Ni-ta, da sich die asiatischen Rassen als die zähesten erwiesen

haben und alle Gebrauchszüchtungen folglich von ihnen ausgehen müssen.
JOI Aber du hast Ni-ta umbringen lassen, Liebling. Jonathan hat sie umgebracht.
BUCKSCH Das lügst du!
MIKE Leider, Chef. Wenn Sie sich überzeugen möchten?
Er zieht den Wandschirm zur Seite. Es liegt die reale Anita reglos und nackt auf dem Bett.
JOI Ni-ta! Ni-ta! Ni-ta!
Sie geht hinaus, tritt kurz darauf als Ärztin auf.
BUCKSCH Stopft ihr das Maul dem Babel!
JONATHAN Es muß an den phi-Mesonen liegen, Chef.
Alle lachen.
BUCKSCH Meine Sekretäre ausstopfen! Alles ausstopfen! Ausstopfen!
JOI *im Arztkittel*: Sie dürfen sich als Patient nicht aufregen, Herr Bucksch. Sie müssen Ihre Pillen nehmen.
1. PFLEGER Bitte, Herr Bucksch?
2. PFLEGER Wenn ich Ihnen helfen darf?
Sie gehen mit milden Pflegerbewegungen auf den zurückweichenden Bucksch, nunmehr in Krankenkleidung, zu und nehmen ihn in die Mitte.
BUCKSCH Was wollt ihr?
Sie nehmen ihm die Beine hoch und tragen ihn zu dem fahrbaren Krankenstuhl, fixieren ihn.
BUCKSCH Wer bin ich, Jonathan?
JONATHAN Der Chef, Chef. Der Weltgeist, sowie das Weltgewissen. Sie gestatten, daß Sie in die vorgesehene Lage gebracht werden?
BUCKSCH Wozu?
JONATHAN Für die Behandlung, Chef.
Die Pfleger kippen den Krankenstuhl so nach rückwärts, daß Buckschens Kopf nach unten hängt.
BUCKSCH Welche Behandlung?
JONATHAN Die vorgesehene Behandlung, Chef.
BUCKSCH *schreit*: Ich hab doch immer meine Pflicht getan.
Zu Joi:
Das kannst du doch bezeugen. Sechzehn Jahre im Kassierdienst, ohne ein Versehen! – Joi! Joi!
JOI Wir glauben Ihnen ja, Herr Bucksch. Wir wollen Ihnen doch als Ärzte hier nur helfen.

Sie legt Gummihandschuhe und Mundmaske an. Bucksch kriegt eine Narkosemaske. Bucksch gestikuliert.

MIKE Er möchte noch etwas sagen, glaube ich.

1. PFLEGER *indem er die Narkosemaske entfernt*: Ist gefällig?

JOI Was möchtest du noch sagen, Liebling?

BUCKSCH Der Tod – der Tod –

JOI Was ist mit dem Tod, Liebling?

BUCKSCH Der Tod – ist – auch – dumm.

JOI Wir werden das festhalten, Liebling.

1. PFLEGER Wenn ich alsdann bitten dürfte, Herr. Die Klinikruhe.
Er befestigt erneut die Maske. Sie schieben Bucksch, von Joi gefolgt, in einen Operationssaal.
Jonathan beginnt auf dem Harmonium zu spielen und singt:

JONATHAN Hör, Mensch: So lange Gott wird sein,
   so lang wird sein der Höllen Pein,
   so lang wird sein des Himmels Freud,
   o lange Freud, o langes Leid.

Wenn das Harmonium schweigt, hört man Bucksch noch einmal schreien.

MIKE Der Mensch ist das Beste in seiner Art. Was ich so großartig an ihm finde, dem Menschen, das ist seine Unverwüstlichkeit.

10. Szene

Wohnzimmer bei Bucksch.
Joi im Morgenmantel, deckt den Tisch, bereitet Fruchtsäfte, Müsli, Kaffee.

JOI *mit singender Stimme*: Oskar, dein Grapefruitsaft wartet. – Nita, aufstehn, Anita. Das Bad wird frei. – Oskar, dein Grapefruitsaft wartet. –
Herein Bucksch, Hose, Unterhemd, Bademantel. Er geht stumm zu dem Tisch und trinkt das Glas Grapefruitsaft, bedächtig schluckend. Dann holt er seine Uhr aus der Tasche und zieht sie auf.

BUCKSCH Sieben Uhr fünfzehn. Warum ist das Radio nicht angestellt?
Er tut das und begibt sich zu dem Stuhl, wo sein Hemd und seine

Krawatte bereitliegen. Aus dem Radio ertönt das Lied: «Schenkt man sich Rosen in Tirol, weißt du, was das bedeuten soll?»
JOI Oh, das Lied.
BUCKSCH Welches?
JOI Das ist ein Lied, das ich immer wieder hören kann.
Sie singt:
Schenkt man sich Rosen in Tirol, weißt du, was das –
Sie bemerkt, daß Oskar dabei ist, sein Hemd anzulegen.
Deine Morgengymnastik, Liebling.
BUCKSCH Mir ist heute nicht danach.
JOI Warum haben wir dieses teure Baliniergerät gekauft, wenn du es nicht benutzt?
Sie holt ein sogenanntes Bali-Gerät. Da Bucksch zur Zeitung übergeht, führt sie es selber vor, ununterbrochen redend.
Wir müssen es beide benutzen, regelmäßig, der menschliche Organismus braucht diese Bewegung, wir sind das unserem Kreislauf schuldig, eins, zwei, drei, der von cholesterinhaltigen, tierischen Fetten ständig bedroht wird, so daß die feineren Herzgefäße unvermeidlich reißen, eins zwei, drei, durch unsere ungesunde, unnatürliche, den Kreislauf durch und durch vernachlässigende Lebensweise. Zumal es das reine Vergnügen ist, eins, zwei, drei, seine Beschwingtheit, sein durch und durch rhythmisches Lebensgefühl, rum tum tum tum, rum tum tum tum, wie das verjüngt, wie man sich wieder spürt, eins, zwei, drei, was für ein schöner, was für ein wundervoller richtiger Frühlingstag.
BUCKSCH *aus der Zeitung*: Weißer Wal im Rhein bei Duisburg gesichtet. Duisburger Zoodirektor nahm die Verfolgung auf. Was sagst du dazu?
JOI Wozu?
BUCKSCH Im Rhein.
JOI Was im Rhein.
BUCKSCH Weißer Wal im Rhein bei Duisburg gesichtet.
JOI Nein.
BUCKSCH Wenn ich es sage.
Er gibt ihr die Zeitung und legt die Krawatte an.
JOI Was alles passiert heutzutage.
BUCKSCH Verkehrte Welt.
JOI Obwohl vielleicht auch früher viel passiert ist, nur war der Mensch nicht in dem Maße informiert wie heute. Nimm diese Mönche da in diesem, na du weißt, von gestern diese, da hät-

ten sich doch Tausende verbrennen können früher ohne Fernsehen.
BUCKSCH Das ist nun wieder Politik. Ein Mensch, der mit Benzin sich anschüttet und verbrennt, der ist für mich verrückt. Oder Propaganda.
JOI Aber Mönche?
BUCKSCH Buddhistische.
JOI Ich sag ja nur, daß ohne Fernsehen früher –
Sie bemerkt Buckschens farbige Krawatte.
Oh, Oskar! Deine Krawatte.
BUCKSCH Was ist damit?
JOI Sie ist grünlich.
BUCKSCH Und? Sie war immer grünlich. Bläulich-grünlich nach meinem Farbempfinden.
JOI Dein Vater. Die Beerdigung deines Vaters, Oskar.
BUCKSCH *indem er sich die Krawatte herunterreißt*: Ich habe gewußt, die ganze Zeit habe ich gewußt, daß irgendwas ist, irgendwas. Wenn es dein Vater wäre!
JOI Du hast ihn doch vergessen.
BUCKSCH Aber du hast mir diese grünliche, dieses bläulich-grünliche Dingsda hergelegt! Also hast du ihn zuerst vergessen!
JOI Wir haben ihn beide vergessen, Oskar. Wir haben ihn verdrängt. Es ist eine bekannte Erfahrung der Psychologen, daß psychisch nicht zu Bewältigendes sehr gern verdrängt wird.
BUCKSCH Verdrängt, verdrängt! Aber mit diesem Ding herumhopsen. Ist Trauerflor im Hause?
JOI Nein.
BUCKSCH Wieso ist kein Trauerflor im Hause! Wieso ist dieser Haushalt auf keinerlei Krisenfall eingerichtet?
JOI Ein Trauerfall ist kein Krisenfall, finde ich.
BUCKSCH Aber es kommt prinzipiell –
JOI *ruft*: Anitalein, dein Müsli ist fertig!
BUCKSCH Würdest du mich vielleicht ausreden lassen?
JOI Bitte.
BUCKSCH Es kommt prinzipiell nicht –
JOI Nita! Was machst du, Nita?
BUCKSCH Es kommt prinzipiell nicht in Betracht, daß ich in die Bank gehe ohne Trauerflor! Und wenn ich mir einen Trauerflor von dieser Hose schneide!
JOI Du kriegst ja deinen Trauerflor. Du kriegst deine schwarze Krawatte und deinen Trauerflor.

Joi ab.

BUCKSCH Auch das Kind, auch Anita und du. Die ganze Familie wird für eine angemessene Zeit Trauerkleidung oder Trauerflor tragen! Ein Vater ist kein Hund, kein Irgendwer.

Joi kommt mit einer schwarzen Krawatte und schwarzem Zeug für die Trauerflore zurück. Sie legt ihm die Krawatte um.

BUCKSCH *mit der Krawatte kämpfend*: Ich habe es gewußt, nach diesen Träumen, dieser Unruhe, dieser, wie ich auf dem Rücken gelegen bin wie eine Küchenschabe, als Raumfahrer, gefesselt, da hab ich gewußt – warum läßt sich die Krawatte nicht binden! Warum wird gespart an diesen Trauergegenständen?

Joi hat ein Buch geholt und blättert darin.

JOI Zu Küchenschaben heißt es in diesem alten Traumbuch: «Unverhofft kommt oft – Geld – oder Kindersegen.» Siehst du.

BUCKSCH Ich habe nicht von Küchenschaben geträumt.

JOI Ich denke?

BUCKSCH Ich habe auf dem Rücken gelegen wie eine Küchenschabe.

JOI Also.

BUCKSCH Als Raumfahrer. In einer Raumkapsel, aus der ich Lurcheier aussäte, als Verrückter.

JOI Raumkapsel – hier: Im Raume schweben – glücklich ferne Länder besuchen. Siamo in Italia. Oskar, erinnerst du dich, tutta la famiglia è in –

BUCKSCH Den Trauerflor bitte.

Er legt ihn an.

JOI Und warum warst du gefesselt?

BUCKSCH Weil ich behandelt werden sollte, als Gestörter, von deinen Wahnideen mit meinem Vater, abgespritzt.

JOI Und warum warst du gefesselt?

BUCKSCH Ich finde das nicht komisch. Ich finde es deplaciert, daß am Todestag meines Vaters –

JOI Aber ich habe nie behauptet, daß er gestört ist. Nita, dein Müsli wartet, Nita, das Frühstück wartet!

BUCKSCH *sich an den Frühstückstisch setzend*: Dann eben nicht.

Er sieht auf die Uhr:

Halb acht durch mittlerweile.

Er beginnt zu frühstücken. Anita erscheint, setzt sich äußerst mürrisch an den Frühstückstisch, trinkt ihre Schokolade und blättert dabei in einer Illustrierten. Bucksch räuspert sich. Sie blickt auf und prustet los.

ANITA Wie siehst denn du aus?

Sie wartet keine Antwort ab und blättert wieder in der Illustrierten.
BUCKSCH Mein Vater ist gestorben, wenn du gestattest, dein Großvater also, väterlicherseits.
ANITA Wirklich?
BUCKSCH Allerdings. Du wirst einen Trauerflor und Trauerkleidung tragen. Leg die Illustrierte weg.
ANITA Dann geh ich nicht in die Schule.
BUCKSCH Wieso?
ANITA *ihr Fruchtmus löffelnd*: Man braucht nicht in die Schule gehen, wenn nähere Angehörige gestorben sind. Großväter sind nähere Angehörige. Oder?
BUCKSCH Du gehst in die Schule.
ANITA Warum, wenn mein Großvater gestorben ist, soll ich in die Schule?
BUCKSCH Es wäre nicht im Sinne des Verstorbenen, seinetwegen deine Pflicht zu versäumen.
ANITA Ich will aber nicht in die Schule, wenn Großvater gestorben ist, ich kann nicht, ich will nicht in die Schule, wenn mein Opa tot ist –
Sie verschluckt sich an dem Fruchtmus, sie hustet, sie steigert sich in einen Hustenanfall.
BUCKSCH Du gehst.
ANITA *den Hustenanfall ausbauend*: Will nicht – kann nicht – Mammi –
BUCKSCH Hör mit der Husterei auf!
Anita hustet wild.
ANITA Kann nicht – will nicht – kann nicht – kann nicht –
JOI Wenn es sie doch aber so mitnimmt, Oskar.
Anita hustet und schluchzt.
BUCKSCH Sie geht. Sie hat ihn ja gar nicht gekannt.
ANITA Doch, doch, ich habe ihn doch gekannt, doch –
JOI Sie hat ihn gekannt, Oskar. Sie hat ihn besonders gern gehabt. Wie er sie.
BUCKSCH Sie hat ihn nicht gekannt, oder kaum, weil du ihn nie eingeladen hast.
JOI Ich habe ihn nicht eingeladen, weil du ihn nie sehen wolltest –
BUCKSCH Ich?
JOI Du.
BUCKSCH Ich?
JOI Ich mache dir ja keinen Vorwurf, Oskar, ich mache uns allen

den Vorwurf, jetzt wo er tot ist, aber du kannst es nicht an dem unschuldigen Kind auslassen.
ANITA *hustend*: Ich habe ihn doch gekannt, doch, doch, doch –
BUCKSCH Sie geht in die Schule.
ANITA Nein! Nein!
Sie schleudert eine Tasse Schokolade auf den Boden.
Bucksch und Joi erheben sich fassungslos.
BUCKSCH Es ist soweit gekommen somit, daß in meinem Hause Geschirr zertrümmert wird, vorsätzlich, absichtsvoll.
JOI Warum, Anita, warum, Anitalein? Du warst doch immer ein so liebes Kind, unser Seeschwälbchen, das uns nur Freude gemacht hat, so besonders viel Freude, und wir, wir haben dir doch auch immer viel Freude gemacht, Pappi und Mammi, warum, Anita, warum?
ANITA *einfach und ratlos*: Weil das alles zuviel ist. Jeden Tag. Jeden Tag sind wir dabei aufzustehen, zu frühstücken, in die Schule zu gehen, heimzugehen, zu essen, zu spülen, zu essen, das Abendprogramm anzusehen, ins Bett zu gehen, um wieder aufzustehen, zu frühstücken, ich bin immer so müde, ich finde, daß uns das alles zuviel wird, jeden Tag. – Und wenn einmal eine Abwechslung ist mit Opa – meinem Opa – Opa –
Sie hustet in einem keuchhustenähnlichen Anfall.
JOI – Und wenn wir alle zusammen führen, Oskar, die ganze Familie, und ein paar Tage Urlaub machten? Deinem Vater zuliebe, der ein so ergreifend bescheidener Mensch war und der uns von seinem Himmelsplatz aus zusieht, der ganzen Familie an seinem Grabe, und der vielleicht in seiner stillen Art dazu sagt, in seinem mir unverständlichen Dialekt sagt, was du mir gestern gesagt hast, Oskar, diesen Eisenbahnsatz –
BUCKSCH Nu, Pirschla, doas doampft.
JOI – diesen einfachen und tiefen Satz sagt, während wir die Handvoll Erde auf ihn werfen. –
Jeder Mensch braucht einmal ein bißchen Abwechslung. Wir alle, Oskar.
ANITA Bitte, Pappi! Ich hab meinen Opa doch so lieb, Pappi!
BUCKSCH *nach einer Pause*: Es wäre in diesem außerordentlichen Falle zu erwägen, den Trauerort auf dem Luftwege anzureisen.
JOI Oskar!
ANITA Fliegen, Pappi, fliegen! Die ganze Familie wird zum ersten Male fliegen?
BUCKSCH Abflug 19 Uhr 11, Ankunft 20 Uhr 10 zum neuerlich

verbilligten Nacht- und Familientarif, Leihwagen am Flughafen, Anfahrt in schwarzer Limousine. Anschließend Flug in Trauerurlaub.

Joi Was ich an dir so bewundere, Oskar, immer von neuem bewundere, muß ich sagen, das ist deine Phantasie – und die Kraft deines Gedächtnisses.

Bucksch Durch Übung, Joi, durch ein beharrliches Training. – Ich habe, obwohl die Nacht eher unruhig war, noch immer die gesamten mittelamerikanischen Linien zu meiner Verfügung.

Joi Das ist doch nicht möglich. Wirklich, Oskar?

Bucksch Aber ja. Möchtest du sie hören?

Joi Gerne, Oskar.

Bucksch *indem er nach seinem mnemotechnischen System die Taschen beklopft, die Augen und Ohren berührt*:
Also: Abflug 5 Uhr 25, Lisboa an 10 Uhr 50, Lisboa ab 11 Uhr 25, an Rio de Janeiro 5 Uhr 25 LZ, ca. 390 Meter hoher Zuckerhut und ab 7 Uhr 45, an 15 Uhr 30 Caracas, ab 15 Uhr 50 und an Habana 17 Uhr 10, wider Erwartung ohne Erzbischofssitz. Was sagst du?

Joi Das ist phänomenal, einfach.

Anita Herrlich! Fliegen, die ganze Familie wird zu Opas Beerdigung und in Urlaub fliegen! Ich will Hut und Schleier.

Joi Wenn du dich bei Pappi für dein Verhalten entschuldigst, wird er dir sicher auch einen Schleier kaufen.

Anita Ich entschuldige mich, Pappi.

Bucksch *gerührt*: Das ist schön, Anita.

Joi *ebenfalls gerührt*: Ach, Oskar. Ich fühle mich so gut jetzt. – Du mußt frühstücken, Oskar. Dein Fruchtmus, du brauchst diese Vitamine, diese Nervennahrung. Iß, Anita.

Bucksch *sein Mus löffelnd*: An meinen Vater denkend sowie an unseren baldigen Flug, empfinde ich die Bedeutung des Wortes ‹Stirb und werde›.

Joi Ja, Oskar. Es ist in seiner Art wunderbar. Wir haben vor einer Stunde nicht geahnt, daß wir heute fliegen werden. Ist das nicht wunderbar?

Bucksch *essend*: Ich werde diesem Personaldirektor, diesem jungen Schnösel, meinen Extraurlaub ganz schön hinreiben.

Joi Toast, Oskar. – Erdnußbutter, Oskar.

Die ganze Familie Bucksch bricht in Gesang aus.

Sie Das Leben ist so wundervoll.

Er In seiner Art so wundervoll.

SIE Ist es nicht wirklich wundervoll?
ER Es ist wirklich ganz wundervoll.
ANITA Das Leben ist so immer neu.
JOI In seiner Art so immer neu.
ANITA Ist es nicht wirklich immer neu?
BUCKSCH Es ist wirklich immer neu.
ALLE Es-ist-so-herrlich-neu!

Die Soldaten

von Jakob Michael Reinhold Lenz
Bearbeitung

Personen

WESENER, *ein Galanteriehändler in Lille*
FRAU WESENER, *seine Frau*
MARIE } *ihre Töchter*
CHARLOTTE
WESENERS ALTE MUTTER

STOLZIUS, *Tuchhändler in Armentières*
SEINE MUTTER

DESPORTES, *ein Edelmann aus dem französischen Hennegau, in französischen Diensten*
GRAF VON SPANNHEIM, *sein Obrister*
PIRZEL, *ein Hauptmann*
EISENHARDT, *Feldprediger*
VON HAUDY
VON RAMMLER } *Offiziers*
VON MARY
VON GILBERT

GRÄFIN DE LA ROCHE
IHR SOHN
PHILIPPE, *ein Bedienter der Gräfin*

SEKRETÄR DES DESPORTES

JUNGFER ZIPFERSAAT

AARON, *ein Jude*

MADAME BISCHOF
MADEMOISELLE BISCHOF, *ihre Cousine*

GERICHTSPERSON, HURE, STADTWACHE,
BEDIENTE, REKRUT

Der Schauplatz ist im französischen Flandern um 1770

Erster Aufzug

1. Szene

In Lille.
Marie schreibt einen Brief. Charlotte sitzt und spinnt.

MARIE Ich bin ganz dumm von diesem Brief, von all dem weißen Papier, daß man nicht schreiben kann als wie mans denkt. – Schreibt man Madame mit e? – Schwester!

CHARLOTTE Ja doch mit e.

MARIE Ob das so angeht, wie ich schreibe: «Meine liebe Madame! Wir sind gottlob glücklich in Lille wiederum arriviert», ist's recht so – arriviert mit v?

CHARLOTTE Ja doch mit v.

MARIE «Und wissen nicht, womit die Gütigkeit nur verdient haben, womit uns bei unserem Besuch in Armentières überschüttet. Wünschte nur imstand zu sein» – ist so recht?

CHARLOTTE So lies doch, bis der Verstand aus ist.

MARIE «Wünschte nur imstand zu sein, Ihro und Ihrem Sohn alle die Politessen und Höflichkeiten wiederzuerstatten. Weil aber es noch nicht in unseren Kräften steht, als bitten um fernere Kontinuation.»

CHARLOTTE Bitten wir um fernere Kontinuation.

MARIE Was du da redst, der Papa schreibt ja auch so alleweil in seinen Briefen an die feinsten Häuser.
Sie macht den Brief geschwind zu und will ihn siegeln.

CHARLOTTE So lies doch aus.

MARIE Sie will allesfort klüger sein als der Papa. Letzthin sagte der Papa auch, es wäre nicht höflich, wenn man immer wir schriebe und ich und so dergleichen.
Sie siegelt den Brief.

CHARLOTTE Sie will mir den Schluß nicht vorlesen, weil sie da was Schönes vor den Herrn Stolzius hat gewiß, der rot und bleich wird, wenn er eins nur anschaut.

MARIE Dich hat er angeschaut, grad dich!

CHARLOTTE Bin ich denn darüber schalu* gewesen? Ich hätt' ja ebensogut schreiben können als du an seine Mutter, aber ich habe

---

* *schalu:* jaloux – eifersüchtig.

dir das Vergnügen nicht berauben wollen, deine Hand zur Schau zu stellen. Und dem Herrn Stolzius, der allweil seufzt als wie ein krankes Roß, wenn er dich anredt.
MARIE Hör, Lotte, laß mich zufrieden mit dem Stolzius, ich sag dirs, oder ich geh gleich herunter und klags dem Papa.
CHARLOTTE Was ich mir daraus mach. Er weiß ja doch, daß du in ihn verliebt bist, und daß du's nicht leiden kannst, wenn eine andre ihn auch nur mit Namen nennt.
MARIE Lotte!
Sie fängt an zu weinen und läuft herunter.
CHARLOTTE Marie! – Marie, der Desportes!
Sie läuft zum Schein ans Fenster. Marie kehrt in das Zimmer zurück.
Doch nicht. Ich hab mich alls verschaut. Excusez.
MARIE Canaille!
CHARLOTTE Canaille vous-même.

2. SZENE

In Armentières.
Stolzius. Herein seine Mutter.

MUTTER Was ist jetzt mit dem Tuch? Der Obriste will das Tuch ausgemessen haben für die Regimenter, das er bei uns bestellt hat! Wenn er heute wieder schickt, und das Tuch ist nicht ausgemessen –
STOLZIUS Mir ist nicht wohl, Mutter. So heiß und kalt, und die Gedanken allweil kreuz und quer, mir tut der Kopf weh.
MUTTER Weil Ihm das verzweifelte Mädel im Kopf steckt, darum tut er Ihm weh. Seit sie weggereist ist, hat Er keine ruhige Stunde mehr. Das Tuch für die Regimenter muß heute –
STOLZIUS Wie wir am letzten Tag gegangen sind, an der Lys, vor dem Nachtessen, ich hätt so immer weiter gehen wollen und nur sie anschaun.
MUTTER Ich red vom Tuch und dem Obristen. Bist du Krösus?
STOLZIUS Wenn sie mich nicht mehr möcht, ich wär imstand, ich brächt mich um.
MUTTER Narre.
STOLZIUS Ob sie mich wohl vergessen hat?
MUTTER Da will ich dir das Herz leichter machen.

Sie zieht einen Brief heraus.
STOLZIUS *springt auf*: Sie hat Euch geschrieben?
Er reißt ihr den Brief aus der Hand und verschlingt ihn mit den Augen.
Laßt mich den Brief beantworten, Mutter!
MUTTER Erst wenn das Tuch ausgemessen ist für den Obristen. Wenn ers woanders nimmt –
STOLZIUS Das Tuch, das Tuch! Er kriegts ja nirgendwo so billig wie bei uns und noch auf Wechsel.

3. SZENE

In Lille.
Marie hat ein Buch weißes Papier vor sich liegen, auf dem sie kritzelt. Sie rafft es zusammen, als der Desportes eintritt.

DESPORTES O Mademoiselle Marie! Allein?
MARIE Ich lauf den Vater holen, gnädiger Herr.
DESPORTES Nein, nein – warum? Ich habe ja doch Zeit. Was machen Sie denn da?
MARIE O nichts, nichts, gnädiger Herr. Gekritzel. Ich schreibe gar zu gern.
DESPORTES Ich wäre glücklich, einen von Ihren Briefen, nur eine Zeile von Ihrer schönen Hand zu sehn.
MARIE Nein, nein, ich schreibe gar nicht schön und alles durcheinander.
DESPORTES Alles, was von einer solchen Hand kommt, muß schön sein.
MARIE O Herr Baron, ich weiß doch, daß das alles nur Komplimenten sein.
DESPORTES Ich schwöre Ihnen, daß ich in meinem Leben nichts Vollkommeneres gesehen habe, als Sie sind.
MARIE Meine Mutter sagt, ich sei noch nicht vollkommen ausgewachsen, ich sei in den Jahren, wo man weder schön noch häßlich ist. Sehen Sie, wie falsch Sie sind?
DESPORTES Ich falsch? Ist das falsch, wenn ich mich vom Regiment wegstehle und jetzt riskiere, daß man mich ins Prison wirft, nur um das Glück zu haben, Sie zu sehn?
MARIE Ich dachte, daß Sie hier in Lille auf Werbung sind vor die Chasseurs.

DESPORTES Aus Vorwand, da ich mein Semester doch dem Regiment verkauft habe. Als ich Sie wiedersah, was konnt ich anders tun, in Ihre Nähe zu gelangen?
MARIE Das sagen Sie wohl oft.
DESPORTES Ich sage, was ich fühl.
MARIE Ach, Herr Baron, das Herz ist so ein Ding, das lügt wohl flink.
Wesener tritt ein.
WESENER Gehorsamer Diener, Herr Baron, ich bin nicht zu Hause gewesen, werden verzeihen, mein Marieel wird Sie ennuyiert haben. Wie befinden sich die werten Eltern, werden die Tabatieren doch erhalten haben –
DESPORTES Ohne Zweifel, ich bin nicht bei ihnen gewesen. Wir werden auch noch eine Rechnung miteinander haben, Vater Wesener.
WESENER O das hat gute Wege, es ist ja nicht das erstemal. Wenn Sie jedoch gleichmachen wollen –
DESPORTES Ich bin auf einige Wochen hier, wir machens dann zusammen.
WESENER Ganz wies beliebt. Wenn wir nur oft die Ehre haben, Sie zufrieden zu stellen.
DESPORTES Ich weiß, guter Wesener. Wie lange kennen wir uns?
WESENER Da waren Sie so groß. *Zeigt es.* Da kamen Sie aus Philippeville mit der gnädigen Frau, da wollten Sie ein silbernes Lorgnon mit Amethysten dran, da weinten Sie, weils kein Lorgnon bekamen, wie Ihr Hofmeister, da schenkt ich Ihnen eins aus Fensterglas mit bunten Glasklunkern, da waren Sie zufrieden. – Die gnädige Frau sind letzten Winter nicht zu unserm Karneval herabgekommen, so daß ich ihr die neuen Zitternadeln* nicht hab weisen können, die ich für sie reserviert halte.
DESPORTES Sie befindet sich etwas unpaß – waren viele Bälle?
WESENER So, so, es ging noch an. – Sie wissen, ich komme auf keinen, und meine Töchter noch weniger.
DESPORTES Ist das denn recht, Herr Wesener, daß Sie Ihren Töchtern alles Vergnügen versagen? Wie sollen sie dabei gesund bleiben?
WESENER O wenn sie arbeiten, dann bleiben sie schon gesund. Meinem Marieel, Gott sei Dank, fehlt nichts.
MARIE Das läßt sich der Papa nicht ausreden, und ich krieg doch so

---

* *Zitternadel:* mit Steinen besetzte Ziernadel aus vibrierenden Drähten.

bisweilen so eng ums Herz, daß ich nicht weiß, wo ich vor Angst in der Stube bleiben soll.

WESENER Angst, ja vor was? Du hast doch immer rote Backen.

DESPORTES Im Ernst, man hat in England kürzlich erst erwiesen, daß mangelnde Abwechslung die Ursache der Melancholie sei.

MARIE Siehst du.

WESENER Sie hat Abwechslung genug mit ihren Freundinnen. Wenn die zusammen sind, hört man sein eigen Wort nicht.

DESPORTES Würden Sie mir, verehrter Wesener, als alter Freund des Hauses erlauben, daß ich die Ehre haben kann, Ihre Mademoiselle Tochter einmal in die Komödie zu führen? Es spielt der berühmte Godeau heute in einem ganz neuen Stück.

MARIE Ach Papa!

WESENER Nein – nein, durchaus nicht, Herr Baron! Nehmen Sie mirs nicht ungnädig, davon kein Wort mehr. Das ist für uns kein Ort.

DESPORTES Und was ist daran schlimm?

WESENER Ich brauch den Sinnenkitzel nicht und meine Tochter noch weniger. Sie ist nicht gewohnt, in die Komödie zu gehen, und mit einem jungen Herrn von den Milizen gar nicht.

DESPORTES Sie sehen, ich bin im Bürgerskleide, wer kennt mich?

WESENER Tant pis! Ein für allemal, es schickt sich mit keinem jungen Herrn. Sie ist noch nicht zum Tisch des Herrn gewesen und soll schon in die Komödie und die Staatsdame machen.

MARIE Aber Papa, wenn den Herrn Baron nun niemand kennt!

WESENER Werden pardonnieren, Herr Baron, so gern als Ihnen den Gefallen tun wollte, ich erlaubs nicht. In allen anderen Stücken haben zu befehlen.

DESPORTES Da Sie das Vorurteil einmal haben, lieber Wesener, ich hab es gut gemeint. Wollten Sie mir nicht einige von den neuen Zitternadeln weisen, die Sie für uns reserviert halten?

WESENER Für die gnädige Frau, sogleich.

Er geht hinaus.

MARIE So ist er nun, was er nicht kennt, sollen wir nicht kennenlernen.

DESPORTES Hätten Sie wohl den Mut, liebes Marieel, ihn seines Vorurteils zu überführen, und dennoch mit mir in die Komödie zu gehen?

MARIE Wie denn?

DESPORTES Heut geht es nicht mehr an, aber übermorgen geben sie ein fürtreffliches Stück «La chercheuse d'esprit», und die erste Piece ist der «Deserteur»* – haben Sie hier nicht eine gute Bekannte?

MARIE Die Frau Weyher. Gleich beim Stadtgraben.

DESPORTES Da komm ich hin, und da kommen Sie auch hin, so gehen wir miteinander in die Komödie.

Wesener kommt mit einer Kollektion Zitternadeln. Marie winkt Desportes lächelnd zu.

WESENER Wenn Herr Baron mir die Freude machen wollen, das sind die erlesenen Stücke und zu allen Preisen. – Diese hier zu hundert Talern, die kleineren zu fünfzig, diese zu hundertfünfzig, wie es befehlen.

Desportes besieht eine nach der anderen und weist sie Marien, die an einer Stickerei arbeitet.

DESPORTES Zu welcher rieten Sie mir?

WESENER *indem er eine andere Nadel herausnimmt*: Sehen Sie, das ist die schönste, allerdings zweihundert, Sie finden wohl nichts Beßres in ganz Flandern.

DESPORTES Ein wundervolles Stück, ganz unvergleichlich.

Er hält sie Marien an den Kopf.

Sehen Sie, auf so schönem Braun, was das für eine Wirkung tut. Wollen Sie mir die Gnade tun, Herr Wesener, und sie für Ihre Tochter behalten? Sie steht ihr gar zu schön.

WESENER *gibt sie ihm lächelnd zurück*: Ich bitte Sie, Herr Baron – das geht nicht an – meine Tochter hat noch in ihrem Leben keine Präsente angenommen.

MARIE *die Augen auf ihre Arbeit geheftet*: Ich würd sie auch zudem nicht tragen können, sie ist zu groß für meine Frisur.

DESPORTES So will ich sie meiner Mutter schicken und mich empfehlen, lieber Wesener. Eh ich wegreise, machen wir richtig.

WESENER Das hat gute Wege, Herr Baron, das hat gute Wege. Sein Sie so gütig und tun uns einmal wieder die Ehre an.

Er überreicht ihm die sorgfältig eingewickelte Zitternadel.

DESPORTES Wenn Sie mirs erlauben wollen, ich komme gern. – Adieu, Jungfer Marie!

MARIE Adieu.

Desportes geht ab.

Er hat gewiß ein gut Gemüt, der Herr Baron.

---

* *La chercheuse d'esprit:* Komische Oper nach dem Text von Ch. S. Favart. *Der Deserteur:* Drama von Sebastian Mercier, 1770.

WESENER Lehr du mich die jungen Offiziers nicht kennen! Komödie, Präsente, Zitternadel – Zitternadel du gelber!
MARIE Wie Er gleich immer ist.
WESENER Du sollst in deinem Leben keine an den Kopf bekommen, das ist kein Tragen für dich!
MARIE Wenn er doch artig frägt. Er meints gewiß honett.
WESENER Honett, honett, weil er dir ein paar Schmeicheleien sagt. Da laufen sie in alle Aubergen und in alle Kaffeehäuser und erzählen sich, und eh man sichs versieht, wips ist ein armes Mädel in der Leute Mäuler. Ja, und mit der und der Jungfer ists auch nicht zum besten bestellt, und die und die kenne ich auch, und die hätt ihn auch gern mal –
MARIE Papa! *Sie fängt an zu weinen.* Er ist auch immer so grob.
WESENER Was verstehst du von der Welt, dummes Keuchel*. Du bist meine einzige Freude, drum sorg ich mich für dich.
MARIE Wenn Er mich doch nur wollte für mich selber sorgen lassen. Ich bin doch kein klein Kind mehr.
WESENER Was ich hier für dich hab, ein Brief.
MARIE Von wem?
WESENER Vom Stolzius.
MARIE Danke, Papa.
WESENER Nu sieh doch, freut dichs nicht?
MARIE O doch. Doch, doch.
Sie läuft mit dem Brief hinaus.

4. SZENE

In Armentières.
Der Obrist Graf Spannheim nach Tische beim Kaffee mit dem jungen Grafen de la Roche, dem Feldprediger Eisenhardt, Hauptmann Pirzel, Untermajor Haudy, Leutnant Mary und anderen Offizieren.

PIRZEL *in gedankenvoller Haltung*: Was ist ein Offizier gegen einen Soldaten? Ich gebe Ihnen dies Rätsel auf, Herr Pfarrer: Was ist ein Offizier gegen – den Soldaten? – Ein Soldat, der denkt. Denken ist nicht mechanisch, denken ist göttlich. Das Exerzierreglement ist mechanisch. Das ist der Widerspruch.
EISENHARDT Nu ja, nu ja, wieso?
PIRZEL Ich geb Ihnen den Casus auf, Herr Pfarrer: Soll der Posten

---
* *Keuchel:* Küchel, Küken.

im Feldlager, wohlgemerkt, mit der Muskete stehen und herumgehn oder liegen?

EISENHARDT Ich glaube, daß er steht und rumgeht.

PIRZEL Sie glauben, daß er steht und rumgeht, folglich gesehen wird, vom Feind, so der sich anschleicht, wer aber denkt, Herr Pfarrer, wohlgemerkt, der findet aus, daß er still liegen muß und sehen.

EISENHARDT Dann eben liegen.

PIRZEL Aber das Exerzierreglement, Herr Pfarrer, das ist der Widerspruch. Lesen Sie die Bibel nur, oder legen Sie sie aus?

EISENHARDT Der Offizier liest die Bibel und das Exerzierreglement. Da er Gott dient und dem König.

PIRZEL Wenn das Denken jedoch göttlich ist –

EISENHARDT Das Denken kommt aus Gott, der Zweifel aus der Gottlosigkeit, wie wir an den neuen Büchern sehen und den Schamlosigkeiten unserer Theater.

DER JUNGE GRAF Es ist doch aber in der Tat wohl nicht zu leugnen, Herr Pfarrer, daß die Schaubühne eine fast unentbehrliche Sache für die gebildeten Stände geworden ist, c'est à dire, eine Schaubühne, wo Geschmack herrscht, wie zum Exempel auf der französischen.

HAUDY Eine Garnison braucht die Komödie. Schon für das Korps der Offiziere.

EISENHARDT Ich seh nicht ab, wo da der Nutzen stecken sollte.

OBRISTER Das sagen Sie wohl nur so, Herr Pastor, weil Sie die beiden weißen Läppchen unterm Kinn haben. Da Sie selbst hingehn, denken Sie im Herzen doch wohl anders.

EISENHARDT Verzeihen Sie, Herr Obrist. Ich bin nie Heuchler gewesen, und wenn das ein notwendiges Laster des geistlichen Standes wäre, so dächte ich, wären die Feldprediger davon ausgenommen, da sie mit vernünftigen Leuten zu tun haben. Ich liebe das Theater, sofern es edle Gedanken vertritt und gehe gern hinein, ein gutes Stück zu sehen, aber deswegen glaube ich noch nicht, daß seine Lasterhaftigkeit ein heilsames Institut für das Korps der Offiziers sei.

PIRZEL *abwesend zu dem jungen Grafen*: Weil niemand denkt. Ich will Ihnen, Herr Graf, das Problem der neuen gezogenen Büchse aufgeben, gegenüber unserer glattläufigen Muskete –

HAUDY Aber um Gottes willen, Herr Pfaff oder Herr Pfarrer, wie Sie da heißen, sagen Sie mir einmal, was für Unordnungen werden nicht vorgebeugt oder abgehalten durch die Komödie? Die

Offiziers müssen doch einen Zeitvertreib haben. Sonst werden sie doch blöd aus Langerweile.

EISENHARDT Mit aller Mäßigung, Herr Major! Sagen Sie lieber, was für Unordnungen werden nicht eingeführt unter den Offiziers durch die Komödie?

PIRZEL *zu dem jungen Grafen*: Mit der gezogenen Büchse, wohlgemerkt, mit deren doppelter Reichweite, wären Sie in der Lage, aus den Pelotons die Offiziers herauszuschießen, tschiff, tschiff, aber das Exerzierreglement, das ist der Widerspruch –

HAUDY *beide Ellenbogen auf den Tisch gestemmt*: Und ich behaupte Ihnen hier, Herr, daß eine einzige Komödie, und wenns die ärgste Farce wäre, zehnmal mehr Nutzen nicht nur unter den Offiziers, sondern im ganzen Staat angerichtet hat, als alle Predigten zusammengenommen, die Sie und Ihresgleichen in Ihrem ganzen Leben gehalten haben und halten werden!

OBRISTER Major!

PIRZEL Tschiff, tschiff, aber das Exerzierreglement.

EISENHARDT Wenn ich mit Vorurteilen für mein Amt eingenommen wäre, Herr Major, so würde ich böse werden. So aber wollen wir das beiseite setzen, weil ich weder Sie noch viele von den Herren hier für fähig halte, den eigentlichen Nutzen unsers Amts in Ihrem ganzen Leben beurteilen zu können –

PIRZEL Sie sagen, Herr Obrist, die Langsamkeit des Ladens – aber das Steinschloßgewehr – tschiff, tschiff, das Steinschloßgewehr.

EISENHARDT Und wollen nur bei der Komödie bleiben und den erstaunenden Nutzen betrachten, den sie für die Herren vom Korps haben soll. Ich bitte Sie, beantworten Sie mir eine einzige Frage: Was lernen die Herren dort?

MARY Ja was, muß man denn immer lernen? Wir amüsieren uns, ist das nicht genug? Dazu ist sie ja da, daß wir uns amüsieren.

EISENHARDT Wollte Gott, daß Sie sich bloß amüsierten, daß Sie nicht lernten! So aber ahmen Sie nach, was Ihnen dort vorgestellt wird, und bringen Unglück und Fluch in die Familien.

OBRISTER Lieber Herr Pastor, Ihr Enthusiasmus ist löblich, aber er schmeckt nach dem schwarzen Rock, nehmen Sie mirs nicht übel. Welche Familie ist noch je durch einen Offizier unglücklich geworden? Daß ein Mädchen einmal ein Kind kriegt, das es nicht besser haben will, mein Gott –

HAUDY Eine Hure wird immer eine Hure, sie gerate unter welche Hände sie will. Wirds keine Soldatenhure, so wirds eine Pfaffenhure. Mit oder ohne Komödie.

EISENHARDT Herr Major, es verdrießt mich, daß Sie immer die Pfaffen mit ins Spiel mengen, weil Sie mich dadurch hindern, Ihnen freimütig zu antworten.
HAUDY So reden Sie, reden Sie, schwatzen Sie, dafür sind Sie ja da. Wer verbietet es Ihnen?
EISENHARDT Was Sie soeben gesagt haben, war ein Gedanke, der eines Nero oder Oglei Oglu* Seele würdig gewesen wäre und auch da bei seiner ersten Erscheinung Grausen verursacht hätte. Eine Hure wird immer eine Hure. Kennen Sie das andere Geschlecht so genau?
HAUDY Herr, Sie werden es mich nicht kennen lehren.
EISENHARDT Sie kennen es von den Meisterstücken Ihrer Kunst vielleicht, aber erlauben Sie mir, Ihnen zu sagen, eine Hure wird niemals eine Hure, wenn sie nicht dazu gemacht wird. Der Trieb ist in allen Menschen, aber jedes Frauenzimmer weiß, daß sie dem Triebe ihre ganze künftige Existenz und Glückseligkeit zu danken hat, und wird sie die aufopfern, wenn man sie nicht darum betrügt?
DER JUNGE GRAF Liegt nicht gerade da, Herr Pfarrer, das Vorurteil?
EISENHARDT Wo? Was?
DER JUNGE GRAF Nun je, die Reinheit. Ist nicht die Liebe immer, da von Gott gegeben, in sich selber rein?
EISENHARDT Die Liebe ist von Gott gegeben, jedoch im Sakrament der Ehe! Mit Verlaub, Herr Graf.
HAUDY Red ich denn von honetten Mädchen?
EISENHARDT Eben die honetten Mädchen müssen zittern vor Ihren Komödien, da lernen Sie die Kunst, sie malhonett zu machen. Wenn nicht am Ort, denn wozu sind die Ruhebetten in den Logen, wenn nicht für jene Duodramen während des Zwischenaktes?
MARY Die Geistlichkeit hat eine Phantasie, schlimm, schlimm.
HAUDY Meint Er, will Er jetzt hier behaupten, daß Offiziers –!
EISENHARDT Ich meine, daß den jungen Herren in den neuesten Komödien die gröbsten Verbrechen gegen die heiligsten Rechte der Väter und Familien unter so reizenden Farben vorgestellt werden, daß ein Bösewicht dasteht, als wär er grad vom Himmel gefallen. Einen wachsamen Vater zu betrügen oder ein unschuldi-

---

* *Oglei Oglu:* ‹Oglei› Verballhornung von Oktai, Nachfolger des Dschingis Khan; ‹Oglu› türkisch Sohn.

ges Mädchen in Lastern zu unterrichten, das sind die Preisaufgaben, die für die Herren dort aufgelöst werden!
HAUDY Der Herr hat ein verfluchtes Maul über die Offiziers. Element! Meint Er, Herr, denn, wir hören auf Honettehommes zu sein, sobald wir in Dienst treten? Daß Er auf unsere Ehre sudeln kann?
EISENHARDT Solange ich entretenierte Mätressen und unglücklich gemachte Bürgertöchter sehe, kann ich meine Meinung nicht zurücknehmen.
HAUDY Das verdiente einen Nasenstüber.
EISENHARDT *steht auf*: Herr, ich trag einen Degen!
Haudy und Mary stehen auf.
OBRISTER Major, ich bitt Euch! – Herr Pastor! Der erste der ihm zu nahe kommt – setzen Sie sich, Herr Eisenhardt. Ich bitte Sie, Major, für heute auf Ihrer Stube zu bleiben. Ich werde Ihnen morgen früh den Degen wiederbringen.
Haudy gibt dem Obrister seinen Degen und geht hinaus.
HAUDY Verfluchter Schwarzrock –
EISENHARDT *ruft ihm nach*: Oglei Oglu!
OBRISTER Sie gehen auch zu weit, Herr Eisenhardt, mit alledem. Er ist kein Offizier, der nicht wissen sollte, was die Ehre von ihm fordert. – Wir wollen ins Kaffeehaus gehen.
Alle erheben sich außer Pirzel, der einem Problem nachhängt.
Sie sind mir die Revanche im Schach schuldig, Pfarrer.
PIRZEL Weil niemand denkt.
OBRISTER Was, Pirzel, denkt?
PIRZEL Wenn aber, wohlgemerkt, Herr Obrist, die gezogene Büchse möglich ist, so ist es auch die gezogene Kanone –
OBRISTER Er ist ein Unikum, Pirzel, Er ist ein Theoretiker. Wir schicken Ihn, wenns Krieg gibt, zu den Österreichern.

5. SZENE

In Lille.
Wesener, seine Frau, Charlotte und Weseners alte Mutter warten am gedeckten Tisch, um zur Nacht zu speisen. Mariens Platz ist leer. Eine Magd wartet, das Essen aufzutragen.

WESENERS ALTE MUTTER *laut und krächzend*: . – – Wo bleibt denn die Marie? *Sie kriecht zur Tür.* Marie! – Marie! *Sie kommt brummelnd zu ihrem Platz zurück.* Wo ist denn die Marie?

CHARLOTTE Weiß ichs?

WESENER *zur Magd*: Tragt auf.

Die Magd trägt Suppe auf. Wesener wird zuerst bedient. Alle essen.

WESENERS ALTE MUTTER *zu Weseners Frau*: Wo ist denn die Marie?

FRAU WESENER Sie wird schon kommen.

WESENERS ALTE MUTTER Wo?

FRAU WESENER *der schwerhörigen Alten laut ins Ohr*: Sie wird schon kommen, sag ich, Mutter! Sie hört rein gar nichts mehr.

WESENER *mit vollem Munde*: Und wo ist sie?

FRAU WESENER Gleich um die Ecke, bei der Weyhern, denk ich.

WESENERS ALTE MUTTER Wo?

FRAU WESENER Da hör ich sie.

WESENER Bei der Weyhern, Mutter!

Alle essen, Marie tritt ganz geputzt herein.

MARIE *fällt Wesener um den Hals*: Ach Papa! Papa!

WESENER *mit vollem Mund*: Was ists, was fehlt dir? Warum kommst so spät?

MARIE Ich kanns Ihm nicht verhehlen, ich bin in der Komödie gewesen. Was das für Dings ist.

WESENER In der Komödie?

MARIE Ja, Papa.

Wesener rückt seinen Stuhl vom Tisch weg und kehrt das Gesicht ab.

Wenn Er gesehen hätte, was ich gesehen habe, Er würde wahrhaftig nicht böse sein, Papa. *Sie setzt sich ihm auf den Schoß.* Lieber Papa, was das für Dings alles durcheinander ist, ich werde die Nacht nicht schlafen können vor lauter Vergnügen. Ich bin dem Herrn Baron so dankbar!

WESENER Was, der Baron hat dich in die Komödie geführt?

MARIE Ja, Papa – – weil er doch wollte – – meinte, den Papa seines Vorurteils zu überführen, lieber Papa.

WESENER *stößt sie von seinem Schoß*: Willst die Mätresse vom Baron werden, Luder?

MARIE *halb weinend*: Ich war bei der Weyhern – und da stunden wir an der Tür – – und da red't er uns an –

WESENER Ja, lüg nur, lüg nur dem Teufel ein Ohr ab –

CHARLOTTE Das hätt ich dem Papa wollen voraussagen, daß es so

gehen würde. Sie haben immer Heimlichkeiten miteinander gehabt, sie und der Baron.
Marie weinend.
MARIE Halt du nurs Maul.
CHARLOTTE Vor dir gewiß nicht. Will noch kommandieren dazu und führt sich auf, daß sich eins schämen muß.
MARIE Und du mit deinem jungen Herrn Heidevogel, dem Duckmäuser. Wenn ich mich so schlecht aufführte als du.
CHARLOTTE Als ich? Wenn ich dem Papa sag –
WESENER Wollt ihr jetzt ruhig sein? *Zu Marie:* Du gehst den Augenblick in deine Kammer und sollst heute nicht zur Nacht essen – schlechte Seele.
Marie geht fort.
Und schweig du auch nur, du wirst auch nicht engelrein sein. Meinst du, kein Mensch sieht, warum der Herr Heidevogel so oft ins Haus kommt?
CHARLOTTE Das lügt sie, lügt! *Sie weint.* Die gottvergessene Alleweltshure will honette Mädels in Blama bringen, weil sies so macht.
WESENER Halts Maul! Marie hat ein viel zu edles Gemüt, als daß sie von dir reden sollte. Aber du machst deine eigene Schwester schlecht, weil du auf sie eifersüchtig bist. Weil du nicht so schön bist als sie, solltest du zum wenigstens besser denken! *Zur Magd:* Nehmt ab, ich esse nichts mehr.
Er schiebt Teller und Serviette fort, wirft sich in einen Lehnstuhl und bleibt in tiefen Gedanken sitzen. Alle hören zu essen auf. Die Magd räumt den Tisch ab.
WESENERS ALTE MUTTER *laut krächzend zu Frau Wesener:* Wo war jetzt die Marie?
Frau Wesener geht weinend hinaus.

6. SZENE

Mariens Zimmer.
Marie sitzt halb ausgekleidet vor einem Spiegel. Sie hat die Zitternadel in der Hand und probiert sie in tiefsten Träumereien in ihrem Haar. Sie summt dabei.

MARIE Der Esel hat Pantoffeln an, kam übers Dach geflogen, kam zu meiner Kammer rein, war ich schon betrogen.

Der Vater tritt herein, sie fährt auf und sucht die Zitternadel zu verbergen.
Ach Herr Jesus – –
WESENER So mach sie doch das Kind nicht. *Er geht einige Male auf und ab, dann setzt er sich zu ihr.* Hör, Marieel, du weißt, ich bin dir gut. Es war nicht so gemeint. Ich war ja doch auch jung. Wenn du nur aufrichtig gegen mich bist, es wird dein Schade nicht sein.
MARIE Was meint der Papa?
WESENER Sag mir, Marieel, heut in der Komödie oder andersmal hat dir da der Baron was von der Liebe vorgesagt?
MARIE *sehr geheimnisvoll*: Er ist verliebt in mich, Papa, wie wahnwitzig. Daß er sich nur meinetwegen hier nach Lille hat kommandieren lassen. Weil er nicht leben könnte, sagt er, ohne mich zu sehn. Und diese Zitternadel hier, Er weiß, hat er mir auch geschenkt.
WESENER *nimmt ihr die Zitternadel weg*: Was tausend Hagelwetter, Mord noch einmal, hab ich dir nicht verboten –
MARIE Ich konnte nicht so grob sein und es ihm abschlagen, Papa. Ich sag Ihm, er hat getan, wie wütend, als ichs nicht annehmen wollte. Daß er den Abschied nimmt, wenn ichs verlang und seinen Eltern schreibe – *sie läuft nach dem Schrank* – hier sind auch Verse, die er auf mich gemacht hat. Hör Er nur – *sie liest:*
«Du höchster Gegenstand von meinen reinen Trieben,
Ich bet dich an, ich will dich ewig lieben.
Weil die Versicherung von meiner Lieb und Treu,
Du allerschönstes Licht, mit jedem Morgen neu.»
Sie reicht ihm ein Papier.
WESENER Du allerschönstes Licht, ja, ja!
MARIE Ich will Ihm noch was weisen, er hat mir auch ein Herzchen geschenkt, mit kleinen Steinen besetzt in einem Ring. Er hats von seiner Mutter.
Sie geht wieder zum Schrank.
WESENER *liest das Gedicht noch einmal*: Du höchster Gegenstand von meinen reinen Trieben. *Er steckt die Verse ein.* Vielleicht tu ich ihm Unrecht und er denkt doch honett.
MARIE Er liebt mich ja.
WESENER Hör aber, Marieel, was ich dir sage, du mußt kein Präsent mehr von ihm annehmen. Das gefällt mir nicht, daß er dir so viele Präsente macht.

MARIE Das ist sein gutes Herz, Papa.
WESENER Und die Zitternadel hier, die will ich ihm zurückgeben.
MARIE Die Zitternadel grad?
WESENER Ich habe länger in der Welt gelebt als du, mein Kind. Ich weiß schon, was zu deinem Glücke dient, laß mich nur machen.
MARIE Und darf ich ihn denn sehen?
WESENER Du darfst ihn sehn und auch sogar mit ihm in die Komödie gehn allesfort.
MARIE Papa!
WESENER Nur nimm jedesmal die Madam Weyher mit und laß dir immer nichts davon merken, als ob ich davon wüßte, sondern sag, daß ich sehr böse werden würde, wenn ichs erführe. Und keine Präsente angenommen, Mädel, um Gottes willen!
MARIE Er soll sehn, daß ich Seinem Rat in allen Stücken folgen werde. Ich werde Ihm auch alles wiedererzählen, wenn ich ihn nur sehn kann.
WESENER Na, so denn. *Er küßt sie.* Kannst noch einmal gnädige Frau werden, närrisches Kind. Man kann nicht wissen, was einem manchmal für ein Glück aufgehoben ist.
MARIE *leise*: Und was wird der arme Stolzius sagen, Papa? Er hat mir auch geschrieben wieder. Daß er kommen will.
WESENER Und soll ers denn?
MARIE Wenn ich so an ihn denke, denk ich, ich lieb ihn noch, und wenn der Baron dann da ist, nicht.
WESENER Du mußt den Stolzius ja darum nicht sogleich abschrecken, hörst du. – Ich will dir schon sagen, wie du den Brief an ihn einzurichten hast. Unterdessen schlaf Sie gesund, Meerkatze.
MARIE Gute Nacht, Pappuschka! –
Da er fort ist, tut sie einen tiefen Seufzer. Sie tritt ans offene Fenster, indem sie sich aufschnürt.
Das Herz ist mir so schwer. Ich glaube, es wird gewittern die Nacht.
Sie schlägt den Vorhang ihres Bettes auf und schreit auf, da der Desportes in ihrem Bett liegt.
DESPORTES *indem er sie aufs Bett trägt und entkleidet*: Marieel! Himmlisches – göttliches – englisches.
MARIE Das dürfen Sie ja nicht.
DESPORTES Dürfen! Parfüm der matten Seelen, dürfen! Was darf die Liebe nicht?
MARIE Und wenn der Vater käm? Es ist ja nicht verriegelt.

DESPORTES Lieg ich zu seinem Fuß, erbitte seinen Segen und schwöre ewige Treue vor dem Altar der Liebe.
Er weist auf das Bett.
MARIE Ihre gnädige Frau Mutter aber? Ich wär des Todes, sie nur anzusehn.
DESPORTES Die Liebe kennt nicht Vater und nicht Mutter, nicht Stand, nicht Vorurteil, die Liebe nicht.
Er küßt ihre Füße, dann ihre Knie.
MARIE Was machen Sie?
DESPORTES Ich bete. Lieben ist beten vor dem Gott der Schönheit.
MARIE O nein.
DESPORTES O ja.
MARIE Sie sagen das so schön, so schöne Wörter alles – Gott, ach Gott, der Vater –
DESPORTES *indem er den Vorhang des Bettes zuzieht*: Verflucht! – –
WESENER *an der Tür*: Marieel! Schläft Sie schon?
MARIE Ja, Herr Papa. – Ich bin ganz ausgekleidet. – Wart Er!
WESENER Dann bleib Sie nur. Ich dachte, weil noch Licht brennt.
MARIE *sieht durch den Vorhang*: Ich habs vor Müdigkeit vergessen auszulöschen.
WESENER Nu je, da mach ichs aus. Bleib Sie im Bett. *Er tritt ein, das Licht zu löschen.* Ich dachte mir wegen der Zitternadel, daß es wohl besser ist, wenn Sie sie dem Baron zurückgibt. Daß ich davon nichts weiß. Ich leg sie Ihr hier hin.
MARIE Ja, Herr Papa.
WESENER Dann schlaf Sie weiter schön. *Er löscht das Licht.* Und träum, was Sie sich wünscht.
MARIE Ja, Papa.
WESENER *an der Tür*: Und hat Sie auch gebetet?
MARIE Das will ich jetzt.

Zweiter Aufzug

1. SZENE

In Armentières.
Der Major Haudy und Stolzius spazieren an der Lys.

HAUDY Die Luft – wir kriegen Schnee, ich kenns vom Biwakieren. Und eine Hochzeit in diesem Winter in einem gutgehenden Tuchhandel, was Herr Stolzius?
Stolzius zuckt die Achsel und schweigt.
Der Herr Obrister war mit Ihrem Tuche für die Regimenter sehr zufrieden. Wenn er jetzt Winterplanen braucht, ich kanns vermitteln wieder.
STOLZIUS Der Herr Major werden die Provision erhalten haben.
HAUDY Ich rede nie vom Geld als Offizier. Sie werdens machen. Und auch die Hochzeit, wie?
STOLZIUS Ich weiß nicht, Herr Major.
HAUDY Was weiß Er nicht? Ich hab dafür die Nase. Sie ist ein braves Mädel, sie ist ein schönes Mädel. Was immer da gesagt wird vom Desportes, hör Er nicht hin. Ich kenn den Desportes.
STOLZIUS Ich weiß nicht, Herr Major. Sie schreibt jetzt so ganz anders. Der Leutnant Mary wies mir neulich einen Brief vom Desportes – –
HAUDY Er muß sich nicht ins Bockshorn jagen lassen. Ich kenne den Desportes, er ist ein Spitzbube, der gar nichts sucht, als sich zu amüsieren. Nichts Ernstes, nie. Er wird Ihm darum Seine Braut nicht gleich abspenstig machen wollen.
STOLZIUS Aber das Gerede, Herr Major! Die Garnison, die Kundschaft. Ich könnte mich den Augenblick ins Wasser stürzen, wenn ich dem Ding nachdenke. – Ich brächt ihn um.
HAUDY *faßt ihn unterm Arm*: Er muß sich das nicht so zu Herzen gehen lassen, zum Teufel! Es wird viel geredet. Ich bin Sein bester Freund, und ich würd Ihm auf meine Ehre sagen, wenn Gefahr dabei wäre. Aber es ist nichts, und Er weiß wohl, die Jungfern, die am bravsten sind, von denen wird am meisten räsoniert, weil sich die jungen Fats zu rächen suchen, die nicht haben ankommen können. Mach Er nur, daß die Hochzeit diesen Winter sein kann, solange wir noch hier in Garnison liegen.
STOLZIUS Ich weiß nicht, Herr Major.

HAUDY Er weiß nicht, aber ich. Er kriegt die bravste Frau. Und macht Ihm der Desportes alsdann die geringste Unruhe, so bin ich Sein Mann und es soll Blut kosten.

2. SZENE

Das Kaffeehaus.
Eisenhardt und Pirzel auf dem Sofa. Eine Gruppe Offiziers beim Billard.

EISENHARDT Es ist lächerlich, wie die Leute um den armen Stolzius herschwärmen, wie Fliegen um einen Honigkuchen. Der zupft ihn da, der stößt ihn hier, der geht mit ihm spazieren, der nimmt ihn mit ins Kabriolett, der spielt Billard mit ihm, wie Jagdhunde, die Witterung haben. Und wie sein Tuchhandel zugenommen hat, seitdem man weiß, daß er die schöne Jungfer heiraten wird, die neulich hier durchgegangen. Ganz lächerlich.

PIRZEL *faßt mit Energie seine Hand*: Woher kommts, Herr Pfarrer? Weil-die-Leute-nicht-denken.
Er stellt sich in eine sehr malerische, gedankenvolle Haltung, halb der Gruppe zugekehrt.
Nehmen Sie die Theologie, ein Problema – und Gott, ein weiteres.

GILBERT Jetzt fängt er wieder an. Jetzt hats ihn wieder.

PIRZEL Es ist ein vollkommenstes Wesen, wohlgemerkt. Dieses vollkommenste Wesen kann ich entweder beleidigen oder nicht beleidigen. Das ist der Widerspruch – Ihr Argument, Herr Pfarrer!

EISENHARDT Wieso denn Widerspruch? Sie können es durch die Sünde beleidigen.

PIRZEL *sehr eifrig*: Kann ich es durch die Sünde aber beleidigen, meine Herren, so würde es aufhören, das vollkommenste Wesen zu sein, also Gott.

GILBERT Bravo, Pirzel! Unser Sokrates.

PIRZEL Ihr Argument, Herr Pfarrer!

EISENHARDT Dann können Sie es eben nicht beleidigen meinetwegen.

PIRZEL *kehrt sich geschwind zum Feldprediger*: Kann ich es aber nicht beleidigen – durch Sünde nicht beleidigen – wohlgemerkt – –
Er faßt ihn an der Hand und bleibt stockstill in tiefen Gedanken.

GILBERT Was ist dann, Pirzel?
PIRZEL – – beleidigt die Sünde nicht Gott – ist also die Sünde nicht Sünde –
RAMMLER Und darauf trinken wir, Pirzel!
PIRZEL *kehrt sich sehr ernsthaft zu ihnen*: Also seid ihr, meine lieben Kameraden, verehrungswürdige Geschöpfe Gottes und dessen Ebenbilder, also kann ich euch nicht anders als respektieren und hochachten. Auch ich bin ein Geschöpf Gottes, also müßt ihr mich gleichfalls in Ehren halten. *Er kehrt sich wieder zum Pfarrer.* Was nun das Denken angeht, Herr Pfarrer, ist nun der Mensch –

Er steht abermals stockstill.

EISENHARDT Ich bin in allen Stücken Ihrer Meinung, Herr Hauptmann. Nur war die Frage, wie es den Leuten in den Kopf gebracht werden könnte, von diesem armen Stolzius abzulassen und nicht Eifersucht und Argwohn in zwei Herzen zu werfen, die vielleicht auf ewig einander glücklich gemacht haben würden.
PIRZEL *der sich mittlerweile gesetzt hatte, steht wieder sehr hastig auf*: Wie ich Ihnen die Ehre und das Vergnügen hatte zu sagen. Herr Pfarrer, das macht, weil die Leute nicht denken. Denken, denken, was der Mensch ist, das ist meine Rede. *Er faßt ihn an die Hand.* Sehen Sie, das ist Ihre Hand, aber was ist das? Haut, Knochen, Erde – *er klopft ihm auf den Puls* – aber da, da steckt es, das ist nur die Scheide, da steckt der Degen drin, im Blut, im Blut –

Er sieht sich plötzlich um, weil Lärm wird. Haudy tritt lärmend herein.

HAUDY Leute, jetzt bringe ich ihn. Er ist der frömmste Herrgott von der Welt und hat zu mir ein Zutrauen wie zum Propheten Daniel.

Er brüllt entsetzlich.

Punsch, Madame Roux!
EISENHARDT Wer, Herr Major, wenns erlaubt ist – –
HAUDY *ohne ihn anzusehen*: Nichts – ein guter Freund von mir.
GILBERT Hast du ihn ausgefragt, wird bald die Hochzeit sein?
HAUDY Ihr müßt mich schaffen lassen, Leute, und euch nicht darein mengen, sonst ist alles verschissen. Mein Pfiff ist, ihm Zutrauen zu seinem Weibe beizubringen. Er muß sie wohl kennen, daß sie keine von den sturmfesten ist.
RAMMLER Du meinst, das sei das Mittel, sich bei ihm einzuschmei-

cheln, wenn man ihm Gutes von seiner Braut sagt? Ich kenn ihn besser, grad das Gegenteil. Grad wenn man ihm seine Frau verdächtig macht, glaubt er, daß wirs aufrichtig mit ihm meinen. Er hat eine feine Nase.

HAUDY Willst du dem Kerl den Kopf tollmachen? Ich hab ihn mit genauer Not gehalten, daß er mir nicht ins Wasser sprang vor Eifersucht.

RAMMLER Und ich sag dir, daß er mir traut und nicht dir. Ich kenn ihn besser.

HAUDY Und wenn er sie sitzen läßt oder sich aufhängt – so hast du deine Hochzeit. Eines Menschen Leben ist doch kein Pfifferling, nicht wahr, Herr Pfarrer?

EISENHARDT Ich menge mich in Ihren Kriegsrat nicht.

HAUDY Sie müssen mir aber doch recht geben?

PIRZEL Meine werten Brüder und Kameraden, tut niemand unrecht. Eines Menschen Leben ist ein Gut, das er sich nicht selber gegeben hat. Nun aber hat niemand ein Recht auf ein Gut, das ihm von einem andern ist gegeben worden. Unser Leben ist ein solches Gut – –

HAUDY *faßt ihn an der Hand*: Ja, Pirzel, du bist der bravste Mann, den ich kenne – *er setzt sich zwischen ihn und den Pfarrer* –, aber der Jesuit, – *den Pfarrer umarmend* – der möchte gerne selber Hahn im Korbe sein –

EISENHARDT *sich abwendend*: Ich hab Sie in den Korb, ich glaube, nicht gebeten –

RAMMLER *setzt sich auf die andere Seite zum Pfarrer und zischelt ihm ins Ohr*: Sie werden sehen, was ich dem Haudy für einen Streich spiele. Mit Politik, Herr Pfarrer, mit Politik.

Stolzius tritt herein, Haudy springt auf und geht ihm entgegen.

HAUDY Endlich, mein Bester! Kommen Sie, ich habe ein gutes Glas Punsch für uns bestellen lassen. Der Wind hat uns vorhin so durchgeweht, ich prophezeie Schnee. Die Herren sind erfreut, Sie endlich hier als unsern Gast zu sehn.

Er führt ihn an den Mittelplatz eines Tisches. Alle ziehen die Hüte und schneiden höfliche Komplimente.

ZWEI ODER DREI Habe die Ehre.
Herr Stolzius!
Seien Sie uns willkommen.

STOLZIUS *den Hut abziehend*: Sie werden mir vergeben, meine Herren, daß ich so dreist bin, auf Ihr Kaffeehaus zu kommen. Es ist auf Befehl des Herrn Major geschehen. Ich stör wohl nicht.

RAMMLER *indem er sich im nähert*: O gehorsamster Diener, im Gegenteil, es ist uns eine besondere Ehre.

STOLZIUS *drückt noch einmal den Hut, etwas kaltsinnig, und setzt sich zu Haudy*: Es geht ein so scharfer Wind an der Lys draußen, wir werden einen frühen Winter bekommen.

HAUDY *eine Pfeife stopfend*: Sie rauchen doch, Herr Stolzius?

STOLZIUS Ein wenig.

RAMMLER *indem er sich auf die andere Seite von Stolzius setzt*: Was die verdammte Roux mit unserm Punsch so lange macht.

HAUDY Bekümmere dich um dich. *Er brüllt*. Punsch, Madame Roux! Wo bleibt unser Punsch?

STOLZIUS Es ist mir leid, ich mache Ihnen Ungelegenheiten, Herr Major.

HAUDY Ein Freund macht keine Ungelegenheiten.
Er präsentiert ihm die Pfeife.

RAMMLER Haben Sie neue Nachrichten aus Lille gehabt? Wie befindet sich Ihre Jungfer Braut?
Haudy macht ihm ein Paar fürchterliche Augen.
Wirds diesen Winter eine Hochzeit geben?

STOLZIUS Zu Ihren Diensten, mein Herr – ich bitte um Verzeihung, ich weiß von keiner Braut bisher, ich habe keine.

RAMMLER Die Jungfer Wesener aus Lille, ist sie nicht Ihre Braut? Der Desportes hat mir doch geschrieben, daß Sie verlobt wären.

STOLZIUS Der Herr Desportes müßte es denn besser wissen als ich.

HAUDY *rauchend*: Der Rammler schwatzt und schwatzt –

RAMMLER Ich dachte, als guter Freund des Hauses müßt er das ja wissen.

STOLZIUS Ich weiß nicht, was er weiß, ich kenn ihn nicht. Ich weiß es nicht.

GILBERT Was den Desportes angeht, Herr Stolzius, ich versichere Ihnen, er ist ein ehrlicher Mann und tut nichts Unehrenhaftes.

STOLZIUS Daran, mein Herr, habe ich ja gar nicht gezweifelt.

HAUDY Wenn ihn ein Mensch kennen kann, so ich. Er ist mir von seiner Mutter rekommandiert worden, als er ans Regiment kam und hat nichts getan, ohne mich zu Rate zu ziehen. Was man auch sagen mag, er ist ein Mensch, der Sentiment und Religion hat.

RAMMLER Und keinen blödern Menschen bei den Frauenzimmern habe ich in meinem Leben noch gesehen. Wir waren Schulkameraden.

HAUDY Da hat der Rammler recht. Er ist nicht imstande, ein Wort hervorzubringen, sobald ihn ein Frauenzimmer freundlich ansieht.
GILBERT Was ich nur nicht begreife, was er so lange in Lille macht?
HAUDY Wetter Element, er ist auf Werbung kommandiert! Wo bleibt denn unser Punsch – Madame Roux!
RAMMLER In Lille? Das könnte ich erklären, denn ich weiß um alle seine Geheimnisse.
HAUDY So sags heraus, verflucht!
RAMMLER Es läßt sich nicht öffentlich sagen, leider. *Zu Stolzius:* Secret d'amour, Sie verstehen.
HAUDY So sagst dus nicht. Es interessiert ja nicht.
RAMMLER *lächelnd*: Es ließe sich nur soviel sagen, daß er auf eine höchst attraktive Person dort wartet, mit der er in der Stille fortreisen will.
STOLZIUS *steht auf und legt die Pfeife fort*: Meine Herren, ich habe die Ehre, mich Ihnen zu empfehlen.
HAUDY Was ist – wohin, liebster Freund – wir werden den Augenblick bekommen – Madame Roux!
STOLZIUS Sie nehmen mirs nicht übel, Herr Major – – mir ist jetzt nicht danach.
HAUDY Was denn? – Der Punsch wird Ihnen gut tun.
STOLZIUS Erlauben Sie – aber ich kann keinen Augenblick länger hierbleiben.
HAUDY War der Tabak zu stark?
STOLZIUS Es ist nicht der Tabak. Leben Sie wohl.
Er geht bleich hinaus.
HAUDY Da haben wirs! Mit euch verfluchten Arschgesichtern!
RAMMLER Ha, ha, ha, ha – – ihr dummen Teufel, ich habs mit Fleiß gemacht – – Herr Pfarrer, was hab ich gesagt? Mit Politik!
EISENHARDT Lassen Sie mich aus dem Spiel, ich bitte Sie.
HAUDY Du bist eine politische Gans, ich werde dir das Genick umdrehen.
RAMMLER Und ich brech dir Arm und Bein entzwei und werf sie zum Fenster hinaus. *Er spaziert umher.* Ihr kennt meine Finten noch nicht.
HAUDY Du steckst voll Finten wie ein alter Pelz voll Läuse.
RAMMLER Und ich parier, daß ich dich und alle Leute hier beim Stolzius in Sack stecke, wenn ichs drauf ansetze.
Er klopft an seinen Kopf.
Weil ichs hier hab! Hier! Ihr dummen Teufels!

HAUDY Geh, geh, wenn ich eine Frau habe, geb ich dir die Erlaubnis, bei ihr zu schlafen, wenn du sie dahin bringen kannst.
RAMMLER Mit Politik, ha, ha!
Er geht ab.
HAUDY Der Kerl macht einem das Gallenfieber mit seiner Dummheit.
GILBERT Weil er sich auch in alles mischt.
HAUDY Ich zahls ihm heim.
MARY Er hat den Kopf voller Intrigen, weil er sonst nichts drin hat. Ich glaube, es ist ein Staatsmann an ihm verdorben. Letzt sag ich dem Reitz ins Ohr, er möcht mir doch auf morgen seine Sporen leihen, ist er mir nicht den ganzen Tag nachgeschlichen, um rauszufinden, was wir vorhätten.
GILBERT Ich stell mich neulich an ein Haus, einen Schuldschein nachzulesen, von einem Jud der zwanzig Perzent nimmt, aber ohne Sicherheit, er meinte gleich, es wär ein Liebesbrief, der mir aus dem Fenster wär herabgeworfen worden, und ist die ganze Nacht bis um zwölf Uhr herumgeschlichen und hat überall an die Straßen Schildwachen ausgestellt, die mir auflauern sollten, wenn ich zu dem hübschen Mädchen hereinging. Es wohnt der alte Jud von sechzig Jahren in dem Hause, und der hat gezittert vor allen den Soldaten rings.
Die Offiziers lachen.
MARY Das wär ein Spaß, der echt ist, hört einmal: Wir wollen dem alten Juden, dem Sauigel, den geheimen Wink geben, daß wir von einem wissen, der Absichten auf sein Geld habe. Einen bestimmten Abend. Dann bringe ich den Rammler immer mehr auf die Gedanken, daß da die schönste Frau in ganz Armentières wohnt, und daß Haudy mir anvertraut hat, er werde diese Nacht zu ihr gehn.
HAUDY Daß dich die Schwerenot! Das soll uns eine Komödie abgeben, wie sie die Garnison noch nicht gesehen hat. Wir gehen sogleich hin.
Die Offiziers brechen lärmend auf. Madame Roux kommt mit dem Punsch.
MADAME ROUX Ihr Punsch! Sie hatten Punsch bestellt.
HAUDY Ja jetzt! Sauf Sie ihn selber oder der Herr Pfaff.
Die Offiziers und Madame Roux ab.
EISENHARDT *über dem Schachspiel*: O Soldatenstand, was für Karikaturen machst du aus den Menschen. *Zu Pirzel:* Sie sind am Zuge. Warum ziehn Sie nicht? Was ist?

PIRZEL – Ich denke.
EISENHARDT Ja worüber?
PIRZEL Über die Liebe – –
EISENHARDT Die Liebe, Herr Hauptmann?
PIRZEL Über die Liebe – ja – wozu – wozu?

3. SZENE

In Lille.
Marie auf einem Lehnstuhl, einen Brief lesend, Tränen in den Augen. Desportes tritt herein.

DESPORTES Marieel! – – Was haben Sie? Was fehlt Ihnen?
MARIE Ach nichts. – *Sie weint.* Sehen Sie nur, was mir der Mensch, der Stolzius, schreibt. Als ob er ein Recht dazu hätte.
DESPORTES *nachdem er gelesen hat*: Das ist ein impertinenter Esel. Aber sagen Sie mir, warum wechseln Sie auch noch Briefe mit solch einem Hundejungen.
MARIE Warum – Sie wissen ja –, weil er angehalten hat um mich, und ich ihm schon so gut wie halb versprochen bin. – Ein jeder liegt mir immer in den Ohren, ich soll mir mein Glück nicht verderben.
DESPORTES Ihr Glück – mit solch einem Lümmel? Mit einem Tuchhändler? Sie sind für keinen Bürger gemacht.
MARIE Nein, Herr Baron, davon wird nichts. Das sind nur leere Hoffnungen.
DESPORTES Können Sie glauben, liebste Marieel, ich würd Sie hintergehen?
MARIE Ihre Familie wird das nimmermehr zugeben.
DESPORTES Das ist meine Sorge. Ich will dem Lumpenhund seinen Brief beantworten, warten Sie einmal.
MARIE Nein, ich will selber schreiben.
DESPORTES So will ich Ihnen diktieren.
MARIE Das sollen Sie auch nicht.
DESPORTES Gib mir den Brief.
MARIE Nein.
DESPORTES Doch.
MARIE Nein.
DESPORTES Doch.
Sie laufen schäkernd durch die Stube. Er faßt sie ab. Sie steckt den

Brief in den Busen, er will ihn an sich bringen, sie entwischt ihm nach vielem Lachen zum Sofa, er setzt ihr nach.
Ich krieg ihn doch.
Er will sie auf dem Sofa fassen, sie ringen zusammen, Marie kitzelt ihn, er macht ein erbärmliches Geschrei, Wesener tritt herein.
WESENER Na, na, was gibts – die Leute von der Straße werden bald hereinkommen. – Habe die Ehre, Herr Baron –
MARIE Papa, denkt doch, was der grobe Flegel, der Stolzius, mir für einen Brief schreibt, er nennt mich Ungetreue! Denk doch, als ob ich die Säue mit ihm gehütet hätte. Aber ich will ihm antworten darauf, daß er sich nicht vermuten soll, der Grobian.
WESENER Zeig mir her den Brief, ich will ihn erst mal lesen. Dann wird man sehn. Es ist niemand im Laden, Sie verzeihen. *Er geht zur Tür.*
Die Jungfer Zipfersaat tritt herein.
Ei sieh, die Jungfer Zipfersaat – will Sie zu mir?
JUNGFER ZIPFERSAAT Ich wollt nur zur Marie.
WESENER Nun denn, ich hab nicht Zeit.
Er geht ab.
JUNGFER ZIPFERSAAT Ich seh wohl, daß ich stör.
MARIE Nein, nein, im Gegenteil. *Sie macht einen tiefen Knicks.* Jungfer Zipfersaat, hier habe ich die Ehre, dir einen Baron zu präsentieren, der sterblich verliebt in dich ist. Hier, Herr Baron, ist die Jungfer, von der wir so viel gesprochen haben, und in die Sie sich neulich in der Komödie so sterblich verschameriert haben. Jetzt können Sie Ihre Liebesdeklaration machen. *Sie macht einen neuen Knicks und läuft ab, die Kammertür hinter sich zuschlagend.*
JUNGFER ZIPFERSAAT *verlegen*: Ich weiß nicht, wie sie zu mir ist. Ich hab ja nicht gewußt, daß der Herr Baron –
DESPORTES *der sie verächtlich angesehen*: Wollt Sie nicht gehen?
MARIE *steckt den Kopf aus der Kammertür*: Na, seid ihr bald fertig?
Desportes sucht sich in die Tür einzuklemmen, Marie will ihn mit einer großen Stricknadel fortstechen, läuft schließlich schreiend in das Nebenzimmer, wohin sie Desportes verfolgt. Während das Geschrei und Gejauchze fortwährt, geht die Jungfer Zipfersaat verdrießlich fort. Weseners alte Mutter kriecht durch die Stube, die Brille auf der Nase, setzt sich in eine Ecke und strickt und singt oder krächzt vielmehr mit ihrer alten Stimme.
WESENERS ALTE MUTTER
Ein Mädel jung ein Würfel ist,

Wohl auf den Tisch gelegen:
Das kleine Rösel aus Hennegau
Wird bald zu Gottes Tisch gehen.
Sie zählt die Maschen ab.
Was lächelst so froh, mein liebes Kind.
Dein Kreuz wird dir'n schon kommen.
Wenn's heißt, das Rösel aus Hennegau
Hab' nun einen Mann genommen.
O Kindlein mein, wie tut's mir so weh,
Wie dir dein Äugelein lachen,
Und wenn ich die tausend Tränelein seh',
Die werden dein Bäckelein waschen.
Sie hört das Gejauchze aus dem Nebenzimmer. Sie fährt zu stricken fort.

Dritter Aufzug

1. Szene

In Armentières.
Schuppen hinter des Juden Haus.
Mary kommt im Rocklor eingewickelt im Dunkeln heran, läßt ein subtiles Pfeifchen hören, Rammler tritt vermummt hervor.

MARY Rammler?
RAMMLER Mary?
MARY Heut abend klappts. Sie wartet um Schlag neune auf den Haudy. Ihr Großvater, der Jud, der sie versteckt, ist über Nacht in Brüssel. Nur hat der Haudy heut meinen Dienst und hat in seiner ochsenschweren Dummheit mir selber aufgetragen, ihr heimlich zu bestellen, daß er erst um zehn kann kommen.
RAMMLER Und was hat sie gesagt?
MARY Der Pfiff ist, Rammler, daß ichs nicht bestell, daß ich bloß zu ihr geh, von hier, und sag, der Haudy kommt und dann kommst du.
RAMMLER Ich, das ist gut. Und wenn sie mich erkennt?
MARY Wie denn? Die Tür vom Garten her ist auf, du pfeifst auf dieser Hasenfiepe zweimal kurz als wie der Haudy und schleichst die Treppe rauf gradaus in ihr Schlafzimmer.
RAMMLER Und dann?
MARY Was dann?
RAMMLER Na dann.
MARY Ziehst du dich aus und seufzst und machst dem Haudy Hörner.
RAMMLER Der lernt mich kennen jetzt. Ist sie so schön als wie der Gilbert sagt?
MARY Ich schulde dir zehn Livres, wenn du dergleichen findst in Flandern oder Frankreich. –
Mary ab.

2. Szene

Zimmer in des Juden Haus.
Der alte Jude beobachtet von einem Fenster beunruhigt die Straße, Mary tritt ein, im Rocklor eingewickelt.

AARON Sein Sie's, gnädiger Herr?
MARY Ja, ich.
AARON Gad, was ein Lärm, was ein gewaltiger Camplat ist das unter meinem Hause!
MARY Still nur, ein Dieb ist schon ganz nah und schleicht im Garten.
AARON Was will er bei mir finden? Geld? Wo hab ich Geld?
MARY Nur still, und löscht das Licht – *er tut es* –, es kann Euch nichts geschehn. Ich habe rundum Wachen aufgestellt – *man hört zweimal Rammlers Hasenfiepe* –, hört Ihr, das ist das Zeichen für die ganze Bande, daß sie sich jetzt sammeln.
AARON War ein Pogrom in Rowno, ich hab verloren mein Handel, war ein Pogrom in Brodno, ich hab verloren mein Sohn, Gad, was verlier ich jetzt?
MARY Sie sollen Euch kein Leides tun, ich schwörs, wenn Ihr Euch haltet, wie ichs sag. Ihr legt Euch still zu Bette und Ihr stellt Euch taub. Laßt mit Euch machen, was ein jeder will und rührt Euch nicht, und wenn er Euch auch knebelte.
AARON Wenn er mich aber ums Leben bringt?
MARY *indem er ihm ins Bett hilft*: Seid nur ohne Sorgen und haltet Euch ganz still. In einer Minute bin ich wieder bei Euch mit der Wache. Legt Euch – und nur ja still – nur still – –
Mary geht hinaus. Der alte Jude liegt still und betet flüsternd. Rammler tappt leise herein, pfeift zweimal leise auf der Hasenfiepe, zieht sich Stiefel und Rock aus und seufzt verliebt.
AARON *flüsternd*: Adonai! Adonai!*
RAMMLER *flüsternd*: Schätzchen, du kennst mich doch, ich bin der Haudy. Wo bist du denn?
Er kriecht in des Juden Bett, der alte Mann weicht vor ihm zurück, läßt sich auf der anderen Seite aus dem Bett fallen, Rammler setzt ihm verliebt nach und packt ihn.
AARON *leise*: Adonai!
RAMMLER Schätzchen – Schätzchen –
Mary, Haudy, Gilbert und ein Haufen anderer Offiziers stürzen mit Laternen herein und schlagen ein abscheulich Gelächter an.
HAUDY Bist du toll geworden, Rammler, willst du hier mit dem alten Juden Unzucht treiben?
Großes Gelächter. Rammler steht wie versteinert da. Endlich zieht er seinen Degen.

---

* *Adonai:* hebräische Anrede Gottes.

RAMMLER Ich will euch in Kreuzmillionen Stücke zerhauen alle miteinander.
Der alte Jude richtet sich verwirrt auf.
Hund, das bezahlst du mir!
Er packt den Juden an der Gurgel und schmeißt ihn aufs Bett. Offiziers ziehen ihn von dem Juden herunter, der danach atemlos auf dem Bettrand sitzt.
MARY *zu Rammler*: Ich hab dir doch gesagt, du findst dergleichen nicht in Flandern oder Frankreich.
RAMMLER Ihr lernt mich kennen, alle hier!
Er läuft verwirrt hinaus.
AARON Der Dieb! Haltet den Dieb!
Er will ihm nach. Mary fängt ihn ab.
MARY Still doch, es ist ja bloß ein Spaß, es ist der Rammler.
AARON *halbtot*: Ein Spaß, Gad sei bedankt, ein Spaß der Offiziers, Gad sei bedankt.

3. SZENE

Stolzius' Wohnung.
Stolzius sitzt starr an einem Tisch, einen Brief in der Hand, seine Mutter neben ihm.

MUTTER Willst du denn nicht schlafen gehen, du gottloser Mensch! – So red doch, sag doch was! – Das Luder ist deiner nicht wert gewesen. Was grämst du dich, was wimmerst du um eine solche – Soldatenhure.
STOLZIUS *mit dem äußersten Unwillen*: Mutter –
MUTTER Was ist sie denn anders – du – und du auch, daß du dich an solche Menscher hängst.
STOLZIUS Schimpft nicht auf sie, sie ist unschuldig. Der Offizier hat ihr den Kopf verrückt. Ich muß den Verstand verlieren.
MUTTER Solch ein Luder. – Was soll daraus werden, was soll da herauskommen?
STOLZIUS Wie sie mir sonst geschrieben hat – – Marieel – nein, nicht mehr.
MUTTER Leg dich zu Bett, Karl –
STOLZIUS *springt auf*: Laßt mich – ich muß ihn sehn – Auge in Auge –
MUTTER *weint*: Wohin, du Gottvergessener?
STOLZIUS Ich will den Teufel, der sie verkehrt hat. – *Er fällt auf die*

Bank zurück, starrt auf die Wand. Du sollst mirs bezahlen, du sollst mirs bezahlen. *Kalt.* Ein Tag ist wie der andere, was nicht heute kommt, kommt morgen, und was langsam kommt, kommt gut. Wie heißts in dem Liede, Mutter, wenn ein Vögelein von einem Berge alle Jahr ein Körnlein wegtrüge, endlich würde es ihm doch gelingen.
MUTTER Du phantasierst, ich bitte dich um Gottes willen, was wird da herauskommen, das ist ein hitziges Fieber – um solch eine Metze – Metze –
STOLZIUS Endlich – – endlich gelingen – – alle Tage ein Sandkorn, ein Jahr hat zehn, zwanzig, dreißig, hundert –
MUTTER Du großer Gott, Karl – Karl!
Sie will ihn fortleiten.
STOLZIUS Laßt mich, ich bin gesund. Ich seh jetzt alles klar.

4. SZENE

In Lille.
Jungfer Zipfersaat. Eine Magd aus Weseners Hause.

JUNGFER ZIPFERSAAT Sie ist zu Hause, aber sie läßt sich nicht sprechen? Ist sie so vornehm geworden?
MAGD Das Fräulein sagt, ob Sie nicht später kommen wolle, sie hat, es tut ihr leid, zu tun, sie liest in einem Buch, einem Roman, den ihr der Herr Baron empfohlen hat.
JUNGFER ZIPFERSAAT Dann sag Sie ihr, ich hätt ihr was zu sagen, woran ihr alles in der Welt gelegen ist.
Marie kommt im seidenen Morgenmantel, ein Buch in der Hand.
MARIE *mit nachlässigem Ton*: Guten Morgen, Jungfer Zipfersaat. Warum hat Sie sich nicht gesetzt? Ich war noch nicht soweit. Nimmt Sie Konfekt, Liquer? *Sie setzt sich geziert.* Nehm Sie doch Platz.
JUNGFER ZIPFERSAAT Ich kam, Ihr nur zu sagen, daß der Baron Desportes diesen Morgen weggelaufen ist.
MARIE Was redst du da?
JUNGFER ZIPFERSAAT Sie kann es mir glauben. Er ist meinem Vetter über die siebenhundert Taler schuldig geblieben, und als sie auf sein Zimmer kamen, fanden sie alles ausgeräumt und einen Zettel auf dem Tisch, wo er ihnen schrieb, sie sollten keine ver-

gebliche Mühe geben, ihm nachzusetzen, er hab seinen Abschied genommen und wolle in österreichische Dienste gehen.

MARIE *schluchzend, läuft heraus und ruft*: Papa! Papa! *Zur Magd:* Hol den Papa! Geschwind!
Die Magd geht ab.

JUNGFER ZIPFERSAAT Da sieht Sie, wie die Herren Offiziers sind. Das hätt' ich ihr wollen zum voraus sagen.
Wesener kommt herein.

WESENER Na, was ist denn, Kind? – Ihr Diener, Jungfer Zipfersaat.

MARIE Papa, was sollen wir anfangen? Der Desportes ist weggelaufen.

WESENER Papperlapapp. Und wer erzählt so artige Histörchen?

MARIE Er ist dem jungen Herrn Seidenhändler Zipfersaat siebenhundert Taler schuldig geblieben –

JUNGFER ZIPFERSAAT – Dem Schneider vierhundert, dem Karosseriemacher für das Kabriolett achthundert und hat einen Zettel auf dem Tisch gelassen, daß er in seinem Leben nicht nach Flandern wiederkommen will.

WESENER *sehr böse*: Was das ein gottloses verdammtes Gered! – Ich sag gut für die siebenhundert Taler und für die vierhundert und für die achthundert, versteht Sie mich, Jungfer Zipfersaat? Und für noch einmal so viel, wenn Sie's haben will. Ich hab mit dem Hause über die dreißig Jahr verkehrt und hab sein Wort. Aber das sind die gottsvergessenen Neider – –

JUNGFER ZIPFERSAAT Das wird meinem Vetter eine große Freude machen, Herr Wesener, und den andern, wenn Sie es auf sich nehmen wollen, den guten Namen vom Herrn Baron zu retten.

WESENER Ich geh mit Ihr, den Augenblick. *Er sucht seinen Hut.* Ich will den Leuten das Maul stopfen, die sich unterstehen wollen, mir das Haus in üblen Ruf zu bringen, versteht Sie mich?
Wesener und Jungfer Zipfersaat gehen ab. Marie wirft sich in den Sorgstuhl und bleibt eine Weile in tiefen Gedanken.

MARIE – Oh, ich wünschte, daß ich ihn nie gesehen hätte. – – Lotte! – – Lotte!
Charlotte kommt.

CHARLOTTE Was willst du denn, was ist?

MARIE *geht ihr entgegen*: Lottchen – – Du bist mein allerbestes Charlottel, du. *Sie umarmt sie.* Ich will dir auch alles zu Gefallen tun.

CHARLOTTE Na, woher kommt das Wunder? Will sie wieder Geld von mir leihen? Ich hab nicht Zeit.

MARIE Nur einen Augenblick – – Kannst du mir nicht helfen, einen Brief zu schreiben? Ich laß dir auch die Perlen vor sechs Livres.
CHARLOTTE An wen denn?
MARIE An den Stolzius.
CHARLOTTE Den Stolzius, dem du – –
MARIE *halb weinend*: So laß Sie doch – ich weiß –
CHARLOTTE Na gut, was willst ihm schreiben?
Sie setzt sich an den Tisch.
MARIE Ich hab so ein Zittern in den Händen – schreib so oben oder in einer Reihe, wie du willst – – «Mein liebwertester Freund».
CHARLOTTE Mein liebwertester Freund.
MARIE «Dero haben in Ihrem letzten Schreiben mir billige Gelegenheit gegeben, da meine Ehre angegriffen.»
CHARLOTTE Da Sie meine Ehre angegriffen.
MARIE Sie, ja doch, ja – – «Indessen müssen nicht alle Ausdrücke auf der Waagschale legen, sondern auf das Herz ansehen, das Ihnen – –» wart, wie soll ich schreiben?
CHARLOTTE Was weiß ich, was du ihm schreiben willst?
MARIE «Das mein Herz und – –»
Sie fängt an zu weinen.
Wie heißt das Wort nun?
CHARLOTTE Was? Welches? Was soll ich nun schreiben?
MARIE *schluchzend*: Schreib, was du willst.
CHARLOTTE *schreibt*: «Daß mein Herz nicht so wankelmütig ist, als Sie es sich vorstellen» – – ist so recht?
MARIE *springt auf, sie umhalsend*: Ja, so ist's recht, so ist's recht. Mein altes Charlottel, du.
Sie liest über ihre Schulter, reißt ihr plötzlich das Papier unter dem Arm weg und zerreißt es in tausend Stücke.
CHARLOTTE Aber so eine Canaille ist sie! Luder! Warum zerreißt du denn, da ich im besten Schreiben bin?
MARIE Schimpf nicht!
CHARLOTTE Warum zerreißt du denn?
MARIE Soll ich ihm denn vorlügen?
Sie fängt äußerst heftig an zu weinen und wirft sich mit dem Gesicht auf einen Stuhl. Wesener tritt herein. Marie fliegt ihm um den Hals.
MARIE Papa, lieber Papa, wie stehts – – um Gottes willen, red Er doch.
WESENER So sei doch nicht so närrisch, er ist ja nicht aus der Welt – – Sie tut ja wie abgeschmackt –

MARIE Wenn er aber fort ist –
WESENER Wenn er fort ist, so muß er wiederkommen. Ich glaube, Sie hat den Verstand verloren. Ich kenne das Haus seit länger als gestern, sie werden das nicht wollen auf sich sitzen lassen. Kurz und gut, schick herauf zu unserem Notarius droben, ob er zu Hause ist. Ich will die Wechsel, die ich für ihn unterschrieben habe, vidimieren lassen, zugleich die Kopie von dem Promesse de Mariage, und alles den Eltern schicken.
MARIE Ich will gleich selber laufen und ihn holen. *Sie läuft Hals über Kopf ab.*
WESENER Das Mädel kann, Gott verzeih mir, einem Louis quatorze selber das Herz machen in die Hosen fallen.
CHARLOTTE Ich hab es Ihm gesagt, Er hat nicht hören wollen.
WESENER Du, du! Was weißt denn du! Ich will es bei seinem Vater schon für ihn kochen, wart du nur.

5. SZENE

In Philippeville.
Desportes und sein Sekretär in einem grünen Zimmer.

SEKRETÄR *Papiere in der Hand*: Der heikle Punkt ist das Promesse de Mariage – wie konnten Sie?
DESPORTES Mein Gott, ich war verliebt. Besinnungslos, außer mir –
SEKRETÄR Aber schriftlich – Wenn wir die Briefe hier nicht aufgefangen hätten – Wie kamen Sie dazu?
DESPORTES Weil ich sie wirklich heiraten wollte, wahrscheinlich.
SEKRETÄR Ihren Abschied nehmen, Ihrem Namen entsagen, Ihrem Erbe –
DESPORTES Vernunft! Ich war verliebt! Wie komme ich jetzt raus? Ich bin ruiniert.
SEKRETÄR – – Da das Versprechen schriftlich vorliegt, vom Notar beglaubigt – müßte das Mädchen Sie getäuscht haben.
DESPORTES Wie getäuscht?
SEKRETÄR Jemand müßte sie verführt haben – oder bezeugen, daß er sie verführt hat.
DESPORTES Wer soll das sein?
SEKRETÄR Wenn Sie gestatten, ich.
DESPORTES Du? *Er lacht ihn aus.*

SEKRETÄR Sie könnten sie in ihrer Not heimlich hierher bitten, in Ihr Jagdhaus. – Sie wären dann verreist, ich wäre mit ihr allein – –
DESPORTES Sie brächt sich eher um. Sie liebt nur mich.
SEKRETÄR Dann hilft nur noch ein Freund.
DESPORTES Wie das?
SEKRETÄR Den Sie in das Mädchen verliebt machen und das Mädchen in ihn.
DESPORTES Wenn sie nur mich liebt.
SEKRETÄR Ein Freund kann viel. – Sie müßten sich ihm anvertrauen und herzlich bitten, er möge sich des Unglücks Ihrer anbetungswürdigen Marie annehmen, ihr nicht von der Seite gehen, bis es Ihnen, aller Widrigkeiten zum Trotz, gelingen werde, das Mädchen glücklich zu machen. Gleichzeitig schreiben Sie dem Mädchen, daß sie den Vater wegen des Geldes besänftigen möge, bis Sie eine bequeme Gelegenheit finden, Ihrem Vater alles zu entdecken, ihn zu einer Einwilligung zu bewegen, um sie, Ihren Engel da, auf ewig zu besitzen. Da Sie in der größten Angst wären, es könne alles verdorben sein, wenn Ihr Vater einen ihrer Briefe auffangen würde, solle sie Ihnen nicht weiter hierher schreiben, sondern ihr Herz Ihrem Freunde erleichtern, der zu ihr nach Lille komme, ihre Sorgen zu teilen, und dessen Rat sie in allen Stücken folgen solle, bis Sie glücklich zu ihr zurückgekehrt.
DESPORTES Du meinst, das hilft?
SEKRETÄR Bei einem Freund bestimmt.
DESPORTES Das könnt der Mary sein.

6. SZENE

In Armentières.
Eisenhardt und Pirzel spazieren auf dem eingegangenen Stadtgraben.

EISENHARDT Herr von Mary will das Semester in Lille zubringen, was mag das zu bedeuten haben? Nach dem Desportes der Mary. Er hat doch dort keine Verwandte, soviel ich weiß.
PIRZEL Er ist auch keiner von denen, die es weghaben. Flüchtig, flüchtig –
EISENHARDT Um den Menschen zu kennen, müßte man meines Erachtens bei dem Frauenzimmer anfangen.
PIRZEL Beim Frauenzimmer – das wär grad, als ob man bei den

Schafen anfinge. Nein, was der Mensch ist – die Pflicht – du sollst. – *Er nimmt eine gedankenvolle malerische Stellung ein.* Was aber ist die Pflicht? – Entspringt sie einer Neigung, so ist sie nicht mehr Pflicht. Ich stelle die Behauptung auf, daß ein Charakter moralisch um so höher zu bewerten ist, je weniger er seinen Neigungen folgt. – Die Pflicht – du sollst – nehmen Sie die Ehe – oder die Ehelosigkeit des Soldatenstandes – –

EISENHARDT Sie philosophieren einen noch zu Tode. Ich habe die Anmerkung gemacht, daß man in diesem Monat keinen Schritt vors Tor tun kann, wo man nicht einen Soldaten mit einem Mädchen karessieren sieht.

PIRZEL Eben. Das macht, weil die Leute nicht denken.

EISENHARDT Aber hindert Sie das Denken nicht zuweilen im Exerzieren?

PIRZEL Ganz und gar nicht, das geht so mechanisch. Eins, zwei, eins, zwei. – Schweben den Soldaten dabei doch alleweile die schönen Mädchen vor den Augen.

EISENHARDT Das muß seltsame Bataillen geben, wenn ganze Regimenter mit verrückten Köpfen aufeinander schießen.

PIRZEL Das geht alles ganz mechanisch.

Sie gehen weiter.

7. SZENE

In Lille.
Marys Wohnung.
Mary betastet einen Wildhütersohn, der mit freiem Oberkörper in der Mitte der Stube steht.

MARY Fest, stramm – die linke Schulter hängt – spann Er die Schenkel an – brav, gut – hat Er die Zähne fest? Kann Er Patronen abbeißen? *Er sieht in seinen Mund.* Es geht. – Jedoch Er ist zu klein – die Beine sind zu kurz. – – Vielleicht zu den Chasseurs. Ich drück ein Auge zu. Er kommt zu mir ins Bataillon nach Armentières. Er macht sein Glück.

WILDHÜTERSOHN Und Handgeld, Herr?

MARY Fünf Livres.

WILDHÜTERSOHN Ich hab gehört von einem – 20 Livres, Herr.

MARY Doch nicht bei den Chasseurs, wo jeder, der ein Kerl ist, sichs zur Ehre rechnet. Ihr könnt Sergeant werden.

Es klopft.
Wer da?
Stolzius als Soldat tritt ein.
Stolzius?

STOLZIUS Ja, Herr.

MARY Wo zum Element kommt Ihr denn her?

STOLZIUS Ich bin jetzt Ihr Soldat.

MARY Warum, zum Teufel?

STOLZIUS Ich will dem König dienen.

MARY *zu dem Wildhütersohn*: Siehst du! Ich nehm dich nicht, weil du dich nicht begeisterst.

WILDHÜTERSOHN Zehn Livres, Herr.

MARY Zehn Livres, gut. *Er gibt ihm Handgeld.*
Ein Sergeant tritt auf.
Er steht im Dienst des Königs.

SERGEANT Kehrt Euch! Marsch!
Der Wildhütersohn marschiert ab, von dem Sergeanten gefolgt.

MARY Ihr könnt mir hundertmal sagen, Ihr wäret Stolzius, ich glaub es Euch nicht. So blaß, so abgefallen –

STOLZIUS Das macht der Schnurrbart, gnädiger Herr. Ich hörte, daß Euer Gnaden einen Bedienten brauchten, und weil ich dem Herrn Obristen sicher bin, so hat er mir die Erlaubnis gegeben, hierherzukommen, um Ihnen Rekruten anwerben zu helfen und Sie zu bedienen.

MARY Grad hier nach Lille?

STOLZIUS Das ist vorbei. Ich bin Soldat.

MARY Es freut mich, daß Ihrs leicht nehmt. Ihr seid ein braver Kerl. Was kommt auch heraus bei dem Philisterleben.

STOLZIUS Das ist jetzt alles aus.

MARY Gut so. Ihr könnt es noch einmal weit bringen. Ihr sollt diesen ganzen Winter bei mir bleiben, ich will es schon gut machen beim Obristen.

STOLZIUS Solange ich meine Schildwachen bezahle, kann mir niemand was anhaben.

8. Szene

Weseners Haus.
Frau Wesener und Charlotte sticken verbissen. Marie putzt sich vor einem Spiegel. Die alte Mutter Wesener strickt in einer Ecke, brummelt vor sich hin, krächzt mit ihrer alten Stimme ein Lied.

WESENERS ALTE MUTTER
 Da drunten auf der Wiesen
 Da ist ein kleiner Platz,
 Da tät ein Wasser fließen,
 Da wächst kein grünes Gras.
 Da wachsen keine Rosen
 Und auch kein Rosmarein,
 Da hab ich mein Liebsten erstochen
 Mit einem Messerlein.
 Hast du mich denn verlassen,
 Der mich betrogen hat,
FRAU WESENER *die mehrmals gestört zu der Alten und Marie geblickt hat*: Wir wollen uns unterhalten, wenn Sie singen will –
WESENERS ALTE MUTTER *die das nicht gehört hat, brummelt und krächzt weiter*:
 Der Leib, der wird begraben,
 Der Kopf steht auf dem Rad.
FRAU WESENER *laut*: Sie hört rein gar nichts mehr!
 Die Alte brummelt vor sich hin.
 Hört Sie! Wir haben was zu reden!
 Die Alte kriecht brummelnd durch die Stube und geht ab.
MARIE Wie Sie auch immer zu ihr ist.
FRAU WESENER Ja, du. Du putzt dich wieder auf.
MARIE Sie weiß ja, daß er mich abholen kommt.
FRAU WESENER Es ist eine Schande, wie sie mit ihm umgeht. Ich seh keinen Unterschied, wie du dem Desportes begegnet bist, so begegnest du ihm auch.
MARIE Was soll ich denn machen, Mutter? Wenn er nun sein bester Freund ist, und der uns allein noch Nachrichten von ihm verschaffen kann. Er will es ja, Sie hat es doch gelesen.
CHARLOTTE Wenn er dir nicht so viele Präsente machte, würdest du auch anders mit ihm sein.
MARIE Soll ich ihm denn die Präsente ins Gesicht zurückwerfen? Ich muß wohl höflich mit ihm sein, da er der einzige ist, der noch

mit ihm korrespondiert. Da wird schön Dings herauskommen, wenn ich ihn abschrecke. Er fängt ja alle Briefe auf, die der Papa an seinen Vater schreibt, das hört Sie ja.

CHARLOTTE Und ist das auch ein Freund, der junge Graf, der sie jetzt immer zeichnet?

MARIE Er ist ein Vetter des Obristen vom Desportes. Was gehts dich an? Wir unterhalten uns.

CHARLOTTE Wie mit dem Mary.

MARIE *zur Mutter*: Hört Sie? Sie weiß nicht, was ich alles aussteh um ihretwillen.

CHARLOTTE *vor sich hin*: Soldatenmensch!

MARIE *tut als ob sie's nicht hörte und fährt fort, sich zu putzen*: Wenn wir den Mary beleidigen, so haben wir alles uns selber vorzuwerfen.

CHARLOTTE *laut, indem sie schnell zur Stube hinausgeht*: Soldatenmensch!

MARIE Seh Sie nur, Mama!

FRAU WESENER Du machst es danach. – Ich leid es aber nicht, daß du noch mit ihm ausfährst, vor den Leuten.

MARIE So kommen Sie denn mit! Er hat Pferd' und Kabriolett bestellt, sollen die wieder zurückfahren?

FRAU WESENER Was geht das mich an.

MARIE Oder irgendwer.

Mary tritt herein, von Stolzius begleitet, der unerkannt in der Tür stehen bleibt. Marie heitert ihr Gesicht auf und geht Mary mit der größten Munterkeit entgegen.

Ihre Dienerin, Herr von Mary! Haben Sie wohl geschlafen?

MARY Unvergleichlich, meine gnädige Mademoiselle! Ich habe das ganze gestrige Feuerwerk im Traum noch einmal gesehen.

MARIE Es war so schön.

MARY Da es Ihre Approbation hat. *Er küßt ihre Hand.*

MARIE Oh, ich bin keine Connoisseuse von den Sachen. – Sie sehen uns noch ganz in Rumor, meine Mutter wird gleich fertig sein.

MARY Madame Wesener kommen also mit?

FRAU WESENER *trocken*: Wieso? Ist kein Platz für mich da?

MARY O ja, ich bitte Sie, ich steh hinten auf, und mein Kaspar kann zu Fuß vorangehen. Wollen wir?

Er bietet Marie die Hand. Marie macht ihn heimlich auf ihre Mutter aufmerksam.

Wenn ich dann bitten darf, Madame? *Er nimmt auch ihre Hand und geleitet die beiden hinaus.*

9. Szene

In Philippeville.
Desportes und sein Sekretär.

DESPORTES *einen Brief in der Hand*: Das Geld – der alte Filz, ich hab es nicht, wie soll ich es beschaffen? Soll sie's vom Mary borgen oder wem, sie ist ja jeden Tag mit ihm beisammen. *Bitter.* Wer hätte das gedacht, daß sie sich so vergißt, so schnell. – Wenn man dem Mary einen Wink geben könnte, daß er sich mehr traut. Oder dem Grafen La Roche, der um sie schleicht. – Der alte Kuppelpelz, der wagt es, mir zu drohen, daß er's zum Regiment gibt, wenn ich nicht zurückzahl! Wenn er das macht, ich geh ja ins Prison! Zweitausend Taler, Himmel, ja woher?
SEKRETÄR Sie müssen das Mädchen bewegen, daß sie ihn zurückhält.
DESPORTES Wie? – – Wie?!
SEKRETÄR Sie schreiben ihr – – nein besser ich. – Ich schreibe ihr, über den Mary, daß Sie nicht schreiben könnten, weil Sie Ihr Vater seit vierzehn Tagen bei Wasser und Brot eingesperrt halte, um eine Ihnen verhaßte Heirat zu erzwingen. Sie möge ihren Vater wegen des Geldes noch einmal um Geduld bitten, denn wenn das Regiment jetzt das Geringste erführe, sei alle Hoffnung zuschanden.
DESPORTES Ob sie das glaubt?
SEKRETÄR Wenn jemand glauben will.

10. Szene

In Lille.
Wohnung der Gräfin La Roche.
Die Gräfin. Ein Bedienter herein.

GRÄFIN Allein? Wo ist der junge Herr?
BEDIENTER Er hat mich weggeschickt. Wie die gnädige Frau befohlen haben, ging ich ihm nach. Er ging die kreuz und quer und traf die Jungfer nicht zu Haus, aber bei einer Madam Weyher. Ich sah sie aus dem Hause treten, miteinander. Sie gingen, obwohl es schneite, über den eingefrorenen Stadtgraben, ich immer hinterher, und kehrten, um sich aufzuwärmen, in dem Wirtshaus ein

vor der alten Stadtwache. Ich konnt sie durch das Fenster sehn, es war sonst niemand drin, sie tranken Punsch. Der junge Herr hielt ihre Hand, sie sprachen sehr vertraulich, denn die Jungfer weinte, ja, die Jungfer weinte erst und dann auch der Herr Graf. Er sprang dann plötzlich auf und lief zur Tür, ich weg, ich weiß nicht, ob er mich gesehen hat.
Geräusch.
Ich glaub, er kommt. Darf ich dann gehn? Ich lieg zu Bette.
Er geht schnell ab. Gleich danach kommt der Graf im Mantel herein, beschneit.
DER JUNGE GRAF Gnädige Mutter, Sie? Sie sind noch auf? Ist niemand hier, der einem den Mantel abnimmt? Wo ist der Bediente? Diese verfluchte Kreatur, wenn es nicht so spät wäre, ich ließ den Augenblick nach der Wache gehn und ihm alle Knochen im Leibe entzweischlagen.
GRÄFIN Ich bitte dich. Wie, wenn ich mich nun gegen dich so übereilte, wie du gegen den unschuldigen Menschen.
DER JUNGE GRAF Wann ist er heimgekommen?
GRÄFIN Bald. Er sagt, du habest ihn entlassen. Ich selbst habe ihn zu Bette geschickt.
DER JUNGE GRAF Er soll mich kennenlernen! Ruf ihn!
GRÄFIN Was hast du gegen ihn? Ists nicht genug, daß der arme Kerl den ganzen Tag auf dich aufpassen muß, soll er sich auch die Nachtruhe entziehen um deinetwillen? Willst du mich lehren, die Bedienten anzusehen wie die Bestien? Mein Sohn!
DER JUNGE GRAF Schon gut. Entschuldigen Sie. *Er küßt ihr die Hand.*
GRÄFIN Ich muß ernsthaft mit dir reden.
DER JUNGE GRAF Warum?
GRÄFIN Du weißt, ich habe dich nie eingeschränkt, mich in alle deine Sachen gemischt als deine Freundin, nie als Mutter. Warum fängst du mir jetzt an, Geheimnisse aus deinen Herzensangelegenheiten zu machen? Warum verschmähst du meinen Rat? *Sie sieht ihn steif an.* Du bist im besten Zuge, liederlich zu werden.
DER JUNGE GRAF Gnädige Mutter, ich schwöre Ihnen, ich habe kein Geheimnis vor Ihnen.
GRÄFIN Du hast sie wiederum getroffen. Heimlich.
DER JUNGE GRAF Sie läßt mir nachspionieren? Ruf mir die Bestie her!
GRÄFIN *ihm einen Brief reichend*: Lies diesen Brief. –
DER JUNGE GRAF Von wem?

GRÄFIN Von Fräulein Anklam. – Und sieh, ob du die Folgen deiner Handlungen selber tragen willst. Willst du dein Glück und meins und alles hier durch deinen Eigensinn zunichte machen? Fräulein Anklam hat Verwandte hier, sie weiß, daß Jungfer Wesener nicht im besten Ruf steht, ob mit, ob ohne Schuld –

DER JUNGE GRAF Sie ist ein artiges Mädchen, glauben Sie mir. Sie wurde hintergangen von einem Offizier im Regimente Ihres Bruders. Er gab ihr sein Versprechen, und er ließ sie sitzen. Er ließ den Vater für seine Schulden gutsagen und fängt die Briefe ab und läßt sich nicht mehr sehen. Wenn Sie die Umstände wüßten – dabei sie liebt ihn noch und hofft. Sie ist im Unglück, Mama, und es ist niemand da, dem sie sich anvertrauen kann, als ich. Ich weiß nicht, was sie tut – man muß ihr helfen!

GRÄFIN Glaube mir, mein Sohn – *sie umarmt ihn* –, glaube mir, ich habe kein härteres Herz als du. Ich will mich um sie kümmern, will ihr helfen, mit meiner ganzen Seele, ich versprech es dir. Doch du – du hast den Brief gelesen, – um deiner Ruhe willen, geh nicht mehr hin, reis aus der Stadt, reis zu Fräulein Anklam – und sei versichert, daß es dem Mädchen hier nicht übel werden soll. Du hast ihr in mir ihre zärtlichste Freundin zurückgelassen – versprichst du mir das?

DER JUNGE GRAF Gut, Mama, ich verspreche Ihnen alles.

GRÄFIN Reise gleich morgen.

DER JUNGE GRAF Ja, ich reise morgen.

GRÄFIN Ich fühle mit dir mehr, als ich dir sagen kann.

DER JUNGE GRAF Ich weiß, Mama. – Ruf mir jetzt noch den Diener. Ich weiß, er ist noch auf.

GRÄFIN Ich danke dir, mein Sohn. *Sie geht hinaus und ruft:* Philippe, der junge Herr!

Der Bediente tritt ein, geht zu dem jungen Grafen.

BEDIENTER Zu dienen, gnädiger Herr?

Der junge Graf ohrfeigt ihn.

DER JUNGE GRAF Für deine Dienste! *Er stürzt hinaus.*

11. Szene

Weseners Haus.
Frau Wesener, Marie.

FRAU WESENER Ach geh doch, was, er läßt dich auch im Stich, wie der Desportes.
MARIE Laß Sie nur sein, Mama! Ich weiß schon, was ich tu.
FRAU WESENER Er ist in drei Tagen nicht hier gewesen, und die ganze Welt sagt, er habe sich verliebt in die kleine Madame Düval, da in der Brüsseler Straße.
MARIE Sie kann nicht glauben, wie kompläsant der Graf gegen mich ist.
FRAU WESENER Der soll ja auch schon versprochen sein.
MARIE So quäl ich doch den Mary damit. Er kommt den Abend nach dem Nachtessen wieder her. Wenn uns doch der Mary nur einmal begegnen wollte mit seiner Madame Düval!
Ein Bedienter tritt herein.
Was bringt Er? Ist der Herr Graf –
BEDIENTER Die Gräfin La Roche läßt fragen, ob Sie zu Hause sind, sie zu empfangen?
MARIE *in der äußersten Verwirrung*: Wie denn – warum – die Mutter vom Herrn Grafen – Sag Er nur – Mama, so sag Sie doch, was soll Er sagen?
FRAU WESENER Was weiß ich denn? Kannst du das Maul nicht auftun? *Sie geht fort.*
MARIE Sag Er nur, es wird uns eine hohe Ehre sein – Mama! – Nein, nein, wart Er, ich will selber an den Wagen herabkommen.
Sie will zur Tür, die Gräfin La Roche kommt herein.
GRÄFIN Mein liebes Kind, Sie brauchen mit mir nicht die allergeringsten Umstände zu machen. *Sie faßt sie an der Hand und setzt sich mit ihr aufs Kanapee.*
MARIE Sie werden verzeihen, gnädige Frau, es ist hier alles in der größten Rappuse.
GRÄFIN Sehen Sie mich als Ihre beste Freundin an – *sie küssend* –, ich versichere Sie, daß ich den aufrichtigsten Anteil nehme an allem, was Ihnen begegnen kann.
MARIE Ich weiß nicht, womit ich die Gnade verdient habe?
GRÄFIN Nichts von Gnade, ich liebe Sie, mein Engel! Ihr ganzes Betragen hat so etwas Offenes, so etwas Einnehmendes, daß mir Ihr Unglück dadurch doppelt schmerzlich wird. Wissen Sie

denn, meine junge Freundin, daß man viel, viel in der Stadt von Ihnen spricht?

MARIE Ich weiß wohl, daß es böse Zungen gibt.

GRÄFIN Nicht lauter böse, auch gute sprechen von Ihnen. Sie sind unglücklich, aber ich weiß, daß Sie sich Ihr Unglück durch kein Laster zugezogen. Ihr einziger Fehler war, daß Sie die Welt nicht kannten, daß Sie den Unterschied nicht kannten, der unter den verschiedenen Ständen herrscht.

MARIE Ich kenn ihn jetzt, o ja!

GRÄFIN So haben Sie den Reden der jungen Leute zuviel getraut.

MARIE Ich habe nur einem zuviel getraut, und es ist nicht ausgemacht, ob er falsch gegen mich denkt.

GRÄFIN Gut, liebe Freundin, aber sagen Sie mir, ich bitte Sie, wie kamen Sie dazu, über Ihren Stand heraus sich nach einem Mann umzusehn? Ihre Gestalt, dachten Sie? Schönheit ist niemals ein Mittel, eine gute Heirat zu stiften, und niemand hat mehr Ursache zu zittern als ein schön Gesicht.

MARIE Ich weiß, ich bin nicht schön, gnädige Frau.

GRÄFIN Oh, Sie sind schön, mein Kind, der Himmel hat Sie damit gestraft. Wie glücklich hätten Sie einen rechtschaffenen Bürger machen können, wenn Sie diese fürtrefflichen Gesichtszüge, dieses bezaubernde Wesen mit einem demütigen Geist beseelt hätten. Aber Sie wollten von Ihresgleichen beneidet werden. Die Frau eines Mannes werden, der um Ihretwillen von seiner ganzen Familie gehaßt und verachtet würde. Wo dachten Sie hinaus? Wo dachten Ihre Eltern hinaus?

MARIE *weint*: Er liebt mich aber, und ich liebe ihn.

GRÄFIN Die Liebe eines Offiziers, Marie – ich kenne seine Verhältnisse. Und Sie glaubten, die einzige Person auf der Welt zu sein, die ihn, trotz des Zorns seiner Eltern, trotz des Hochmuts seiner Familie, trotz seines Schwurs, trotz seines Charakters, trotz der ganzen Welt, treu erhalten wollten? Das heißt, Sie wollten die Welt umkehren, wie sie von Gott eingerichtet ist.

MARIE Von Gott, gnädige Frau?

GRÄFIN Ja, Gott! Und da Sie nun sehen, daß es fehlgeschlagen hat, so glauben Sie, bei andern Ihren Plan auszuführen, und sehen nicht, daß das, was Sie für Liebe bei den andern halten, nichts als Mitleiden ist mit Ihrem Unglück, wenn nicht Schlimmers.

MARIE Hat Sie Ihr Sohn geschickt? Nur zu, nur zu! *Sie schluchzt.*

GRÄFIN Er schickt mich, dir zu helfen, bestes Kind! Noch ist der Abgrund zu vermeiden! Kommen Sie mit in mein Haus, werden

Sie meine Gesellschafterin und machen Sie sich gefaßt, in einem Jahre keine Mannsperson zu sehen.

MARIE Wo ist Ihr Sohn?

GRÄFIN Er ist verreist. Die Fräulein Anklam hat seine Hand und sein Herz.

MARIE Verreist –

GRÄFIN Glauben Sie mir, es ist der einzige Weg, um Ihre Ehre wiederherzustellen.

MARIE Gnädige Frau – – es ist zu spät. Er hats mir eingetränkt.

GRÄFIN Es ist nie zu spät, vernünftig zu werden. Ich setze Ihnen tausend Taler zur Aussteuer aus, ich weiß, daß Ihre Eltern Schulden haben.

MARIE Erlauben Sie mir, daß ich mich darüber bedenke – – daß ich alles meinem Vater vorstelle – – wenn nur für mich, ich wüßt wohl – was ich tu.

GRÄFIN Sie sollen Zeitvertreib genug bei mir haben, ich will Sie im Zeichnen, Tanzen und Singen unterrichten lassen.

MARIE *fällt auf ihr Gesicht*: O gar zu, gar zu, gnädige Frau!

Vierter Aufzug

1. Szene

Marys Wohnung.
Stolzius hilft Mary beim Ankleiden.

MARY Soll ich dir aufrichtig sagen, Stolzius, wenn der Desportes das Mädchen nicht heiratet, so heirate ichs. Ich bin zum Rasendwerden verliebt in sie. Ich habe schon versucht, mir die Gedanken zu zerstreuen, du weißt, mit der Düval – aber es verschlägt nichts, ich kann mir die Narrheit nicht aus dem Kopf bringen.

STOLZIUS Schreibt denn der Desportes gar nicht mehr?

MARY Freilich schreibt er. Sein Vater hat ihn neulich wollen zu einer Heirat zwingen und ihn vierzehn Tage bei Wasser und Brot eingesperrt. – – Wenn ich so denke, wie sie neulich im Mondschein mit mir spazieren ging und mir ihre Not klagte, wie sie manchmal mitten in der Nacht aufspränge, wenn ihr die schwermütigen Gedanken kämen, und nach einem Messer suchte –

Stolzius starrt ihn an.

Da fragte ich sie, ob sie mich auch wohl lieben könne, und sie sagte, sie liebe mich zärtlicher als alle ihre Freunde und Verwandten und drückte meine Hand gegen ihre Brust. Wie mir da wurde, heiß und kalt –

Stolzius hat sich von ihm weggewendet.

Was hast du, Stolzius?

STOLZIUS *ein Kleidungsstück reichend*: Ihr Antolagenhemd*, Euer Gnaden.

MARY Als ich sie küssen wollte, sagte sie, wenn es in ihrer Gewalt stünde, mich glücklich zu machen, so täte sie es gewiß. So aber müßte ich erst die Erlaubnis vom Desportes haben. *Er faßt Stolzius hastig an.* Kerl, der Teufel soll mich holen, wenn ich sie nicht heirate, wenn der Desportes sie sitzen läßt.

STOLZIUS *sehr kalt*: Sie soll doch recht gut mit der Gräfin sein, seit sie in ihrem Hause ist.

MARY Die Wirtschaft mit der Gräfin macht mich rasend. Was geht

---

* *Antolagenhemd:* Spitzenhemd (von entoilagen).

sies an? Wenn ich nur wüßte, wie man sie zu sprechen bekommen
könnte. Erkundige dich doch. Adieu. *Er setzt den Hut auf und
geht hinaus.*

2. Szene

In Armentières.
Desportes in der Prison. Haudy bei ihm.

DESPORTES Es ist mir jetzt ganz lieb, daß ich in Prison bin, so erfährt kein Mensch, daß ich beim Regiment bin. Meine Mutter wird nächstens an den Obristen schreiben, das Regiment soll für meine Schulden gutsagen. Dann bin ich frei und aus der Sache raus.
HAUDY Ich will den Kameraden allen verbieten, was zu sagen.
DESPORTES Vor allen Dingen, daß es nur der Mary nicht erfährt.
HAUDY Und der Rammler. Der so ein großer Freund von dir sein will und dich in alles reinreitet. – Hast du gehört, wie er den alten Juden – *Er lacht ungeheuer.*
DESPORTES In Lille. Man hats in Lille erzählt! Ihr seid verfluchte Kerls! Der Narr!
HAUDY Und neulich ist wieder ein Streich mit ihm gewesen. Du weißt, der Gilbert logiert bei einer reichen, alten Witwe, um ihrer schönen Cousine willen. Der zu gefallen gibt er alle Wochen im Hause ein Konzert. Einmal besäuft sich mein Rammler, und weil er meint, die Cousine schläft dort, schleicht er sich nach dem Nachtessen in der Witwe Schlafzimmer, zieht sich aus und legt sich zu Bette. Die Witwe, die sich auch den Kopf etwas warm gemacht hat, steigt hernach in ihr Zimmer herauf, will sich zu Bett legen und findet meinen Monsieur da, der in der äußersten Konfusion ist. Er entschuldigt sich, er habe die Gelegenheit vom Hause nicht gewußt – im Bette – sie transportiert ihn mit viel Mühe wieder runter. Er bittet uns, um Gottes willen, keinem Menschen was zu sagen. Du weißt nun, wie der Gilbert ist, der hat das Mädel angeheizt, und die hat dem alten Weibe steif und fest in den Kopf gesetzt, der Rammler wär in sie verliebt. Die hat ihm auch gleich umsonst ein Zimmer vermietet. Nun sollst du aber dein Himmelsgaudium haben, ihn und das schielende alte Mensch in Gesellschaft beisammen zu sehn. Sie minaudiert und liebäugelt gegen ihn, daß man sterben möchte, und er mit seiner

roten Habichtnase und den stieren Augen, es ist ein Anblick, daß man schier zerspringt.

DESPORTES Wann ists das nächste Mal?

HAUDY Zu Ihrem Geburtstag, knapp in einer Woche.

DESPORTES Wenn ich wieder frei werde, so soll mein erster Gang zu Gilbert sein. Ich bin wie ausgehungert, glaub mir.

3. SZENE

In Lille.
Kleines Musikzimmer mit einer Harfe im Lusthause der Gräfin La Roche.
Marie und Mary.

MARIE Sie dürfen hier nicht sein. Wenn jemand kommt. Ich habe es der Gräfin versprochen.

MARY So löschen Sie das Licht oder spielen Sie.

MARIE Nein, nein. Ich habs versprochen, niemanden zu sehn, ich will es auch.

MARY Ist das erlaubt, alle Freunde, alles, was Ihnen lieb war, so zu vergessen?

MARIE Es tut mir leid genug – aber es muß schon so sein. Sie ist gut zu mir – *verzweifelt* –, ich lerne sogar sprechen.

MARY Sie sind ja aber wie in einem Kloster hier! Wollen Sie denn gar nicht mehr in die Welt?

MARIE Ach, lieber Herr Mary, wollen – wollen – – ich bin oft so zerstreut, ich möcht wohl wollen –

MARY Wissen Sie, daß Desportes geschrieben hat?

MARIE – – Desportes?

MARY Er ist untröstlich, sein Vater hat ihn wollen zu einer Heirat zwingen, er will wissen, wo Sie sind, und warum Sie ihm nicht antworten?

MARIE – – Ich muß ihn vergessen, sagen Sie ihm das, er soll mich nur auch vergessen.

MARY Aber warum? Er liebt Sie ja, und ich will eher sterben, als Sie im Stich zu lassen. Warum? Marie!

MARIE Warum – – man hat es mir erklärt, mein armer Kopf. – – Es kann nun schon nicht anders sein. – Herrgott, es ist da jemand, gehen Sie. Adieu, adieu –

Sie schiebt Mary durch eine Seitentür und geht schnell zu der Harfe. Die Gräfin tritt herein.

GRÄFIN So, Marie, Ihr gebt Euch Rendezvous?
MARIE Ach, gnädige Frau, es war ein Verwandter von mir – mein Vetter, und der hat nun erst erfahren, wo ich bin.
GRÄFIN Man hat mich von Eurer Verabredung unterrichtet. Ich habe alles gehört. – Was denkst du denn, daß du hier unter meinen Augen den Faden mit dem Desportes wieder anzuspinnen denkst, dir Rendezvous mit seinen guten Freunden gibst? Hätte ich das gewußt, ich hätte mich deiner nicht angenommen.
MARIE Verzeihen Sie mir nur diesmal!
GRÄFIN Ich verzeih' es dir niemals, wenn du wider dein eigenes Glück handelst. Geh!
MARIE Mein Glück, gnädige Frau? Mein Glück? *Sie läuft weinend ab.*
GRÄFIN So geh doch, geh! – – Wenn ich etwas ausfindig machen könnte, ihre Phantasie mit meiner Klugheit zu vereinigen, ihr Herz, nicht ihren Verstand zu zwingen, mir zu folgen.
Sie setzt sich zur Harfe und singt ein französisches Lied.

4. SZENE

Weseners Haus.
Der alte Wesener, seine Frau, Charlotte in morgendlichem Rumor.
Ein Bedienter der Gräfin.

WESENER *leise*: – – Marie fortgelaufen! – – Ich bin des Todes. *Er läuft hinaus.*
Frau Wesener und Charlotte in Tränen.
BEDIENTER Erst die gnädige Frau, sie liegt im Bett und läßt niemanden zu sich. Sie sagt nur immer eins: «Das beste liebenswürdigste Geschöpf! Was für Hoffnungen fing ich nicht schon an von ihr zu schöpfen.»
Frau Wesener schluchzt laut.

5. Szene

Marys Wohnung.
Mary, Stolzius, der ganz bleich und verwildert dasteht.

MARY So laßt uns ihr nachsetzen zum Tausendelement. Ich bin schuld an allem. Gleich lauf und bring Pferde her.
STOLZIUS Wohin?
MARY Nach Philippeville. Wo kann sie anders hin sein als zu ihm? Hätt ich ihr nichts gesagt!
STOLZIUS Er ist nicht mehr in Philippeville.
MARY Wo dann?
STOLZIUS Er ist in Armentières beim Regiment, in der Prison.
MARY Dann los nach Armentières! Hol Pferde!
  Stolzius bleibt steif stehen, vor sich hinstarrend.
STOLZIUS «Und käm alle Jahre ein Vögelein
  Und nähm nur ein Schnäblein von Erden –»
MARY Kerl, bist du wahnwitzig?
STOLZIUS Ein Lied, Euer Gnaden.
MARY Die Pferde, sag ich!
STOLZIUS Die Pferde, Euer Gnaden. *Er geht ab.*

6. Szene

In Armentières.
Desportes in der Prison auf und ab gehend. Haudy studiert einen Brief.

DESPORTES Wenn sie mir hierher kommt, bin ich verloren. Mein Glück als Offizier – zu Schand und Spott bei allen Kameraden.
HAUDY Nun denkt sie ja, du bist in Philippeville und will dorthin.
DESPORTES Mein Vater darf sie auch nicht sehn – ich wär erledigt.
HAUDY Was machst du jetzt?
DESPORTES Es bleibt mir nur noch eins. Ich hab es nicht gewollt. Ich schreib an meinen Sekretär.
HAUDY Und dann?
DESPORTES Dann wird man sehen.

7. Szene

In Lille.
Weseners Haus.
Frau Wesener, Charlotte warten auf Wesener. Herein eine Magd.

MAGD Soll ich das Essen jetzt auftragen?
FRAU WESENER Wart noch. Er muß ja kommen.
Die Magd ab.
CHARLOTTE Aber die Leute, Mama. Ich geh nicht aus dem Hause mehr. Ich geh auch fort. *Sie weint.*
FRAU WESENER Dein Herr Heidevogel wird schon wiederkommen, und wenn er nicht kommt, hast du nichts verloren.
CHARLOTTE *zur Mutter*: Warum muß der Papa für seine Schulden gutsagen! Ich bin ja auch noch da. Kann ich dafür, daß meine Schwester –
FRAU WESENER Hast du kein Herz? Sie ist wer weiß nicht wo, und du – *Sie weint, hört ein Geräusch, geht zur Tür.* Wesener?
Wesener tritt herein, durchnäßt und verwildert.
WESENER Es ist alles umsonst. Sie ist nirgends ausfindig zu machen. – Wer weiß, wo sie sich ertränkt hat! – – Die Boten der Frau Gräfin sind auch wiedergekommen. Zu jedem Tor ist einer herausgeritten – nichts.
FRAU WESENER Gott! – Gott! – Sie kann ja doch nicht aus der Welt sein in so kurzer Zeit.
CHARLOTTE Ist da nicht wer?
Eine Gerichtsperson tritt auf.
GERICHTSPERSON Herr Galanteriehändler Wesener?
WESENER Ja?
FRAU WESENER Sie ist tot! – Tot!
GERICHTSPERSON Wer, gute Frau? – Ich bringe den Gerichtsbeschluß. *Er händigt Wesener ein Papier ein.* Da Sie die Kaution nicht aufforderungsgemäß erlegt haben, muß ich das Haus versiegeln.
WESENER Nur zu, nur zu. *Er setzt den Hut auf und geht zur Tür.*
FRAU WESENER Wesener, wohin?
WESENER Ich hab gehört, er ist beim Regiment. Vielleicht find ich sie dort. *Wesener ab.*
CHARLOTTE Mutter, er kommt nicht mehr. *Sie fällt in Ohnmacht.*

8. Szene

In Philippeville.
Ein Jagdhaus.
Marie. Sekretär des Desportes.

MARIE Du lügst. Er kommt. Er liebt mich ja.
SEKRETÄR Liebe – Mademoiselle – Liebe? – – Ists ein Sekret, das ein Organ in unsere Blutbahn spritzt, die Sinne springen macht und den Verstand siechen? Warum grade diesen Busen und nicht jenen, und diesen Mund und keinen andern? Nur diesen weichen Hals. – *Er faßt sie an.* Lieb ich Sie nicht?
MARIE *stößt ihn fort*: Scheusal! Scheusal!
Der Sekretär lächelt sie an.
SEKRETÄR Zorn macht sie schöner, Mademoiselle.
MARIE Er wird erfahren, daß ich hier bin, und dich umbringen! Du hast ihm Treue geschworen.
SEKRETÄR Er weiß, daß Sie hier sind. Er wills. Es ist die Treue, die mich hier zu seinem Stellvertreter macht.
MARIE Du lügst! Du lügst!
SEKRETÄR Will Sie den Brief von ihm lesen? Will Sie?
Er händigt ihr Desportes Brief ein, sie liest, läßt den Brief auf den Boden fallen.
Hat Sie den Brief gelesen?
Marie sitzt steif auf einem Stuhl und starrt.
Will Sie mich jetzt erhören? *Er nimmt ihr das Brusttuch ab. Marie sieht ihn verzweifelt an, ohne sich im geringsten zu wehren. Er küßt sie.*

9. Szene

In Armentières.
Ein Konzert im Hause der Frau Bischof.
Ein Vorraum. Auf einem Buffet stehen Erfrischungen. Einige Sesselchen. Desportes sitzt an einer Seite allein, bisweilen erbärmlich hustend. Aus dem Hinterraum, durch Bordièren abgeteilt, hört man den Schluß einer italienischen Koloraturarie im Zeitgeschmack, dann Applaus. Verschiedene Damen, unter denen auch Frau Bischof und ihre Cousine, kommen in Begleitung verschiedener Offiziere, unter denen auch Haudy, Rammler, Mary, Gilbert herein und neh-

men an dem Buffet Erfrischungen. Rammler folgt Mademoiselle Bischof, in seinem Schlepp Madame Bischof.

MADAME BISCHOF *zu Rammler*: War es nicht wohl superb? Superb das –
Sie wiederholt eine Phrase.
Rammler schweigt.
Ein Schinkenbrötchen und ein Glas Champagner für Herrn Baron? *Sie dirigiert Rammler, der ihr entrinnen möchte, neben sich. Die andern gruppieren sich um die beiden.*
MADEMOISELLE BISCHOF *zu Rammler*: Seit Sie hier eingezogen sind, Herr Baron, ist dieses Haus wie umgewandelt.
Rammler verbeugt sich stillschweigend und wird rot, über und über.
GILBERT Sogar die Hausherrin. – Madame, mein Kompliment. *Er küßt ihr die Hand.*
MADAME BISCHOF He, he, wie soll ich das verstehen, Herr von Gilbert?
HAUDY Und wie verstehen wirs, daß grade Herr von Rammler das Glück hatte, das schönste Zimmer Ihres Hauses zu bekommen? Und wohl dazu in Ihrer Nähe?
MADEMOISELLE BISCHOF Was ist da zu verstehen? Ich wünsche ihm und meiner Base Glück.
MADAME BISCHOF *schielt und lächelt auf eine kokette Art*: He, he, der Herr Baron wäre wohl nicht eingezogen, wenn ihm nicht der Herr von Gilbert mein Haus so rekommandiert hätte. Zum anderen begegne ich allen meinen Herren auf eine solche Art, daß sie sich über mich nicht werden zu beklagen haben.
MADEMOISELLE BISCHOF Das weiß ich, liebe Base, Sie werden sich gut miteinander vertragen.
GILBERT Es ist mit alledem doch so ein kleiner Haken unter den beiden, sonst wäre Rammler nicht so schnurstracks hier eingezogen.
HAUDY Und wär wohl auch nicht so verlegen, wenn da nicht irgendein Geheimnis –
MADAME BISCHOF So? *Sie hält den Fächer vors Gesicht.* He, he, seit wann denn, Herr von Haudy, seit wann denn?
HAUDY Seit dem letzten Konzertabend, wissen Sie wohl, Madame? Man spricht davon.
RAMMLER *zupft Haudy*: Haudy!
MADAME BISCHOF *schlägt Rammler kokettierend mit dem Fächer*:

Unartiger Herr Major! Müssen Sie denn auch alles gleich ausplaudern?

Rammler Madame! Ich weiß nicht, wie wir so familiär miteinander sollten geworden sein.

Madame Bischof *sehr böse*: So, Herr? Und Sie wollten sich noch mausig machen? Wo fand ich Sie? Zum andern müßten Sie sich's noch für eine große Ehre halten, wenn eine Frau von meiner Distinktion und meinem Charakter sich familiär mit Ihnen gemacht hätte.

Mademoiselle Bischof Ich muß schon sagen, Herr von Rammler, das ist mauvais ton.

Madame Bischof Was er sich einmal einbild't, der junge Herr!

Rammler Madame, halten Sie das Maul, oder ich brech' Ihnen Arm und Bein entzwei und werf Sie zum Fenster hinaus.

Madame Bischof *steht wütend auf*: Komm Er, Saufaus – *sie faßt ihn am Arm* –, den Augenblick komm Er, probier Er, mir was Leides zu tun.

Mary In die Schlafkammer, Rammler, sie fordert dich heraus.

Madame Bischof Wenn Er sich noch breit macht, so werf ich Ihn zum Hause heraus und klags dem Kommandanten! In meinem eigenen Hause mir Impertinenzen sagen zu lassen von einem impertinenten Flegel! *Sie läuft hinaus.*

Gilbert Ich muß dich bitten, Rammler, die Ehre einer ehrenwerten Dame sogleich auf ihrem Schlafzimmer wiederherzustellen.

Rammler Ihr könnt mir alle – Arschgesichter ihr! *Er läuft hinaus. Großes Gelächter.*

Mary *zu Desportes, der abseits geblieben ist*: Ist das nicht zum Zerspringen mit dem Original? Was fehlt dir? Warum lachst du nicht?

Desportes Ich hab erstaunende Stiche auf der Brust. Der Katarrh wird mich noch umbringen.

Mary Er wurde braun und blau um seine dicke Nase vor Ärgernis. Ein anderer würd sich lustig machen mit der alten Vettel. – – Ja, ihr verstehts, ihr lebt.

Eine Musik hebt an. Die Gesellschaft geht in das Hinterzimmer. Stolzius tritt herein und zupft Mary.

Was ist denn jetzt?

Stolzius Nehmen Sie es nicht ungnädig, Herr Leutnant! Wollten Sie nicht auf einen Augenblick in den Flur kommen?

Mary Was gibts denn? Habt Ihr was erfahren?

Stolzius Was, Euer Gnaden?

MARY Nun dann – *er zieht ihn zur Seite* –, so sagt mirs hier.
STOLZIUS Die Ratten haben die vorige Nacht Ihr bestes Antolagenhemd zerfressen. Als ich den Wäscheschrank aufmachte, eben, sprangen mir zwei entgegen.
MARY Nun ja, dann laßt Gift auslegen.
STOLZIUS Da muß ich ein versiegeltes Zettelchen von Ihnen haben. Für den Apotheker.
MARY Und warum gerade jetzt?
STOLZIUS Auf den Abend hab ich nicht die Zeit, Herr Leutnant – – ich muß heute noch bei der Lieferung von den Montierungsstükken sein.
MARY Da habt Ihr meine Uhr, Ihr könnt mit meiner Petschaft zusiegeln.

Stolzius geht ab, Mary will zur Gesellschaft treten, bemerkt den Desportes, der sich in einen Winkel gestellt hat. Eine Musik hebt im Hinterzimmer an.

DESPORTES *vor sich*: Ich seh sie immer vor mir. – – *Er hustet erbärmlich.*

Mary steckt ihm ein Stück Lakritze in den Mund. Desportes erschrickt.

MARY *lacht*: Für den Katarrh.

Fünfter Aufzug

1. Szene

In Armentières.
Marys Wohnung. Mary und Desportes sitzen beide ausgekleidet an einem kleinen gedeckten Tisch. Stolzius nimmt Servietten aus.

DESPORTES Wie ich dir sage, es ist eine Hure von Anfang an gewesen. Sie ist mir nur darum gut gewesen, weil ich Präsente machte. Ich bin ja durch sie in Schulden gekommen, daß es erstaunend war, sie hätte mich um Haus und Hof gebracht, hätt ich es länger getrieben. Es war ein abgekartetes Spiel mit ihr und ihrem Vater, glaub mir. Warum ist sie sonst weg und schreibt, sie käm nach Philippeville, wenn nicht, mich zu erpressen. Stell dir das Spektakel vor, wenn mein Vater die hätte zu sehen gekriegt.
Stolzius wechselt einmal ums andere die Servietten um, um Gelegenheit zu haben, länger im Zimmer zu bleiben.
Was also tun, ich noch in der Prison? Ich schreibe meinem Sekretarius, er soll sie abfangen und in mein Jagdhaus verbringen unter dem Vorwande, daß sie des Todes wäre, wenn sie mein Vater zu sehen kriegte, und daß ich sie heimlich zum Regiment abholen käme. Nun ist mein Sekretarius ein schlauer, starker Kerl, die Zeit wird ihnen nicht lang werden in einem Jagdhaus allein. Was der nun aus ihr macht, das kann ich abwarten. Ich hab ihm in dem Briefe klar gemacht, daß es mir nicht zuwider sein würde.

MARY Hör, Desportes, das ist doch malhonett.

DESPORTES Was malhonett, was willst du? Ich hab es nicht gewollt, sie hat mich ja gezwungen – sie hats nicht besser haben wollen. – Ist sie nicht gut versorgt, wenn mein Sekretarius sie heiratet? Und für so eine –

MARY Hol mich der Teufel, Bruder, ich hätte sie geheiratet, wenn mir nicht der junge Graf in die Quer gekommen wäre.

DESPORTES Da hättest du ein schön Sauleder an den Hals bekommen.

Stolzius geht heraus.

MARY *ruft ihm nach*: Macht, daß der Herr seine Weinsuppe bald bekommt! – Ich weiß nicht, wie der Graf mit ihr bekannt geworden ist, sie wollte mich vielleicht nur eifersüchtig machen, aber einmal kam ich zu ihr hin, sie hat mich nicht erwartet, und sie hatte nur ein dünnes, dünnes Röckchen von Nesseltuch an, durch das ihre schönen Beine durchschienen. Sooft sie durchs Zimmer ging und das Röckchen ihr so nachflatterte – ich hätte die Seligkeit drum geben mögen, die Nacht bei ihr zu schlafen. Nun stell dir vor, da muß den Tag der Graf hinkommen, und er will sie zeichnen. Ob nun, um mich zu schagrinieren oder aus Eitelkeit, sie tat wie unsinnig mit ihm –

Stolzius kommt herein, trägt vor Desportes auf und stellt sich totenbleich hinter seinen Stuhl.

Mir gings wie dem überglühenden Eisen, das auf einmal kalt wie Eis wird.

Desportes schlingt die Suppe begierig in sich.

Aller Appetit zu ihr verging mir. Von der Zeit habe ich ihr nie wieder recht gut werden können. Zwar wie ich hörte, daß sie von der Gräfin weggelaufen sei –

DESPORTES *im Essen*: Was reden wir weiter von dem Knochen? Du tust mir einen Gefallen, Bruder, wenn du mir ihrer nicht mehr erwähnst. Es ennuyiert mich, wenn ich an sie denken soll. *Er schiebt die Schale weg.*

STOLZIUS *hinter dem Stuhl, mit verzerrtem Gesicht*: Wirklich? *Beide sehen ihn voll Verwunderung an.*

DESPORTES *hält sich die Brust*: Ich kriege Stiche. – – Aie! – – *Er wirft sich in einen Lehnstuhl. Mary hat den Blick steif auf Stolzius geheftet, ohne ein Wort zu sagen.*

DESPORTES Aie! *Mit Kontorsionen.* Mary!
Stolzius springt herzu, faßt ihn an den Ohren und heftet sein Gesicht auf das seinige. Mit fürchterlicher Stimme.

STOLZIUS Marie! – Marie! – Marie!
Mary zieht den Degen und will ihn durchbohren. Stolzius dreht sich kaltblütig um und faßt ihm an den Degen.

Geben Sie sich keine Mühe, es ist schon geschehen. Ich sterbe vergnügt, da ich den mitnehmen kann. Müssen denn die zittern, die Unrecht leiden, und die fröhlich sein, die Unrecht tun?
Mary läßt ihm den Degen in der Hand und läuft heraus.

MARY Hilfe! – Hilfe! –

DESPORTES Ein Arzt – ich bin verloren – vergiftet –

STOLZIUS Das bist du, ja! Von mir, von Stolzius, dessen Braut du zur Hure machtest. Ich geh mit dir! Gott kann mich nicht verdammen. – *Er hat versucht, ihn in unbändigem Haß aufzurichten, und sinkt zusammen.*

DESPORTES Hilfe! *Er stirbt nach einigen Verzuckungen.*

2. Szene

An der Lys.
Wesener, gealtert und verwildert, spaziert in tiefen Gedanken. Zwei verhüllte junge Weibspersonen auf Männerfang. Eine löst sich, während die andere wartet, und macht sich an Wesener. Ihre Stimme hat die Routine des Gewerbes. Es ist Dämmerung.

WEIBSPERSON Der Herr allein an diesem schönen Abend?
WESENER Laß Sie mich – ich bin kein Liebhaber von solchen Sachen.
WEIBSPERSON Ich bin drei Tage ohne warmes Essen, gnädiger Herr. Ich bin noch jung. Wenn Sie die Gnade hätten, mich in ein Wirtshaus zu führen, wo wir einen guten Schluck Wein miteinander hätten, es soll Sie nicht gereuen.
WESENER Ins Arbeitshaus mit Euch, Ihr liederliche Seele! Schämt Ihr Euch nicht, einem honetten Mann das zuzumuten? Lauf Euern Soldaten nach.
WEIBSPERSON *tonlos*: Mein Gott. *Sie wankt zu ihrer Begleiterin zurück. Wesener zögert, dann geht er ihr nach und reicht ihr ein Stück Geld.*
WESENER Da hat Sie einen Gulden – ich habe meinen Handel verloren und mein Haus –, aber bessere Sie sich.
BEGLEITERIN *kreischt*: Ein Gulden? Will Er für einen Gulden hier honette Mädchen –
MARIE Vater! *Sie fällt halb ohnmächtig nieder.*
WESENER *schreit*: Marie! Marie!
Er fällt zu ihr nieder. Leute versammeln sich. Eine Stadtwache erscheint. Marie rafft sich auf und läuft mit ihrer Begleiterin davon.
WESENER *zu einer Stadtwache*: Wo ist sie hin? Wo wohnt sie?
STADTWACHE Wer weiß das, Herr, es sind ja doch nur Huren.

3. Szene

Des Obristen Wohnung.
Der Obrist Graf von Spannheim mit Offiziers, unter ihnen Eisenhardt, Pirzel, Haudy, Mary beim Kaffee.

EISENHARDT *zu Haudy*: Haben Sie die Unglücklichen gesehen? – Der Ausgang dieser entsetzlichen Liebesaffaire wird Sie von den Folgen Ihrer Maximen wohl überzeugt haben?
HAUDY Welche Maximen denn, Herr Pfarrer.
EISENHARDT Daß eine Hure immer eine Hure wird. An diesem Tische hier.
HAUDY Und ist sies nicht geworden?
EISENHARDT Nachdem sie ein Bösewicht ohne Moral dazu gemacht, nachdem er die Familie verwüstet und in den Abgrund gestoßen.
OBRIST Und das bei meinem Korps. – Ein Soldat vergiftet seinen Offizier, der nur aus Leichtsinn zwei ehrenwerte Bürgerfamilien in den unwiederbringlichsten Untergang gestürzt hat.
EISENHARDT Um einen Sinnenkitzel zu befriedigen!
OBRIST Vor unser aller Augen – ich begreif' es nicht. – *Zu Mary:* Was sagen Sie dazu?
MARY Je nun – wer hätte das voraussehen können? Ich seh's als Tragik.
PIRZEL Wenn ich mir die Anmerkung erlauben darf, Herr Obrist, ich habe darüber gedacht: Es sind die Folgen des ehelosen Standes der Soldaten.
OBRIST Nun ja, wie wäre dem abzuhelfen?
HAUDY Indem wir nach dem Pirzel alle heiraten, die ganzen Regimenter und unsre Weiber mit ins Biwak nehmen oder in den Krieg. Das soll uns lustige Bataillen geben.
Gelächter.
PIRZEL Nicht so, nicht heiraten.
HAUDY Wie dann?
PIRZEL Ich sehe die Soldaten an, wie das Ungeheuer, dem von Zeit zu Zeit ein Frauenzimmer freiwillig aufgeopfert werden muß, damit die übrigen verschont bleiben.
EISENHARDT Wie verstehen Sie das, aufgeopfert?
PIRZEL *mit Eifer*: Es müßte der König veranlaßt werden, für die Beschützer seines Staates eine Pflanzschule für Soldatenweiber anzulegen.
HAUDY Bravo, Pirzel.
PIRZEL Junge Frauenzimmer, die im hohen Dienst des Vaterlandes der ewigen Verbindungen der Ehe freiwillig ganz entsagen.
EISENHARDT Ich darf wohl aber zweifeln, lieber Hauptmann, daß sich ein Frauenzimmer von Ehre dazu entschließen könnte. Das müßten Huren sein.

PIRZEL *immer mehr in Feuer geratend*: Nicht Huren, sondern Amazonen, deren edle Empfindungen die Delikatesse der weiblichen Ehre nicht verletzen, sondern zu dem Ziel erhöhen, Märtyrerinnen für den Staat zu sein!
HAUDY UND MARY *lachend*: Ja, ja, der Pirzel! Bravo, Pirzel!
PIRZEL *im Eifer aufstehend, eine schöne rednerische Haltung einnehmend*: Der König alsdann müßte das Beste tun, diesen Stand glänzend und rühmlich zu machen. Dafür ersparte er die Werbegelder, denn alle Kinder, die gehörten ihm. Die Beschützer des Staates, die Soldaten, würden sodann auch sein Glück sein, die äußere Sicherheit desselben nicht die innere aufheben, sondern verstärken, so daß die Glieder der durch uns zerrütteten Gesellschaft in Fried und Wohlfahrt aller sich umarmend küssen! *Er sinkt erschöpft auf seinen Stuhl.*
OBRIST Ich wünschte nur, daß sich auch jemand fände, diese genialen Gedanken bei Hofe durchzutreiben, lieber Pirzel.
Lachen.
PIRZEL – – Weil niemand denkt. *Lange Pause, dann klopft er sich mit dem Knöchel mehrfach kräftig an den Schädel.*
Hier steckts.

Sedanfeier

Montage aus Materialien
des 70er-Krieges

SZENENFOLGE:

1. Am 3. September 1870 (E. Geibel)
2. Aufrufe und Depeschen
3. Toast
4. Fliegendes Blatt für den Krieger beim Abmarsch
5. Toast
6. Kriegsdepeschen von Wilhelm I. und Napoleon III.
7. Hurra, Germania! (F. Freiligrath)
8. Manifest an die Arbeiter aller Nationen
9. Mißmut (Soldatenlied)
10. Erklärung deutscher Arbeiter
11. Brief des Dr. Jösting
12. Altdeutscher Schlachtgesang
13. Die Schlacht von Sedan (F. Dahn)
14. Erklärung englischer Arbeiter
15. Das französische Vaterunser
16. Unchristliches und Unsittliches im Kriege (Predigt)
17. Auf dem Schlachtfeld bei Sedan (Dienstmädchenlied)
18. Die amtlichen Handlungen der Lazarettgeistlichen (G. Huyssen)
19. Schlacht bei Sedan (Soldatenlied)
20. Anekdoten
21. Verhaftung der Mitglieder des Braunschweiger Ausschusses
22. Bei Sedan auf den Höhen (Dienstmädchenlied)
23. Victor Hugos Manifest
24. Kutschke an die Pariser
25. Pariser! (Aufruf der Commune)
26. Kriegserlebnisse 1870/71 (J. Bruckner)
27. Friedenslied
28. Hochgeehrte Festversammlung, Turngenossen! (Leipziger Sedanfeier, 1895)
29. Heil dem Kaiser! Macte Imperator!
30. Kaisermarsch (R. Wagner)
31. Eine Sedanfeier bei der Nachbarin (Schulaufsatz)
32. Im Siegesheimzug (Festspiel zur Heimkehr der deutschen Truppen, O. Horn)
33. Die Wacht am Rhein (W. Müller)

I.
Am 3. September 1870

Nun laßt die Glocken
Von Turm zu Turm
Durch's Land frohlocken
Im Jubelsturm!
Des Flammenstoßes
Geleucht facht an!
Der Herr hat großes
An uns gethan.
Ehre sei Gott in der Höhe!

Es zog von Westen
Der Unhold aus,
Sein Reich zu festen
In Blut und Graus;
Mit allen Mächten
Der Höll' im Bund
Die Welt zu knechten
Das schwur sein Mund
Furchtbar dräute der Erbfeind.

Vom Rhein gefahren
Kam fromm und stark
Mit Deutschlands Scharen
Der Held der Mark.
Die Banner flogen,
Und über ihm
In Wolken zogen
Die Cherubim.
Ehre sei Gott in der Höhe!

Drum laßt die Glocken
Von Turm zu Turm
Durch's Land frohlocken
Im Jubelsturm!
Des Flammenstoßes
Geleucht facht an!
Der Herr hat großes
An uns gethan.
Ehre sei Gott in der Höhe!

E. Geibel

2.
Erster Aufruf der Königin Augusta

Berlin, den 18. Juli 1870

Das Vaterland erwartet, daß alle Frauen bereit sind, Ihre Pflicht zu thun! Hülfe zunächst an den Rhein zu senden.

Die Königin

Erlass Sr. Majestät des Königs vom 21. Juli 1870

Ich bin gezwungen, in Folge eines willkürlichen Angriffs das Schwert zu ziehen, um denselben mit aller Deutschland zu Gebote stehenden Macht abzuwehren. Es ist Mir eine große Beruhigung vor Gott und den Menschen, daß Ich dazu in keiner Weise Anlaß gegeben habe. Ich bin reinen Gewissens über den Ursprung dieses Krieges und der Gerechtigkeit unserer Sache vor Gott gewiß. Es ist ein ernster Kampf, den es gilt, und er wird Meinem Volke und ganz Deutschland schwere Opfer auflegen.

Aber Ich ziehe zu ihm aus im Aufblick zu dem allwissenden Gott und mit Anrufung seines allmächtigen Beistandes. Schon jetzt darf Ich Gott dafür preisen, daß vom ersten Gerücht des Krieges an durch alle deutschen Herzen nur ein Gefühl rege wurde, und sich kund gab, das der Entrüstung über den Angriff und der freudigen Zuversicht, daß Gott der gerechten Sache den Sieg verleihen werde. Mein Volk wird auch in diesem Kampf zu Mir stehen, wie es zu Meinem in Gott ruhenden Vater gestanden hat. Es wird Mir alle Opfer bringen, um den Völkern den Frieden wieder zu gewinnen.

Demnach bestimme ich, daß während der Dauer des Krieges in allen öffentlichen Gottesdiensten dafür besonders gebetet werde, daß Gott in diesem Kampfe uns zum Siege führe, daß Er uns Gnade gebe, auch gegen unsere Feinde uns als Christen zu verhalten, und daß Er uns zu einem die Ehre und Unabhängigkeit Deutschlands dauernd verbürgenden Frieden in Gnaden gelangen lasse.

Wilhelm

PROCLAMATION DES KAISERS NAPOLEON
an das französische Volk
vom 23. Juli 1870

Es gibt im Leben der Völker feierliche Augenblicke, wo die Ehre der Nation, gewaltsam erregt, sich als eine unwiderstehliche Macht erhebt, wo sie alle anderen Interessen beherrscht und allein und unmittelbar die Geschicke des Vaterlandes in die Hand nimmt. Eine dieser entscheidenden Stunden hat für Frankreich geschlagen. Preußen, dem wir während des Krieges 1866 und seit demselben die versöhnlichsten Gesinnungen bezeugt hatten, hat von unserem guten Willen, von unserer Langmuth keine Notiz genommen. Fortstürmend auf dem Weg der Eroberungen, hat es zu jedem Mißtrauen Anlaß gegeben, überall übertriebene Rüstungen nothwendig gemacht und Europa in ein Heerlager verwandelt, wo Ungewißheit und Befürchtungen herrschen.

    Franzosen! Ich bin im Begriff, mich an die Spitze dieser tapferen Armee zu stellen, welche durch Pflichtgefühl und Vaterlandsliebe beseelt ist; sie weiß, was sie werth ist, denn sie hat gesehen, wie in vier Welttheilen sich der Sieg an ihre Schritte heftete. Ich führe meinen Sohn mit mir; ungeachtet seines jugendlichen Alters kennt er die Pflichten, welche sein Name ihm auferlegt; er ist stolz auch seinerseits Theil nehmen zu dürfen an den Gefahren derjenigen, welche für das Vaterland kämpfen.

Napoleon

3.
TOAST

Vom Feind bedroht, vom Brand umloht,
in Sturm und Not, treu bis in den Tod.

4.
FLIEGENDES BLATT FÜR DEN KRIEGER BEIM ABMARSCH

Lieber Bruder!
Wenn das Vaterland bedroht ist, dann tritt der Soldatenstand in seiner Wichtigkeit hervor. Eine solche schwere Zeit hat Gott der Herr zu unserer Heimsuchung über uns kommen lassen. Willst Du festen

Muthes und voll Freudigkeit die Last Deines Berufes tragen, so beherzige und thue Folgendes:

1. Wer Soldat ist, hat einen ehrlichen, Gott gefälligen Stand und mag so gut wie ein Anderer sprechen:

> All', was mein Sach' und Anfang ist,
> Das gescheh' im Namen Jesu Christ;
> Der segne mich so früh und spat,
> Bis all' mein Thun ein Ende hat!

Damit tröst Dich, wenn Du Vater und Mutter, Bruder und Schwester, Haus und Hof, Weib und Kind hast verlassen müssen.

2. Der Soldat hat zu seines Königs Fahne geschworen. Diesen Schwur muß er halten und, wenn es sein muß, auch freudig mit seinem Blute besiegeln. Es ist etwas Köstliches um rechte Soldatentreue!

3. Wie schön ist es, wenn ein christlicher Soldat mit herzlicher Willigkeit, ohne Murren und Widerstreben, Gehorsam übt, unverdrossen in aller Arbeit ist, alle Mühsal und Beschwerden mit Geduld trägt, allezeit eine männliche und feste Haltung bewahrt, alles zuchtlose Ausschreiten vermeidet und verabscheut und mit Tapferkeit in den Gefahren steht.

4. Die Erfüllung all dieser Tugenden und die Ertragung der mancherlei Beschwerden ist Dir auch heilsam für die Erziehung zum ewigen Leben.

5. Hüte Dich vor Soldatensünden, die da sind Ruhmsucht und Eitelkeit, rohe Gewaltthat, Ungerechtigkeit, Bosheit und Unkeuschheit. Behalte Dein Gewissen unbefleckt vor solchen Dingen im Quartier, im Lager und im Kampfe! Thue Niemand Gewalt noch Unrecht und lasse Dich begnügen an Deinem Solde! Der Herr kennet den Weg der Gerechten, aber der Gottlosen Weg vergehet.

6. Lerne Beten auf der Wache, oder wenn Du sonst allein bist; bete für die, die daheim Deiner gedenken und sich um Dich sorgen, bete für Dich selbst, für Dein Vaterland, für Deine Vorgesetzten, für Deine Kameraden! Das Gebet vermag viel, wenn es ernstlich ist. Es ist eine gute Wehr und eine allezeit brauchbare Schutzwaffe. Stärke Dein Gemüth für den Ernst der Schlacht durch göttliche Gedanken. Alle Weisheit der menschlichen Vernunft hilft da nichts. Nur als Christ kannst Du dem Feind mit todesmuthigem Herzen entgegengehen und mit Ruhe den Donner der Geschütze hören. Der Soldatentod allein, obgleich ein Tod in Ehren, führt Dich nicht zur Selig-

keit, verlaß Dich auf den Herrn Jesum Christum, der auch für Dich in den Tod gegangen ist, dann bist Du für alles bereit. Die auf den Herrn hoffen, kriegen neue Kraft.

7. Wenn Du betest, bete also:

O Du Herr aller Herrn, König aller Könige, Du Gott der Schlachten, in dessen Hand Siegen und Unterliegen, Leben und Tod, Glück und Unglück liegt, weil wir denn der Zuversicht sind, daß unsere Sache gerecht ist, so schaue doch vom Himmel auf uns hernieder und verleihe unsern Waffen Sieg und Heil durch Jesum Christum. Gib unsern Führern Weisheit und guten Rath, tapferen Muth und unverzagten Sinn, unsere Hände aber lehre streiten wider den Feind, und ob wir auch lange kämpfen und viele von uns fallen, so gib uns doch endlich, daß wir gewinnen und das Feld behalten. O Herr, hilf, laß Alles wohl gelingen. In Deine Hände befehle ich meinen Geist. Amen.

5.
Toast

Brüder stets mit Herz und Hand
für's deutsche Vaterland.

6.
Kriegsdepeschen von Wilhelm I. und Napoleon III.

Depesche des Königs

An die Königin Augusta. Berlin
Unter Fritzen's Augen heute einen glänzenden, aber blutigen Sieg erfochten durch Stürmung von Weißenburg und des dahinter liegenden Geisberges. Unser 5. und 11. Corps und 2. bayerisches Armee-Corps fochten. Feind in Flucht, 500 unverwundete Gefangene, eine Kanone und das Zeltlager in unseren Händen.

Divisions-General Donay todt, von uns General v. Kirchbach leicht gestreift.

Mein Regiment und 58er starke Verluste.

Gott sei gepriesen für die erste glorreiche Waffenthat.

Er helfe weiter!

Wilhelm

Metz, 2. August
An die Kaiserin Eugenie

Louis hat die Feuertaufe erhalten. Er war bewundernswerth in seinem kalten Blute, nicht im mindesten aufgeregt. Eine Division des Generals Frossard hat die Höhen genommen, welche Saarbrücken beherrschen. Die Preußen haben nur kurzen Widerstand geleistet. Wir waren in der ersten Linie, aber die Flinten- und Kanonenkugeln fielen vor uns nieder.

Louis hat sich eine Kugel aufgehoben, die bei ihm niederfiel. Die Soldaten vergossen Thränen, als sie ihn so ruhig sahen. Wir haben nur einen Offizier und zehn Soldaten todt.

Napoleon

Depesche des Königs

An die Königin Augusta
Welches Glück dieser neue große Sieg durch Fritz. Preise Gott für seine Gnade! Gewonnen einige 30 Geschütze, 2 Adler, 6 Mitrailleusen, 4000 Gefangene. MacMahon war verstärkt aus der Haupt-Armee. Es soll Victoria geschossen werden.

Wilhelm

Depesche des Königs an die Königin

Auf dem Schlachtfeld von Sedan, 1. September dreieinviertel Uhr Nachm. Seit halb acht siegreich fortschreitende Schlacht rund um Sedan. – Garde, viertes, fünftes, elftes, zwölftes Corps und Bayern – Feind fast ganz in die Stadt zurückgeworfen.

Wilhelm

Schreiben des Kaisers Napoleon; Antwort des Königs

Mein Herr Bruder!
Da ich in der Mitte meiner Truppen nicht habe sterben können, bleibt mir nur übrig, meinen Degen in die Hände Euerer Majestät niederzulegen. Ich bin Euer Majestät wohlgesinnter Bruder (le bon frère)

Napoleon

Mein Herr Bruder!
Indem ich die Umstände bedauere, unter welchen wir uns begegnen, nehme ich den Degen Euerer Majestät an und ersuche Sie, einen Ihrer Offiziere bezeichnen zu wollen, welcher mit den Vollmachten ausgerüstet ist, die Capitulation der Armee zu verhandeln, welche sich unter Ihren Befehlen so tapfer geschlagen hat. Meinerseits habe ich den General v. Moltke zu diesem Zweck bezeichnet. Ich bin Euerer Majestät

                      wohlgesinnter Bruder *Wilhelm.*

Depesche des Königs an die Königin

Der Kaiser hat nur sich selbst Mir übergeben, da er das Commando nicht führte und Alles der Regentschaft in Paris überläßt. Seinen Aufenthaltsort werde Ich bestimmen, nachdem Ich ihn gesprochen habe in einem Rendezvous, das sofort stattfindet.

    Welch eine Wendung durch Gottes Führung.

                                                   Wilhelm

7.
HURRA, GERMANIA!

Hurra, du stolzes, schönes Weib,
Hurra, Germania!
Wie kühn mit vorgebeugtem Leib
am Rheine stehst du da!
Im vollen Brand der Juliglut,
wie ziehst du rasch dein Schwert!
Wie trittst du zornig frohgemut
zum Schutz vor deinen Herd!
Hurra, hurra, hurra!
Hurra, Germania!

Du dachtest nicht an Kampf und Streit;
in Fried und Freud' und Ruh
auf deinen Feldern, weit und breit,
die Ernte schnittest du.
Bei Sichelklang und Ährenkranz
die Garben fuhrst du ein;

da plötzlich, horch, ein andrer Tanz,
das Kriegshorn überm Rhein!
Hurra, hurra, hurra!
Hurra, Germania!

Da warfst die Sichel du ins Korn,
den Ährenkranz dazu;
da fuhrst du auf in hellem Zorn,
tief atmend auf im Nu;
schlugst jauchzend in die Hände dann:
Willst du's, so mag es sein!
Auf! Meine Kinder! alle Mann!
Zum Rhein, zum Rhein, zum Rhein!
Hurra, hurra, hurra!
Hurra, Germania!

Da rauscht das Haff, da rauscht der Belt,
da rauscht das deutsche Meer;
da rückt die Oder dreist ins Feld,
die Elbe greift zur Wehr.
Neckar und Weser stürmen an,
sogar die Flut des Mains!
Vergessen ist der alte Span
das deutsche Volk ist eins!
Hurra, hurra, hurra!
Hurra, Germania!

Für Heim und Herd, für Weib und Kind,
für jedes teure Gut,
dem wir bestellt zu Hütern sind
vor fremdem Frevelmut!
Für deutsches Recht, für deutsches Wort,
für deutsche Sitt' und Art –
für jeden heil'gen, deutschen Hort,
hurra, zur Kriegesfahrt!
Hurra, hurra, hurra!
Hurra, Germania!

Auf, Deutschland, auf, und Gott mit dir!
Ins Feld! Der Würfel klirrt!
Wohl schnürt's die Brust uns, denken wir

des Bluts, das fließen wird!
Dennoch, das Auge kühn empor!
Denn siegen wirst du ja:
groß, herrlich, frei wie nie zuvor!
Hurra, Germania!
Hurra, Viktoria! Hurra, Germania!

Ferdinand Freiligrath

8.
«MANIFEST AN DIE ARBEITER ALLER NATIONEN»

Abermals bedroht politischer Ehrgeiz den Frieden der Welt unter dem Vorwand des europäischen Gleichgewichts und der nationalen Ehre. Französische, deutsche und spanische Arbeiter! Vereinigen wir unsere Stimmen zu einem Ruf des Abscheus gegen den Krieg... Krieg wegen einer Frage des Übergewichts oder wegen einer Dynastie kann in den Augen von Arbeitern nichts sein als eine verbrecherische Torheit. Gegenüber den kriegerischen Aufrufen derjenigen, die sich von der Blutsteuer loskaufen und im öffentlichen Unglück nur eine Quelle neuer Spekulationen sehn, protestieren wir laut, wir, die wir Frieden und Arbeit nötig haben!...

Brüder in Deutschland! Unsere Spaltung würde nur im Gefolg haben, den vollständigen Triumph des Despotismus auf beiden Seiten des Rheins...

9.
MISSMUT

Vaterland, du riefst zum Schwerte,
Und ich ließ der Brüder Reih'n;
Heiße Glut die Brust verzehrte,
Sehnend, stürmend ich begehrte
Dir mein junges Blut zu weih'n;
Abschied nahm ich von den Lieben,
Manches Auge wurde naß;
In das Feld hat mich getrieben
Frankenhaß.

Und es flohen Tag' um Tage,
Daß ich steh' auf Frankreichs Grund;

Aber, wehe! trübe Lage,
Du entringst mir bitt're Klage,
Kämpfen durft' ich nicht zur Stund'.
Soll ich ewig sein auf Wache,
Tief im Sumpfe bis ans Knie'?
Soll'n die Geister meiner Rache
Flammen nie?

Feinde, ringsum eingeschlossen,
Brecht hervor zum Völkerstreit!
Auf, ihr Freunde, Kampfgenossen,
Tummelt euch auf mut'gen Rossen,
Seid zum blut'gen Sieg bereit!
Fluch dir müß'gem Lagerleben!
Brich heran, du Schlachtenrot!
Laß die Hörner laut erbeben
Mir zum Tod.

10.
Erklärung der deutschen Arbeiter in Chemnitz

Im Namen der deutschen Demokratie und namentlich der Arbeiter der Sozialdemokratischen Partei erklären wir den gegenwärtigen Krieg für einen ausschließlich dynastischen... Mit Freuden ergreifen wir die uns von den französischen Arbeitern gebotene Bruderhand... Eingedenk der Losung der Internationalen Arbeiterassoziation: «Proletarier aller Länder, vereinigt euch!» werden wir nie vergessen, daß die Arbeiter aller Länder unsere Freunde und die Despoten aller Länder unsere Feinde sind.

11.
Brief des Dr. Jösting

Gütersloh, den 20. Juli 1870

In Anbetracht des deutschen Krieges gegen das verbrecherische Frankreich, den alten Erz- und Erbfeind, genehmige ich hiermit als Vater meinem Sohne Werner (natürlich mit dem Zeugnis der Reife als Abiturient zur Universität versehen), sofort sich den Vaterlandsverteidigern einzureihen und mit Gott für König und Vaterland die

Waffe in die Hand zu nehmen, um draufzuschlagen, wo die Gaunerbande sich zeigen wird.

Der Gott, der Lenker aller Schlachten, wird in Gnaden unsere gerechte Sache in seinen heiligen Schutz nehmen und Sieg auf Sieg für Deutschlands Ehre und Freiheit uns verleihen.

So ziehe denn mit Gott, mein liebes, teures Kind! Ich weiß, daß Du Deinem Könige, dem Vaterlande und mir nur Ehre, und wäre es mit Deinem Herzblute, machen wirst.

Der Herr segne Dich und Deine Kameraden alle mit seinem heiligen Geiste! Ich bin so erregt, wie alle hier, vor Patriotismus, daß ich nicht mehr schreiben kann. Es lebe der König hoch, hoch, hoch!

Gott schütze, segne und behüte Dich, liebes Kind!

Dein treuer Vater
Dr. Jösting

12.
Altdeutscher Schlachtgesang

Kein schön'rer Tod ist in der Welt, als wer vor'm Feind erschlagen,
auf grüner Haid, im freien Feld, darf nicht hör'n groß Wehklagen.
Im engen Bett mußt ganz allein du an den Todesreigen;
hier findet er Gesellschaft fein; sie fall'n wie Blüth' im Maien.

13.
Die Schlacht von Sedan

Endlich erreich' ich dich,
Endlich erhasch' ich dich,
Lange gesuchte,
Wochenlang durch die Nächte ersehnte,
Dröhnende, heilige,
Männer mordende Feldschlacht.

Hoch in den Lüften
Die weißlichen Wölklein, –
Nicht sind's des Septembers
Nebelgespinste. –
Siehe, sie bersten:
Das sind des Feindes Todesgeschosse.

Und das Getöse –
Nicht von Gewittern –
Hell ist der Himmel:
Das ist der Donner,
Der herrliche Schlachtruf
Der deutschen Geschütze.

Erjauchze, mein Herz, nun:
Dein Sehnen von Kind auf,
Dein Wunsch in den heißen
Schmerzen des Mannes, –
Alles erfüllt sich:
Denn es umtoset dich
Schrecklich und herrlich,
Vom Heer Alldeutschlands
Sieghaft geschlagen,
Die heilige Schlacht!

Auf und hinein!

Dort, von den Höh'n des
Ragenden Hügels,
Muß sich das ganze
Kampfesgefild den
Blicken erschließen. –

O Deutschland!
Welch' Schauspiel!

Felix Dahn

14.
ERKLÄRUNG ENGLISCHER ARBEITER

Die englische Arbeiterklasse reicht den französischen wie den deutschen Arbeitern brüderlich die Hand. Sie ist fest überzeugt, daß, möge der bevorstehende scheußliche Krieg endigen, wie er will, die Allianz der Arbeiter aller Länder schließlich den Krieg ausrotten wird. Während das offizielle Frankreich und das offizielle Deutschland sich in einen brudermörderischen Kampf stürzen, senden die Arbeiter einander Botschaften des Friedens und der Freundschaft. Diese einzige große Tatsache, ohnegleichen in der Geschichte der Vergangenheit, eröffnet die Aussicht auf eine hellere Zukunft.

15.
Das französische Vaterunser

Napoleon, der du nie kommst in den Himmel,
verflucht werde dein Name, du verlierst bald
dein Reich, dein Wille geschehe bei uns nimmer!

Denn du bist geächtet auf Erden. Was du und deine tyrannischen Vorfahren uns gestohlen, das wollen wir Alles wieder haben; gieb doch deinen Soldaten ihr tägliches Brod, – und gieb's nicht Millionenweis deiner spanischen Kokette zum Verschwenden!

Du führst deinen Jungen auf das Schlachtfeld, damit er beizeiten erlernet, die armen Menschen zu schlachten und unschuldig Blut zu vergießen – wie du es gethan beim Mord deiner unglücklichen Pariser am 2. December! – – – Du bist der lebendige Meineid, voll Lüge und Trug! Es soll dir verdorren deine falschschwörende Zunge, die Hand sterbe dir ab, die vom tausendfachen Morde befleckt ist, es verkrumme dein Fuß, der höhnend ein edles Volk zertreten will! Doch uns Deutsche führst du nicht in Versuchung – sondern der Sparifankerl hole dich – und erlöse uns dadurch von allem Übel. Amen!

Jetzt kommst du o Eugenie! Du bist voller Schande, der Teufel ist mir dir und deiner verschwenderischen Putzsucht! Du bist das Eitelste unter den Weibern und die Frucht deines Leibes ist ein Bastard – Frömmelndes gleißnerisches Schandmaul, Mutter der Lüge, du hetzest und schürst bei deinem Alten, dem großen, bösen Sünder – jetzt, und bis zur Stunde Eures Abfahrens.   Amen!

16.
Unchristliches und Unsittliches im Kriege

Liebe Gemeinde,
es ist gewiß ein merkwürdiges Wort Luthers in seiner Schrift: «Ob Kriegsleute mögen in einem christlichen Stande sein», wenn er über die Schrecken und Roheiten des Krieges sagt: «Summa, man muß im Kriegsamt nicht ansehen, wie es würget, brennet, schlägt und fährt

usw., denn das thun die engen, einfältigen Kinderaugen, die dem Arzte nicht weiter zusehen, denn wie er die Hand abhauet oder das Bein absäget, sehen aber und merken nicht, daß um den ganzen Leib zu retten zu thun ist. Also muß man auch dem Kriegs- oder Schwertsamt zusehen mit männlichen Augen, wenn es so würget und greulich thut, so wird sich's selbst beweisen, daß es ein Amt ist an ihm selbst göttlich, und der Welt so nötig und nützlich, als Essen und Trinken oder sonst kein ander Werk.» Ohne Zweifel paßt hier das erstgebrauchte Bild von der ärztlichen Amputation besser auf den Krieg, als das letzte vom Essen und Trinken.

Es ist mit dem Kriege eine höchst eigentümliche und gefährliche Sache. Er ist etwas so Abnormes und weicht so sehr von allen sonstigen göttlichen und menschlichen Ordnungen ab, daß in der That ein Sinn strengster Zucht und geweihten Ernstes dazu gehört, um würdig, so daß man es vor Gott und Menschen verantworten kann, in ihn einzutreten, ihn sittlich zu führen und sich richtig darin zu verhalten. Dann kann aber unverkennbar auch etwas Großartiges darin liegen. Großartig ist, wenn ein Volk sich aufmacht, alles an alles zu setzen, seine Existenz an seine Freiheit, seine Ruhe und Sicherheit an sein gutes Recht, seinen Wohlstand an seine nationale Selbständigkeit und Ehre. Großartig ist es, wenn alle frisch begeistert für eine große Idee, alle selbstischen Interessen völlig aufgeben für einen gemeinsamen erhabenen Zweck, wenn alle zusammenstehen und zusammengehen, alle für einen und einer für alle. Keiner denkt mehr an sich, jeder nur an das Allgemeine. Der Mann verläßt Weib und Kind, Geschäft und bürgerliche Existenz, um dem Rufe seines Königs zu folgen. Die Mutter fragt nicht mehr nach dem eigenen Schmerz, sie giebt ihr Liebstes, den Sohn ihres Leibes, freudig hin, und ist stolz darauf, auch ein Opfer auf den Altar des Vaterlandes niederlegen zu können. Der Jüngling wagt sein Alles, seine ganze Zukunft, ein reiches langes Leben voll Hoffnung und Freude daran, und stellt kühn die junge Brust den Kugeln des Feindes entgegen, um Heimat und Liebe, Ehre und Freiheit, Recht und Wahrheit zu retten.

17.
Auf dem Schlachtfeld bei Sedan

1. Auf dem Schlachtfeld bei Sedan, da lag ein Soldat,
   der so schwer von Feindeskugeln verwundet ward.
2. Da fragt ihn sein Feldherr: «Sag', was ist dein Begehr?»
   «Ach, ich wünschte zu liegen tief unter der Erd'!»
3. «Tief unter der Erde begraben in Ruh',
   deckt man mich mit kühler Erde, kühler Erde zu.»
4. Er schrieb an seine Eltern den Todesscheidebrief,
   daß er hier bei Sedan gefallen ist.
5. Sie sollten nicht weinen, nicht ringen die Hand,
   denn er sei ja gestorben für sein teures Vaterland.

18.

Die amtlichen Handlungen der Geistlichen in den Lazaretten auf dem Kriegsschauplatz sind mannigfaltiger und bieten mehr Eigentümliches, als es auf den ersten Blick scheinen möchte. Nur gewandte Männer und erfahrene Seelsorger sollten auf den Kriegsschauplatz geschickt werden.

Die Leichenbegängnisse bilden da zunächst einen ernsten und traurigen Teil ihrer Tätigkeit. Es wird damit im Kriege in gar verschiedener Weise gehalten, je nach der Lage der Dinge. Auf den Schlachtfeldern selbst werden die Gefallenen in ihren Kleidern, so wie sie aufgefunden werden, gruppenweise in große Gruben gelegt. Mann neben Mann, in Reih und Glied kameradschaftlich eng nebeneinander, wie sie nebeneinander gefochten haben, nur so, daß jetzt, um Raum zu sparen, die Füße des einen neben den Kopf des anderen gelegt werden.

Auf ein solches großes gemeinsames Grab wird dann meist ein einfaches aus zwei hölzernen Stäben zusammengesetztes Kreuz gestellt, auf welchem die Zahl der hier ruhenden Soldaten und ihr Regiment angegeben ist. Unter solchen Kreuzen schlummern dann Hunderte braver Krieger den ewigen Schlaf, deren Angehörige nie erfahren werden, wo sie die Ruhestätte ihrer Geliebten zu suchen haben. Sehr tief werden diese Gräber nicht gemacht, da es an Zeit dazu fehlt; die nachteiligen Folgen dieser oberflächlichen Beerdigungen müssen durch hinreichende Desinfizierung mit Chlorkalk und dergleichen behoben werden, wenn nicht die Stätten blutiger

Kämpfe noch lange nachher durch Leichengeruch verpestet sein sollen.

Mit den Verwundeten und Kranken in den Lazaretten, die an allgemeinen Feiern nicht teilnehmen können, mit Ausnahme der wenigen, die etwa in einer Kirche liegen mögen, wo auch Gottesdienst stattfindet, pflegen nun die Lazarettpfarrer des Sonntags und nach Umständen wohl auch in der Woche kurze Andachten zu halten, deren Zahl allerdings oft etwas groß wird, wenn man auch nur die Hauptsäle befriedigen will. Leider ist auf einem großen Krankensaal nicht immer die gewünschte Ruhe zu den Andachten, namentlich zu einem allgemeinen Gebet zu erlangen. Man muß dazu Zeiten aussuchen, wo die Ärzte nicht gerade herumzugehen pflegen. Bei den Ruhrkranken, wie Unterleibsleiden das mit sich bringen, wie ebenso bei den Geschlechtskranken, stoßen die Andachten noch auf besondere, in der Art der Krankheit liegende Schwierigkeiten. Auch die Typhuskranken haben meist nur sehr wenig Teilnahme und Empfänglichkeit, mit ihnen ist eigentlich nicht sehr viel anzufangen. Bei den Verwundeten dagegen erlebt man desto mehr Freude mit diesen Andachten, selbst auch von Katholischen haben wir keine absichtliche Störung oder Ursache erlebt. Höchstens einmal teilnahmsloses Sich-Hinlegen. Es muß gesagt werden, daß die stille Geduld im Leiden, die sonst so sehr den Verwundeten nachzurühmen ist, bei den Franzosen im allgemeinen nicht so stark ist, wie bei den Deutschen.

Wie schon erwähnt, klagen und lamentieren die Franzosen mehr, vielleicht auch eine Folge ihrer größeren natürlichen Lebhaftigkeit, aber für den andern Kranken im Saale höchst lästig und angreifend. Allein der Franzose hat nun einmal im allgemeinen weniger Mannhaftigkeit und Tapferkeit, seinen Schmerz zu verbeißen, als der Deutsche.

19.
SCHLACHT BEI SEDAN

1. Im Galopp kam hergeritten
   aus des Bayernheeres Mitten
   ein Off'zier von Chevauxleger:
   /: Ob die Sachsen nicht bald kommen
   zu der Bayern Hilf und Frommen,
   bei Bazailles es übel steht. :/

2. «Hurra! Frisch zur Hilf dem Bayer,
   der so tapfer hält im Feuer –
   wartet Turkos und Franzos!»
   /: Vorwärts ward gleich kommandiert,
   im Geschwindschritt fortmarschieret
   aufs Kanonendonnern los. :/

3. Da, inmitt von Donnerschlägen,
   schallt Hurra den Bay'rn entgegen,
   Hurra ruft auch unser Heer.
   /: Gleich die Höh'n hinauf wir stürmen,
   unsre Brüder zu beschirmen,
   ob es schießt und donnert schwer. :/

20.
ANEKDOTEN

... auf dem Schlachtfelde bluteten die Verwundeten. Gottvertrauen und Mannesmut hielt sie aufrecht. Ein Offizier trat zu zwei Verwundeten, um sie mit einem Trunk aus seiner Feldflasche zu laben. «Ich sterbe fröhlich», sagte der eine, «denn ich sterbe für König und Vaterland.» Und der andere, durch den Unterleib geschossen, beteuerte: «Mir geht es gut, denn wir haben gesiegt.» Ein Johanniter fand beim Aufsuchen der Verwundeten einen Toten, welcher das aufgeschlagene Gesangbuch in der Hand hielt. Der starre Zeigefinger deutete auf das Lied: «Nun danket alle Gott».

In den evangelischen Gemeinden des nördlichen Elsaß hatte der tyrannische und christusfeindliche Nationalismus dem armen Volke die guten alten Gesangbücher geraubt und ihm dafür verwässerte Lieder zum Singen und Beten gegeben, die kein Herz weder im Leben noch im Sterben erleuchten und trösten können. Da brüllten... die Kanonen. Zu Tausenden lagen abends die Gesang- und Gebetbücher der gefallenen Preußen auf den Feldern. Die Bewohner der umliegenden Ortschaften eilten hin und sammelten die Bücher auf, als wäre es Manna vom Himmel, und wie ein Durstiger das Wasser in sich saugt, haben sie die alten Kernlieder und Gebete verschlungen. Sorgfältig wird in den meisten Häusern das blutbefleckte «Preußenbuch» aufbewahrt und fleißig genutzt.

Die Franzosen... stahlen was ihnen unter die Finger kam. Zwei solcher Heldensöhne Octavios mit roten Hosen überfielen zwei Lehrerinnen auf der Straße, und schleppten sie nach vor der Stadt liegenden Gärten; die eine Dame entkam ihnen durch schleunigste Flucht, der anderen dagegen wurde von der Rotte des Zivilisators Gewalt angetan, und so sehen wir schon am Anfang dieses dieses Krieges, wie der brave Louis das in seiner Proklamation an die Süddeutschen gegebene Versprechen, den Schutz der Bevölkerung betreffend, zu halten gesonnen ist. Wie ganz anders dagegen ist die Haltung unserer Truppen dem Bürger gegenüber... Und woher kommt das? Es ist das Vaterlandsgefühl, das sie beseelt; sie wissen, wofür sie in's Feld ziehen – es ist ein Volksheer, von denen jeder einzelne eine Mutter, eine Frau, eine Schwester zu Hause zurückließ, sie achten die Ehre des Weibes überall, selbst da, wohin sie als Feinde kommen. – Übrigens höre ich, daß die besagten zwei französischen Bestien erschossen wurden. Aus einem Schlächterladen vis-à-vis meinem Fenster stahlen sie sämtliche Fleischwaren am hellen Tage...

Ein deutscher Turcos-Prediger

In Ulm befanden sich seiner Zeit über dreihundert gefangene Turcos. Einem Herrn Lowitz, lange Zeit Prediger in Algier, der des Arabischen kundig war und im Auftrag einer englischen Gesellschaft die Turcos besuchte, wurde von der Militärbehörde erlaubt, eine Ansprache an sie zu halten. Sie wurden zu diesem Zwecke zu einem Gottesdienste in einem Vorwerk der Festung kommandiert. Viele Offiziere wohnten demselben bei, um sich das seltene Schauspiel anzusehen. Zuerst trat ein Priester, der sich unter den Gefangenen befand, hervor und las ein Kapitel um das andere aus dem Koran ab, aber mit so gedämpfter Stimme und so langweilig, daß die «Kameraden in Verbreitung französischer Cultur» ihm endlich zuriefen: «Hör' auf, es ist genug!»

Nun trat Herr Lowitz vor, nahm dem Priester den Koran aus der Hand, las das erste Kapitel aus demselben vor und ließ es Satz für Satz von den Turcos nachsprechen. Das gab Leben unter ihnen, und als der Deutsche hierauf in ihrer Muttersprache eine Anrede an sie hielt, riefen sie oft, sich tief verneigend: «Das ist wahr, ganz wahr!»

Zu den zum Tode Verwundeten gehörte auch Generalleutnant von Gersdorff, der an Stelle des bei Wörth verwundeten Generals von

Bose getretene Führer des 11. Corps. Sein Vater hatte ihm zur Lebensaufgabe gemacht, zu dienen bis an sein Ende. Das tat er denn auch, und sein oft ausgesprochener Wunsch, daß ein ehrlicher Soldatentod seine Laufbahn beschließen möge, wurde ihm erfüllt. In der Schlacht bei Sedan traf ihn eine Kugel in die Brust. Er sank vom Pferde und wurde bewußtlos. Als er wieder zur Besinnung kam, betete er: «Wenn ich einmal soll scheiden, so scheide nicht von mir!» Bald darauf begann er das Lied: «Mach's mit mir, Gott, nach deiner Güte!» Die weiteren Worte fand er in seiner Schwäche nicht und bat die Umstehenden, ihm darauf zu helfen. Ein Husar sagte: «Exzellenz meinen wohl das schöne Lied: ‹Was Gott thut, das ist wohlgethan›?» «Nein, nein», antwortete er: «Ihr wißt auch gar nichts; es ist viel schöner. O ich freue mich daran. Die Worte fehlen mir nur.» Er meinte das Lied:

> Mach's mit mir, Gott, nach deiner Güt,
> Hilf mir in meinem Leiden.
> Was ich dich bitt', versag mir nit:
> Wenn sich mein Seel soll scheiden,
> So nimm sie, Herr, in deine Händ!
> Ist alles gut, wenn gut das End!

Er entschlief am 13. September.

21.
VERHAFTUNG DER MITGLIEDER DES BRAUNSCHWEIGER AUSSCHUSSES

Der Ausschuß der Deutschen Sektion der Internationalen Arbeiter-Assoziation mit dem Sitz in Braunschweig gab am 5. dieses Monats ein Manifest an die deutsche Arbeiterklasse heraus, in welchem diese aufgerufen wird, die Annexion des Elsaß und Lothringens zu verhindern und zu einem ehrenvollen Frieden mit der Französischen Republik beizutragen. Auf Anordnung des kommandierenden Generals Vogel von Falckenstein ist nicht nur dieses Manifest beschlagnahmt worden, auch alle Mitglieder des Ausschusses, sogar der Drucker des Dokuments, wurden verhaftet und wie Verbrecher in Ketten nach Lötzen in Ostpreußen gebracht.

22.
Bei Sedan auf den Höhen

1. Bei Sedan auf den Höhen, da stand in blut'ger Schlacht
in den letzten Abendstunden ein Soldat wohl auf der Wacht.
2. Er schreitet auf und nieder, er sieht die Totenschar,
die gestern um die Stunde noch frisch und fröhlich war.
3. Horch, was raschelt in dem Busche? Es ist ein Reitersmann,
der mit off'ner, blut'ger Wunde fiel in der Schlacht bei Sedan.
4. «Reich' Wasser, teurer Kamerad, die Kugel traf so gut,
dort an jenem Wiesenrande, da floß zuerst mein Blut.»
5. «Streif' diesen Ring vom Finger, wenn ich gestorben bin,
nimm alle diese Briefe, die im Tornister sind.»
6. «Grüße Weib und grüße Kinder, die nun verlassen sind,
ich heiß' Andreas Förster und bin aus Tangermünd.»

23.
Aus Victor Hugos Manifest an die Deutschen

«Paris gehört uns nicht allein; Paris ist euer eben so viel wie unser. Berlin, Wien, Dresden, München, Stuttgart sind eure Hauptstädte; Paris ist euer Mittelpunkt. Es ist in Paris, wo man den Herzschlag Europas fühlt. Paris ist die Stadt der Städte. Paris ist die Stadt der Menschen. Athen war, Rom war, Paris ist! Deutschland würde Europa vernichten, indem es Frankreich verstümmelt. Deutschland würde Europa vernichten, indem es Paris zerstört. Denket nach. Warum diese Invasion? Warum diese wilde Anstrengung gegen ein Brudervolk? Was haben wir euch gethan? Ist dieser Krieg von uns gekommen? Das Kaiserthum hat ihn gewollt, das Kaiserthum hat ihn gemacht. Es ist todt. Es ist die Vergangenheit, wir sind die Zukunft. Es ist der Haß, wir sind die Zuneigung. Es ist der Verrath, wir sind die Ehrlichkeit. Ihr kommt, um Paris mit Gewalt zu nehmen! Paris liebt euch; aber Paris wird euch bekämpfen mit der ganzen furchtbaren Majestät seines Ruhmes und seiner Trauer. Paris, bedroht mit dieser brutalen Gewaltthat, kann schrecklich werden... Ihr werdet die Forts nehmen, ihr werdet dann die Ringmauer finden; ihr werdet die Ringmauer nehmen, ihr werdet die Barrikaden finden; ihr werdet die Barrikaden nehmen, und dann vielleicht, wer weiß, was der Patriotismus in der Noth rathen kann? Ihr werdet die Abzugs-Canäle unterminiert finden, was ganze Straßen in die Luft sprengt... Deutsche, Paris ist gefährlich! Seid bedächtig vor Paris! Alle Umwandlungen sind ihm möglich. Seine Weichlichkeit giebt euch das Maß für seine Energie. Man schien zu schlafen, man erwacht, man zieht die Idee aus der Scheide wie das Schwert, und diese Stadt, welche gestern Sybaris war, kann morgen Saragossa sein. Ach, gewiß, niemand darf daran denken, euch zu schrecken, deutsche großherzige Armee, tapferes Volk! Ich Europäer, das heißt Freund von Paris, ich Pariser, das heißt Freund der Völker, ich warne euch vor der Gefahr, in der ihr seid, meine deutschen Brüder, weil ich euch bewundere.»

24.
Kutschke an die Pariser

Ne ganze Erbswurscht wett ich drauf,
Der Krieg hört in Paris erst auf;
Was nützt Euch das Petroleum
Denn ohne den Napoleum?

Nun wollt mit Tiger, Panther, Leun'n,
Pariser, Ihr uns Deutsche dräu'n?
Und alle Lampen putzt Ihr aus
Und glaubt, wir machen uns was draus?

Na wart', es kommt nun bald der Tag,
Da steigen wir Euch auf das Dach;
Räsong, nennt es mein Unt'roffzier,
Euch beizubringen kommen wir.

Was schert uns Eure Republik?
Damit habt Ihr bei uns kein Glück.
Es giebt bei Euch, Parol Donnöhr,
Gar keine Republikaner mehr!

Ich thu' Euch hier vorweg schon kund:
Rinn muß der Elsaß in den Bund,
Eh' geht der Frieden Euch nicht auf,
Da wett ich meine Erbswurscht drauf.

25.
Aufruf der Commune

Pariser!
Der Feind steht im Begriffe, in Paris einzuziehen.

Sorgt dafür, daß er alle öffentlichen Gebäude, Theater, Schanklokale, Cafés und selbst unsere Häuser verschlossen finde. Ein Jeder von uns schließe sich in seine Wohnung ein, damit die Straßen wie ausgestorben daliegen.

Schaffen wir um den Eindringling eine schweigende Einöde. Dies sei für den Augenblick unsere einzige Rache.

Einig in dieser ruhigen und würdevollen Haltung, werden wir alle Umtriebe vereiteln und uns der Hochachtung Europas, dessen Augen auf uns gerichtet sind, würdig zeigen.

26.
Kriegserlebnisse 1870/71

Am 8. April feierte das Regiment den Geburtstag Ihrer Königl. Hoheit der Frau Großherzogin von Sachsen, womit Bewirtung und Beköstigung der Mannschaft verbunden war. Abends fand auf dem Fort Noisy ein hochinteressantes Festtheater statt. In dem gesprochenen Festprolog, welcher von einem Soldaten, früher Schauspieler in Weimar, vorgetragen, wurde Ihrer Königl. Hoheit der Frau Herzogin gedacht, deren Huld und Liebe das Regiment in dem Kriege begleitet hatte.

Auf dem Theaterprogramm stand: «Ein Stündchen vor Paris». Die Bühne befand sich in einer Kasematte, vor derselben saß die Regimentsmusik in einer ausgeschachteten Vertiefung. Mit allgemeinem Applaus und öfters durch laut ausbrechendes Lachen wurden die aus den Kompagnien hervorgegangenen Schauspieler belohnt. Die Erlebnisse der Belagerung von Paris wurden in überraschender gewandter Weise wiedergegeben; als eigentümlichen Kontrast zu dieser friedlichen Belustigung vernahm man öfters Schüsse aus dem revolutionären Paris.

Der 23. April war für die ganze Besatzung des Forts ein Freudentag, der Liebesritter, Herr von Eichel aus Eisenach war wieder einmal bei dem Bataillon eingetroffen und hatte uns mancherlei aus der Heimat mitgebracht.

Ich befand mich am gedachten Tage auf Thorwache am Eingange

in den Fortshof. Der Offizier der Wache, Hauptmann von Winterberger, ein beliebter tapferer schneidiger Offizier des Bataillons, wollte unsern Eisenacher Herrn Landsmann nicht so ohne weiteres einlassen, die Zugbrücke wurde aufgezogen, und als der Beobachtungsposten auf dem steinernen Tambour die Ankunft des Herrn von Eichel meldete, donnerte demselben ein Halt entgegen. Der erwähnte Offizier examinierte unter allgemeiner Heiterkeit den beliebten Herrn, frug denselben nach seiner Heimat und nach dem Zweck seines Kommens und erteilte alsdann Befehl, die Zugbrücke herabzulassen.

Unter großer Freude, begrüßt von dem gesamten Offizierskorps der Besatzung, fuhr derselbe freundlich grüßend ein. Ihm zu Ehren war ein großer Fackelzug, welcher auf den Wällen ausgeführt wurde; die alten Artilleristen hatten ein prachtvolles Feuerwerk angefertigt und brannten dasselbe ab. In sehr schöner Weise hatten die Feuerwerker den Namenszug des Herrn von Eichel mit eingeflochten, welcher prachtvoll leuchtete und wohl zwei Minuten lang brannte.

Unter diesem Wechsel der Erlebnisse war der Monat April vergangen.

Mittels Fernrohr konnten wir ganz deutlich die kämpfenden Linien auf dem Montmartre (einer Festung im Innern der Riesenstadt) sehen. Die Kommunisten kämpften verzweifelt, die schweren Bomben, welche dieselben abschossen, glichen dem Rollen eines Gewitters. Man konnte zu manchen Tageszeiten acht bis zehn Feuersbrünste zählen, dunkel schwarze Rauchwolken bedeckten die ganze Gegend, tausendweis standen Menschen auf Anhöhen, um dem großartigen Schauspiele zuzusehen.

Am Abend des 27. Mai, gerade am Pfingstheiligabend, verstummte das Kampfgetöse, die Macht der Kommunisten war gebrochen und Paris wieder in den Händen der französischen Regierung.

Die Pfingstfeiertage verliefen ruhig; einzelne Gewehrsalven rührten von den Füsilierungen der Rädelsführer der Kommunisten her, welche massenweis gefangen und erschossen wurden. Die Gefangenen, meist gesenkten Hauptes marschierend, boten in ihren bunten Kostümen abwechslungsreiche Bilder.

Zehntausend Menschen waren in Paris dem Aufstand zum Opfer gefallen, große Prachtbauten und Kunstwerke vernichtet, zahllose Familien ihrer Versorger beraubt. – Das war der Segen des vielgepriesenen Kommunismus. Eine ernste Lehre für alle Freiheits- und Gleichheitsapostel.

Mit zweifachem Grauen erfüllt mich die Erinnerung daran noch heute, wenn ich denke, daß jemals unserem Lande, unsern blühenden Städten und Dörfern ein ähnliches Los werden könnte, daß auch unsere friedliche, arbeitende Bevölkerung von den schönen Worten einiger Volksredner bethört, von ein paar verwegenen Führern fortgerissen zum blutigen Aufstand, zur flammenden Empörung schreiten könnte, um unter der tyrannischen Faust von Mordbuben und Brandstiftern mit den gleichen Gräuelszenen zu enden, in Blut und Flammen ihre unerfüllbaren Träume zu begraben, wie ich es dort vor Paris schauen mußte.

J. Bruckner

27.
FRIEDENSLIED

1. Nun haben wir Frieden und aus ist der Streit. Juchhe! Das war eine böse, 'ne blutige Zeit. O weh! Jetzt ist sie vorüber, bald rücken wir ein in Deutschland und grüßen dich, Vater Rhein. Juchhe, juchhe, juchhe, juchhe, juchhe, juchhe!

2. Wir bringen dir Straßburg in gothischem Wichs. Juchhe! Von Belfort, o Jammer, da kriegen wir nix. O weh! Doch Metz und viel Städte und Dörfer dazu; nun haben vor Frankreich ein Weilchen wir Ruh'. Juchhe, juchhe, juchhe, juchhe, juchhe, juchhe!

3. Schnell gehen drei Jahre ins Land hinein. Juchhe! Wer wird denn in Frankreich wohl König sein? O weh! Doch wer da auch throne, der schaue sich um, daß ihm's nicht ergeh', wie Napolium. Juchhe, juchhe, juchhe, juchhe, juchhe, juchhe!

28.
HOCHGEEHRTE FESTVERSAMMLUNG, TURNGENOSSEN!

Die Vereinigung, welche zum erstenmale es unternommen hat, der Feier des 2. September in unserer Stadt einen den weitesten Kreisen zugänglichen Mittelpunkt zu bieten, hat mir den ehrenvollen Auftrag erteilt, die festliche Versammlung hier mit einem kurzen Wort zu begrüßen.

Vor allem ist es die Liebe zum Vaterland gewesen, die uns diesen

Tag gewonnen hat, die Fürsten und Völker hingerissen zur der Einstimmigkeit in der Abwehr des übermütigen Feindes, in der Verteidigung des bedrohten Vaterlandes. Wohl waren unsere Heere so trefflich geschult wie trefflich geführt, und dennoch, wenn wir auf die heißen todbringenden Kämpfe, auf die aufreibenden Strapazen blicken, die sie zu bestehen hatten, und wenn wir sehen, wie sie sie bestanden haben, dann müssen wir uns doch sagen, auch an ihnen ist das Wort wahr geworden: «Sie haben gesiegt, weil das Ewige sie begeisterte, und so siegt immer und notwendig diese Begeisterung über den, der nicht begeistert ist. Nicht die Gewalt der Armee, noch die Tüchtigkeit der Waffen, sondern die Kraft des Gemütes ist es, welche Siege erkämpft.» Ja, die Kraft des Gemütes, welche geflossen war aus der Liebe zum Vaterlande, sie hat uns diesen Tag bereitet. Diese Liebe hat gesiegt über das, was ihr entgegensteht, wie die Nacht entgegensteht dem Tage, über die Selbstsucht. Die Selbstsucht hatte sich der Leitung des französischen Volkes bemächtigt, die Selbstsucht war im französischen Volke mit allen Regierungskünsten gefördert worden, um der Selbstsucht die Herrschaft zu erhalten; da wurde sie getrieben durch das Verhängnis ihrer eigenen Konsequenz gegen die Macht der Vaterlandsgedanken im deutschen Volke, um daran kläglich zu zerschellen. Und so ist der Tag von Sedan ein Tag des Triumphes der Liebe zum Vaterland geworden, nicht nur für uns, sondern für alle Welt, denn er verkündet aller Welt die ewige Kraft und die ewige Geltung dieser sittlichen Macht.

In diesem Sinne scheint es auch natürlich, an einem Tag, der ein Volksfesttag im besten Sinne des Wortes sein soll, zu zeigen, was unsere Jugend vermag im Laufen und Springen, im Stoßen und Ringen. Und diejenigen, die sich als die Besten in diesen Kämpfen erwiesen haben, und denen ich jetzt Namens und Auftrags des Turnausschusses den Siegespreis zu übergeben die Ehre habe, sie haben ihn errungen, sich selber, dem deutschen Turner, ja dem deutschen Vaterlande zur Ehre, und wenn es sein muß, auch zur Wehre. Hurra! Hurra! Hurra!

29.
HEIL DEM KAISER! MACTE IMPERATOR!

Heil Dir, greiser Imperator,
Barbablanca, Triumphator,
Der Du Frankreich niederzwangst

Und der Krone der Germanen,
Witwe längst des Ruhms der Ahnen,
   Glanz und Schimmer neu errangst!

Frech vom Übermuth beleidigt,
Mit dem Schild des Rechts vertheidigt,
   Rufst den Heerbann Du in's Feld:
Sieh, da greift vom Fels zum Meere
Klirrend alles Volk zur Wehre,
   Eine deutsche Waffenwelt.

Du zuerst riefst Deine Scharen,
Flinke Jäger, schußerfahren,
   Bayernfürst voll Jugendschwung:
Treu dem neuen Bund und alten
Folgt Dein deutsches Herz dem Walten
   Edelster Begeisterung.

Mittet Rhenum custodientes
Equos suos hinnientes
   Acris Alammania,
Es laurifera vexilla
Vibrat propulsatrix illa.
   Aquilina Prussia.

Aquilas ereptas multas,
Fractas vidi catapultas
   Collem per Sedanicum,
Turmas equitum prostratas,
Portas castri concrematas,
   Et Tyrannum deditum!

Qui coronae Germanorum
Post viduvium saeculorum
   Reddidisti gloriam –
Macte senex triumphator,
Barbablanca, Imperator,
   Qui salvasti patriam!

30.
KAISERMARSCH VON RICHARD WAGNER

Heil, Heil dem Kaiser! König Wilhelm!
Aller Deutschen Hort und Freiheitswehr!
Höchste der Kronen, wie ziert dein Haupt sie hehr!
Ruhmreich gewonnen,
soll Frieden dir lohnen!
Der neu ergrünten Eiche gleich,
erstand durch dich das deutsche Reich.
Heil seinen Ahnen,
seinen Fahnen,
die dich führten, die wir trugen,
als mit dir wir Frankreich schlugen!
Feind zum Trutz,
Freund zum Schutz,
allem Volk das deutsche Reich zu Heil und Nutz!
Allem Volk das deutsche Reich zu Heil und Nutz!

31.
EINE SEDANFEIER BEI DER NACHBARIN

Wir Kinder haben eine große Festfeier in der Schule gehabt und nach derselben einen schulfreien Tag. Nachmittag war ich bei unserer Nachbarin. Wenn ich meine Schularbeiten gemacht habe, gehe ich mit meinem Vesperbrot zu ihr. Sie spricht sehr wenig. Ich muß ihr erzählen. Zuweilen spricht sie bayrisch dazwischen. Das höre ich gern. «Für was hast di denn so schee gmacht?» fragte sie heute.

«Ich habe nochmal Sedan gefeiert. Für mich allein. Bei der großen Schulfeier war viel von der alten Erbfeindschaft die Rede. Nun hab' ich heute nachgedacht, wann diese Erbfeindschaft auf die Welt gekommen ist. Ich glaube, durch Karl den Großen oder vielmehr durch seine Nachkommen. Unter denen ist Frankreich entstanden und die Erbfeindschaft gleich mit. Und die Franzosen können Karl den Großen auch als Ahnherrn von Frankreich in Anspruch nehmen. Das werden sie wohl auch tun. Ich mag ihn deswegen nicht recht leiden. Auch wegen seiner vielen Frauen gefällt er mir nicht. Und dann hab' ich an die Zukunft gedacht, wann wohl die alte Erbfeindschaft tot und begraben sein wird. Denn endlich muß sie doch mal sterben. Das Beste wäre, sie würde in diesem Kriege gleich ganz umgebracht. Dann hätten wir vor Frankreich Ruhe.»

«Dös is mir 'z hoch», sagte die Nachbarin, «sag mir lieber nochmal das scheene G'dichte von der Johanna Stegen auf.»

Ich begann:

> In den Lüneburger Toren
> War ein selt'ner Kampf geseh'n;
> Daß der Kampf nicht ging verloren,
> Ist durch Mädchendienst gescheh'n. –
>
> Bürger griffen zu den Waffen,
> Der Franzosen arge Brut
> Aus der Stadt hinaus zu schaffen,
> Weil sie drin gehaust nicht gut.
>
> Ein französ'scher Pulverwagen
> Lag gestürzt am fernen Ort,
> Und verstreut am Boden lagen
> Haufen von Patronen dort.
>
> Dieses wird ein Mädchen inne
> die Johanna Stegen hieß,
> Die es mit entschloss'nem Sinne
> Nicht zu nutzen unterließ.
>
> In die aufgefaßte Schürze
> Raffte sie behendlich ein,
> Trug die köstlich teure Würze
> Ihnen in das Glied hinein.
>
> Schnell geleeret war die Schürze,
> Und Johanna schnell zu Fuß
> Wieder fort, und in der Kürze
> Wieder da mit Überfluß.
>
> Und so ist zuletzt geschehen,
> Was da zu vermuten war,
> Daß der Feind nicht länger stehen
> Konnte vor der Bürgerschar.
>
> Und ein Schuß, so gut geladen,
> Mußte treffen gut an's Ziel,
> Daß von jedem ohne Gnaden
> Immer ein Franzose fiel.

Dann sangen wir noch ein schönes Lied, und dann war unsere schöne Sedanfeier zu Ende.

32.
Im Siegesheimzug

Festspiel zur Heimkehr der deutschen Truppen
von Oskar Horn

MEISTER Ach! Da kommen sie! Hurra!
Die Musik ist während der letzten Verse in nächster Nähe erklungen. Im Hintergrund werden die ersten Truppen sichtbar, der Oberst an der Spitze. Jubelndes, jauchzendes Volk begleitet sie, Hüte schwenkend, Armaturstücke der Soldaten tragend, einzelne der Krieger haben Frauen am Arme. Mädchen streuen Blumen, aus den Häusern werden Kränze und Rosen geworfen. Der Oberst mit den immer anwachsenden Truppen geht bis an den Vordergrund. Hier:

OBERST Macht halt und ruht!
Er steigt vom Pferde, wirft die Zügel einem Soldaten zu, seinem Beispiel folgen die übrigen Reiter; die Soldaten stellen ihre Gewehre in Pyramiden und werfen die Tornister auf den Boden. Das Volk trägt ihnen Nahrungsmittel bei, buntes Leben. Der Oberst erblickt Frau und Tochter und geht mit ausgebreiteten Armen auf sie zu.

OBERST Elisabeth!
Sie sinkt ihm wortlos um den Hals... Pause... der Meister, nachdem er die Gruppe eine Weile betrachtet, dreht sich schnell um und fährt mit der Hand über die Augen.

MEISTER Hier ist mein Weinhaus, und man soll nicht sagen, daß ihr hier dursten sollt. Bringt Wein heraus und trinkt mir meinethalben den Keller trocken, es ist von Herzen euch vergönnt... Ich bring Wein heraus!
Während seine Leute die Soldaten bedienen, geht er ins Haus zurück. Der Oberst löst sich aus den Armen seiner Frau und Tochter, ihre Hände festhaltend.

OBERST Ein traurig Wiederseh'n, Elisabeth.
  Die Söhne, die dem Vaterland du schenktest,
  Das Vaterland hat sie von uns verlangt,
  Vergebens bat ich nächtens meinen Gott,

Er möge mich wegnehmen, dessen Leben
Im Herbst steht. Mein Fleh'n blieb unerhört.
Am grauen Haupte ging der Tod vorbei
Und griff ins Lockenhaar der Jugend...
Der sie gegeben, hat sie uns genommen,
Ich beuge mich vor seinem mächt'gen Willen,
Begreif' ich ihn auch nicht. Sei stark, mein Weib,
Hebe dein Haupt! Sie sind umsonst ja nicht gefallen.
Die alte Weisheit, die Jahrtausend alte,
Vom süßen Tod für's theure Vaterland,
Vom Tod des Helden lehren sie auf's neue.
Ich ritt am sterbenden Sohn vorbei: Vorwärts,
Mein Vater! Vorwärts! schrie er laut, Wir siegen!
Und starb. – Ich ging zu meines Richard's Bett,
Er sah mich fragend an. – Wir siegten,
Gab ich, von Thränen halb erstickt, zur Antwort.
Nicht sprechen konnt' er mehr, die Zunge war
Vom Tode schon gelähmt, doch durch sein Auge
Zuckt es wie Himmelsklarheit, seine Lippe
Versucht zu lächeln, hellauf schluchzend küß' ich
Den letzten Athemzug von seinem Mund.
Es ist ein Zauberwort, das Wort: Gesiegt.
Vom Munde des Trompeters, der den Sieg'sruf
Hin über's Blachfeld schmettert, schweben Engel
Und rühren wie mit Palmenzweigen sanft
Das Haupt der Todten; die Kanonen schweigen,
Der Pulverdampf, der Blutgeruch verweht,
Die Wunden schließen sich. Elisabeth,
Wir siegten, deine Heldensöhne siegten,
Sei du auch stark, sei du die Heldenmutter!

OBERSTIN Ja, stark!
OBERST Man soll von euch, ihr Mütter und ihr Frauen,
Nicht anders sagen können, als auch sie,
Sie waren Helden, die zu Haus geblieben.
OBERSTIN Verzeih nur, wenn heut' gerade
Bei diesem Anblick doppelt der Verlust
Mir an die Seele faßt...
OBERST Begreif' ich's doch.
OBERSTIN Das Unvermeidliche,
Die Zeit lehrt mich's ertragen.
OBERST Habe Dank

	Dafür, du arme Mutter! Nein, du stolze,
	Du hochbeschenkte Frau...
TOCHTER	Mein Vater!
OBERST	Kind!
	Mein liebes Kind, mein einziges nunmehr.
	Nun mußt du diesem Herzen sein, was drei
	Bisher ihm waren, mußt...
TOCHTER	Ich will es, Vater!
OBERST	Du willst es? Weißt du, was du willst, mein Kind?
	Dein kleines Herz will für den alten Vater,
	Den Invaliden, einzig offen sein.
TOCHTER	Gewiß.
OBERST	Und hat kein andrer Mann ein Recht darauf?
TOCHTER	Mein Vater!
OBERST	Dieses helle Roth,
	Das ganz dein Antlitz überstrahlt, erzählt...

Ein Theil der Soldaten und des Volkes hat einen Halbkreis um den Oberst gebildet. Der Invalide, ein Blatt Papier in der Hand und geführt, hat er die Reihen abgesucht und ist am Ende der Krieger angekommen, und er unterbricht mit lautem Ausrufe den Oberst.

INVALIDE Wo ist mein Sohn? Er kommt mir nicht entgegen,
          Den blinden Vater zu begrüßen! Wo?
          Wo Karl Dalberg?
TOCHTER   Dalberg! Er, sein Vater. *Legt die Hand aufs Herz.*
INVALIDE Habt ihr ihn nicht mit Euch gebracht. Die Liste
          Hier nennt ihn leicht verwundet nur. Gewiß,
          Sie lasen falsche Briefe mir von ihm,
          Und er ist todt. Wo bist du, Sohn? Dies ist
          Dein Regiment, so sagen sie, doch du,
          Wenn du mit ihm, wo weilst du noch?
OBERST   Geduldet
          Euch, Mann. Der Karl Dalberg lebt.
INVALIDE Er lebt?
          So log dies Blatt, und er war schwer verwundet?
OBERST   Er war's, war auf den Tod getroffen.

Die Tochter sinkt ins Knie, die Oberstin fängt sie auf, starr horcht sie der Erzählung...

          Sei stark, mein Kind, es lebt der Held und wird
          Noch lange leben. Ihn hat Gott beschützt. –
          Ja, Frau, die Kugel, die für mich bestimmt,

         Hat er mit seinem Leibe aufgefangen.
         Stets um mich, stets vor mir, sprang er dazwischen.
         Als er das Rohr des feindlichen Gardisten
         Auf mich gerichtet sah, und fiel für mich,
         Schwer durch die Brust geschossen, fiel für todt.
         Die Schlacht ging fort, doch Abends fand ich ihn
         Kaum atmend mehr und trug ihn fort. Er erwachte,
         Er sah mich an und bat mich leise dann:
         Zu Hause hab ich einen blinden Vater,
         Mein Oberst, und ein Mädchen weiß ich, das
         Mich liebt, wenn wir es uns auch nicht gestanden.
         Setzt mich als leicht verwundet in die Liste,
         Daß nicht zu plötzlich sie die schlimme Botschaft,
         Zu grausam überrascht. Wenn sie mich leicht
         Verwundet in den Listen lesen, und
         Dann später meinen Tod erfahren, werden
         Sie's leichter überwinden. Setzt mich, Oberst,
         Ich bitte, leicht verwundet in die Liste.
         Ich that nach seinem Wunsch. Und das kaum Glaubliche
         Geschah, der Held genas, Ihr, blinder Vater,
         Könnt heute ihn in eure Arme drücken,
         Und sie, für die er noch im Tod besorgt...
TOCHTER Sie, Vater...
OBERST   Oft im wilden Fieber nannte
         Er ihren Namen mir...
TOCHTER Sie kennt von nun
         An nur die Pflicht, des Helden Leben
         Mit ihrem Arm zu pflegen, wie er ihr
         Den Vater auch erhalten.

Geräusch im Hintergrund. Karl Dalberg wird auf einem Tragstuhl hereingebracht.

OBERST   Sieh dorthin...
DER SOHN Mein Vater!
INVALIDE Sohn!
OBERST   Laßt mich euch zu ihm führen!
INVALIDE O warum bin ich blind! Warum ist mir's
         Mißgönnt dich anzusehn! Nur heute, heute
         Der Augen Licht! Du armes, armes Kind,
         Was hast du leiden müssen!
SOHN   Nichts, mein Vater,
         Ich bin gesund. Fühlt hier, mein Arm ist kräftig

| | Und meine Stimme hört ihr ja. Ist sie |
| | Wie eines Kranken Stimme? |

INVALIDE Damals aber,
 Als dich die Kugel traf...
SOHN Da schlief ich, Vater,
 Und träumte... *sieht um sich*
OBERST Hier ist, wovon du träumtest...
 Führt ihm die Tochter zu.
SOHN O Marie!
TOCHTER Geliebter!
OBERST Komm', Elisabeth, zwei Söhne
 Hat uns der Himmel abgefordert; einen
 Gibt er uns wieder, und den treu'sten Mann.
 Ja, keinen bess'ren weiß ich dir, Marie,
 Nimm ihn und sei, was er verdient, für ihn...
MEISTER *steht seit längerem unter der Thüre, neben ihm ein Diener mit einem gefüllten silbernen Pokal. Er nimmt ihn und nähert sich der Gruppe.*
 Ich komm' wohl jetzt
 Zur ungeleg'nen Zeit. Verzeiht!
OBERST Nein Meister.
 Stets ist die Zeit gelegen, da der Bürger
 Zum Krieger tritt. Und laßt es euch nur sagen,
 Sind wir vom selben Fleisch
 Und Blute doch; ein Volk von Kriegern, das
 In's Korn die Sichel wirft, wenn seine Heimath
 Vom Feind gefährdet ist, ein Heer von Bürgern,
 Das nach Sichel wieder greift, wenn es
 Den Feind gezüchtigt. Eure Rechte, Bürger.
MEISTER So nehmt ihr auch den Willkommtrunk von mir?
 Verschmäht ihn nicht. Es ist der beste Wein,
 Der über'm Rheine wuchs. Ich glaub' es gern:
 Den Weinberg wollten die Franzosen haben.
 Trinkt, Herr! Daß wir ihn fortan trinken können,
 Ihr habt's mit eurem Blute uns verdient.
 Nun ist er deutsch der Rhein, zu beiden Seiten,
 Und deutsche Winzer keltern seine Trauben,
 Die Wacht am Rhein hat ihres Amts gewahrt.

33.
Die Wacht am Rhein

Es braust ein Ruf wie Donnerschall,
Wie Schwertgeklirr und Wogenprall,
Zum Rhein, zum Rhein, zum deutschen Rhein
Wer will des Stromes Hüter sein?
Lieb Vaterland, magst ruhig sein,
Fest steht und treu die Wacht am Rhein.

So lang ein Tropfen Blut noch glüht
Und eine Faust den Degen zieht
Und noch ein Arm die Büchse spannt
Betritt kein Feind den deutschen Strand.
Lieb Vaterland, magst ruhig sein,
Fest steht und treu die Wacht am Rhein!

Der Schwur erschallt, die Woge rinnt,
Die Fahnen flattern hoch im Wind,
Am Rhein, am Rhein, am deutschen Rhein,
Wir alle wollen Hüter sein.
Lieb Vaterland, magst ruhig sein,
Fest steht und treu die Wacht am Rhein!

W. Müller

März,
ein Künstlerleben

Schauspiel

Personen

ALEXANDER MÄRZ
KARL FUCHS
ALBERT ZENGER
LORENZ FOLGNER } *Patienten*
MAX EBERT
HERBERT DUWE
FRANZ KUHLMANN

HANNA GRAETZ
ANGELIKA LAUFFER } *Patientinnen*
FRIEDA BAUSCH

PROFESSOR FEUERSTEIN — *Klinikdirektor*

DR. KOFLER
DR. INES HOFFE } *Ärzte*
DR. ELSE HERBST

HUBER — *Pfleger*
2. PFLEGER

SOHN VON KARL FUCHS
SCHWIEGERTOCHTER VON KARL FUCHS
CRESZENZIA
KANADISCHER BERGSTEIGER
POLIZEIRAT

POLIZISTEN, PATIENTEN, NACHTWÄCHTER,
MEDIZINISCHES PERSONAL

Prolog

Hörsaal.
Zwei Holzbänke für Patienten, eine für Männer, eine für Frauen, eine Klapptafel.
Die Hörer werden im Zuschauerraum angenommen.
Im Gefolge von Professor Feuerstein treten Dr. Hoffe, Ärztin, und ein Pfleger auf.
Studentische Begrüßung.
Danach Kofler. Kofler und die Ärztin setzen sich nebeneinander auf die linke Bank, der Pfleger bleibt in der Nähe der Tür stehen.

FEUERSTEIN Nach den eindrucksvollen Bildern der beginnenden Schizophrenie, den produktiven Anfangsphasen der Erkrankung, möchte ich Ihnen heute charakteristische Endzustände vorstellen. Dauerpatienten, für die das Asyl eine Lebensform geworden ist. Einer meiner Lehrer, der sein ganzes Leben mit ihnen verbracht hat, nach seinen Motiven gefragt, antwortete: Ich habe in 40 Jahren keinen langweiligen Schizophrenen kennengelernt und doch nur selten einen nicht langweiligen Normalen.
Studentische Zustimmung.
Wenn ich dann die Patienten bitten darf. Ruhig alle.
Der Pfleger ab. Eine Schwester bringt Patientinnen herein, darunter Angelika Lauffer, Frieda Bausch. Der Pfleger bringt Patienten herein, darunter Karl Fuchs, Albert Zenger, Ebert, Alexander März. Salbengesichtig und automatenhaft setzen sich die Männer auf die linke, die Frauen auf die rechte Bank, außer Angelika Lauffer, eine schmale Frau von vielleicht 30 Jahren, die gleich zu Feuerstein geht und ausdruckslos, eher leise, sagt:
ANGELIKA LAUFFER Mieh Liw rosseforp rehgat netug.
Pause.
Mieh Liw rosseforp rehgat netug.
FEUERSTEIN Ich weiß, Angelika.
ANGELIKA Netfigrev nemas meri tim chim eis nellow.
FEUERSTEIN Niemand will das, Angelika.
Die Patientin macht dankend eine tiefe Verbeugung und geht zu der Frauenbank, wo sie sich in geringer Entfernung von den andern still hinsetzt und fernerhin keinen Anteil an den Vorgängen nimmt, sich auch nicht bewegt, außer daß sie sich später einmal sehr ausdrücklich schneuzt. Es geht von ihr ein bleicher Liebreiz aus.

Was uns schizophrene Kunstsprache scheint, wird uns Frau Dr. Hoffe ins geliebte Deutsch übertragen.

DR. HOFFE *aus der Krankengeschichte*: Mieh Liw rosseforp rehgat netug heißt: Guten Tag, Herr Professor, will heim, wenn wir den Satz buchstabenweise von hinten nach vorn lesen, Netfigrev nemas meri tim chim eis nellow heißt: Wollen Sie mich mit Ihrem Samen vergiften?

Sie hat den ersten Satz zur Demonstration an die Tafel geschrieben.

Es sind dies die Sätze, die Angelika bevorzugt, momentan die einzigen, die sie äußert. –

FEUERSTEIN Vielleicht jetzt erst die Frieda, unsere Älteste.

Die Schwester bringt die in sich versunkene Patientin von der Bank zu einem Stuhl, wo sie etwas ratlos in den Saal sieht.

Wie lange sind Sie hier? – –

FRIEDA B. Maiandacht? Ist das hier Maiandacht?

Sie lächelt mädchenhaft ins Auditorium, beginnt an den Fingern zu zählen, lange, hört auf, vergißt die Frage. Pause.

FEUERSTEIN Wie lange?

FRIEDA B. Wenns Kind in dera Hitzen Durscht hat.

FEUERSTEIN Wie lange, Frieda?

Sie gibt keine Antwort, zählt an ihren Fingern, bleibt an einem immer wieder hängen. Ist mit sich beschäftigt.

FEUERSTEIN *nach dem Krankenblatt*: Frieda B. ist eine Bauerntochter aus dem Landkreis Erding. Im letzten Kriegsjahr 1918 kam ihr in der Maiandacht die Erleuchtung, sie sei für alle Verstümmelten verantwortlich, da sie nicht genug gebetet habe. Sie fühlte sich von ihrem Erzpriester schwanger und äußerte, durch ihre Schuld sei das Jesuskind ohne Arme und Beine geboren, eine Mißgeburt. Nach Lohberg kam sie im Oktober 1918, als sie ihr Federbett angezündet hatte, um ein Zeichen zu geben.

Angelika schneuzt sich ausführlich.

Seit Frieda bei uns ist, seit 60 Jahren, versorgt sie ein arm- und beinloses Jesuskind, das sie auf dem Boden des Frauenpavillons 3 weiß. Sie reserviert ihm die besten Stücke von den Mahlzeiten, Pudding, Kuchen, Dampfnudeln, alles, was Frieda selbst gern ißt. Von ihrem Taschengeld kauft sie dem Jesuskind Schokolade, am Wochenende und bei großer Hitze eine Halbe Bier, in der Fastenzeit Havannazigarren. Im Augenblick macht sich Frieda wegen des Jesuskindes große Sorgen, weil sie aus Pflegegründen in eine Altenpflegeanstalt verlegt werden soll.

Frieda schüttelt den Kopf, zählt an den Fingern, schüttelt den Kopf.
Möchten Sie in Lohberg bleiben, Frieda?
Frieda nimmt aus einer Plastiktasche eine große Nadelstickerei, die sie vor dem Auditorium entfaltet. Die Nadelstickerei vor sich, macht sie ein paar Schritte nach jeder Seite und verbeugt sich.
Frieda ist eine Meisterin der Altarstickerei.
Studentische Akklamation.
Die Schwester bringt Frieda B. auf die Bank zurück. Frieda weint.
Sie sehen, daß auch das Asyl nicht ohne Emotionen ist, wenn auch auf etwas automatenhafte Weise.
März, der die ganze Zeit dagesessen hat, als schlafe er, beide Hände mit gespreizten Fingern vor dem Gesicht, steht kurz auf und stößt ein merkwürdig bellendes Gelächter aus, das mit der Vorstellung nicht in Zusammenhang zu bringen ist.
Die anderen Patienten sitzen ganz ohne Reaktion still, gewohnt, auf nichts zu warten, einige scheinen mit sich beschäftigt, in anderen scheint gar nichts vorzugehen. März sitzt von jetzt an in der folgenden Haltung: Das linke Auge ist geschlossen, das rechte, aber offene Auge verdeckt die rechte Hand, deren Finger gespreizt sind. Der Ellenbogen ist in die linke Hand gestützt. Ebert, ein starker und sehr entschieden aussehender Mann, steht einmal auf, um eine Steckdose an einer der Türen eingehend zu betrachten. Er zieht eine abgenutzte Taschenuhr aus einer tiefen Sacktasche der Hose, wartet ein paar Sekunden, geht zurück zur Bank, öffnet eine Blechdose und wirft eine halbe Zigarette in seinen Mund und schluckt diese wie eine Tablette.
FEUERSTEIN Was Sie da soeben geschluckt haben, Herr Ebert, was war das?
Keine Antwort von Ebert.
Kraftnahrung?
Keine Antwort von Ebert.
Max Ebert, 25 Jahre in Lohberg, braucht halbierte Zigaretten als Kraftnahrung, die Welt im Gleichgewicht zu halten, die ihm nicht gefällt. Sein Informationssystem sind die Steckdosen.
Keine Reaktion von Ebert.
ALBERT *für sich und ohne Ausdruck*: Das ist doch Scheiße, Mensch.
Feuerstein wendet sich ihm daraufhin zu, ohne von Albert beachtet zu werden.
FEUERSTEIN Albert Z., 28 Jahre, seit 6 Jahren von Geheimdiensten

und Polizei verfolgt, hat sich bei uns zu einem Komponisten entwickelt, dessen Instrumente die Papiertüte und die Alltagsgeräusche sind, mit denen er sich zur eigenen Zufriedenheit ausdrückt.
ALBERT *für sich, ohne Ausdruck*: Das ist doch Scheiße, Mensch.
FEUERSTEIN Was ist ‹Scheiße›, Albert?
Keine Antwort.
Neuigkeiten von der Geheimdienstfront?
Keine Antwort. Der Pfleger bringt Feuerstein die Krankengeschichte von Albert Zenger. Feuerstein referiert.
Weil Albert, ursprünglich Monteur von Alarmanlagen, sich abends abgehört fühlte, begann er eines Abends die elektrischen Leitungen aus den Wänden zu reißen, die Möbel zu zerlegen und den Parkettfußboden aufzuhacken, denn er höre feine Signale, werde von Wanzen des neuesten Typs abgehört. Als die Polizei kommt, schlägt er einen Beamten nieder und zeigt einem zweiten ‹die Beweise der Galaxis› hinter der Holzverschalung der Flurgarderobe.
Albert hat eine Hand an seine Ohrmuschel gelegt, ohne nach Feuerstein zu schauen oder zu reagieren.
Was hören Sie, Albert?
ALBERT Höre die Stille in feindseligen Intervallen.
FEUERSTEIN Schön.
Er legt die Krankengeschichte weg.
Zuletzt ein stilles Bild, unauffällig, nicht selten, Karl Fuchs.
Fuchs steht auf.
Ruhige Kranke, die zum Inventar einer Abteilung gehören und von denen man nicht ohne weiteres sagen kann, warum sie hier sind und nicht draußen. – Wenn Sie uns was dazu sagen, Herr Kollege?
KOFLER *nach dem Krankenblatt*: Karl Fuchs wurde 1943 auf richterliche Anordnung im festen Haus interniert. Er hatte einen städtischen Bus mit Steinen beworfen, weil er Angst hatte, das Riesenauto würde seinen kleinen Jungen überfahren. Nach 10 Elektroschocks habe sich sein Zustand schnell gebessert. Anfang 1944 ist eingetragen ‹als guter Arbeiter von Verlegung in unbekannte Anstalt zurückgestellt›. In der unbekannten Anstalt –
FEUERSTEIN Ob wir das so ganz ausführlich brauchen?
KOFLER Keinesfalls.
Albert Zenger bläst eine Papiertüte auf, läßt die Luft wieder heraus.
FEUERSTEIN Vielleicht in Kürze den Verlauf.

KOFLER Die Krankengeschichte vermerkt nichts Besonderes. 1944 Scheidung. Einmal soll er geäußert haben, er sehe die andere Seite, einmal nach dem Krieg, die Atombombe ticke in seinem Kopf. Er arbeitet gut und regelmäßig in der Gärtnerei. Eintragung: Still. – Zurückgezogen. Ein Suicidversuch.
FUCHS Gegenwärtig Treibhaus, Alpenveilchen, Adventskränze.
FEUERSTEIN Dort arbeiten Sie?
FUCHS Jawohl.
Er nimmt die Hand wie ein Soldat an den Kopf.
FEUERSTEIN Arbeiten Sie gern hier?
FUCHS Jawohl.
FEUERSTEIN Haben Sie einen Wunsch, Herr Fuchs?
FUCHS Möchte meinen Sohn sehr gerne einmal wiedersehen.
FEUERSTEIN Warum denn nicht, Herr Fuchs? Wann haben Sie ihn zuletzt gesehen?
FUCHS Vor 33 Jahren.
FEUERSTEIN Wir kümmern uns darum.
Fuchs, die Hand am Kopf, macht einen halben Diener und setzt sich wieder hin.
Obwohl die Schizophrenie durch die Psychopharmaka eine durchaus behandlungsfähige Erkrankung geworden ist mit steigender Rehabilitationserwartung, werden Sie als künftige Sozialarbeiter immer wieder mit chronisierten Psychosen konfrontiert sein, die extramural existieren könnten, wenn Angehörige dazu bereit wären, die eine wirkliche Rehabilitation aber nicht erreichen. Die wesentlichen Momente für den chronischen Krankheitsverlauf sind erstens die Selbstisolierung, der Autismus, die emotionale Versandung in sich selbst, zweitens der Rückzug von allen Rollenerwartungen aktiver und passiver Art.
Er wendet sich an März, der noch immer in der gleichen Haltung sitzt, das linke Auge geschlossen, das rechte mit der Hand verdeckt.
Herr März.
Keine Reaktion. Feuerstein spricht lauter, befehlender.
Herr März!
März steht auf und wartet, ohne Feuerstein anzusehen. Pause.
Kommen Sie her.
März geht zu Feuerstein und wartet erneut ohne jeden Ausdruck.
Nehmen Sie die Kreide und schreiben Sie ‹Autismus› an die Tafel.
März nimmt die Kreide aus Feuersteins Hand, verschwindet aber unerwartet hinter der Klapptafel. Man hört das Geräusch des

Schreibens. Von März, mit dem Rücken zur Tafel, sieht man nur eine Hand, die sich, den unteren Tafelrand umklammernd, von links nach rechts bewegt. März kommt schnell wieder hervor und klappt die Tafel um, auf der oben zu lesen ist:
1. Autismus
2. Rückzug von Rollenerwartungen
3. Lohberg Abteilung A 5

Starke studentische Zustimmung.
FEUERSTEIN Das ist die Selbstinszenierung der Psychose und ihre Selbstherrlichkeit.
März hält Feuerstein die Kreide hin, so wie Feuerstein sie ihm hingehalten hat, wie einem gehorsamen Kinde, ehe er an seinen Platz zurückgeht. Feuerstein nimmt sie schnell. Albert Zenger bläst erneut seine Papiertüte auf.
Was bietet uns der Komponist zum Abschluß?
Albert bläst das Horst-Wessel-Lied auf der Papiertüte.
FEUERSTEIN Das ist wohl nicht so ganz das richtige.
ALBERT ZENGER Es war mein Gedankengang, der psychiatrischen Wissenschaft meine Huldigung zu erbringen.

Lichtwechsel.
Die Szene verwandelt sich.

Erster Aufzug

1. Szene

Ein Pfleger bringt den Trupp der Patienten durch das Anstaltsgelände zu den Stationen zurück. Es ist dunkel geworden, aus dem dunklen Himmel fällt der erste Schnee. Jemand wirft mit Schneebällen, jemand im dunklen Anstaltsgelände jauchzt. Der kleine Zug hat etwas von einer Gefangeneneskorte. Kofler folgt in geringem Abstand.
Einer der Patienten, März, bleibt zurück, ohne daß jemand davon Notiz nimmt. Er lehnt das Gesicht wie erinnerungssüchtig zurück und schaut in den schneienden Himmel. Kofler bleibt neben ihm stehen.

KOFLER Schnee. Der Erinnerung Schnee. Jedesmal.
  Keine Reaktion von März. Der Pfleger Huber kommt zurück, nach März zu sehen.
HUBER Was ist, März? Hast Zeitlang? Ist heute warmes Abendbrot.
KOFLER Ich bring ihn dann.
HUBER Er ist manchmal, was März, ein ganz verfluchtes Aas. Auch abgängig.
  Er folgt den anderen Patienten.
KOFLER Es hat mich sehr beeindruckt, Ihre Tafellektion.
  Keine Reaktion von März.
  Haben Sie Lust vielleicht, mit mir ein Bier zu trinken?
MÄRZ – Pallaksch.
  Er legt sich in den Schnee, auf den Rücken, reglos, mit offenen Augen und läßt sich zuschneien. Kofler nach einer Pause des Überlegens, legt sich in einem plötzlichen Impuls neben März. Sie liegen eine Zeit nebeneinander, während es stark schneit.
MÄRZENS *Stimme*:
> Der Schnee
> Der Schnee ist weiß
> und weich ist der Schnee
> unter dem Schnee möchte ich liegen
> und schaun.

Es schneit weiter auf die beiden.
KOFLER-*Stimme*: Verlaufen im Schneegelände, ein Handschuh ver-

loren im Schnee, gußeiserner Zaun ein Handschuh, wenn alles
Weiße sich gleicht.
– Pallaksch – Pallaksch –
*Ein entfernter Ruf im Klinikpark. Eine Tür wird geschlossen. Es
schneit.*

2. Szene

*Die Szene ist das Asyl in seinen verschiedenen Aspekten und zu
verschiedenen Zeiten. Rechts und links von der Hauptszene oder
darüber beleuchtbare Glasboxen, in denen die Ärzte arbeiten, Erkundungsgespräche führen oder Tonbänder abhören.*
*Schlafsaal nachts. Schlafgeräusche, Stimmen, Türklappen, Spülgeräusche. Der Stationspfleger Huber liest an einem kleinen Tisch
Zeitung. Ein Patient, die linke Hand auf der Brust, schüttelt in Abständen den Kopf wie in einem inneren Gespräch. Ein anderer sitzt
auf dem Boden, wiegt den Kopf vor und zurück und sagt einige Male:*

FOLGNER Ich weiß die Gründe wohl – – ich weiß die Gründe nicht.
*Kuhlmann, ein bleicher junger Mann in motorischer Unruhe, offenbar von großer Angst beherrscht, ist in seinem Bett mit Gurten
an Händen und Füßen fixiert. Er halluziniert periodisch kaum
hörbar.*
*März geht in der Haltung eines Denkers, die rechte Hand an der
Stirn, mehrmals den gleichen Weg hin und her. Er ist mit einer
langen Anstaltsunterhose bekleidet.*
MÄRZ *monologisiert*: Im Kampf mit dem Monster bin ich im
Kampf mit mir.
Er lacht bitter.
Sein Lindenblatt, sein Lindenblatt.
*Er klopft auf sein Genitale. Er geht auf die einsehbare Toilette,
um eine Selbstgedrehte zu rauchen. Dort wendet sich Albert vertraulich an März, ohne seinen Zigarrenstummel aus dem Mund
zu nehmen.*
ALBERT Was ich gefunden habe: Eisenbahnschienen, vergrast – –
*Er zeigt gestisch, wie eine Kleinbahn in einen Bergtunnel fährt,
deutet auch die Geräusche an. März, den Kopf zur Decke, nickt
zustimmend.*
Zu den Öfen, den Krematorien, Pavillon zwoundzwanzig. Fotografiert und Negative sichergestellt.

Lorenz Folgner, ein stiller, verfolgter Mann, kommt zu dem Pflegertisch, spricht sehr leise:
FOLGNER Es ist ein Gott. In Gott sind drei Personen. Du sollst nicht Unkeuschheit treiben. Du sollst nicht begehren deines Nächsten Hausfrau. Nicht Kind, nicht Tochter, nicht Kind. Schutzengel mein, laß mich dir empfohlen sein.
Lorenz F. macht einen tiefen Diener, eine Demutsgebärde, den Rumpf nach vorn gebeugt, die Hände auf den Knien, das Gesicht zur Erde. Der Pfleger blickt von der Zeitung auf, gibt ihm das für ihn in einem Schälchen liegende Sedativum.
STATIONSPFLEGER HUBER Es kann dir, Lorenz, niemand was nachsagen.
Huber liest die Zeitung weiter. Lorenz läßt sich auf die Knie nieder, küßt den Staub und verschwindet.
Kuhlmann, in seinem Bett fixiert, halluziniert jetzt lauter:
105, 106, 107, Blick hell, blick dunkel, niemals Humpel! 108; 109, 110. Faszikulus opticus braucht immer stärksten Schutz.
Ohne hinzusehen kennt der Pfleger Huber die Geräusche und die Vorgänge im Saal. Er weiß, wer aufsteht und was er tut. Er kann von seinem Platz in die Toiletten sehen und in die Waschräume. Während er seine Zeitung liest, sieht er die Patienten auf dem Klosett rauchen und die sehen ihn. Wenn der unruhige Kuhlmann mit seinen Beschwörungsformeln bis drei Viertel acht nicht zur Ruhe gekommen ist, gibt er ihm seine Spritze. Er sorgt dafür, daß um acht alle eingeschlafen sind. Er sticht dann seine Karte.
EBERT *zu Albert*: Kennen Sie Ana Pauker? Ich habe Ana Pauker 1940 in Moskau kennengelernt. Sie war keine Trotzkistin. Das ist eine rumänische Legende, aber sie liebte auch Stalin nicht.
Er bietet ein Stück einer Zigarette an, Albert lehnt ab, Ebert wirft es wie eine Tablette ein.
Informationssysteme des Feindes benutzen, Steckdosen umfunktionieren. Doktor Urban verursacht Fehlinformationen. Mußte ihn heute warnen.
Er lächelt hintergründig, macht Albert ein Zeichen seines Durchblicks.
Globale Verständigung mit solarer Geschwindigkeit.
ALBERT Mit Hypnose verständigen sich praktisch alle Lebewesen. Zeichenverständigung. Pupillenverständigung. Tonlagenverständigung. Die Luft ist verstopft von Frequenzen.
DUWE *monologisch*: Das Herz, wenn ich es eine Nacht höre, ich kann es doch nicht 60 Jahre hören, immer das Herz.

Der Pfleger macht das Licht an und aus.
HUBER Ebert, jetzt schlafen, Zenger, für alle jetzt Nachtruhe, März.

Lichtwechsel

3. SZENE

Saal mit chronisiert psychotischen Patienten. Unter ihnen Karl Fuchs, Albert Zenger, Lorenz Folgner, Max Ebert, Herbert Duwe, Franz Kuhlmann.
Ruhe. Langsame Bewegungen. Es geht von den Patienten etwas Automatenhaftes aus. Lorenz Folgner tritt aus einem Besenschrank, holt sich ein Yoghurt, kehrt in den Besenschrank zurück. Kuhlmann raucht einen Zigarettenrest an einer Nadel. Ein Patient hat eine Illustrierte durchgeblättert und auf den Tisch neben sich gelegt, ein anderer Patient kommt, blickt auf den Illustriertenbesitzer, dann auf die Illustrierte, dann auf den Illustriertenbesitzer, der sich abwendet, worauf er die Illustrierte nimmt, sich in die Ecke zurückzieht. Ebert sitzt in der Nähe einer Steckdose auf einem Schemel, er scheint eine Nachricht zu hören, die aus der Steckdose kommt, macht sich Notizen. Herbert Duwe betrachtet eine Tür, die er abzeichnet. Fuchs und Albert Zenger spielen schweigend Domino.

ALBERT Was sie jetzt wollen: Digitales integriertes Breitbandsondernetz für Sprache, Bild, Daten im internationalen Vollverbund mit Haar- und Stimmproben.
Fuchs nickt nachdenklich eine längere Zeit.
Taschenfunkterminals für Polizeibeamte und Einsatzpfleger zu Fuß. – Gesuchte Stimme kann aus Tausenden laufenden Telefongesprächen herausgefiltert und geortet werden.
Fuchs nickt wiederum nachdenklich.
Videoobjektive von Weitwinkel auf Tele umschaltbar, Telebild für alle Polizeidienststellen.
Fuchs holt ein Foto aus der Tasche.
FUCHS Mein Sohn, mein kleiner Sohn.
ALBERT Allgegenwart der weißen Polizei und der Geheimdienste von mir durchschaut.
Er legt befriedigt eine Serie von Steinen aus und dreht sich eine dünne Zigarette.
Modifiziertes Massenverfahren im Abhördienst.

März kommt herein, die Hand wie grübelnd an der Stirn, hat einen langen Gang, hält bei den Dominospielern Albert und Fuchs, die kurz zu ihm aufblicken, geht an seinen angestammten Platz, setzt sich auf den Boden, zieht sich einen schwarzen Sack über den Kopf und rührt sich nicht.

HERBERT DUWE *betrachtet seine Zeichnung*: Kolossale Genauigkeit, kolossale Leistung.

Der Pfleger Huber kommt mit einem Zettel herein, wendet sich gleich an Ebert.

HUBER Hast wieder die Wände beschmiert, Ebert, darfst du nicht, nicht die Wände bekritzeln, dafür kriegst du Skizzenbücher, Farbstifte, Zeichenpapier, nicht die Wände und nicht die Möbel, verstanden?

EBERT Wandmalerei! Wandnachrichten!

HUBER Nix, nix. Müssen wir sonst dich spritzen. – Als Arbeitsbelohnung November wird ausgezahlt für Gruppe 1 je zwanzig Mark an Fuchs, Karl und Zenger, Albert, Fleißprämie Karl plus zehn Mark, hundertzwanzig Arbeitsstunden.

Er händigt Fuchs und Zenger Kuverts mit Geld aus, Fuchs überprüft die Summe und den Arbeitszettel sorgfältig und unterschreibt auf einer Liste. Albert sackt das Kuvert ein, kehrt schnell an seinen Platz zurück, läßt Fuchs für sich unterschreiben.

Gruppe 2 Ebert, Max zehn Mark, Duwe, Herbert zehn Mark, unregelmäßige Arbeit, unterschreib, muß wieder besser werden.

Ebert und Duwe nehmen das Geld entgegen.

Noch Gruppe 5, unregelmäßig und selten gearbeitet, der Folgner und der März je drei Mark.

Folgner kommt aus dem Besenschrank und nimmt das Geld mit einer tiefen Verbeugung entgegen.

Warum nicht mehr, Lorenz?

FOLGNER Ich bin zufrieden.

HUBER Mit den drei Mark?

FOLGNER Die Hauptsache ist Zufriedenheit.

Er geht in den Besenschrank zurück.

HUBER Wo ist der März?

Fuchs geht zu März, klopft leise auf dessen Rücken unter dem Sack. März kommt hervor, geht zu Huber.

Zeig her, hast die Ohren gewaschen?

März zeigt ihm erst das rechte, dann das linke Ohr, nimmt dann das Geld entgegen.

Die Zigaretten für die Vorlesung verteilt der Fuchs, für jeden ein Paket.
Kuhlmann streckt bittend die Hand aus, macht Rauchgesten.
Du nix, du nix gearbeitet.

Lichtwechsel

4. SZENE

Kofler und Feuerstein.

KOFLER Wozu ich Ihre Unterstützung erbitte, ich möchte mich um die chronischen Abteilungen kümmern.
FEUERSTEIN Ach? – Sie haben doch wissenschaftliche Interessen.
KOFLER Ich habe mir das überlegt.
FEUERSTEIN Die chronischen Abteilungen übernimmt man, wenn man selbst schon ein chronischer Psychiater ist.
KOFLER Ich nähere mich meinen Patienten. –
Feuerstein betrachtet ihn mit zunehmendem, bald psychiatrisch zu nennendem Interesse.
Ich fange an, die Anstalt selbst als krank zu empfinden. – Sie macht nicht nur die Insassen krank, sondern auch die Pfleger und Ärzte. Alle Beziehungen werden verlogen, verdorben, gequält. – Ich bin nicht der Vertraute eines Kranken, sondern sein Vorgesetzter. In Fachkenntnissen versteckt, beobachte ich ihn wie ein Voyeur oder Spitzel. – Wenn ich eine Schizophrenie diagnostiziere, ist das seine Verurteilung, seine soziale Vernichtung.
FEUERSTEIN – Wir machen doch aber nicht die Krankheit, indem wir sie diagnostizieren.
KOFLER Ich weiß das nicht mehr. Ich sehe das Asyl, als hätte ich's gemacht. Als müßten auf den Armen Nummern sein.
FEUERSTEIN Ist das Asyl nicht auch eine zu respektierende Lebensform, vielleicht, Herr Kollege?
KOFLER Nein. – Nein.
FEUERSTEIN Als junger Psychiater hatte ich eine ähnliche Krise, bis ich bemerkte, die Krise war nicht die Psychiatrie, sondern ich.

Lichtwechsel

5. Szene

Eine durchlaufende Leuchtschrift: ‹MÄRZ? WER IST MÄRZ?›

In der Nähe eines Getränkeautomaten steht März auf einem Fleck, offenbar stundenlang. Er zirkelt die Stelle aus, indem er Schuh vor Schuh setzt, einen halben Schuh dazwischen setzt, sich dreht, Schuh vor Schuh zu einer Stelle kommt. Das Suchen geht mit großer Genauigkeit vor sich, die Messung wird überprüft.

März Fein ist das Weiß und weich ist das Weiß und auch in der Mitte zerreißbar wer hier ist ist nicht dort wer dort ist ist nicht hier die rauchgrauen Tauben im Rauhreif glasierte Bäume im Schnee rammelt der Messmer als Affe Penis mit Haken herausreißen.
Er spricht mit vorgeneigtem Kopf und auf den Boden blickend, als horche er etwas ab.

Eine ärztliche Glasbox wird hell. Kofler und seine Kollegin Herbst hören Kassetten von Gesprächen ab, die sie mit der Mutter und dem Vater von März aufgenommen haben. Sie machen sich auf bezeichnende Stellen aufmerksam, wiederholen gelegentlich einen Satz, spielen eine Stelle noch einmal.
Die ärztlichen Erkundungsszenen überlappen mit den Asylszenen.
Mutter-*Stimme*: Wie ihn die Hebamme gebracht hat und sagt, das kann man operieren, da hab ich's erst gesehn, da habe ich geweint. Der Mann, wie er das Kind sieht, die Lippe, schaut er zur Decke, dreht sich um und geht. Hab ich ihm nie vergessen.
Sie weint.
Es war doch die Zeit, Erbfehler, da hat man immer gleich gedacht Erbfehler. Ich hatte ihm eine Mütze gekauft, für draußen, so zum Herunterziehen. Wie ich sie brachte, hat er mich angeschaut durch und durch. Dann hat er sie getragen.

März scheint seine Umgebung nicht wahrzunehmen, weicht einem Pfleger aber aus, der mit einem leeren Krankenwagen kommt, an dem Getränkeautomaten eine Flasche Cola zieht und öffnet. März sichert sich den Kronenkorken, steckt ihn in einen Strumpfbehälter, den er, am Gürtel befestigt, im Innern der Hose trägt.
2. Pfleger Autowaschen März?
März macht eine bejahende, angedeutete Verbeugung, ohne zu sprechen. Der Pfleger zählt ihm Zigaretten ab.

Eins, zwei, drei, vier, fünf.
März nimmt jede Zigarette einzeln entgegen und verbirgt die kostbaren Aktiven in einer metallenen Dose. Eine nimmt er doch heraus, macht eine lässige Bewegung, sie anzurauchen, gibt sie aber doch in die Dose zurück und zündet sich eine Selbstgedrehte an.

6. SZENE

Asyl. Rauch- und Fernsehzimmer. Der Fernseher an der Rampe, nur erreichbar, wenn man sich auf einen Stuhl stellt. Viele Patienten, ein ständiges Kommen und Gehen. Unter ihnen März, Fuchs, Albert Zenger, Max Ebert, Lorenz Folgner, Herbert Duwe, Franz Kuhlmann. Fast alle Patienten rauchen, vorwiegend Selbstgedrehte oder Pfeife. Es werden Zigaretten getauscht oder einzeln gekauft. Manche Patienten erbetteln sich Anteile von Zigaretten, manche geben ihre Plätze für eine angerauchte Zigarette auf.
MÄRZ-*Stimme*: Der Vater ist viereckig
und raucht
schwarze Virginia
Am Sonntag im Bett
zieht er den Kindern gern
schnurrgrade Scheitel.
Es gibt eine Zigarettenordnung, und in ihr erscheinen die Sympathie- und Abhängigkeitsverhältnisse auf einer Station. Selten verschenkt jemand eine ganze Aktive, er verschenkt ein paar Züge oder den Stummel. Der Stummel wird oft an einen dritten weitergegeben, der eine Nadel oder Klammer benutzt, um sich nicht zu verbrennen. Wenn der Stummel weggeworfen wird, bröselt noch jemand den Tabak heraus. Zur Zigarettenordnung gehört das Ritual des Feuergebens. Um die Pfleger nicht um Feuer bitten zu müssen, besteht die Verpflichtung, mit seiner Zigarette jedem Feuer zu geben, der darum bittet. Das befolgen sowohl verstummte wie hochgradig verwirrte Patienten.
Der diensthabende Pfleger verfolgt die Fernsehsendung, die von den meisten Patienten kaum zur Kenntnis genommen wird, er sitzt so, daß er den Raum überblicken kann, und hat einen Tisch vor sich, Lorenz Folgner stellt sich auffällig neben ihn und schaut ihm beim Rauchen zu. Als das den Pfleger ablenkt, macht Folgner die Geste des Rauchens. Der Pfleger wirft ihm eine Zigarette zu. Einige Pa-

tienten gehen abwesend zwischen den andern hin und her, andere tauschen zerlesene Zeitungen und Illustrierte. Viele haben ihre festen Plätze, andere sitzen auf dem Boden. Albert Zenger sitzt in einem Rohrstuhl mit Lehne, er hat die bloßen Füße auf einen Schemel gelegt. In seiner Nähe Karl Fuchs und Ebert. Alexander März lehnt an der Wand, raucht und betrachtet die Szene mit einer Miene hochmütiger Distanz.

ALBERT *zu Fuchs*: Enthüllungen ganz ungeheuer. Indoktrinationen durch Telesonden ohne Verdrahtung.
Er weist auf den Fernsehapparat, dann seinen Kopf.
EBERT Revolutionäre Logistik. Eigenbau. Sender und Empfänger.
ALBERT Bin im Begriff, die Suaheli-Sprache geläufig zu erlernen. Afrika.
FUCHS Schwere Grammatik, glaube ich.
ALBERT Kinderspiel, jeden Abend eine Stunde statt des Fernsehquarks. Als Codierungsfachmann knacke ich jeden Code. Pardon.
Er steht auf, um auf die Toilette zu gehen. Um seinen Platz nicht zu verlieren, nimmt er einen am Boden sitzenden Patienten, der keinerlei Kontakt hat, und setzt ihn auf seinen Stuhl, legt dessen Füße auf den Schemel, gibt ihm den Rest seiner Zigarre.
DUWE *kommt zu Fuchs*: An einem gewöhnlichen Donnerstag Aok-Seesand-Mandelkleie in der Badewanne! Wieso? Die Kinder gebadet? Lächerlich! In ihrem Wäschefach Slips, lila durchbrochene Hurenwäsche. Warum verheimlicht sie die Weinbrandbohnen, die ihr der Chef zum Geburtstag schenkt? Wieso plötzlich Gehaltserhöhung? Wieso?
Niemand reagiert auf seine Rede, er wendet sich Ebert zu.
Bei dieser Ohrform ist für jeden Wissenschaftler klar, es sind nicht meine Kinder.
Er zeigt ein Foto, das Ebert nicht interessiert, dem Pfleger.
PFLEGER Wennst jetzt nicht ruhig bist, mein Lieber, wirst gespritzt. – Immer der Scheiß derselbe.
Herbert Duwe geht an seinen Platz zurück und schaut auf den Fernseher. Albert kommt zurück, setzt seinen Platzhalter auf den Boden zurück und nimmt die alte Stellung ein.
ALBERT In den Nächten wird es sehr kalt. Hagelwolken. Was heißt Hagel – wolken?
PFLEGER *der den Film sehen will oder Dalli-Dalli*: Ihr haltet jetzt das Maul, sonst ist hier Schluß!

ALBERT He, he, he, he, he!

PFLEGER Wenn ihr den Film nicht sehen wollt, dann ist das hier ein Abgang! Allgemeine Nachtruhe.

Er bedient sich der Anlage auf dem Tisch. Es erscheint Pflegepersonal, die Kranken gehen in den Schlafsaal, während der Fernseher weiterläuft, der Pfleger seine Ruhe hat.

Lichtwechsel

7. Szene

Arztzimmer. Glasbox.
Kofler und Herbst hören Tonkassetten ab.

MUTTER-*Stimme*: Da hat der Mann ihn eines Abends mitsamt dem Bett in die Besenkammer gestellt, und ich habe ihn müssen schreien lassen. – Als die Schwester kam, die Ursel, hat der Junge die Puppe ins Klosett geschmissen. Es war bei mir nicht das Gefühl wie für den Jungen. Er hat so manches auch mit ansehn müssen, wovon ich heute noch nicht sprechen kann. – Ich hatte solche Angst, allein zu sein. Als der Junge einmal hinfiel, sich am Kopf verletzte, tat plötzlich mir der Kopf weh. Da dachte ich noch, komisch, als wär's eins. –

Else Herbst legt eine Kassette ihres Gespräches mit dem Vater ein.

VATER-*Stimme*: Locken, Frau Doktor. Hat ihm die Narben weggeschminkt, bis ich's verboten habe. Der Junge hat mit Puppen gespielt, das Mädel war im Sportverein. Er war ihr Prinz, doch wenn er rauskam, war er Hasenscharte. Was mich verrückt gemacht hat, daß er sich nicht wehrt.

Kassettenwechsel.

MUTTER-*Stimme*: Was er immer gern gehabt hat, Herr Doktor, war Feuer, das hat er stundenlang anschaun können. Wie ich ihn gefragt habe, warum, sagt er, ‹weil's nicht bleibt›. – Da war er vielleicht zehn Jahre. So was von feinfühlig. Hat hingelegt aufs Bügelbrett zum Beispiel ein Herz aus Silberpapier und fein hineingeritzt A und J, Alexander und Johanna, das ist mein Vorname. – Hat sich nicht mehr einschließen dürfen, auch im Klosett nicht, weil der Mann gedacht hat, daß er Onanie betreibt, irgendwie wichst. – Und er hat es auch gemacht, Herr Doktor. Eines Tages ist er zu mir gekommen, daß er's macht.

KOFLER-*Stimme*: Was haben Sie dazu gesagt?
MUTTER-*Stimme*: Daß er sich das bloß denkt, bloß einbildet, weil er ein viel zu guter Junge ist, um da dazu imstande zu sein. –

Lichtwechsel

8. SZENE

Asyl. Der voyeuristische Untergrund.
Aus einer Innentoilette im Kellergeschoß ist ein Scherenfernrohr durch ein Trittgitter geschoben. Es wird von einem Patienten minutenweise an andere Patienten vermietet. Es ist auf eine geschlossene Frauenstation gerichtet, wo sich Frauen verabredungsgemäß ausziehen, kleine sexuelle Spiele vorführen. Die Station wird im Zuschauerraum angenommen. Ein Patient am Scherenfernrohr, andere Patienten warten.

MÄRZ-*Stimme*: Die Mutter
    Die Mutter ist eine Milch
    eine schön warme.
    Aber in der man ertrinkt.
PATIENT Gut – – gut – – Klasse – –
Der Vermieter hält ein Blech vor das Scherenfernrohr.
VERMIETER Ist vorbei.
PATIENT Klasseweiber.
VERMIETER *zum nächsten Patienten*: Willst du?
ANDERER PATIENT Wieviel?
VERMIETER Eine Minute, eine Aktive.
ANDERER PATIENT Anderthalb.
Er händigt dem Vermieter eine Zigarette aus. Der Vermieter gibt den Blick frei.
Nix, gar nix, nix.
VERMIETER Wart.
Er schaut selbst durch das Fernrohr, wartet kurz.
Jetzt kommt's. Hast du noch nicht gesehn.
Er deutet gestisch an, was da zu sehen ist. Der andere Patient schaut durch das Scherenfernrohr.

Lichtwechsel

9. Szene

Arztzimmer.
Herbst und Kofler hören Kassetten ab.

VATER-*Stimme*: Das war im Kampf gegen die Schlechtigkeit, das Tagebuch, ließ in der Schule nach, verdrückt, verträumt, verstockt. Wie ich in seinem Mantelfutter ein Präservativ finde und ein Mädchenfoto –
HERBST-*Stimme*: Was sollte in dem Tagebuch stehen?
VATER-*Stimme*: Was er jederzeit gemacht hat. Verantwortlich für ihn, das war doch ich. – – Von früh bis spät hab' ich mir Mühe gegeben. Nicht, daß er sich gewehrt hätte, es war, Sie fahren mit dem Finger rein in einen Teig und ziehn ihn wieder raus, es ist dem Teig ganz gleich, Sie sehen's nicht, und es lacht die Frau. – Ich hatte zu dem Jungen keine Wellenlänge. Aber was willst du machen, du bist der Erzieher. Warum denn gerade ich, frag' ich den Herrgott manchmal.

Lichtwechsel

10. Szene

Asyl.
Brachfeld, von Brennesseln überwachsen.
März allein im Sturm, Brennesseln köpfend, befreit und wild in Zungen redend.

MÄRZ Wei wa, eija und nicht weinen, Mörderträne der Schausau. Verboten zu weinen im Herbst, Zottelbär oder Knabe. Abramlend, abramlend. Schwarz ist die Farbe der Stiefel, liebliche Einsatzbullen, ruckedigu – ruckedigu – Blut ist im Schuh, schwarz sind die Spuren im Schnee, hüpfen in der Judenschar, Raben und stenografieren. Tipfel. Doch einmal schon naht die Zeit des O Tannenbaum. Heida das Feuer ein heiliger Strauch! Heida das Feuer über der Wüste Gobi! Zünd an, zünd an, Petroleuse! Erdulde stündlich Verhöre. Doktoren und Pfleger verkleidet? Sind Bohnen Geschlechtsorgane? Soll das Gewehr nicht auch an diesem Weihnachtsfest geladen sein? Brannte ich ab zu Asche. Man sagt sehr leicht, ich bin abgebrannt. Ich bin ganz Feuer und Flamme sagt sich gleichwohl noch leichter.

Ein Mädchen taucht auf, Hanna, steht still und betrachtet ihn. März bedeckt sein Gesicht mit beiden Händen, blickt durch die Finger auf sie. In einer Mischung aus Angst und Erwartung stehen sie einen Augenblick voreinander. Das Mädchen sagt:
HANNA Verzeihung.
Und rennt weg.

Lichtwechsel

11. SZENE

Krankensaal. In einem Gitterbett Ebert. Auf einem gemachten Bett im Schneidersitz Albert. Er breitet seinen Besitz vor sich aus: Kordeln, Spulen, Drähte, Schraubenzieher, Tabak, etc. Er holt die Sachen aus Behältern, die er am Körper trägt. Ein Patient sitzt versunken, den Kopf zwischen den Knien. Ein anderer, Franz Kuhlmann, geht in wechselndem Tempo hin und her, die Hände fest auf den Ohren, als habe er Scheuklappen. Jedesmal, wenn er in die Nähe von Lorenz Folgner kommt, streckt dieser beide Hände aus, die Handflächen nach auswärts, Abwehr bekundend. Dann nimmt er sie wieder zurück, rechts und links vor seine Schultern haltend, die Handflächen auswärts. Gelegentlich sagt Folgner:

FOLGNER Es ist ein Gott. In Gott sind drei Personen. Das ist ein göttliches Geheimnis. Folgen und Gehorchen.
EBERT *jammert*: Auf, auf, auf!
Der Pfleger Huber kommt herein und geht zu Ebert.
HUBER Was willst scho wieder?
EBERT Muß pissen.
HUBER Kommst hier nicht raus, weil, hast den Doktor niedergeschlagen, mußt du in die Ente pissen, kommst hier nicht raus bis ruhig bist, wie sich das gehört, nicht gewalttätig. Mußt du verstehn.
EBERT Urban hat meine Verbindung angezapft, via Steckdose.
spricht italienisch
Conosce il compagno Togliatti? Io ho conosciuto Togliatti a Mosca.
spricht deutsch
Er verbesserte mein Italienisch und gab mir Gramsci zu lesen.
HUBER In die Ente pissen. Steckdose ist unsere Steckdose. Braucht

Dr. Urban Steckdose zu Heilungszwecken. Elektrokrampfkur. In die Ente pissen.
Albert gibt ein merkwürdiges Geräusch von sich.
HUBER Warum sitzt du auf dem Bett? Es ist Arbeitstherapie.
ALBERT Die Bettdecke – mein Territorium.
HUBER Und der Mist?
ALBERT Ich ordne meine Hinterlassenschaft.
HUBER Geh jetzt in'n Arbeitssaal und sei so gut.
Albert ordnet weiter seine Sachen.
Willst nicht, warum willst nicht?
Aus dem Gitterbett Eberts spritzt ein Urinstrahl.
HUBER Du sollst in die Ente pissen! Mensch, Mensch, Mensch!
Er schlägt sich an die Stirn.

Lichtwechsel

12. SZENE

Asyl.
März, einen schwarzen Sack über dem Kopf, geht eine große gedachte Spirale von außen nach innen, dann von innen nach außen. Seine Sohlen hinterlassen Spuren von Talcum-Puder.

MÄRZ Ich lag im Kinderbett meiner Schwester. Das war aber ein Sarg mit rosa Rosen. Offenbar war ich gestorben, denn es standen schwarz gekleidete Verwandte um das Bett, die mich freundlich und erleichtert betrachteten. Ich lag weiß und leicht und dachte, das wird ihnen noch leid tun, daß ich jetzt gestorben bin, das werden sie noch bereuen. Jemand schob mein Leichenhemd herauf über den Bauch, und ich sah mit allen den rosigen Spalt der fetten schwesterlichen Schamlippen. Der Vater sagte: Und wir haben das immer für eine Hasenscharte gehalten.

Das Ärztezimmer wird beleuchtet. Kofler und Herbst hören Kassetten ab. März schreitet weiter die Spirale aus.
VATER-*Stimme*: Verbockt, verstockt, der war so kalt wie Eis. Kommt er von der Schule runter, soll er das Bankfach erlernen, will die Frau, findet aber keine Stellung, will ihn niemand. Da hat er bloß im Haus noch rumgesessen. Er ist durch mich dann bei

MAN untergekommen, zuerst als Hilfsarbeiter, dann normal, als normaler Arbeiter, bis er zur Bundeswehr gekommen ist. – –
Kofler sucht eine Stelle auf dem Tonband, referiert schließlich nach seinen Notizen.
KOFLER Die Mutter sagt dazu: Er ist in einem wie dösigen Zustand gewesen. Einmal hat er zu mir gesagt: ‹Ich verdiene mir das Essen nicht.› ‹Aber du wirst es dir bald verdienen›, sage ich. Darauf er: ‹Ich bin schon zehn Jahre tot.› Er hat auch viel rumgekritzelt, ein nackter Mann in dem Irrgarten, der hatte keine Beine und keine Hände, da ist Selbstbildnis draufgestanden.

Auf der Asyl-Szene hat März den Sack abgenommen, geht jetzt im Kreis, indem er einen Schuh an den andern setzt, wie Kinder, wenn sie etwas abmessen.
MÄRZ Die Spirale.
    Sie ist rund und windet sich immer
    hinan. Sie wird nur deshalb Spirale
    genannt befindet sich in der Uhr
    genau so wie im Kugelschreiber.
    Als ich mich auf dem Berg befand
    hatte ich sie verloren. Die Spirale
    sieht aus wie ein Hindu.

Else Herbst stellt die Kassette wieder an.
VATER-*Stimme*: Der Junge hat mein Leben zugrunde gerichtet. Und unser Leben. Er war nicht hinzukriegen, er war anders. Soviel er sich auch manchmal Mühe gab. – – Die erste Zeit beim Bund, da hat er mal geschrieben: ‹Ich bin jetzt ein zufriedener Soldat, bekam für gutes Schießen sogar Sonderurlaub. Da mich die Kameraden achten, bin ich ein glücklicher Soldat.› Das hat ja leider dann nicht angehalten. Ach, Frau Doktor! – Ging nicht zum Dienst, verfaßte Beschwerdeschriften: ‹Meine Arme und Beine sind zu schwer, ich kann nicht marschieren und nicht grüßen.› – Wurde im Lazarett als Simulant behandelt, dann entlassen. ‹Psychisch ungeeignet für die Bundeswehr.›

März sitzt auf dem Boden, den Oberkörper vor- und zurückwiegend.
MÄRZ Die Wüste
    Eisklapp die Stumme sandweit war
    so klar war auch mancher Soldat.

Pause.
Panzte sich das Schwert heran
nein leider weiter geht es nicht,
als bis zu mir herein.

Else Herbst macht auf eine Stelle aus einem Gespräch mit der Mutter aufmerksam.
MUTTER-*Stimme*: Er war wie weg von mir, auf einmal unerreichbar. Hat's geschmeckt? Ja. Wo gehst du hin? Aus. So kalt, so abweisend. Wenn er lachte, war das kein Lachen, und wie ich ihn umarme, stößt er mich zurück. ‹Das war einmal, Mama. Da war ich blind. Jetzt fang' ich an zu sehen.› ‹Was, Junge, was?› ‹Gewalt. Das ganze System der Gewalt.› Auf einmal Politik, Frau Doktor, das hat ihn ganz verrückt gemacht. An einem Sommerabend hab' ich noch gebügelt, Bügelautomat, und mir einen Kriminalfilm angesehen, noch spät, da kam er rein und stellt mir ohne ein Wort den Fernseher ab. Warum? Schluß. Reißt den Stecker aus der Wand, schmeißt den schweren Kasten durch das Fenster auf die Straße. Er werde verhindern, daß er auf ganz brutale Weise abgehört und abgefühlt werde, via Fernsehen. Da habe ich gewußt, er ist verrückt geworden.
HERBST Der Vater äußert sich dazu: ‹Das war für mich der Punkt, da war es aus. Wer Sachen demoliert, da hört die Gemütlichkeit auf. Jetzt mußte die Familie vor ihm geschützt werden.›
MUTTER-*Stimme*: Er ist noch mal gekommen, stand plötzlich in der Küche, hatte nichts gegessen, aß acht Semmeln, sah mich aus tiefster Seele an und fragte, ob er sich auf mich verlassen könne. Ich sagte ja, da sagte er, daß er bald am Ende sei, er sei jetzt bald erlegt, ob ich an seinem Kreuz wohl stehen würde, denn einer müsse weinen. Ich sagte ja und weinte. Da hat er meine Hand genommen und gesagt: ‹Bedanke mich für alles und die Semmeln, Mama.› Ich hab' ihm Geld gegeben, hat er nicht genommen.

Lichtwechsel

13. Szene

Asyl.
Brachfeld im Sturm. März mit ausfahrenden Bewegungen. Rast gegen den Sturm.

MÄRZ Was wissen wir über Gott? – Nichts. Gibt es ein künftiges Leben? – Nein. Was ist das Gewissen? – Das Gefühl, man habe eine Vorschrift der Oberschicht nicht befolgt. Was ist die Oberschicht? – Die Herrschenden und die Verzehrenden.
Ist zu herrschen eine Arbeit? – Nein. Es ist kaum eine Beschäftigung.
Welches sind die Hauptlügen? – Politik, Religion, Gesetzgebung. Was schuldet man seinem Vaterland? – Überhaupt und gar nichts.
Was ist Liebe? – Eine sehr schöne Produktion.
Der Sturm legt sich. März setzt sich auf den Boden, beide Hände vor das Gesicht geschlagen.
MÄRZ-*Stimme*: Lieber Herr Polizeipräsident! Teile hiermit mit, daß ich seit vierzehn Tagen täglich zweimal onaniere und weiß nicht, warum.
Hochachtungsvoll Alexander März.

Dunkel

Zweiter Aufzug

Durchlaufende Leuchtschrift: KLINISCHE KARRIERE DES PATIENTEN ALEXANDER MÄRZ.

1. Szene

KOFLER *nach der Krankengeschichte, ad spectatores*: Zum erstenmal in Lohberg eingewiesen wurde März vor 17 Jahren. Damals war er im Damenklosett des bayerischen Innenministeriums schlafend angetroffen worden. Er sagte, er sei gekommen, seinen Namen zu ändern, sein Vorleben auszulöschen und ein neues Leben zu eröffnen, da ihm das alte mißfalle. Durch fremde Beeinflussung, Mikroimpulse und Braunsche Röhre, müsse er dauernd tun, was er nicht wünsche, z. B. Schraubenbolzen ziehen, links abbiegen oder seinen Vater anspucken. Dem Erzbischof von München-Freising hatte er den folgenden Brief geschrieben: Lieber Kirchenfürst! Wer war Christus? Ein nachdenklicher Mensch, der die arbeitenden Klassen aufklären und retten wollte. Leider glaubte auch er an den Himmel. Somit verunglimpfte er zum Religionsstifter und Tröster. Herzlich Dein Bruder Alexander, gefirmt von Innitzer, getauft von Piffel.
Die Diagnose lautete paranoide Schizophrenie. Es wurde eine Elektrokrampfkur verordnet, mit 20 Anwendungen. Von einem kurzen Verwirrtheitszustand nach der ersten Serie abgesehen, habe März die Schockbehandlung gut vertragen, sei viel ruhiger geworden. Gelegentlich sei ein ausgeprägter Negativismus zu beobachten gewesen. Dr. Hoffe.

Lichtwechsel

2. Szene

Ein großer weißer Erinnerungsraum, möglichst schattenlos und hell ausgeleuchtet. Eine Camera lucida zum Nachzeichnen der Vergangenheit.
Dr. Feuerstein und März vor 17 Jahren.

FEUERSTEIN Frau Dr. Hoffe hat mir gesagt, die Elektrokrampfkur hat Ihnen gutgetan.

März dreht sich auf seinem Schemel rundum, als interessiere ihn Feuerstein nicht.
Sie seien danach besonnener geworden?
MÄRZ Krrr – krrr. *Er gibt ein krächzendes Geräusch von sich, sitzt von Feuerstein abgewendet.*
FEUERSTEIN Nicht?
MÄRZ Krrr – krrr.
Er schlägt sich auf die Schenkel.
FEUERSTEIN Was uns beunruhigt, daß Sie immer noch die anklagenden Stimmen hören?
MÄRZ Nein.
FEUERSTEIN Nein?
MÄRZ Ja, ja, ja, ja, ja.
FEUERSTEIN Ja?
MÄRZ Nein, nein, nein, nein, nein.
FEUERSTEIN Geben Sie mir Ihre Hand, Herr März.
März dreht sich auf dem Schemel herum und streckt Feuerstein die ausgestreckten Füße hin.
FEUERSTEIN Wie begrüßt man einen Freund?
März spuckt auf den Schreibtisch von Feuerstein.
FEUERSTEIN Wie heiße ich?
MÄRZ Kleiner Mann.
FEUERSTEIN Welches Jahr?
MÄRZ 1984. Hirnmetzgerei in kosmischen Passatwinden.
FEUERSTEIN Wieviel Finger sind das?
Feuerstein zeigt drei.
MÄRZ Vier.
FEUERSTEIN Und jetzt?
Feuerstein zeigt vier.
MÄRZ Drei.
FEUERSTEIN Jetzt?
Feuerstein zeigt einen.
MÄRZ 25 000.
FEUERSTEIN Wieso denn 25 000?
MÄRZ 25 000 Kniebeugen und Kopfeinfädelungsversuche durch einen Wichtelmann.
März hebt einen Daumen.
FEUERSTEIN Ich verstehe Sie nicht, Herr März?
MÄRZ Dann müssen Sie sich eine Brille aufsetzen.
März dreht sich weg und spuckt ruhig und in regelmäßigen Abständen auf den Boden.

FEUERSTEIN *in ein Mikrophon für das Tonband*: Ausgeprägter Negativismus, Distanzlosigkeit, M. verschweigt akustische Halluzinationen, stereotype Bewegungen.
MÄRZ Brennend und nicht verbrennen. Organe durchspülen. – Geheime Ausspiegelungsgesellschaft, Ermordungserziehung nach Religionsverstoß.
FEUERSTEIN Wo sind wir hier, Herr März?
MÄRZ Ich liege in einer verlöteten Konservendose. Den Kopf halb zur Seite gelegt, schöpfe ich Luft aus der Luftblase.
FEUERSTEIN Versteh ich nicht.
MÄRZ Da kann ich nur mit Eisenstäben schmeißen!

Lichtwechsel

3. SZENE

KOFLER *ad spectatores*: März sei nach 6 Monaten als sozial angepaßt und arbeitsfähig entlassen worden. Zur zweiten Einweisung kam es, als die Mutter zu einem Kuraufenthalt verschickt worden war. Die jüngere Schwester der Mutter versorgte den Haushalt. März, der zu dieser Zeit als Hilfsarbeiter in einem Schrebergartenhaus wohnte, kehrte überraschend in die elterliche Wohnung zurück und hängte überall Fotos der Mutter mit großen Trauerfloren auf. Er verlangte, daß alle Trauerkleidung anlegen, denn die Mutter sei nicht zur Kur, sondern umgebracht und beiseite geschafft. Er erstattete Anzeige gegen den Vater und die Tante ‹wegen Mordes und intimer Beziehungen›. Er bittet um seine Verhaftung wegen Schuld und Mittäterschaft. Als die Polizei Einwendungen hat, nennt er sie Mordkomplizen und ‹zeitkastrierte Bullen des Kapitals›, wird richterlich eingewiesen.

Lichtwechsel

4. SZENE

Camera lucida.
März auf einem Stuhl. Er wirkt gespannt, scheint akustischen Halluzinationen ausgesetzt, flüstert unverständlich, führt brockenweise leise Nebengespräche. Feuerstein, damals Oberarzt, beobach-

tet ihn längere Zeit stumm, geht um ihn herum, klatscht in seine Hände, um Märzens Reaktion zu beobachten.

MÄRZ Mein Vater, der gemeine Hund, und die blondierte Fotze im Polizeikomplott – – ich habe dafür Beweise. Ich will keine Namen nennen. Man hat mir ins Gesicht gesagt, daß ich keine Ruhe mehr finde, ausgenützt, ausgenommen, ausgebeutet – – Scholle unter dem Brunsteiter – Ruhe!
März steckt die Daumen in die Ohren, steht auf und sieht zur Decke, unbewegt und eine längere Zeit.
FEUERSTEIN Was wollen die Leute von Ihnen?
Keine Antwort.
Was wollen die Leute von Ihnen?
MÄRZ Ausstellen. Sie wollen mich in einen Glaskasten stellen.
FEUERSTEIN Warum?
MÄRZ Aus Erniedrigungsgewohnheit. Um mich auszuschalten. Ich spüre das in den Augen, blau, blau, blau sind alle meine Kleider. Wer weiß, wird ausgeschaltet.
FEUERSTEIN Was weiß? – – Was weiß, Herr März?
MÄRZ Schlal war die Braut und Labsalin im Wald und auf der Heide.
FEUERSTEIN Schlal?
MÄRZ Das Talglicht für die Nacht, den Samen für die Acht. Eiskalt, sehr kalt, der Winterwind.
März drückt sich mit Daumen und Zeigefinger die Ohren zu und schüttelt mehrmals den Kopf, verharrt in horchender Haltung.
FEUERSTEIN Hören Sie wieder Stimmen?
Keine Antwort.
Fühlen Sie sich behindert?
MÄRZ Wenn die Hypnose zu mir durchdringt, muß ich tun, was ich nicht will, den Teller wegschlagen oder an unanständige Sachen denken.
FEUERSTEIN Was zum Beispiel?
März durchquert den Raum.
MÄRZ Bewegung stärkt den Geist. Nachts rumlaufen. Mir selbst den Hals zudrücken.
FEUERSTEIN Wer hypnotisiert Sie? – Männer oder Frauen?
MÄRZ Frauen. – Sie wollen durch mich durchsehen.
FEUERSTEIN Warum?
MÄRZ Weil ich ein Fremdkörper bin. Man stellt mich in einen Glaskasten als Versuchskaninchen.

FEUERSTEIN Fühlen Sie sich körperlich verändert?
MÄRZ Vor den Augen ein Netz, ein Schleier, daß ich, was ist, verschleiert sehe.
FEUERSTEIN Standen Sie bei MAN auch unter Hypnose?
MÄRZ Da wurde ich nur ferngelenkt.

März lacht auf kalte Weise, geht zur Tür, die er einen Spalt öffnet, um nachzuschauen, ob er beobachtet wird. Er knipst die Tischlampe Feuersteins ein und aus, beobachtet ihn dabei.

Lichtwechsel

Leuchtschrift: PFLEGERBEOBACHTUNGEN IM WINTERLICHEN ABTEILUNGSHOF.

5. SZENE

Camera lucida.
März geht grübelnd und allein umher, schlägt gegen die Kälte die Arme um sich.

MÄRZ Es wurden Beraubungen an mir ausgeführt. Bei MAN wurde ich in den Geist der Maschine gesteckt, beim Bund in den Geist der Rohrpost. – –
Ich spreche die Hieroglyphensprache, das ist die innere Sprache, die Kamelattasprache der Kunsteisfabrik Mensch. – –
Er rennt zwei Runden im Kreis.
Sind die Menschen glücklich? – Nein.
Warum sind die Menschen unglücklich? – Das weiß ich nicht.
Ach, wäre ich nie in Eure Schulen gegangen! – –

Lichtwechsel

6. SZENE

Camera lucida.
Die damalige Stationsärztin Dr. Hoffe exploriert März.

MÄRZ Das Rauschen des Wassers, Frau Doktor, das war doch früher ein Rauschen, jetzt ist es ein mechanisches Geräusch. Es standen doch auch früher die Bäume nicht so da wie Soldaten, eins, zwei, eins, zwei, eins wie das andere, eins, zwei. Wenn ich die Menschen essen sehe, dieses mechanische Hineinwerfen von Essensteilen.

HOFFE Seit wann ist das so?

MÄRZ Wenn ich eine Zeitung lese, das sind nur die Buchstaben, die Buchstaben sind doch ein Wort, und Wörter sind Sätze, sind Abhandlungen, wieso sind das jetzt nur Buchstaben?

HOFFE Sie finden den Sinn nicht heraus?

MÄRZ Es ist kein Sinn drin, das sind Buchstaben, ich lese, da sehe ich den Druckfehler, was bedeutet das? Will man mich auch mit der Zeitung verrückt machen?

HOFFE Wer sollte daran interessiert sein, Herr März?

MÄRZ Das Syndikat.

HOFFE Wer ist das?

MÄRZ Familie, Staat, Psychiatrie.

HOFFE Patienten sagen, Sie seien nachts unruhig, sprächen viel.

MÄRZ Muß ich.

HOFFE Wer zwingt Sie?

MÄRZ Vernehmung.

HOFFE Wer vernimmt Sie?

MÄRZ Weiß nicht, kann das sein, Mordkommission, daß hier eine Mordkommission – –?

HOFFE Polizeilich meinen Sie?

MÄRZ Anonym, fünf Uhr morgens kommen die Fragen, die ich nicht beantworten kann, vermute über UKW. Ob das nun außen ist oder innen – –

HOFFE Was für Fragen?

Keine Antwort.

Hat das mit Ihrer Mutter zu tun?

Keine Antwort.

Was für Fragen?

MÄRZ Der Kopf schwillt an, die Arme fallen ab, im Herz zwei Mühlsteine.

Lichtwechsel

7. Szene

KOFLER *ad spectatores*: Nach elf Anwendungen der neuerlichen Elektrokrampfbehandlung brachte März Zeichnungen mit höherer Struktur nicht mehr zustande. Dazu angehalten, teilte er das Blatt mit einem horizontalen Strich, zeichnete in die obere Hälfte ein unregelmäßig bewimpertes Dreieck, vielleicht auch als Rhombus zu deuten – Auge Gottes?, weibliches Genitale? – in die untere Hälfte an den rechten Rand einen Sarg.
Ein kaum entzifferbarer Kritzelbrief: ‹Schausau, oho, riß-kant/ von südwärts die Lindenblüte/ strömt südwärts/ Lohberg mein schönster Aufenthalt.› Durch medikamentöse Behandlung keine Änderung. Besserung nach wiederaufgenommener Elektrokrampfkur mit nur vier Anwendungen. Patient zeichnet lachenden Mann mit Bayernhut. – Der zu Sozialkontakten und leichter Arbeit fähige Patient wird auf Wunsch der Angehörigen entlassen. Tauchte dann in der Oberpfalz auf, wo er als Tierpfleger in einer Pelztierfarm gearbeitet hat, bis er über 100 Waschbären frei ließ, von denen nur 80 wieder eingefangen werden konnten.

Lichtwechsel

8. Szene

Camera lucida.
Frau Dr. Hoffe exploriert März, der ein missionarisches, hochtrabendes Wesen an den Tag legt.

DR. HOFFE Warum hat man Sie wieder eingeliefert?
  März lacht verachtungsvoll, drückt mit einer hochmütigen Geste aus, daß sie sich wohl denken könne, warum man gegen ihn vorgehe.
MÄRZ Lakaien.
HOFFE Fühlen Sie sich von der Polizei ungerecht behandelt?
MÄRZ Erwartungsgemäß. Spürnasen des Kapitals.
  Geste, was erwarten Sie da?
HOFFE Haben Sie mit der Freilassung der Tiere nicht vielleicht doch gegen bestimmte Gesetze verstoßen?
MÄRZ Der Geist der Gesetze ist das Eigentum. Das ist die Demolierung des Menschen.

HOFFE Warum sind Sie gegen Eigentum?
MÄRZ Ach, ach, ach, ach, ach, ach, ach!
Mit einer gespielt verzweiflungsvollen Geste erhebt er sich und setzt sich, von der Ärztin abgewendet, auf ihren Schreibtisch.
HOFFE Warum?
MÄRZ Ich bin, wenn Sie gestatten, gegen das Abziehen der Haut.
HOFFE Was meinen Sie?
MÄRZ Ich versuche, mit meinen Handlungen Hinweise zu geben. Unter den Tauben und Blinden.
HOFFE Auf was weisen Sie hin, wenn Sie mir den Rücken zudrehen?
MÄRZ Ich bin ein Prophet der Veränderung, das Beil am Baum der Erkenntnis.
Er nimmt einen Stuhl und setzt sich neben die Ärztin.
Die Gleichheit, das ist die Gerechtigkeit. – Ich bitte Sie, dies Telegramm für mich zu expedieren.
Er gibt ihr einen Zettel.
An den Bundeskanzler Adenauer.
HOFFE Würden Sie mir's vorlesen?
MÄRZ Die Semmel soll fünf Pfennig kosten stop ein Viertel Schlackwurst 10 Pfennig stop die Milch sei ganz umsonst und die Benutzung der Bundesbahn, denn Jesus sitzt auf zwei Regenbögen.
HOFFE Ist das nicht gedanklich etwas unstimmig?
MÄRZ Es ist unsinnig. Doch unsinnig ist nicht krank, wie die Religionen aller Völker beweisen. Christus verfluchte einen Feigenbaum. – Auf meinem langjährigen Gang zum Schafott hat meine Mutter meinen Kopf gefordert, weil ich sie wie Jesus verlassen habe. Ich kenne nicht meine Mutter, und ich kenne nicht meine Geschwister. Meine Geschwister sind die, die wie ich durchblicken und durchladen.
Er lacht auf eine kalte Weise.

Lichtwechsel

9. SZENE

KOFLER *ad spectatores*: Da März die Einnahme von Tabletten verweigerte, wurde ihm täglich Megaphen intramuskulär injiziert. März äußerte, er würde vergiftet, es würden Versuche an ihm unternommen, um ihn zu lähmen, da er die Machenschaften durchschaue. Weiterhin umtriebig, sei er kurz danach von der geschlossenen Station entwichen. Er tauchte in der St. Magdalenenkirche auf, gab von der Kanzel im Namen Christi eine ‹Totalkriegserklärung dem Klerus› ab und zündete sich eine Zigarette an. Polizeiliche Rückführung.

Lichtwechsel

10. SZENE

Camera lucida.
Dr. Hoffe geht mit März im Innenhof auf und ab. März trägt einen Kopfverband, er nimmt eine gönnerhaft weltmännische Haltung ein, seine Bewegungen haben etwas Geziertes.

HOFFE Warum sind Sie weggelaufen?
MÄRZ Oh, ich wollte mir bei einem Onkel ein paar Zigaretten holen. Nichts Besonderes, meine verehrte Frau Doktor.
HOFFE Wurden Sie uns nicht von der Polizei zurückgeliefert?
MÄRZ Ich benutzte die Polizei als Fahrgelegenheit, ich glaube.
HOFFE Und was wollten Sie in der Kirche?
MÄRZ Ich hatte an eine kleine aufklärende Belehrung der sich langweilenden Gemeinde gedacht; da man das nicht wollte und unhöflich wurde, habe ich stehenden Fußes darauf verzichtet.
HOFFE Sind Sie dabei nicht auch ein bißchen unhöflich geworden?
MÄRZ Ich hoffe nicht, ich habe auf Unhöflichkeit reagiert. Was können Sie von einer Religion verlangen, deren Symbol ein Folterwerkzeug ist, das Kreuz?
HOFFE Wenn Sie mir helfen, Herr März, regelmäßig die Medikamente nehmen, würde ich gern versuchen, Sie wieder von C auf eine ruhigere Station zu verlegen.
MÄRZ Oh, C geht ganz in Ordnung, C, das sind klare Haftverhältnisse, sehr verehrte Frau Doktor.
HOFFE Fühlen Sie sich selber nicht noch krank, Herr März?
MÄRZ Nicht krank, doch habe ich leider weiterhin zu beklagen, daß Versuche an mir unternommen werden.
HOFFE Welcher Art?
MÄRZ Meine Mutter versucht, mich über das Fernsehen zu beeinflussen.
HOFFE Sie sehen da Ihre Mutter?

MÄRZ Frauen in vielerlei Gestalt können meine Mutter sein.
März betrachtet die Ärztin mit leisem Spott.
Der Empfänger in meinem Gehirn beeinflußt die Augenstellung je nach der Stimmungslage. Da nimmt mein Blut eine grünliche oder grünlichblaue Färbung an. Auch wird meine Magensäure ausgewechselt.
HOFFE Aber das bedrückt Sie nicht besonders?
MÄRZ Nein, ich sehe mich im Zustand des Leerlaufs auf vollen Touren.

Lichtwechsel

11. SZENE

Camera lucida.
Innenhof einer geschlossenen Abteilung.
Patienten in Anstaltskleidung, unter ihnen März, sitzen an den Wänden auf dem Boden. März springt plötzlich auf, schlägt sich mehrmals die Faust so heftig ins Gesicht, daß er blutet. Zwei Pfleger packen und halten ihn. März lächelt wie befreit. Eine Ärztin kommt.

HOFFE Warum schlagen Sie sich?
MÄRZ Die Selbstzerstörung ist die Helferin der Psychiatrie. – Details gehen in Elefanten über.
Er lacht meckernd. Die anderen Patienten schenken dem Vorgang keine Beachtung.

Dunkel

Dritter Aufzug

Durchlaufende Leuchtschrift: BEMÜHUNGEN UM DEN VERSTUMMTEN ASYLANTEN MÄRZ. THERAPIEGEMEINSCHAFT.

1. Szene

Therapieraum. Kofler und der verstummte März.

KOFLER *die Krankengeschichte vor sich*: In Ihrer Krankengeschichte heißt es dann: ‹In den folgenden Jahren war M. nur gelegentlich in der Säckekleberei beschäftigt. Er las nicht und unterhielt sich mit niemand. Meistens stand er untätig herum und wartete. Lehnte Besuche ab. Vernachlässigte sich in Kleidung und Körperpflege. Auf Versuche, ihn zu regelmäßiger Arbeit zu bewegen, klagt M. über bizarre Körperstörungen.
Das bellende Lachen von März, das unmotiviert wirkt, aber auch höhnisch, sich selbst belustigend.
Möchten Sie das kommentieren?
März schiebt das mit beiden Händen von sich.
Sie hätten damals geäußert, Sie würden kleiner und kleiner, Sie hätten das Gefühl, ganz ohne Knochen zu sein, Ihr Skelett sinke zusammen, Sie wagten nicht aufzustehen oder sich zu bewegen, weil dann alles in einem Pudding zusammenlaufe. Ein Klumpatsch. – Sie seien in einer Vereisung in Zeitlupe. Die Luft in Ihren Lungen sei versteinert. ‹Liegt still hinter Pappkartons unter seinem Bett›. – Wollen Sie etwas dazu sagen?
März macht erneut die abschiebende Bewegung mit beiden Händen, schüttelt längere Zeit den Kopf, nimmt dann beide Hände mit gespreizten Fingern vor die Augen und schaut durch die Finger auf Kofler.
Habe hier drei Briefe von Ihnen, wohl Kopien, oder gar nicht abgeschickt.
Er zeigt sie März, der nicht reagiert.
KOFLER *liest*: Ihr Lieben, wenn Ihr noch lebt, stets von Eurem Sohn geliebten, wie es die Pflicht des Sohnes sein soll und immer geschehen wird. Es geht mir gut, und ich bedanke mich untertänigst. Euer Alexander. –

Ihr Lieben! Es mag sein aber nie, aber macht sich. Es geht mir gut, das Herz und Schmerz sehr gut bis hervorragend. Der Sohn hat mehr vom Leben als der Nichtsohn und dankt in tiefster Dankbarkeit für Kaffee und Zigaretten. Um eine neue Schachtel bittend ist er am Ende ergebenst Euer Alexander. –
Ihr Lieben, Gurke Mörder verläßt mich soll das Gewehr geladen loben die Zeitung? Deutscher und Pole. Ach Parppe, ich habe kein Heim-Weh und denke stets ricke-racke der Bart ist ab aus das Abseits kein Ballspiel. Schuß und Kuß Alexander.
Pause.
Wenn ein Kranker verstummt, hat er die Stummheit gewählt? Verspricht er sich nichts mehr vom Sprechen?
März wiegt den Kopf breit und langsam hin und her, als wisse er mehr darüber, wolle sich aber nicht äußern.
Was mich interessiert, die Bedeutung des körperlichen Ausdrucks, Ihr Wiegen des Kopfes so oder so, sehend die Hände vors Gesicht geschlagen, ‹bewegt sich die Wände entlang, das Gesicht zur Wand gewendet›, wie es hier heißt, ‹steht tagelang schweigend mit erhobenen Händen und Gesicht›. Erinnern Sie sich? Was will das ausdrücken?
März wiederholt die Haltung, steht, Hände und Gesicht zum Himmel erhoben, stumm und wie versteinert.

MÄRZ-*Stimme*:
>Das Schweigen
>Wenn das Reden überflüssig geworden ist,
>ist es nicht schwer zu schweigen.
>Schwerer ist es schon auch
>ganz in Gedanken zu schweigen,
>doch mit der Zeit
>kommt Zeit, kommt Rat.
>Das Schwere am Schweigen,
>hat man es einmal heraus, ist
>das Aufhören. Wozu das Schweigen brechen?
>War nicht das Schweigen das Ziel,
>worauf man sich hier in Lohberg
>allseits hat einigen können?

Lichtwechsel

2. Szene

Ein Gespräch von Else Herbst mit Lorenz Folgner.

HERBST Was machen Sie am liebsten, Herr Folgner?
FOLGNER Sitzen.
HERBST Keine Beschäftigung?
FOLGNER Nein.
HERBST Ist das nicht langweilig?
FOLGNER Es geht. Ich sitze gern im Aufenthaltsraum.
HERBST Was machen Sie dort?
FOLGNER Warte, daß jemand hereinkommt. Mein Bruder manchmal.
HERBST Ihr Bruder kommt einmal die Woche, glaube ich?
FOLGNER Donnerstag, fünf bis sechs Uhr.
Folgner steht auf, verbeugt sich tief. Ein Versuch sich zu verabschieden. Er nimmt erst auf ausdrückliche gestische Aufforderung wieder Platz.
HERBST Haben Sie schon mal eine große Freude erlebt?
FOLGNER Wenn der Bruder kommt.
HERBST Bringt er Ihnen was mit?
FOLGNER Bananen, Semmeln, Orangen.
HERBST Erzählt er von zu Hause?
FOLGNER Er fragt mich immer, was ich ausrichten lasse.
HERBST Und was sagen Sie ihm?
FOLGNER Herzliche Grüße.
HERBST Und dann?
FOLGNER Reden wenig eigentlich.
HERBST Sie sitzen nur zusammen?
FOLGNER Ja. Ich schreibe.
HERBST Was?
FOLGNER Er bringt Rätsel mit. Kreuzworträtsel.
HERBST Die lösen Sie dann zusammen?
FOLGNER Wir lösen sie jeder allein.
HERBST Wie empfinden Sie die Besuche?
FOLGNER Angenehm.
Folgner steht erneut auf, er scheint das Gefühl zu haben, schon zuviel Zeit für sich beansprucht zu haben. Aufgefordert, sich wieder zu setzen, nimmt er auf einem Stuhl Platz, der etwas entfernter steht, nimmt auch nur die halbe Sitzfläche ein.
HERBST Wie lange sind Sie hier in Lohberg?

FOLGNER Seit Oktober 46. Nach der Kriegsgefangenschaft.
HERBST Ist das Leben hier langweilig?
FOLGNER Ja.
HERBST Wie vergeht der Tag?
FOLGNER Schnell eigentlich.
HERBST Wann stehen Sie auf?
FOLGNER Sechs Uhr. Halb sieben Frühstück.
HERBST Weiter?
FOLGNER Das Mittagessen.
HERBST Was ist zwischen Frühstück und Mittagessen?
FOLGNER Pause.
HERBST Und wie beschäftigen Sie sich?
FOLGNER Ich warte.
HERBST Was tun Sie am liebsten?
FOLGNER Gottes Gebote beobachten. Der Vater ruft immer noch.
HERBST Was will er?
FOLGNER Bessern soll ich mich. Gehorchen, folgen.
HERBST Was kommt nach dem Mittagessen?
FOLGNER Der Nachmittag.
HERBST Wie vergeht der?
FOLGNER Auch schnell.
HERBST Was machen Sie?
FOLGNER Sitzen wieder.
HERBST Mal spazieren?
FOLGNER Wenig.
HERBST Sie sitzen lieber?
FOLGNER Ich sitze gern.
HERBST Was geht in Ihnen vor, wenn Sie so ruhig sitzen?
FOLGNER Es geht nichts vor.
HERBST Gar nichts?
FOLGNER Eine Leere vielleicht.
HERBST Ist das angenehm oder unangenehm?
FOLGNER Angenehm.
HERBST Wie soll es weitergehen?
FOLGNER Das ist die Frage.
HERBST Wie ist die Antwort?
FOLGNER Noch unbekannt.
HERBST Wie empfinden Sie Ihr Schicksal?
FOLGNER Normal.
HERBST Sind Sie manchmal unglücklich?
FOLGNER Nein.

HERBST Was macht Ihnen Freude?
FOLGNER Essen.
HERBST Welche Freuden gibt es noch?
FOLGNER Wenig.
HERBST Hat Ihnen einmal eine Frau gefallen?
FOLGNER Nein.
HERBST Warum nicht?
FOLGNER War nicht möglich.
HERBST Warum nicht möglich?
FOLGNER Im Seminar, wir waren eingesperrt.
HERBST Wollten Sie gern Priester werden?
FOLGNER Ja, ja, ja, ja, ja. Die Mutter hat es haben wollen.
HERBST Und Sie?
FOLGNER Ja.
HERBST War das Sexuelle für Sie irgendwie einmal ein Problem?
FOLGNER Nein.
HERBST Hat keine Schwierigkeiten gemacht?
FOLGNER Nein, nein.
HERBST Haben Sie sich auch in der Phantasie nie mit Frauen beschäftigt?
Folgner steht wieder auf und schüttelt lange den Kopf.
Sie wollten nie heiraten?
FOLGNER Nein.
HERBST Warum nicht?
FOLGNER Der Ordnung halber.

Lichtwechsel

3. SZENE

Saal.
Kuhlmann redet auf den für sich seienden Karl Fuchs ein, der sich eine Zigarette dreht. März umstellt sein Bett mit Pappdeckeln.

KUHLMANN Es kann mir hier niemand helfen, niemand die Schlangen rausziehn, noch nicht mal den Schmutz.
Er hebt die Beine.
Ich bin nicht krank, ich brauche nur jemand, der mir die Schlangen zieht von diesem Weißkittel-Sadisten-Doktor in der Heide, der mein Gehirn ausexperimentiert und meine Augen ausge-

wechselt hat, daß er die Welt durch meine jungen Augen sieht und ich durch seine. Klaut jeden weg, der mir helfen will. Wodurch? Durch Parapsychologie. Gestern nacht hat mir eine den Sehnerv halb weggefressen. Hab ihn jetzt angezeigt. Willst du mal lesen?

FUCHS Ja, ja.

Fuchs macht aber keine Anstalten, das von Kuhlmann angebotene Papierbündel anzunehmen. Kuhlmann legt sich in einen alten Liegestuhl, bedeckt sein Gesicht mit einer Zeitung. März hat sein Isolierungswerk beendet und kriecht unter das pappdeckelumstellte Bett.

MÄRZ-*Stimme*: Sehr geehrter Herr Oberarzt! Erfuhr gestern direkt nach dem Nachtmahl (kalt), was ich schon immer vermutete. Bin nicht das Kind meiner Eltern, sondern von Eva Braun und künstlich befruchtet nach dem Besuch des Grafen Ciano. So erklärt sich mein Unglück und meine Verfolgung. Durch Schluckauf bringe ich Signale hervor. So vergeht mein Leben. In innerster Dankbarkeit einer Ihrer ärmsten Asylanten Alexander.

Lichtwechsel

4. SZENE

Kofler spricht seinen ärztlichen Bericht in einen Kassetten-Recorder.
Unsere Versuche, mit März in irgendeine Beziehung zu kommen, sind über Monate hin erfolglos geblieben. Ging ich im Abteilungsgarten neben ihm her, so zeigte er mit keiner Reaktion, daß er mich bemerkte. Redete ich ihn an, so drehte er den Kopf verzögert in meine Richtung, als habe er ein ihm fremdes Geräusch gehört. Verlangsamte ich meinen Schritt, so ging er in seinem Tempo weiter. Als ich neben ihm auf eine für uns beide zu schmale Tür zuging, wich er nicht zur Seite. Den wöchentlichen Konferenzen blieb er fern, nahm aber bestimmt Vorteile wahr, zum Beispiel die Entscheidung, therapeutische Maßnahmen, auch die Medikation, nur im Einverständnis mit dem Patienten zu treffen. Als die alte Abteilungsmauer von den Patienten niedergelegt wurde, wollte März von Albert mit einem Ziegelstein in der Hand fotografiert werden.

Lichtwechsel

5. Szene

Rauchzimmer, wenige Patienten, darunter Lorenz Folgner, mit verbundenen Fingern in zerlesenen Papieren blätternd, Franz Kuhlmann. Else Herbst kommt herein, setzt sich mit Absicht auf den im Augenblick leeren Platz von März, ein Rohrstuhl.

FOLGNER Hier März. Ist gleich besetzt von März.
HERBST Platz genug. – Die Tür, Herr Folgner.
Folgner geht mit einer Entschuldigung, um die Tür zu schließen, was viele Patienten nicht mehr tun, weil alles für sie getan wird, dann widmet er sich etwas entfernt seinen Papieren.
Sie haben sich wieder die Finger in der Tür geklemmt, Herr Folgner?
FOLGNER – studiere die Sinti-Dialekte, Gatschkane-Sinte, in der Zigeunersprache Deutschlands.
HERBST Ich frage nach den Fingern, immer wieder blutig eingeklemmt, wie läßt sich das vermeiden?
FOLGNER *hebt die Hände mit den verbundenen Fingern hoch*: Es ist mein Versehen, es ist meine Schuld, Versuche die Grammatik zu ergründen der deutschen Zigeuner-Dialekte, schwer.
HERBST Es gibt bei uns ja kaum noch Zigeuner.
FOLGNER Ja, ja, ja.
März kommt herein, sieht Else Herbst auf seinem Platz, geht auf seinen Stuhl zu, zögert einen Moment, tut dann so, als sei er irrtümlich hier hereingekommen, läßt sich von einem Patienten Feuer geben, geht hinaus, um kurz danach wieder hereinzuschauen, er bleibt jetzt in der Nähe von Else Herbst stehen.
HERBST Herr März? Bitte.
Sie weist auf einen anderen Platz. März geht ohne Reaktion hinaus, kommt gleich darauf mit einem gleichen Rohrstuhl zurück, stellt ihn neben Else Herbst und bietet ihr an, darauf Platz zu nehmen. Als sie das tut, setzt sich März auf seinen gewohnten Rohrstuhl, schlägt die Beine elegant übereinander und raucht. Er wirft einen Blick zu ihr hin. Folgner und Kuhlmann lachen plötzlich.
HERBST *zu März*: Ihr Freund Karl Fuchs hat mir gesagt, daß Sie mit ihm durchaus sprechen.
März zeigt keine Reaktion, bläst den Rauch zur Decke.
Wenn Sie mit uns im Augenblick nicht sprechen wollen, so können Sie uns vielleicht schreiben. Was halten Sie davon?
März raucht.

Ich kann verstehen, daß man mit jemandem nicht reden will, der sich für die eigenen Erfahrungen gar nicht interessiert, aber wir interessieren uns.
März raucht.
Ich möchte Sie ausdrücklich zu der Stationsversammlung einladen: Zusammenkünfte mit der Therapiegemeinschaft geschlossene Frauen. Urlaube. Interessiert Sie das?
März raucht, steht wie beiläufig auf, holt sich vom Tisch eine alte Illustrierte, blättert darin.

Lichtwechsel

6. SZENE

Behandlungszimmer.
Kofler, Herbst. Feuerstein schnell herein.

FEUERSTEIN Ich unterstütze Ihre Bemühungen, aber wir müssen die Kirche im Dorf lassen.
HERBST Wer ist das Dorf?
FEUERSTEIN Das Kollegium. Ich kann gemischte Therapiegemeinschaften nicht zulassen. Ausflüge, Tanzabende, bitte, aber keine Sachen, die wir nicht mehr unter Kontrolle haben. Da steckt ein Konfliktpotential –
HERBST Wir denken an konzeptionsverhütende Maßnahmen.
FEUERSTEIN Aber Frau Kollegin, es gibt nach aller psychiatrischen Erfahrung keine wirklichen Liebesvoraussetzungen. Eine psychotische Liebe ist etwas völlig anderes.
HERBST Vielleicht als Perversion der Anstalt.
FEUERSTEIN Bitte, bitte. – Da es um meine Verantwortung geht, sollten Sie meine Gründe dennoch respektieren.
KOFLER Keine gemischten Häuser also, aber jede Art von Kontakten.
FEUERSTEIN Meine Erfahrung ist, extremes Desinteresse für einander. Kontaktlosigkeit.
KOFLER Wenn der Psychiater zu einem Patienten keinen Kontakt bekommt, muß das nicht unbedingt beweisen, daß mit dem Patienten etwas nicht stimmt, es könnte etwas mit dem Psychiater nicht stimmen oder der Psychiatrie.
FEUERSTEIN Ich sehe Ihren Impetus, Herr Kollege. Sie haben meine Unterstützung, wo es irgend geht.

Er verschwindet.
Es klopft, und März und Albert treten ein. Sie setzen sich Kofler gegenüber, ohne etwas zu sagen und ohne Kofler anzusehen.
KOFLER Herr März, das freut mich. Herr Zenger!
März lehnt sich im Stuhl zurück, schaut zur Decke.
KOFLER Frau Herbst hat mir erzählt, daß Sie sich interessiert gezeigt hätten, zu fotografieren. Das ließe sich arrangieren.
März schiebt ein Blatt über den Tisch zu Kofler, bedeckt danach mit einer Hand die Augen, als schlafe er. Kofler nimmt das Blatt.
Würden Sie mir den Brief vorlesen?
Er hält ihm das Blatt hin. März gibt es Albert.
ALBERT *liest:* Bitte Bemühungen einstellen. Fühle mich an den Haaren gezogen. Auch bläst ein Wind durch Hirn und Hirnanhangdrüse, beeinträchtigt nachteilig die allgemeine Gefühllosigkeit.
Pause.
KOFLER Ihr Kopf, wenn Sie Beschwerden haben, da sollten wir eine Röntgenaufnahme machen lassen.
März nimmt die Hand von den Augen und sieht Kofler an.
Ich gehe mit Ihnen in die Röntgenabteilung.

Lichtwechsel

7. SZENE

Behandlungszimmer.
Kofler und Herbst.

KOFLER Seit 14 Tagen, unter der Tür hindurchgeschoben, diese Zettel.
Er liest.
‹Empfinde die Welterstarrung. März.›
‹Bewußtsein leuchtend und leer. März.›
‹Verfange mich in den Gedanken anderer, sehe mir in einem Buch nur noch die Bilder an. März.›
Er zeigt Else Herbst einen Stoß Zettel.
HERBST *liest:* ‹Das Schweigen ist der Engel der Psychiatrie. März.›
‹Fühle in meinen Gen-Italien, daß an meinen Genen herumgedoktert wird. Doktoren suchen Erbfaktor. März.›
KOFLER Weil wir mit seinem Vater und seiner Mutter reden.

Unter der Tür wird ein Zettel hereingeschoben. Kofler nimmt ihn nach einiger Zeit auf und liest ihn der Herbst vor.
KOFLER *liest:* ‹Die Person von mir, scheint sich hinter der Wand, die uns trennt, neuerdings mit Schreiben zu beschäftigen. Sie möcht sich in einem weißen Anzug hängen lassen, wenn das nicht zu teuer kommt.›
Es klopft, herein kommt Albert Zenger, Fuchs und schließlich März.
ALBERT Wir wollten fragen wegen der Röntgenaufnahme Kopf von März, die Sie März erklären wollten, und fragen, weil es uns interessiert und wir befreundet sind, ob auch ein Blick von uns in gegenseitigem Interesse erlaubt ist.
KOFLER Aber gern, natürlich.
Er steckt die Aufnahme des Schädels von März vor den erleuchteten Schirm, und alle betrachten sie.
ALBERT Fabelhaft. Ganz ungeheuer schön. Hinter die Oberfläche sehen.
Er lacht, und dann lacht auch März.

Lichtwechsel

8. SZENE

Therapieraum.
März sitzt in sich versunken. Als sich Kofler zu ihm setzt, steht März auf, setzt sich drei Plätze weiter. Kofler bringt ihm einen Fototest, setzt sich wiederum neben März. März steht erneut auf, setzt sich sechs Plätze weiter auf die andere Seite. Kofler steht ebenfalls von dem Platz auf, entfernt sich von März um weitere drei Plätze. März nimmt das mit einer Art von Lächeln auf, setzt sich in die äußerste Ecke des Raums auf den Boden. Kofler geht an seinen Platz zurück, wendet sich erst nach längerer Pause an März.

KOFLER Erinnern Sie sich an unser erstes Zusammentreffen, Schnee, das war für mich äußerst wichtig.
März zeigt deutlich, daß er nicht zuhört. Er steht auf, sieht flüchtig ein paar Sachen durch, die auf den Tischen liegen, setzt sich in ziemlicher Entfernung von Kofler, halb von ihm abgewendet. Kofler gibt seine Versuche auf, März zu stimulieren, und beginnt seinerseits zu zeichnen. Nach einer Zeit fängt März mit sich zu

reden an, murmelnd, in wechselndem Tempo und mit großen Pausen. Es scheint, er realisiert, daß er in Koflers Gegenwart spricht, er nimmt auch wahr, daß Kofler das Tonbandgerät einschaltet.

MÄRZ Hohl, hohl, hollo Essen holen – *(Pause)* der Mond, das Monat ältert sich, loho – *(Pause)* Regen ist gut für jeden Hut. Blieb ihm die Maske? Sie blieb ihm –

Große Pause, in der Kofler weiter zeichnet, nicht zu März hinsieht.

Wer hier ist, ist nicht dort. –
Schnee, Schneehöhle, Schneehölle –
weiße, weißbleierne Eier
im Stock.
Die Höhle in Virginia.
März vergräbt sein Gesicht in beiden Händen und schaut durch die Finger zu Kofler hin.

KOFLER Mit wem sprechen Sie, Herr März?

März steht auf, ohne Kofler anzusehen, nimmt die Hände an die Hosennaht und sagt:

MÄRZ Jawohl.

Er setzt sich wieder. Pause.

Auge faß! weiß oder grau ist nur zum Sehen da, doch ist es zu. –

KOFLER Ihr Auge?

MÄRZ Schuhe, Erdal, Schuhe, Urbin, mit Schuhen kann man gehen hin.

KOFLER Wohin, Herr März, wollen Sie?

März steht erneut auf und nimmt, ohne Kofler anzusehen, Haltung an.

MÄRZ Wei wa der Baum, die Weihnacht naht, Lombra die Nacht und ein Schwung. –

KOFLER Das hört sich an, als wären das Gedichte. – Wenn es Ihnen recht ist, möchte ich mich jeden Tag mit Ihnen unterhalten.

MÄRZ, *ohne seine Haltung zu ändern*: Das hat, Herr Doktor, jetzt auch keinen Zweck.

Lichtwechsel

9. Szene

März liegt mit angezogenen Knien regungslos im Gang, die Hände schützend über seinem Kopf.

MÄRZ Bitte endgültig abgeschaltet zu werden.
Pause.
Bitte um Abschaltung noch einmal. Wünsche auch nicht Fernbeobachtung durch Sputnikknaben.
Patienten steigen über ihn, ohne ihn besonders zu beachten. Herbst kommt nach den Patienten, offenbar von einer Patientenversammlung.
HERBST Wir haben Sie sehr vermißt.
Keine Reaktion.
Warum liegen Sie hier im Gang und rühren sich nicht?
MÄRZ *ohne die Lage zu ändern*: Es liegt so viel auf mir drauf.
HERBST Was meinen Sie?
MÄRZ Zum Beispiel die Luft, die meinen Brustkorb tonnenweise zusammendrückt. Dann quellen die Augen hervor, das ist die Angst der Schuldigkeit. Wer unten liegt, wird erdrückt und hört Ratschläge.
HERBST Was?
MÄRZ Du mußt dich frei schießen.
Pause.
Vogel friß oder stirb. Hammer oder Amboß sein.
Pause.
Daß ich dich besser fressen kann. Es schwebt über jedem ein Fleischerhaken, und der will eingeschlagen sein.
HERBST Möchten Sie diese Ratschläge befolgen?
MÄRZ Mir fehlt dazu das Besteck.
HERBST Was für ein Besteck?
MÄRZ Messer und Gabel. Sie wurden erfunden, weil man seinesgleichen nicht mit den Fingern verzehrt. Mir wurde keines zuteil. Aber der Frühstückswecken, er hat Rosinenaugen.
Er beißt einem Wecken den Kopf ab.
KUHLMANN *kommt und klagt der Herbst*: Wie kommt es, daß ich zusammenzucke, wenn ich einmal sanft berührt werde, und warum erschrecken mich Liebesbezeigungen?

Lichtwechsel

10. Szene

KOFLER *in ein Diktiergerät*:
 Pfleger berichten, daß März viel stärker als früher halluziniere, auch unruhiger sei, in großen Schritten über den Hof gehe und schimpfe, daß man ihn nicht in Ruhe lasse. Er hält sich uns fern, bittet in Briefen, ‹unnütze Behandlungsversuche als zu aufregend bei ihm einzustellen›. Als wir seinen Wunsch respektieren, will er im Bett bleiben, klagt über Vernachlässigung, äußert, daß er bald an seinem Ende sei.

Lichtwechsel

11. Szene

Leerer Krankensaal.
An einer Tür ist das rot umrandete Verkehrsschild, das jede Durchfahrt verbietet, angenagelt. In der weißen Fläche steht ECCE HOMO geschrieben. Ein roter Pfeil zeigt auf einen Besenschrank. Die Tür des Besenschranks öffnet sich ein- oder zweimal auf ein Geräusch, ohne daß zu erkennen ist, wer sich da verbirgt. Als Kofler schließlich kommt, das Schild betrachtet und weitergehen will, ist aus dem Schrank ein Röcheln zu hören. Kofler öffnet die Tür des Besenschranks, fährt vor dem jammervollen Bild des nackten März als blutig gegeißelter todesnaher Christus mit der Dornenkrone zurück.

KOFLER März! Was haben Sie? März!
 März verharrt eine kurze Zeit in der erbarmungswürdigen Lage, springt dann aus dem Schrank auf Kofler zu und hält einen umwickelten Metallkörper über sich.
MÄRZ Christus mit der Dornenkrone, gegeißelt und verhöhnt von Weißkitteln und Blindenbrillen, beschließt mit brisantem Gerät jetzt in den Himmel zu fahren.
 Er wirft sich, von Kofler abgewendet, auf den umwickelten Metallkörper und reißt an einer Schnur. Kofler wirft sich auf ihn, um ihm den Sprengkörper zu entreißen. Es ist eine Detonation zu hören, März scheint in seinem Blute zu liegen, der vermeintliche Sprengkörper verspritzt rote Farbe, die auch Kofler befleckt. März steht lächelnd, aber doch verlegen auf.
MÄRZ Bitte um Entschuldigung.

Er wischt mit einem Lappen rote Farbe von Kofler.
KOFLER Macht nichts.
MÄRZ Rechnete mit Ihrer schleunigsten Entfernung.
KOFLER Kam zu schnell.
MÄRZ Bruderschaft des Bluts. Der Vater soll ein Bruder sein, der Bruder niemals ein Vater.
KOFLER Ich habe tatsächlich geglaubt, daß Sie –, ich habe Ihnen das zugetraut.
MÄRZ Ich mir auch.
Er holt seine versteckten Sachen aus dem Besenschrank, zieht sich an, reinigt sein Gesicht mit Fettcreme.
Dauergelernter Sprengstoffachmann. Wozu war ich Soldat?
KOFLER Ich staune, Herr März.
MÄRZ Die psychiatrische Wissenschaft erstaunt zu sehen, das ist ein schönes Gefühl.
KOFLER Wieso eigentlich Christus?
MÄRZ Ich, wäre ich Christus, wäre recht.
KOFLER Was interessiert Sie an Christus?
MÄRZ Daß er wie ich von seinesgleichen ermordet wurde.
KOFLER Sie? Warum?
MÄRZ Ich bin nichts wert, ich kann mich nicht einordnen.
KOFLER Wollen Sie sich denn einordnen?
MÄRZ Wenn ich könnte, möchte ich gern wollen.
KOFLER Die Sache hier war von Ihnen komisch gedacht?
MÄRZ Humorvolle Darbietung zum Zwecke der Beförderung der Nachdenklichkeit.
KOFLER Humorvolle Darbietung. Was ist Humor?
MÄRZ Humor ist eine lateinische Vokabel.
Kofler lacht.
Sie baten mich kürzlich um ein Gedicht.
KOFLER Worüber?
MÄRZ Die Zigarette.
Er reicht ihm einen Zettel, den Kofler aber zurückgibt.
KOFLER Würden Sie es mir vorlesen?
MÄRZ *liest*: Die Zigarette
Es war ein Junge wo auf der
Straße anderer Junge war
Er zündete sich eine Zigarette
an, das Feuer fing
der Holunder brannte ab
mit ihm.

KOFLER Trauriges Gedicht.
MÄRZ Finde eher Wunschgedicht. Ziegarette-Wunsch.
KOFLER Wie schreiben Sie Zigarette?
MÄRZ Mit ie.
KOFLER Warum?
MÄRZ Das ist komischer.

Lichtwechsel

12. SZENE

März und Else Herbst. Kofler filmt März mit einer Videokamera. Herbst bedient einen Recorder.

HERBST Wenn Sie einverstanden sind, Sie sagen die Gerüche, an die Sie sich aus der Kinderzeit erinnern.
März steht auf, schließt manchmal die Augen oder hält sich die Hand vor die Augen.
MÄRZ Pampsgraben, Peilau, Pampe, wo mich die Ziege reingestoßen hat, jeder lachte. – Pisse im Schulklo. Bierpisse, Pisse im Nachttopf des Vaters, Stummel der schwarzen Virginia. – Beichtstuhl, Polster und stockige Gebetbücher. «Unkeusches gelesen, gesehen, getan.» «Auch getan?» Konnte die Stola nicht küssen. Lila. Fischschleim, Hühnerfedern, Kadaververwertungsanstalt bei Südwind. –
HERBST Andere Gerüche?
MÄRZ Schweineschlachten, Schweinsnieren, Schweinsblut. Bäckerscheiße auf vollem Hofkübelklo, Großmutter. Erbrochenes, rosa Tomaten im Bus nach Duisburg, Sommerferien. – Gebratene Bullenhoden, die März essen sollte. Knochen in der Fleischergasse. Rotze. Hochgezogene Rotze.
HERBST Nur unangenehme Gerüche?
MÄRZ *legt den Kopf ganz zurück, um was Angenehmes herauszubringen*: Der Kantor Dampfeld zwischen den Beinen, wenn ein anderer von ihm geprügelt wurde. Schnee vor der Schnee fiel, Kartoffelfeuer und Zigarettenrauch.
HERBST Es sind fast nur Ausscheidungen, die Sie erinnern, Verfaulendes, Verwesendes, Vermoderndes.
MÄRZ Man hat im Winter Laub in mich hineingeworfen. Das vermodert.

Er lacht etwas befremdlich.
HERBST Sie erinnern die Ausscheidungen der Bäcker auf dem Hofkübel zum Beispiel, aber nicht die Backstube.
MÄRZ Vergessen. Ach ja. Habe ich ganz vergessen. Pfefferkuchen.
HERBST Ich denke über diese Anhäufung nach.
MÄRZ Habe nicht alles gesagt.
HERBST Was nicht?
März schlägt sich lächelnd mehrmals mit der Hand auf das Genitale.
MÄRZ Ich brauchte viele Jahre um herauszufinden, der penetrante Kellergeruch um mich herum war nicht ich. Er kam aus den mir fremden Familienhöhlen.
Er hält sich auf gezierte Weise die Nase zu.
HERBST Was haben Sie noch verschwiegen?
MÄRZ Wenn das Tonband vielleicht ausgestellt werden könnte und das.
Er zeigt auf die Kamera. Herbst stellt Recorder ab, Kofler hört zu filmen auf.
Achselhöhle.
HERBST Von wem?
MÄRZ Achselhöhle der Mutter, rasiert.
Lange Pause.
Noch heute höre ich es schreien, schreit meine mißhandelte Mutter. – Das Schweißtuch der Veronika.
Pause.
HERBST Wenn Sie nachdenken, welche glücklichen Erlebnisse fallen Ihnen ein?
MÄRZ *nach einer längeren Zeit*: Nicht daß ich wüßte, Frau Doktor.
Pause. Langes Nachdenken von März.
Rauchen vielleicht, Lungenzüge.

Lichtwechsel. März bleibt im Licht.

MÄRZ *ad spectatores*: Der kleinweiße Junge ich
                auf dem Familienfoto
                scheint mir zu winken
                doch läßt er die Flederhand
                sinken
                wie er mich sieht.

Lichtwechsel

13. SZENE

Therapieraum. Kofler, Herbst und März.
Kofler bedient den Kassettenrecorder. Else Herbst macht Fotos von März.

KOFLER Warum haben Sie es nirgendwo lange ausgehalten?
MÄRZ Lohberg jetzt siebzehn Jahre.
KOFLER In der Arbeit, meine ich.
März gibt keine Antwort, zeigt, daß er keine Lust hat zu diesem Gespräch, blickt im Raum herum, klappt ein Klavier auf.
Muß der Mensch arbeiten?
MÄRZ Muß, muß, muß.
KOFLER Hat Sie das gestört?
MÄRZ Weiß nicht. Konnte, es scheint, nicht immer sehr gerne müssen. Erinnere mich kaum.
KOFLER Was hätten Sie gerne gemacht?
MÄRZ Tischlerei, Malen und Bootfahren.
KOFLER Was noch?
MÄRZ Vielleicht die Kinokunst?
KOFLER Was möchten Sie da sehen?
MÄRZ Mich als ein anderer Junge.
KOFLER Als Kind möchten Sie auftreten?
MÄRZ Nein, nein. Möchte das nicht noch einmal. Liebe den Film nicht besonders.
KOFLER Wie heißt er?
MÄRZ Kinobrand.
KOFLER Kinobrand?
MÄRZ Brannte ich ab zu Asche. Es heißt, ich bin abgebrannt.
HERBST Feuer ist auch ein sexuelles Symbol.
MÄRZ Das freut mich. Das hätte ich wissen müssen.
HERBST Sie sind ein Liebhaber des Feuers, glaube ich.
MÄRZ Ich bin ganz Feuer und Flamme. Zünd an, zünd an, Petroleuse.
KOFLER Sie haben aber nie etwas angezündet?
MÄRZ Vielleicht, Herr Doktor, kommt das noch.
Kofler lacht. Pause.
KOFLER Sie haben meist als Fabrikarbeiter gearbeitet.
MÄRZ Fabrikhilfsarbeiter.
KOFLER Was hat Sie da gestört, am meisten?
MÄRZ Am meisten, ich denke, alles.

KOFLER Sie gaben sich aber immer Mühe?
MÄRZ Tat, was das Montageband mir jeweils vorschlug. – Höhlte mich aus, je mehr ich mich ausarbeitete.
KOFLER Die Arbeit höhlte Sie aus?
MÄRZ Entstanden Hohlräume.
KOFLER Aber Sie arbeiteten, es war Ihre Arbeit.
MÄRZ Nie, aber nie. Ich war in meiner Arbeit nicht zu Hause, ob ein anderer darin haust, Herr Doktor, überlege ich heute manchmal.

Lichtwechsel

14. SZENE

Küchenflur. März steht an eine Wand gelehnt und beobachtet eine blechbeschlagene Schwingtür, durch die Küchenhelferinnen mit Essenswagen für die Stationen kommen. März hält das linke Auge geschlossen, hält die rechte Hand so vor das rechte Auge, daß er durch die Finger schauen kann, ohne daß man sein Auge sieht. Ein rundliches Mädchen, Hanna Graetz, kommt mit einem Essenswagen durch die Schwingtür, sieht den merkwürdigen Mann, den sie im Brachfeld gesehen hat und der seitdem im Küchenflur erscheint, an der Wand steht und sie beobachtet. Sie bleibt stehen. März nimmt die Hand herunter und sieht sie an. Er macht ein paar Schritte auf das Mädchen zu und lächelt.

HANNA Was wollen Sie?
 März schüttelt den Kopf, legt ein Geschenkpäckchen auf den Wagen, nimmt die Hand wieder vor das Auge und beobachtet. Hanna bleibt einen Augenblick stehen. Eine Küchenaufsicht kommt heraus und sagt zu März:
KÜCHENAUFSICHT Mach weg hier! Weg! Was willst du?
 März macht eine obszöne Geste für Kohabitation, dann schlendert er in der Haltung eines welterfahrenen Dandy den Gang entlang.

Lichtwechsel

15. Szene

Leuchtschrift: SEXUALITÄT IM ASYL.
Else Herbst führt ein Gespräch mit Albert Zenger.

HERBST Sie sprechen von psychischer Folterung in der Anstalt, aber auch von physischer.
ALBERT Von physischer Folterung, E-Schock und Gehirndurchschneidung, zu physischer Vernichtung. Im Blitzkrieg der Psychiatrie fielen 230000 Patienten. Und dreimal krähte der Hahn.
HERBST Ohne das zu beschönigen, aber wo sehen Sie heute Formen der ‹physischen Folterung›?
ALBERT Chemischer Strafvollzug, chemische Zwangsjacke, chemische Kastration. Fett und impotent, aber geduldig wie ein Lamm. Da wird dir der Kopf ausgeraubt, das Herz und die Hoden vernäht im Allzweck der Klarsichtfolie.
HERBST Andere Folterungen?
ALBERT Entzug der Sexualität, die Geißel des Asyls.
HERBST Betrifft das nicht jedes Asyl, Gefängnis beispielsweise?
ALBERT Hier bist du krank und bestraft. Triebmensch wird trockengelegt, drainiert, Triebmenschdrainage. Wer nicht arbeitet, der soll auch nicht ficken.
HERBST Können Sie mir schildern, wie Sie auf den Entzug reagiert haben?
Albert reibt sich längere Zeit die Stirn, ohne zu antworten.
ALBERT Kann man, ich glaube, nicht erzählen, Frau Doktor.
HERBST Vertraulich natürlich. – Sie waren ein junger Mann, sexuell aktiv?
ALBERT Hatte zuletzt keine Freundin. Schnallten ab, wollten nicht Teil meiner Verfolgung sein.
HERBST Die Freundinnen waren von Ihren damaligen Ideen beunruhigt?
ALBERT Verstanden nichts. Fickte fast nur noch die Wirtin.
HERBST Die Vermieterin fochten Ihre Ideen nicht an.
ALBERT Sprachen selten. Wie ich die Leitungen freigelegt hatte, ersah sie den Beweis.
HERBST In der Klinik keine Wirtin, keine Freundin, kein Ausgang, wie war das?
ALBERT Terror.
Er reibt sich die Stirn eine längere Zeit.
Konnte nur denken an Titten und Fotzen. –

Reibt sich die Stirn.
Berauschte mich bei dem Gedanken, mir den Schwanz und die Eier abzuschneiden, zu zerstückeln und dem Hund vorzuwerfen, der sie wie ein Gehacktes aufschleckte. Das gab mir das Gefühl des Befreitseins von Schuld.
HERBST Warum wollten Sie sich Ihre Genitale abschneiden?
ALBERT Ende des Sexkinos, das mich zum Satan machte.
Er reibt sich die Stirn.
Wenn es im Schlafsaal still wurde, fickte ich Marilyn Monroe und Brigitte Bardot, das ist der falsche Name, jetzt ist der Name weg, das heißt, daß es mir verboten wird, den richtigen Namen zu nennen.
HERBST Der Name scheint mir nicht wichtig.
ALBERT Mir aber. – Jetzt ist er zurückgekommen. – Es ist Sophia Loren. – Dreistundenfilme in dauernder Fortsetzungsreihe. Höllisch.
HERBST Was?
ALBERT Die Arrangements. –
HERBST Phantasien.
ALBERT Hier eingeätzt und hier.
Er tippt auf seinen Kopf und sein Genitale.
– Marilyn Monroe unter ihrem weißen Rock hatte nie Hosen an, stand über mir mit ihrer weichen, platinblonden Fotze, und sie tropfte, schmeckte nach Zitrone –
HERBST Sie stellten sich sexuelle Situationen vor und onanierten?
ALBERT Onanierte nie. War beschäftigt mit Erfindungen, die ich nicht nennen darf. – Es ist der falsche Name, Sophia Loren, also nochmals verboten.
HERBST Sie wissen den richtigen? Den Sie mir aus bestimmten Gründen aber nicht sagen wollen.
ALBERT Aus Gründen der sittlichen Weltordnung. – – War jederzeit damit befaßt, verstrickte mich immer stärker. Ist schwer, Entschuldigung.
HERBST Sie erfanden Arrangements zu quasi pornographischen Filmen, die Sie vor Ihrem geistigen Auge dann –
ALBERT Pornographische Filme im Vergleich ganz lächerlich. Erholte mich in der Realität.
HERBST In welcher Realität?
ALBERT Wenn die weiße Ärztin manchmal morgens kam und fragte nach Sachen, sah ich sie nackt und fickte sie in Gedanken. Sie fragte, gut geschlafen, Albert, und ich steckte ihr den Schwanz

langsam in den Mund, strich ihr die schwarz-nasse Pflaume und lächelte. Indem sie sagte, warum lachen Sie dabei, drehte ich sie um und fickte sie in den Arsch. Das war die Erholung in harmloser Realität. Ich glaube, daß diese Ärztin bei jeder Visite von allen am meisten gefickt wurde.

HERBST Sie berichten das ziemlich drastisch, ziemlich vulgär. Ficken, Schwanz, Titten, Fotze, ich kenne Sie sonst eher zurückhaltend?

ALBERT Es ist nicht vulgär, es ist schrecklich. Verwandelt ist die Welt in Titten, Arsch und Fotze, auch Wolken und Gebüsch. Sie wollen sich den Schwanz abschneiden, die Kanäle zum Gehirn zustopfen und sitzen wie in einem ewigen Ameisenhaufen beim Tittenfick. Satan und Dreck in einem. Bis das Gehirn vereist, Schwanz und Hoden analgetisch, der Wunschtraum der Chemie. – Es wird mir abermals verboten, den Namen zu nennen.

HERBST Wer verbietet das?

ALBERT Ich, das Ich von mir, mein löchriges Gedächtnis.

HERBST Sie nennen Ich Ihr löchriges Gedächtnis?

ALBERT Das mich vor der Wirklichkeit nur selten beschützen kann.

HERBST Wie sieht die Wirklichkeit der Sexualität heute aus, in der Anstalt?

ALBERT Reich und erfinderisch in der Phantasie.

HERBST In der Praxis?

ALBERT Onanie, Homosexualität als Mann, Frau und Nymphe, Spanner und Zeiger im sexuellen Untergrund.

HERBST Beziehungen zu Frauen?

ALBERT Zu den geschlossenen Frauen in der alten Anstalt war unten ein Maschenzaun, oben Stacheldraht. Im Winter, wenn es früh dunkelt, hast du den Schwanz durchgesteckt, und drüben kam eine Fotze. Da wollte ich oftmals sterben.

Er legt sich auf den Boden.

Lichtwechsel

Leuchtschrift: HANNA UND MÄRZ.

16. Szene

Brachfeld und Brennesseln bei einem aufgelassenen Bunker. Hanna und März sind auf einem Spaziergang im hinteren Teil der Klinik und ruhen sich hier aus.

MÄRZ Das erste Mal, wie ich Sie gesehen habe, da dachte ich überhaupt nicht an Patientin, da hielt ich Sie für eine Ausländerin.
HANNA Oje.
MÄRZ Südsee.
HANNA Wieso?
MÄRZ Sanft und still.
HANNA Oje, oje, oje. Wie ich hier rein kam, war ich so, daß sie mich nackt in eine leere Zelle gesperrt haben. Geschrien, bis die Stimme weg war, gemuht wie eine Kuh. Die Suppe an die Wand geschmissen, die Matratze zerrissen und mit meinen Fäkalien an die Wand geschrieben ‹Lüge›!
MÄRZ Was war Lüge?
HANNA Alles. Die hatten mich so verrückt gemacht, daß ich glaubte, ich hätte eine Ratte zur Welt gebracht. Es hämmerte in meinem Kopf, und Leute riefen Hure, Schlampe, Saustück. Nachts lagen Kerle über mir und machten mit mir Schweinereien. Das zeigten sie im Fernsehen, und ich wußte nicht mehr, wer ich war. Manchmal die Jungfrau Maria und manchmal die Frau von Elvis Presley.
MÄRZ Das kenne ich.
HANNA Was?
MÄRZ Manchmal ist Ich sehr schwer.
HANNA Ich wußte nicht mehr oben oder unten, Vater oder Mutter, Vater sowieso nicht, der Vater war der Onkel auf einmal und die Tante die Mutter. Weil ich unehelich war, und meine Mutter lebte mit mir in der Familie ihrer älteren Schwester. Ich sagte Mama zu der Tante und Papa zu dem Onkel, und meine Mutter das war Tante Ruti.
MÄRZ Wie kriegten Sie zu hören, wie es richtig war?
HANNA Da war ich achtzehn. Ich lag auf dem Sofa im Wohnzimmer, und Mama und Tante Ruti versuchten mir Seifenwasser in den Uterus zu pumpen, weil ich schwanger war. Da hörte ich, die

Tante Ruti war die Mama, und irgendein komischer Onkel, der anderswo eine Familie hatte und manchmal zum Ficken kam, der sollte plötzlich mein Papa sein. Mit meiner Familie hatte ich nichts zu tun, mein Bruder war ein Cousin und Papa ein angeheirateter Onkel, der es gern gehabt hatte, wenn ich ihm ein bißchen an der Hose rumfummelte. – Sie jammerten, daß ich derselbe Feger wie meine Mutter wäre, die gleiche Schlampe, daß dies nun der Dank sei und so weiter, und so weiter. Im 4. Monat hatte ich eine Fehlgeburt, und anderthalb Monate später brachten sie mich dann her.

MÄRZ – Da hätte ich auch Lüge geschrien.

HANNA Je mehr ich tobte, für um so verrückter hielten sie mich natürlich, um so gefährlicher. Ich blieb immer geschlossen. Wenn ich mal in den Garten kam, wurde ich an die Bank angeschlossen. – Ja.

MÄRZ Was ich manchmal überlege, was vielleicht richtig wäre, gelegentlich eine Reise. Ich lese gern Reisebeschreibungen.

HANNA – Was mir geholfen hat, das war ein Medikament, das ich mir selbst ausgedacht habe. – Es besteht aus Lilienöl, in Verbindung mit Milchzucker und Gold.

MÄRZ Das ist ein sehr schönes Medikament. Auch ein sehr passendes. Vielleicht sollte noch Zimt dazu?

HANNA Wunderbar. Ich habe als Kind immer sehr gern Apfelreis mit Zimt gegessen. Allerdings durfte ich auch Apfelreis nie mit der linken Hand essen. Ich bin Linkshänderin.

MÄRZ Sie auch?

HANNA Sie auch?

MÄRZ Nein.

HANNA Weil Sie auch sagten.

MÄRZ Ich wollte wahrscheinlich sagen, das gefällt mir an Ihnen. Es ist etwas ––

HANNA Was?

MÄRZ Ich hatte hier etwas, unter dem Bart, sehen Sie, als Kind hatte ich eine Hasenscharte.

HANNA Hätte ich nie bemerkt.

Sie betrachtet die Stelle genau und zart.

Nie.

MÄRZ Das Grüne scheint und die Sonne drauf. Ist eigentlich eine gute Therapie.

Lichtwechsel

17. Szene

Therapieraum. Kofler, Else Herbst und März.

KOFLER Sie nennen das Familienfoto, Sie sind, ich finde, ein Dichter.
März schüttelt den Kopf.
MÄRZ Glaube ich, möchte ich nicht.
KOFLER Über eins, eine Stelle darin, würde ich mich gerne mit Ihnen unterhalten.
MÄRZ Welche?
KOFLER *schnell*: Gi-gack, die Gans. Es war schon im Kriege in Breslau, ich war niemals gern in Breslau, noch weniger gern als in Peilau, deshalb vergaß ich auch Breslau zum überwiegenden Teil außer Jahrhunderthalle, Zoo und Krankenhaus St. Hedwig –
MÄRZ *auf seinen Mund deutend*: Operation.
KOFLER Von da an vielleicht, wenn Sie mir das vorlesen?
Er gibt ihm das Blatt, von dem er ziemlich schnell zitiert hat.
MÄRZ Von Anfang?
KOFLER Von hier.
Er zeigt es.
MÄRZ Jedenfalls besser von Anfang.
Er liest den Text als eine Korrektur von Koflers Art zu lesen.
Familienfoto, Gi-gack die Gans. Es war schon im Kriege in Breslau, ich war niemals gerne in Breslau, noch weniger gern als in Peilau, deshalb vergaß ich auch Breslau zum überwiegenden Teil außer Jahrhunderthalle, Zoo und Krankenhaus St. Hedwig, Operation –! Ich möchte ‹Operation› hinzufügen.
KOFLER Bitte.
MÄRZ ‹Scheint mir in Breslau nur kurz gewesen zu sein, mein Aufenthalt, Vater im Polizeipräsidium Breslau, auch Mutter gefiel nicht Großbreslau. Gi-gack, die Gans, war eine Gans aus Polen, die meinem Vater zum Geschenk gemacht worden war.› – Schwacher Text.
KOFLER Wieso?
MÄRZ Zu ungenau.
Er legt das Blatt hin.
KOFLER Finde ich nicht.
KOFLER *nimmt das Blatt und liest schnell*: ‹Er brachte sie im Beiwagen in einer Holzkiste, wo sie den Hals heraußen hatte› – heraußen?

MÄRZ Heraußen, heraußen. Aus dem Beiwagen der BMW-Maschine.
Er nimmt das Blatt von Kofler zurück und liest wieder selber.
‹Er brachte sie im Beiwagen in einer Holzkiste, wo sie den Hals heraußen hatte und Gi-gack schrie zu unserer Erheiterung, denn sie war die Weihnachtsgans. In ihrer Holzkiste kam Gi-gack auf den Balkon zum Hof und schaute, wenn ich nach ihr schaute. Ich brachte ihr Brot und Kartoffeln. Als uns das Weihnachtsfest näher kam, entfernte der Vater die Holzkiste und nagelte ihre Füße auf einen Bretterboden. Jetzt wurde Gi-gack genudelt, mit Mehl- und mit Haferklößen. In ihren Schlund kam ein Trichter, viermal am Tag stopfte die Mutter die Klöße den Trichter hinab, strich das nicht rutschende Futter den Gänsehals hinunter. Selten nur rief ich noch Gi-gack.›
KOFLER Rief ich? Ich? Das ist die Stelle.
MÄRZ *liest*: Selten nur rief ich noch Gi-gack.
KOFLER Wieso ich?
MÄRZ Ich konnte sie dann nicht essen zu Weihnachten, denn die Gans, das war ich.
KOFLER Wie meinen Sie das?
MÄRZ Die Gans war das Rohmaterial, in das man stopft und stopft, was sie nicht will. – Lange vor unserer Geburt haben die Eltern beschlossen, wer wir sein sollen. Ich werde bis heute gestopft.
KOFLER Wer stopft Sie heute?
MÄRZ Die Anstalt ist die Maschine zur Zerstörung des individuellen Wunsches.
KOFLER Was sind Sie?
MÄRZ Eine Wunschmaschine.
Es lacht Kofler, dann März.
– Sobald ich sprechen konnte, wurde mir alles beigebracht, was mich zu einem alten Mann machen sollte. Der wollte ich aber nicht sein, denn das war mein Vater.
HERBST Beispiel.
MÄRZ Sprachkunst, Baukunst, Gehkunst.
HERBST Gehkunst?
MÄRZ Auch die Kunst des Gehens beherrschte am besten mein Vater und lehrte sie uns, aus der Hüfte gehen, Schulter und Kopf zurück, freier Blick, den Fuß abrollen lassen, abstoßen mit den Ballen. Wenn sonntags der Aufstieg zum Zobten wiederum unternommen wurde, sagte er, jetzt geh voraus, und zeig, wie du gehen kannst. Dann hat er mich korrigiert.

Er geht einmal hin und einmal her, wie es ihn der Vater gelehrt hat, wie in einer Zeitlupenaufnahme, sagt beim Gehen:
‹Arbeit und Fleiß, das sind die Flü-gel, sie führen über Strom und Hü-gel.› Zum Zwecke der Verbesserung der Lautbildung.
Er betont die nasale Sprache bei der Wiedergabe der Übung.
KOFLER Andere Erinnerungen an den Vater?
März wippt eine Zeit auf seinem Stuhl, ehe er antwortet.
MÄRZ Sonntags ins Bett befohlen, der Körper massig und behaart, heiß wie ein Dampfbackofen, Rauchergeruch, Klettenwurzelöl. Der Schwanz meines Vaters war lila. ‹Zeig dein gewaschenes Glied›. Wenn ich neun Jahre bin, erschieße ich ihn mit seinem Dienstrevolver, tröstete ich mich.
KOFLER Sie wehrten sich aber nie.
MÄRZ Ich hatte so viel Angst, ihren Anforderungen nicht zu genügen, daß ich nichts anderes tun konnte, als den Maßnahmen zuzustimmen, die sie über mich verhängten, und sie hielten das für Freundlichkeit.
KOFLER ‹Hielten das für Freundlichkeit›.
MÄRZ Ich stimmte nicht wirklich zu, sondern nur unter dem Vorbehalt meiner Schwäche. Der ihre Anweisungen befolgte, der war nicht ich, der war ein von mir vorübergehend Beauftragter. – Es wurde auf mich immer aufgepaßt, auch wenn ich ganz allein war, paßte jemand auf. Der Vater saß in meinem Kopf, die Mutter meist in der Milz, Seitenstechen. Wenn sie mal Urlaub machten, delegierten sie mich.
KOFLER Sie waren delegiert, sich selber gegen sich zu beaufsichtigen? Von wem delegiert?
MÄRZ Aus dem Magnetfeld meiner Mutter, die mich nicht beschützen konnte und ich nicht sie. Da wurde sie ja leider umgebracht. –
Pause.
HERBST Als Kind, was hätten Sie gerne gemacht, was nicht ging?
MÄRZ Zum Beispiel hätte ich gerne Fußball gespielt. Es war nicht möglich.
HERBST Wieso nicht?
MÄRZ Es gehört schon Kunst dazu, die Mutter an der Hand, gleichzeitig Fußball zu spielen.
HERBST Sie haben zu Fräulein von Soden gesagt: ‹Mein Schwanz ging nicht durch den Trauring meiner Mutter.› Was bedeutet das?
MÄRZ Ich wollte Fräulein von Soden eine ödipale Freude machen. Sag, daß es Ödipus ist oder ich knall dir eine.

Er lacht auf seine bellende Weise, die plötzlich abbricht.
KOFLER Wenn Sie lachen, das klingt für mich nicht fröhlich.
März schaut zur Decke, antwortet nicht.
  Wie kommt das?
MÄRZ Das Lachen bringt oftmals den Tod.
KOFLER Wem?
MÄRZ Höre das Lachen stets, wenn ich mich meiner erinnere.
Er lacht wieder auf seine unangenehme Weise.
KOFLER Auslachen meinen Sie? Daß man Sie ausgelacht hat?
MÄRZ Getötet, ich glaube. Totlachen.
KOFLER Und wenn Sie selbst lachen?
MÄRZ Schlage ich blindlings nach innen.
Er lacht erneut auf die leere Weise, die fast ein Bellen ist.

Lichtwechsel

18. SZENE

Therapieraum.
Albert, von anderen Patienten der Gruppe unterstützt, hantiert mit akustischem Gerät, Metronomen, Tonbandgeräten, Verstärkern, Lautsprechern, Mikrophonen, um eine Probe seiner musikalischen Arbeit zu geben. Auch Kofler und der Pfleger helfen. März arbeitet für sich abseits. Kofler geht zu ihm.

KOFLER Ihr Gedicht hat mir gut gefallen.
MÄRZ Welches?
KOFLER Das gestrige ‹haus, hausen, hausbrot›, errinnern Sie sich?
März schüttelt den Kopf, Kofler liest ihm das Gedicht vor.

> ‹haus, hausen, hausbrot.
> Im Haus hausen die Häusler
> verteilen manchmal das Hausbrot
> aber schön hart ist das auch.›

März wiegt zweifelnd den Kopf, es scheint ihm nicht zu gefallen.
  Gefällt Ihnen nicht?
MÄRZ Zu dichterisch vielleicht.
KOFLER Ist mit dem Haus das hier gemeint? Lohberg?
MÄRZ Abteilung 5.
März zeigt, daß ihm der Text gar nicht mehr paßt.

KOFLER Verstehe. Wie könnte man das verbessern?
März denkt kurz nach, fängt dann an zu diktieren, benutzt Kofler als Stenographen.
MÄRZ Da am Hause keine Luft ist –
KOFLER Am Hause oder im Hause?
MÄRZ Am Hause. Da am Hause keine Luft ist, ist sie überm Dach fast vier Meter hoch. – Die Künstler bekommen armselige Sujets.
Es kommen andere Patienten dazu, die Alberts konzentrierten Vorbereitungen zusehen, auch geneigt sind, die von Albert geforderte Stille für die Wiedergabe herzustellen. Da kommt Feuerstein mit einer hochgestellten Ministerialbeamtin, nickt Kofler zu und erklärt sogleich:
FEUERSTEIN Nach unseren Rehabilitationsbemühungen, die an den Erfordernissen der modernen Industriegesellschaft orientiert sind, Analogie zu schwedischen Modellversuchen, sehen Sie hier ganz andere, psychologisch gut untermauerte Rehabilitationsversuche mit chronisierten Langzeitpatienten durch menschliche Zuwendung und Anregung zu künstlerisch-schöpferischen Tätigkeiten mit erstaunlichen Ergebnissen.
Kofler verläßt den Raum, Feuerstein überspielt seine Irritation.
Albert Zenger, ursprünglich stark regrediert, auf Verlangen einfache Lieder auf Papiertüten blasend, hat hier mit Hilfe eines von ihm modifizierten Tonbandgerätes, das in zwölf Geschwindigkeiten aufnehmen und natürlich auch abspielen kann, also eine Art zwölftoniger Klangleiter bildet, aus verarbeiteten Realgeräuschen Klangbilder entwickelt, die in Fachkreisen der konkreten Musik Beachtung gefunden haben. Wie heißt das Universalinstrument?
ALBERT Phonogon.
FEUERSTEIN Wie heißt Ihr letztes Klangbild?
ALBERT Die Stille.
FEUERSTEIN Ein Klangbild ‹die Stille›?
ALBERT Jawohl.
FEUERSTEIN Ist Stille nicht einfach still?
ALBERT Die Stille der Gefängniszelle, die Stille des Wachsaals, die Stille des Plenarsaals im Bundestag, Kellerstille, Gaskammerstille, Unterwasserstille, die Stille im Innern des Kopfes, die Stille im Innern der Geige, die Stille im Bett der Frau sind fundamental different in 462 verschiedenen 7-Ton-Assonanzen. Ich bitte um Aufmerksamkeit.

Er stellt das Phonogon ein, man hört von dem ablaufenden Tonband nichts, einen kaum hörbaren Raumton, Albert macht in Abständen durch Zeichen auf dramatische Änderungen des Tones aufmerksam, den die Ministerialbeamtin auch zu hören vortäuscht.

FEUERSTEIN *nach einiger Zeit*: Sehr interessant, sehr interessant. Wir müssen dennoch leider –
Feuerstein stellt das Gerät ab.
ALBERT Für die Entwicklung des Morphophons, Erzeugung von Schnellechos, bitte ich um ministerielle Finanzierung.
FEUERSTEIN Wir werden das einreichen.
Was haben Sie herausgehört, Karl?
FUCHS Das Ticken der A-Bombe in meinem Kopf.
Verlegenes Lachen der Dame.
FEUERSTEIN Ob uns der Herr März eines seiner Gedichte vortragen mag?
MÄRZ Nein, Eure Heiligkeit.
Er läßt sich in einen Stuhl fallen und schaut zur Decke.

Lichtwechsel

19. SZENE

Kofler trinkt Tee, arbeitet. März kommt schnell herein, streckt Kofler wortlos ein Foto hin. Kofler betrachtet es ratlos.

MÄRZ Was Sie wissen wollten.
KOFLER Was meinen Sie?
MÄRZ Auf diesem Foto künstlerisch dargestellt.
KOFLER Von Ihnen gemacht?
MÄRZ Kodak, 21 DIN, Blende 8, 1/50. Historische Aufnahme. Was erkennen Sie?
KOFLER Leeres Bassin, wahrscheinlich Schwimmbassin.
März schaut ihn listig an.
Die Wände geborsten, in den Rissen Trümmerpflanzen, muß schon lange her sein. Haben Sie das jetzt aufgenommen?
MÄRZ Kürzlich. Was stellt das Foto dar?
KOFLER Was es bedeuten könnte, meinen Sie? Wenn Sie mir helfen könnten?
MÄRZ *nach einigem Warten*: Das zerstörte Bad stellt wahrschein-

lich meine ermordete Mutter dar, leer, trocken und betoniert. Es ist gefährlich, in sie hineinzuspringen.
Kofler gießt März Tee ein, schaltet das Tonbandgerät ein.
KOFLER Sie haben mir einen Traum aufgeschrieben, der sich auch auf Ihre Mutter bezieht.
März trinkt die ganze Tasse aus, schüttet sich neuen Tee ein.
MÄRZ Im Leichenschauhaus?
KOFLER Ja, ich lese das am besten vor.
MÄRZ Bitte.
KOFLER *liest*: Fand meine ermordete Mutter im Leichenschauhaus auf einem steinernen Tisch. Ich war dort ein Angestellter und empfing die Weisung, die heimliche Leiche zu waschen, denn sie war stark beschmutzt. Wusch ihr das Haar, die Füße und den Venusberg. Da winkte die Hand der Mutter, es fehlten ihr aber vier Finger.
MÄRZ Plastische Schilderung.
KOFLER Wie erklären Sie diesen Traum?
MÄRZ Winkte mir als Hiwi.
KOFLER Hiwi?
MÄRZ Hilfswilliger bei ihrer Ermordung. Sie wurde bekanntlich ermordet.
Er nimmt eine Mandel aus einem Schälchen und ißt sie.
Ein Polizeikomplicenkomplott, wie ich gerichtlich darlegen durfte.
KOFLER Meinen Sie ‹Ermordung› in einem übertragenen Sinne oder tatsächlich?
MÄRZ Tatsächlich.
Er schüttet die Mandeln aus dem Schälchen in seine Hand und ißt sie.
KOFLER Sie wissen aber, Herr März, Ihre Mutter hat mich verschiedentlich besucht. – Sie hat auch versucht, mit Ihnen zusammenzutreffen.
März grinst sehr wissend, schlägt die Beine übereinander, schweigt und ißt Mandeln.
Für morgen mittag habe ich mich erneut mit ihr in der Cafeteria verabredet. Wenn Sie dazukämen?
März stößt ein kurzes, unadäquates Lachen aus, schüttelt danach den Kopf.
Sie wissen, daß ich lieber in Ihrer Anwesenheit mit ihr sprechen würde.
Schweigen.
Was meinen Sie?

MÄRZ *indem er die Tasse zurückschiebt und aufsteht*: Das Täuschungsmanöver der Mörder wird von März nicht akzeptiert.

Lichtwechsel

Leuchtschrift: HANNA UND MÄRZ.

20. SZENE

Wasserrauschen von einer Kanalisationsröhre, die rauschendes Wasser aus dem Heizwerk der Anstalt ausleitet. Hanna und März. Hanna in weißer Bluse, weißem Rock, März in Leinenzeug, hellem Hut, der ihm ein künstlerisches Aussehen gibt. Er hat einen älteren Fotoapparat bei sich, der merkwürdigerweise grün ist.

MÄRZ Genieße sehr das Rauschen des Wassers und könnte darüber ein Gedicht machen.
HANNA Gedicht? Weiß nicht. Habe, ich glaube, noch nie ein Gedicht gelesen. Außer in der Schule.
MÄRZ Lese auch keine. Wenig Interesse daran. Mehr zum Zeitvertreib, daß ich gelegentlich Schreibarbeiten mache. Gelegenheitsgedichte. Begebenheiten.
HANNA Täte ich gerne lesen, Begebenheiten.
MÄRZ Aus ärztlicher Veranlassung geschrieben, mehr persönlich zu verstehen.
HANNA Gerade persönlich.
MÄRZ Gefallen mehr nach ärztlichen Gesichtspunkten, ich glaube, bin kein Freund des Dichterischen. Hier.
Er reicht ihr einen Zettel.
HANNA Für mich?
MÄRZ Ein allgemeines Thema. Das Lieben.
HANNA Lesen Sie mir das bitte vor.
Sie gibt ihm den Zettel zurück, sie sitzen nebeneinander. März beim Lesen etwas abgewendet.
MÄRZ Das Lieben
    Das Lieben ist schön
    Schöner als das Singen
    Das Lieben hat zwei Personen
    Das ist beim Lieben der Kummer

Schweigen. Nach einer Zeit beugt sich Hanna vor, läßt Spucke ins Wasser.

HANNA Ich habe sehr gerne die Spucke Kahn fahren lassen, wie ich klein war. Auch ins Wasser gepieselt.

MÄRZ *auf das Gedicht bezogen*: Zu kurz vielleicht.

HANNA Gar nicht.

MÄRZ Es könnte vielleicht Albert eine Musik dazu machen.

HANNA Finde ich nicht. Finde ich auch.

MÄRZ Was?

HANNA Das Lieben. Ich hatte immer das Gefühl, ich muß das schaffen, muß das bringen, das Sexuelle, daß ich mich muß beweisen und Angst, daß ich's nicht bringe. War im Grunde Scheiße.

MÄRZ Im Schoß der Mutter auf dem Sozius des Motorrades wagte ich mich nicht zu rühren. – Wenn ich in der Hosentasche daran stieß, fühlte ich mich schon schuldig.

HANNA Ich tat oft so, als ob es mir gefiele, was mir nicht gefiel. Wenn mich der Onkel in den Busen zwickte, stieß ich an seinen Schwanz und lachte, denn er war mein Vater. Was ich fühlte, irgendwie fühlte ich es den Männern zuliebe, war so eingelernt. Und auch schon in der Schule.

MÄRZ Für mich das Allerschlimmste. Folterkammer.

HANNA Fand Schule eher blöde. Für ein Schülerfest sollten wir Mädchen einen Kuchen backen, den die Jungens prämieren sollten. Wir sollten einen Wohlgeschmack in ihrem Mund erzeugen, und sie waren die Richter. Ich kaufte einfach einen Bäckerkuchen und gewann den ersten Preis. Blöderweise sagte ich das einem Jungen, der hinter mir her war, und er sagte es weiter. Jetzt war das der Ausdruck meines betrügerischen Charakters, und ich schämte mich, statt dem Jungen eine runterzuhauen.

MÄRZ Bei meiner Kommunion im weißen Matrosenanzug bemerkte ich, daß mein Glied steif und steifer wurde. Ich dachte, jetzt sieht das die Jungfrau Maria, und hielt mir die Kerze davor. Da lachte neben mir Paul Wimmer.

HANNA Im Supermarkt hatte ich eine Flasche Parfüm gestohlen, wurde erwischt, verhört und nach Benachrichtigung der Eltern laufengelassen. Da bekam ich meine erste Regel, und ich dachte, daß das zur Strafe jetzt immer blutet, habe es niemand gesagt und nach weiteren Zeichen meines sündigen Charakters gesucht. Ich habe die Sachen noch niemandem erzählt.

MÄRZ Ich auch nicht.

Schweigen.
Andere Beleuchtung, ich finde, in Ihrer Nähe. Sehe ich voll durch.
Schweigen.

HANNA Ich bin Ihrem Rat gefolgt, und sage es niemandem mehr, wenn meine Bettwäsche heimlich vertauscht wird. Es geschieht auch viel seltener jetzt.

MÄRZ Vielleicht könnten wir einmal zusammen ins Kino gehen?

HANNA Das wäre ganz herrlich.

MÄRZ Guter Platz dreiachtzig. Kann ohne weiteres zwei Vorstellungen bleiben. Lade Sie dazu ein. S-Bahn inbegriffen.

HANNA War auch sehr gerne lange im Kino. Bei hellem Tage rein und in der Nacht erst raus.

MÄRZ Das war das Schöne an Breslau. Manchmal noch heute im Dunkeln sehe ich Kinobilder.
Es wäre mein Wunsch, mit Ihnen einen Film zu machen?

HANNA *lacht*: Film?

MÄRZ Wäre für mich ganz einmalig. AK 8, schwarz-weiß. Ganze Erscheinung für mich einmalig fotogen.
Er schaut durch seinen Fotoapparat.
Zum Beispiel nur der Ausschnitt, von den Nasenflügeln abwärts, wie die Spucke rausläuft, vorhin, Ausschnitt bis zum dritten Blusenknopf, wo der Schatten läuft von diesem schwarzen Eisenpfahl, wenn Sie das noch mal machen?
Hanna probiert das.
So, nein, weiter vor, nein, der Schatten muß –
Er rückt Hanna zurecht, bestimmt alles auf den Zentimeter genau, fotografiert Hanna und macht auf diese Weise noch zwei weitere Fotos von ihr. Jeweils ganz ausgeprägte Ausschnitte.

HANNA Beim Fotografieren immer denke ich, du bist nicht schön genug und mache, was ich denke ist schön. Bin auf den Bildern dann ganz unnatürlich.

MÄRZ Die Kunst des Fotos ist die unnatürliche Natur, wie man sie sonst nicht sieht, weil sie doch lügt.
Er holt ein Foto aus der Tasche und zeigt es Hanna.
Erkennen Sie das Foto?

HANNA Nein.

MÄRZ Die Augen nicht? Sind Ihnen die Augen nicht ähnlich?
Hanna macht eine Geste, daß sie das nicht sehe.
Auch nicht die Augenbrauen und nicht die Schatten hier der Schläfen?

HANNA Wer ist die Frau?
MÄRZ *mit einem merkwürdig kalten Lachen*: Es ist das lügnerische Bild meiner ermordeten Mutter.
HANNA Ermordet?
MÄRZ Das wird natürlich nicht zugegeben.
HANNA Wirklich ermordet?
MÄRZ Es ist eine dumme Geschichte, die ich gerade heute nicht berühren sollte. Sie hieß Johanna übrigens, nicht Hanna.
Schweigen.
Was ich in dieser Anstalt sage, sagt manchmal auch die Anstalt.
HANNA Verstehe. – Was ich meine, ist, wir könnten einander auch du sagen.
MÄRZ Das möchte ich sehr gerne.
Sie sind beide aufgestanden.
Am Ufer muß das Wasser rauschen, der Busch erinnert sich.
HANNA Ich hab' das Wasser auch gern. Jetzt schaust du so. Was ist?
MÄRZ Wenn wir Wasser wären
    flössen wir kühl und umarmt
    die grünen Wiesen entlang.

Lichtwechsel

21. SZENE

Therapieraum.
Patienten bemalen Wände. Sie bereiten ein Fest vor. Ebert und Albert schreiben mit Spraydosen eindrucksvolle Sprüche an die Wände:
‹*Max Ebert will Bundeskanzler werden. Geht das? – Vorzüglich sagt Pastor Schmidt!*›
Andere Inschriften: ‹*Sollen Zimmerleute an Gott glauben? – Im Diesseits fällt moosgrüner Regen.*›
‹*Mehr Kaffee und Zigaretten!*›
‹*Drais der Erfinder des Kreises.*›
‹*Der Elefant geht auf den Zehen – der Elefant ist schon hier.*›
‹*Mehr Taschengeld und freie Liebe.*›
‹*Heida das Feuer, ein heiliger Strauch.*›
Karl Fuchs besprüht zwei Schaufensterpuppen in weißen Arztkitteln, eine männliche, eine weibliche. Zwischen den Arztpuppen eine Kinderpuppe im Bleyle-Anzug. Herbert Duwe übt ziemlich

enervierend eine Schlagermelodie auf dem Saxophon. Else Herbst filmt die Inschriften und die Patienten.
Kuhlmann, sitzt unter einem Tisch und sagt im Verlauf der Szene zweimal: In der Isolation ist die Nacht ganz rein. Da verreckt jeder. März, mit Kopfhörern auf den Ohren, sich gegen die Umgebung abzuschirmen, zeichnet. Kofler kommt und setzt sich zu dem zeichnenden März.

KOFLER Ich habe Sie gestern gesehen. Sie standen an der Kuchentheke und haben uns beobachtet.

MÄRZ Wen beobachtet?

KOFLER Als Sie gegangen waren, brachte uns die Bedienung ein Sahneeclair, und Ihre Mutter weinte, sagte, das sei ihr Lieblingsgebäck.

März zeichnet und schweigt. Kofler sieht auf die Zeichnung.

KOFLER Christus?

MÄRZ Christus, ein Ohr in der Hand, wird von Polizisten gefesselt, die Frau verbirgt ihr Gesicht. Seine Gefangennahme. Harte Buntstifte, Faber 1.

Kofler sieht März an. Pause.

Ich bestreite nicht, daß die erörterte Dame äußerlich und für Sie meine Mutter sein könnte, was ich bestreite ist, daß sie innerlich und für mich dieselbe Person darstellt, weil es dazu einer bestimmten Temperatur bedarf. Es ist zu Temperaturstürzen gekommen.

KOFLER Sie haben mir gesagt, eine Patientin hier, Hanna Graetz, sei Ihre wiederauferstandene Mutter.

MÄRZ Ganz recht.

KOFLER Sie haben aber gesehen, daß Ihre Mutter lebt. Sie haben ihr ein Eclair bringen lassen.

MÄRZ Das sind verschiedene Dinge. Das eine ist die Äußerlichkeit, das andere die Befindlichkeit.

Er zeichnet ein neues Blatt.

KOFLER Was heißt Befindlichkeit?

MÄRZ Da meine Mutter ermordet wurde, habe ich keine Mutterbefindlichkeit. Jesus stand an der Kuchentheke und fragte, wer ist dieses Weib?

KOFLER Es war aber seine Mutter, als Jesus das sagte.

MÄRZ Nicht mehr.

KOFLER Er hatte sich von seiner Mutter befreit, meinen Sie?

MÄRZ Er hatte sie ermordet. Und Mord befreit nicht, Mord verbindet, sehr verehrter Doktor. Das sagt der Mörder März.

KOFLER Ich versuche das zu verstehen.
MÄRZ Wenn es nach mir ginge, wäre es sehr gut, den anderen vor allem in Ruhe zu lassen.

Lichtwechsel

22. SZENE

An der Kanalisationsröhre des Heizwerks.
Nach der Musik aus einem Kassettenrecorder zeigt Hanna dem März Tanzschritte. Es kommt der von ihnen erwartete Kofler, ziemlich zerstreut.

MÄRZ Möchte Ihnen hier vorstellen: Hanna! – Verstehen Sie jetzt den März? Hinsichtlich Muttererscheinung?
  Er deutet auf die Augenpartie.
KOFLER Vielen Männern erscheint bei ihren Freundinnen die Mutter. –
MÄRZ Es weiß, was ist, nicht der März.
  Hanna holt eine Flasche aus ihrer Tragetasche.
HANNA Bier, ein kühles Bier?
  März öffnet die Flasche, reicht sie Kofler, der ablehnt, reicht sie Hanna, die einen Schluck nimmt, und trinkt danach selbst.
KOFLER Warum sprechen Sie immer noch von sich in der dritten Person, manchmal, der März, Alexander, die Person von mir, warum?
MÄRZ Das ist die Vorsicht, denn was an mir ist Ich?
KOFLER Wie meinen Sie das ‹Vorsicht›?
MÄRZ In puncto Logik habe ich das A und B unsicher in der Hand, daraus ergibt sich ein falsches C.
KOFLER *zu März:* Was ist das A?
MÄRZ Wie, was, woher? Eins steckt im andern, kann anderes bedeuten, billionenfach.
KOFLER Man kann nicht wissen, wie was zusammenhängt?
MÄRZ Selten.
KOFLER *zu Hanna:* Meinen Sie das auch?
HANNA – Mir ist, die andern haben Geheimnisse, die ich nicht erraten kann, sehr oft.
MÄRZ Außerhalb von mir ist schon ein Zusammenhang. Aber gegen mich. Warum?

KOFLER Das ist das A, unsicher in der Hand?
MÄRZ Jawohl.
KOFLER Und das B?
MÄRZ Fremd, fremder, befremdet, der März. Hell lesen wir im Nebelhimmel, wie dick die Wintertage sind.
Pause.
KOFLER Meine Frau ist in der vorigen Woche vor mir nach Amerika geflohen.
Schweigen.
Es kam ein Telegramm.
Er reicht es März, der es liest und Hanna weitergibt, die es auch liest. Alle empfinden die Merkwürdigkeit, daß plötzlich der Arzt Hilfe sucht, daß sich ihre Beziehung für einen Moment umkehrt.
KOFLER ‹Bitte keine Nachforschungen. E.›
MÄRZ — Schon in der Schule wurde es mein Verständnis, in den Lücken zwischen den Wörtern versteckt sich die Wirklichkeit.
KOFLER Aber warum? Ich habe nichts bemerkt, warum? — Was ich nicht weiß, ob ich ohne sie leben will.
März berührt die Schulter Koflers.
Es ist kein Zusammenhang. Ich fühle mich verfolgt und nicht schuldig.
MÄRZ Als jahrzehntelang Verfolgter habe ich, Herr Doktor, die Entdeckung machen können, es wird, wer verfolgt wird, auch schuldig.

Lichtwechsel

Leuchtschrift: KARL FUCHS BEGEGNET SEINEM SOHN.

23. SZENE

Besucherzimmer.
Fuchs, März und Zenger sitzen feingemacht in altmodischen Sonntagsanzügen und warten auf den Sohn von Fuchs. Fuchs bietet seinen Freunden Zigarren an, sie rauchen und genießen die außerordentliche Situation. März hat sogar die Beine übereinander geschlagen.

FUCHS Daß ich ihn wiederseh, das sind jetzt 33 Jahre.
ZENGER Herrlich, Karl. Herrliche Zigarre.

FUCHS Ich mach ihm keinen Vorwurf, die Mutter verbietet es. Ein Juwel, der Junge.
Fuchs zeigt März ein Foto des Sohnes, das März an Zenger weiterreicht. Sie betrachten es ausführlich, obwohl sie es schon oft betrachtet haben.
FUCHS Mein Sohn! Kennst du?
MÄRZ Kann ich immer wieder sehn. Feiner Kerl.
FUCHS Einzig war, fürchtete sich vor Autos, schrie, wie oft ich ihm auch sagte, Auto fährt vorbei, schrie. Ich mußte den Autos entgegentreten, traf aber wohl die Scheibe.
MÄRZ Künstlerpech.
FUCHS Heißt Jakob, nach einem sehr guten Freund, der früh verstorben ist.
MÄRZ Wunderbarer Name, heute selten.
ZENGER *gibt das Foto zurück*: Das musikalische Ohr von Karl.
FUCHS Der sang wie eine Lerche. Was er gemocht hat, Reiter, Spekulatiusreiter. ‹Ein Viertel Spekulatius, nur Reiter.› Und Mohnschnecken. Wenn ich von Nachtschicht kam, frühmorgens, die warmen Mohnschnecken auf dem Bäckerblech.
MÄRZ Gibt nichts Besseres.
Als die Besuchertür aufgeht, stehen die drei auf. Else Herbst kommt herein.
HERBST Ich bringe jetzt den Sohn, Herr Fuchs –
FUCHS Jawohl –
HERBST Wenn Sie wollen, können Sie mit ihm ausgehen oder auch wegfahren.
FUCHS Wenn er das will.
Die Ärztin geht den Besuch holen, und die drei setzen sich wieder.
ZENGER Hat guten Busen, finde ich, attraktive Brustwarzen.
MÄRZ Geschmackssache.
Die Ärztin bringt den 39jährigen Sohn, Geschäftsführer einer Baufirma, eine imposante Erscheinung, begleitet von dessen Frau mit einem riesigen Blumenstrauß. Die drei stehen abermals auf. Der Sohn steht ergriffen. Karl Fuchs schaut an ihm und der Frau vorbei, ob nicht noch wer durch die Tür kommt, Schweigen.
FUCHS Wer sind jetzt Sie?
Der Sohn rührt sich nicht von der Stelle und schweigt.
HERBST Sie haben sich auf Ihren Sohn doch so gefreut, Herr Fuchs. Immer von ihm gesprochen.

FUCHS Der Herr ist nicht mein Sohn. Mein Sohn, der ist ganz klein, mein Sohn, der ist kein Mann.

SOHN Das ist jetzt mehr als dreißig Jahre, daß ich dich nicht gesehen habe, Papa. Und das ist deine zweite Schwiegertochter.

SCHWIEGERTOCHTER Cilly.

Sie überreicht ihren Blumenstrauß.

Sehr erfreut. Es ist kein Tag vergangen, daß dein Sohn nicht von dir gesprochen hat.

SOHN Papa! – Papa.

FUCHS Mein Sohn, der ist ganz klein, mein Sohn, der ist kein Mann, meine Dame.

Schweigen.

MÄRZ Vielleicht wäre es möglich, daß Sie ein anderer Verwandter sind? – Vielleicht wäre das Karl angenehmer. – Was meinst du, Karl?

Schweigen.

FUCHS Der Herr erinnert mich an wen. – Er erinnert mich an einen gewissen Cousin der Kinderzeit, der jedoch nicht Jakob hieß. Mein kleiner Sohn heißt Jakob, meine Dame.

Er setzt sich wieder hin, wendet sich ab und raucht. Herbst bringt den Sohn und die Schwiegertochter hinaus. Die drei sitzen wie zu Anfang der Szene und rauchen schweigend. Else Herbst kommt zurück.

HERBST Warum haben Sie Ihren Sohn nicht angenommen, Herr Fuchs?

FUCHS *steht höflich auf*: Es war mein Sohn nicht da, Frau Doktor, leider, wie ich schon erklären konnte.

HERBST Ich meine doch, Herr Fuchs, daß es sich um Ihren leiblichen Sohn tatsächlich gehandelt hat.

FUCHS Nein. Ich will den Kleinen wieder, den man mir geraubt hat, nicht den Großen, Dicken. Ist das zu viel verlangt?

Lichtwechsel

24. SZENE

Ein Tanzabend auf der Abteilung. Der Raum ist von Patienten grell und phantasievoll hergerichtet. Eine Patientenkapelle mit Schlagzeug, Klavier, Mundharmonika, Saxophon, Geige. Es gibt Saftgetränke und bunte Platten. Unter den Tanzenden sind nahezu alle uns bekannt gewordenen Patienten und Patientinnen, auch Patienten mit großen Kontaktschwierigkeiten. Pfleger und weibliches Personal sind am Tanz und den Darbietungen beteiligt. März tanzt unerwartet wild mit Hanna. Die Musik wird mit den Einlagen eines Kunstpfeifers bereichert. Zu einer Phase des Tanzes singt März:

>Was möchte Alexander?
>Ein Bein im Tangoschritt
>zwischen zwei schönen Beinen
>der Tango Jesu genannt
>Was möchte Alexander noch?
>Keinen Blumenkohl.
>Aber die singende Säge sein
>der strahlenden Fundamente
>Futschikato
>die japanische Seerose
>ahoi schönes Mädel!

Zwischen den Tänzen als Einlage ein steppender Patient, ein Jongleur, ein Feuerspeier und der behaarte Albert als Marilyn Monroe. Er singt eines ihrer bekannten Filmlieder in englischer Sprache und sehr hoch. Die Darbietungen, gegebenenfalls auch die der Ärzte, werden stark akklamiert, am stärksten die von Albert. Ein Tusch.

DUWE *ruft*: Es soll die künstlerische Arbeit auch wie andere bezahlt werden und alles in Kategorie 1.
EBERT Auch seltene Künste. Auch Denken. Informationstheorie, politische Teleskopie im Kontinentenverband.
Applaus.
FUCHS Es ist von März ein Manifest geschrieben worden –
MÄRZ Und Albert.
FUCHS Von März und Albert Zenger, an die Leitung, das er verlesen soll.
Zustimmung. Tusch.
MÄRZ Manifest an den Leiter der Irrenanstalt Lohberg. Geehrter Herr Direktor, wenn Sie uns das nächste Mal in unserem Teil der reziproken Gesundungsanstalt besuchen, sollten Sie sich daran erinnern und auch einsehen, daß Sie den Insassen nur in einem überlegen sind: in der Macht. Mit uns gemeinsam als paranoisches Duo produzieren Sie die Geisteskrankheiten, die den Zweck haben, den wirklichen Wahnsinn der Normalen als geistige Gesundheit erscheinen zu lassen. Merke: Wenn Karl Fuchs

äußert, die A-Bombe ticke in seinem Kopf, und das gilt als Wahn, so hält das den Bomberpiloten gesund, in dessen Maschine sie wirklich tickt und der sie abwirft. Hochachtungsvoll der Mumps, der Ihnen im Walde ein Lied erzählt. Zusatz: Es ist unsere Erkundung, der Psychiater braucht den Patienten, aber dieser nicht ihn.
Er verteilt Handzettel mit dem Manifest.
Ein Tusch.

Lichtwechsel

25. Szene

Wäschesortierung.
Ein weißer Haufen Wäsche, die zum Waschen bestimmt ist. Regale mit Bettzeug und Bettwäsche. Auf dem Haufen haben sich Hanna und März mit Laken, Zudecken und Kissen ein Bett gemacht. Sie liegen nackt nebeneinander, fühlen und betrachten sich mit zärtlicher Neugier.

Hanna Warm, weiß und schön.
März *auf das Oberbett bezogen*: Privatwäsche.
Hanna Daunen. Müssen ganz feine Daunen sein. So leicht.
März Riechen auch sehr gut. – Pfirsich? –
   Hanna riecht daran, März riecht daran.
   Quitten! Quitten! Meine Großmutter legte immer Quitten zwischen die Wäsche. Das war in Peilau. –
Hanna Schöner Name – Quitten! Kenne nicht Quitten.
März Schlesien. Mein Großvater, schlesischer Bäckermeister, früh verstorben. Land meiner Sehnsucht: Braun werdende Pfefferkuchen. Wie er mich in der Backgrube einmal hochgehoben hat.
Hanna Eierschecke, stand auf Eierschecke, heute noch. Ob ich einen Großvater hatte? Hatte auch keine Großmutter, glaube ich.
März Frische Mohnschnecken – Mohmeesla – die hatten nämlich in der Mitte einen Ritz, drumherum schwarz.
   Hanna schaut an ihrem Körper entlang und lacht. März fährt mit der Hand zärtlich über ihren Bauch und lacht.
Hanna Hätte ich früher nie ausgehalten. Ritzen, nannten uns Mädchen Ritzen. Wollte immer Haare dran.

MÄRZ Du auch?
HANNA Du auch?
MÄRZ Strich mehrmals am Tag die Stellen mit Birkensaft ein.
HANNA Schrieb sehr gern mit Milch auf weißem Papier. Geheimschrift.
Sie macht Schreiben auf seinem Körper vor.
MÄRZ Wenn ich berührt wurde, zuckte ich zusammen.
HANNA Ich mochte überhaupt gern Haare. Viel Haare. Wäre sehr gern Friseuse geworden.
MÄRZ Mein Traumberuf.
HANNA Friseuse?
MÄRZ War meine Seligkeit, die – Mutter kämmen zu dürfen, die Vergebung, wenn sie sich von mir entfernt hatte. Da saß sie in einem schwarzen Korbsessel, und ich löste die Spangen von ihrem langen, langen Haar. Ich stand auf einer Ritsche und kämmte und kämmte und kämmte, machte die Mutter schön. Zwischen den Beinen war was, wurde was warm. Einmal wurde ich ohnmächtig. Wenn ich heute Haare rieche oder denke, daß ich Haare rieche, muß ich niesen.
Er niest. Sie lachen.
Wenn ich ein schönes Mädchen sehe, möchte ich sie gerne kämmen, denn das vergibt mir die Schuld. –
HANNA Ich fand mich nie schön, gar nicht.
Sie setzt sich auf einen Hocker. März beginnt sie zurückhaltend und kindlich zu kämmen.
MÄRZ War von meinem Körper immer beschämt. Wußte nicht wie und nicht was. Die Welt ein Ameisenhaufen.
HANNA Wie ich fünf Jahre war, vielleicht, hatte ich mir eine Perle in die Nase gesteckt, die ich nicht rausbrachte. Wie sie an mir rumpolkten, fing die Nase zu bluten an, schrecklich, und ich schrie. Ich sollte mich schneuzen, zog aber das Blut nur immer wieder hoch, und Mama sagte, daß mir die Perle noch ins Gehirn käme, und ich schrie. Da holten sie Papa, und Papa, also der Onkel, holte einen Sanitäter, der sich die Nase besah und nichts finden konnte. Er sagte, daß es keine Perle in der Nase gäbe, daß ich mir das nur einbilden täte. Alle waren sehr erleichtert und glaubten dem Sanitäter, ich aber hatte Schmerzen und gab keine Ruhe, weckte in der Nacht alle auf. So holten sie einen Notarzt. Der steckte mir einen Trichter in die Nase, leuchtete hinein und konnte wie der Sanitäter nichts von einer Perle finden. Ich aber schrie und schrie. Da holte der Arzt ein langes blitzendes Instrument heraus und sagte: Ich

kann nichts finden, mein Kind, aber wenn du sagst, daß eine Perle drin steckt, werden wir die mit dem hier herausholen. Ich war so entsetzt, daß ich beichtete, die Sache mit der Perle erfunden zu haben. Alle waren gerührt und belohnten mich mit Schokolade. Ich wußte aber genau, daß in meiner Nase tatsächlich eine Perle steckte. Und wußte das zwanzig Jahre.
Sie legt sich auf das improvisierte Bett, März neben sie, Pause.
MÄRZ Das zeigt, die Geschichte, daß man innerlich viele Sachen weiß, die man nicht wissen darf. Um als gesund zu gelten. – Gesund ist, wer andere zermalmt.
Pause.
Vor dem Spiegel die Übung: Pokerface, keine Empfindung zeigen. Auf Nadelstiche nicht reagieren, nicht zucken bei der Berührung mit nachglühenden Streichholzkuppen. Kamikazeflieger.
HANNA U-Sprache, Ü-Sprache, I-Sprache, dann waren sie alle vertauscht. Es war meine Sünde, sie alle vertauscht zu haben. Da waren sie alle weg. Ich bin jetzt aber ganz froh.
Pause.
Träumte von sieben Krankheiten in sieben Bettchen. Eins nach dem anderen lüftete sich und flog davon. Da wurde ich wach und dachte: du bist doch aber gar nicht krank.
MÄRZ Wie sah das aus, was weggeflogen ist?
HANNA Weiß.
MÄRZ Wie Fledermäuse?
HANNA Eher wie die Schmetterlinge, natürlich bedeutend größer.
MÄRZ Schmetterlinge können auch sehr leicht Reisen bedeuten.
HANNA Reisen?
Sie lacht.
MÄRZ Im Frühjahr, mehrfach, habe ich von Fliegenden Fischen geträumt, ein wundervolles Gefühl, das ziemlich sicher auf Reisen hindeutet.
Hanna lacht.
Wo würdest du am liebsten hinreisen?
HANNA Ins schöne Zillertal.
Das Klappen einer entfernten Tür. Ein älterer Nachtwächter, mit einer Stablampe ausgerüstet, geht durch die Räume, um nach dem Rechten zu sehen. Er leuchtet den Raum ab, sein Lichtkegel erfaßt schließlich die beiden, die, ohne sich zu rühren, einige Sekunden im hellen Licht liegen.
NACHTWÄCHTER Was machen Sie denn hier?

März springt auf, entreißt ihm die Stablampe, schlägt ihn mit der Lampe nieder und schlägt weiter auf ihn ein. Von Hanna übrigens unterstützt, die nach dem um Hilfe schreienden Wächter tritt, die Sachen zusammenrafft und mit März davonläuft, die Laken um sich geschlagen.

Lichtwechsel

26. Szene

Waschraum.
März in Arbeitskleidung, bereit, mit anderen zur Arbeitstherapie auszurücken, kommt in den Waschraum, duckt sich, trinkt Wasser, als ein Pfleger hereinkommt.

Huber Du brauchst dich nicht zu eilen. Du wirst verlegt nach C.
März Ich gehe nicht nach C.
Huber Wenn du nicht gehst, dann wirst du halt gefahren.
Er kommt auf März zu, März wirft einen eisernen Eimer nach ihm, rennt zur Tür, wo zwei andere Pfleger erscheinen.
Pfleger Mach keinen Unsinn, hat doch keinen Zweck.
März bleibt stehen, hebt die Arme, geht zurück, schießt plötzlich zwischen ihnen durch zur Tür, wird nach heftigem Kampf von den drei Pflegern überwältigt.

Lichtwechsel

27. Szene

Kofler *ad spectatores*: März ist von C abgängig, hinterließ an mich gerichtet diesen Brief.
Sehr geehrter Herr Oberarzt, teile Ihnen mit, daß ich nunmehr inkognito zu reisen beabsichtige. Ich möchte gerne in die größeren Städte aller Länder fahren, da ich von der Welt bisher zu wenig gesehen. Entlassungsschein wie Gesundheitszeugnis habe ich mir erteilt. Medizinisch bitte ich für die Beseitigung meiner Hasenscharte zu sorgen. Ich wünsche die Lippen voll und gut durchblutet, die Kopfhaut braucht eine dreifache Kopfhaarvermehrung. Die Augen wünsche ich strahlender, feuriger Blick und

große Pupillen. Die Augenwimpern seidig, ohne Augenschatten. Das Körpergewicht mindestens 70–75 Kilo. Die Körpergröße sollte schon 1,76 sein. Derzeit 1,70. Gewicht nur 55,30 Kilo. Die Stimme wünsche ich baritonal. Hochachtungsvoll Alexander März.

Dunkel

Vierter Aufzug

Leuchtschrift: SZENEN AUS GRAUBÜNDEN.

1. Szene

Hochalm in Graubünden. Ein Wiesenhang. Käserei.
Die Szene ist eine Zeitlang leer. Man hört künstliche Vogelstimmen, die sich von beiden Seiten nähern. März kommt von der Seite ins Bild, von der anderen Seite Hanna. Sie imitieren die Vogelstimmen, kommen sich näher, entfernen sich voneinander, verständigen sich auf Distanz, drehen sich die Rücken zu, nähern sich mit einander zugekehrten Rücken, bis sie aneinander stoßen. Während der Annäherung Vogellaute auf I– –O– –A– –U– –EI– –AU– –, die zunehmend mehr Ruflaute werden. Je näher sie sich kommen, desto leiser werden auch die Stimmen. Wenn sie mit den Rücken aneinanderstoßen, drehen sie sich zueinander und umarmen sich.

MÄRZ Vogelmenschen erfinden die Menschensprache auf Rufweite.
Sie laufen nach verschiedenen Seiten aus der Szene.
STIMME VON HANNA *wie aus großer Entfernung:* Ma-mma – – Ha-llo – – Schi-zo. – –
STIMME VON MÄRZ *ebenso entfernt:* U-hu – – Schu-hu – Wi-lli. – –
März und Hanna nähern sich, bleiben aber auf größerer Distanz.
HANNA *wie aus der Entfernung rufend:* Schi-zo – – Ha-llo – – Hil-fe!
MÄRZ *wie aus der Entfernung:* Ha-nna – – Lie-be – – Mö-se.
HANNA Kugelficker!
MÄRZ Kohlröschen!
HANNA Flie-gen! Schwe-ben! At-men!
MÄRZ Von Rufsprache schubweise Näherung zu Lippensprache.
Sie gehen flüsternd und schließlich stumm die Lippen bewegend aufeinander zu.
HANNA Soll der Mensch vorsorglich die Taubstummensprache erlernen oder lieber das Blindenalphabet?
Sie läßt sich den Wiesenhang hinunterrollen, von März gefolgt. Sie stoßen Laute des Vergnügens dabei aus.
HANNA Was ich als Kind niemals durfte. Nicht die Schlüpfer sehen lassen.

MÄRZ Die helle dünne Luft, der Mensch macht, was er will.
Eine steinalte Frau, schwarz gekleidet, kommt aus der Käserei, sie sieht fast nichts, orientiert sich an den Geräuschen.
CRESZENZIA Chi eschat vus? – Chi eschat vus? – Eschat vus meis infants?
Hanna geht zu der Alten.
HANNA *mit einer schweizerdeutschen Sprachbemühung*: Mir verstehe kei Räteromanisch, Creszenzia. Was meinst?
CRESZENZIA Wer ihr seid? Ihr seid doch nicht meine Kinder? Wer ihr seid?
HANNA Die Hanna und der März, die der Bauer Juf heraufgebracht hat zum Arbeiten. Wir machen den geräucherten Hartkäse, wie uns du das angelernt hast. Kennst uns nicht?
CRESZENZIA *schlägt sich an die Stirn*: Natürlich, natürlich, natürlich. – Ich bin doch vergeßlich geworden.
HANNA Versorgen das Vieh, hacken die Disteln aus, weil sich die Kühe einstechen.
CRESZENZIA War schon kein Vieh mehr heroben zwei Jahre. Was war das früher für Gras. Die Alten sterben weg, will niemand mehr herauf. Wer soll die Arbeit machen? Die Hochalm geht hin, es gehn die Lawinen herab.
Sie bemerkt März.
Wer bist jetzt du?
HANNA Das ist mein Mann März.
CRESZENZIA Natürlich, natürlich, natürlich, ihr seid meine lieben Kinder. Ich habe ein Geschenk für euch. Ei, ei, ei.
Sie holt einen Teddybären hervor, von dem jedes Plüschhaar abgeküßt und abgegriffen ist.

Lichtwechsel

2. SZENE

März und Hanna unter einem Sonnensegel.

MÄRZ Dachte mir, unseres Lebens Erneuerung tagebuchmäßig niederzulegen.
HANNA Auch was wir hier machen?
MÄRZ Alles.
Er liest aus seinem Taschenkalender:

Notizen aus dem Hochgebirge. Die Flucht. Etwa so: ‹Mit selbstgefertigtem Schlüssel Abortfenster geöffnet und abgeseilt. Lieferwagen Gärtnerei kurzgeschlossen, nachts durch das stille Holzland. Lohberg ade. Rollte im Morgengrauen ihn still in den Isarkanal. Schlief herrlich im Wald bis zum Mittag.›

HANNA Kriegte von Karl schon morgens Zettel, M. abgängig. Weinte ich. Waren auf mich nicht gekommen.

MÄRZ ‹Löste Problem Hanna, indem ich mit ihr telefonierte. Verlangte ganz cool zur Mittagszeit Fräulein Graetz, Küche II. Wer spricht? Ihr Pflegevater.

Hanna lacht.

Holte sie ab nach dem Abendbrot.›

HANNA Schrieb kurz an Anni, daß ich mich mit einem geliebten Mann auf eigene Füße stelle. Alles Bisherige ausgelöscht, besonders aber Lohberg. Denke manchmal an Anni.

MÄRZ Wir sollten das aufnehmen.

HANNA Auch deins, was mir Karl gezeigt hat. ‹Verfügung über hiesige Hinterlassenschaft. Feuerzeug und Tabak kriegt Karl Fuchs.› Das Ganze.

MÄRZ Weiter vielleicht so: ‹Fuhren mit VW Cabriolet grau, kurzgeschlossen, gleich durch bis Meersburg am Bodensee. Autofähre nach Konstanz. Tanken per Schlauch auf dem Parkplatz. Kaffee und belegte Brote von Hanna jede Menge.›

HANNA Ärztecasino, Roastbeef und Salami. März naturbegabter Autofahrer.

MÄRZ ‹Konstanz. Genießen Strandpromenade mit Möwen. Wohnen Hotel zum Hecht. Ersparnisse Hanna 210 DM, M. 80 DM. Essen Bodenseefelchen blau. Kaufen für Hanna im Ausverkauf sehr schönen Flauschmantel. Jeder betrachtet Hanna, am meisten aber der März.›

HANNA Bildschönster Mantel seit je. Sehr schön der Zürichsee auf erster Auslandsreise.

MÄRZ Kommt.

Er liest.

‹Touromnibus bis Zürich, Reisegesellschaft. Zürichsee, 50 km Länge. Fahren sofort Motorboot. Schlafen am See, helle Sommernacht, 8. Juni.›

HANNA Ausverschämte Hotelpreise, eine Nacht ein Wochenlohn.

MÄRZ Kommt hinein.

Notiert das und liest weiter.

‹Entleihen Peugeot, Combi, kurzgeschlossen, ist ein sehr praktisches Auto, Hotelersparnis, Spritztour nach Bern und St. Moritz. Herrliches Berner Oberland. Fahren an Jungfrau vorbei. Finsterahorngruppe 4158 m. St. Moritz nicht unser Geschmack. Dafür um so mehr Fellers. Postauto von Chur 30 Minuten.›

HANNA Peugeot zurückgestellt vor Polizeibüro. Unbeschädigt.

MÄRZ Sehr gut.

März notiert.

HANNA Flitterwochen in Fellers und Flims. Wohnen bei Bauer Juf im eigenen Auszugshaus, preiswert, finden bald hier bald da Arbeit.

MÄRZ Beifahrer Molkerei, Aushilfskellnerin, Gelegenheitsjobs.

Er macht Notizen.

HANNA Vielleicht zu einzeln.

MÄRZ Finde, für uns fast nur das einzelne hat Bedeutung.

HANNA Seit wir von Lohberg weg sind, hat Hanna ihre Tage wieder.

MÄRZ Soll hinein?

HANNA Finde ich.

MÄRZ *notiert und liest weiter*: ‹Bauer Juf fragt, ob wir Interesse hätten an Käserei und Almwirtschaft. Wir machen sofort Kontrakt. Fahren mit Lastenaufzug über die Gletscherfelder bis Kogeljoch.›

HANNA Hätten vielleicht doch mehr verlangen können.

MÄRZ Kommt, wenn wir Fuß gefaßt haben. Beherrschen die Herstellung des Räucherschnurkäses. – Unsere Empfindungen vielleicht?

HANNA Besondere?

MÄRZ Einfach so.

HANNA *denkt nach*: Leichter die Luft und weiß, möchte dreihundertmal in der Minute atmen. Zeige dem März, wie man Ziegen melkt. – Du?

MÄRZ *liest*: – ‹Betrachte mit Hanna im Abendlicht sehr gern unsere wundervollen Körpermaschinen und erkläre sie. Zum Beispiel ist die weibliche Brust eine weiße Chlorophyllmaschine, eine sehr handliche, und eine Wunschmaschine bin ich. Erfand sofort eine Schattenmaschine.›

Er zeigt auf das Sonnensegel.

Finde, sehr guter Text.

HANNA Es fehlt irgendwie das Grundlegende, finde ich.

MÄRZ Bin nicht sehr grundlegend, kommt nichts raus.

HANNA Was wir wollen, meine ich.

MÄRZ Will eigentlich wenig.
HANNA Daß hier niemand stark sein muß oder Ia, diese Sachen. Sehen, riechen und fühlen wie er selber.
MÄRZ Zum Beispiel sehe ich manchmal mit den Fingerkuppen, liebkost meine Zunge die Fernsicht.
HANNA Mit Genuß und zusammen arbeiten. Alles soll besprochen werden. Aber es soll vorwiegend nur geredet werden, wenn jemand was weiß oder was wissen will. Diese Sachen.
MÄRZ *der sie aufmerksam betrachtet hat*: Wenn Hanna die Lippen bewegt, das ist ein schöner Gedanke.

Lichtwechsel

3. SZENE

März hantiert mit hölzernen Rinnen, Rädern und Drehscheiben, altem Zeug in der Nähe eines Wassersturzes. Hanna kommt mit Essen in einem Korb.

HANNA Was wird jetzt das?
MÄRZ Der Wassersturz des Wildbachs soll werden weitflächige Regenmaschine.
Große Geste.
HANNA Leider es wird ein künstlicher Regen hier oben nicht benötigt.
MÄRZ Aber ein Regenbogen aus dem zerstäubten Wasser! Aber eine Weideviehdusche!
HANNA Was denn noch!
MÄRZ März möchte die Nur-Maschine erfinden aus Rädern, Transformationen, Lichtenergie und Schwingungen, die Windmühlen aus weißen Federn treibt und ohne jeden Zweck.
Er greift nach Hanna, die ihn abwehrt.
HANNA Immer in Gang und Sex großgeschrieben.
Sie klopft an seine Hose. Sie hat den Korb ausgepackt, sie essen miteinander.

Lichtwechsel

4. Szene

Hanna, nur mit einem Arbeitskittel bekleidet, schläft auf einer Bank in der Sonne. Den Kopf zur Seite gelegt, fließt aus ihrem offenen Mund ein Silberfaden. März betrachtet sie eine Zeitlang stumm. März knöpft den Kittel von unten her auf, schiebt ihn über den nackten Körper, betrachtet lange und still den Venusberg der schlafenden Hanna. Er holt seine Rasierutensilien, beginnt seinen Oberlippenbart zu rasieren, so daß die Narbe der operierten Gaumenspalte (die nicht spektakuläre) sichtbar wird. Der Vorgang des Rasierens mit der panischen Angst vor dem Lippenspalt, dem Zwang, ihn zu verdekken, steht im Zusammenhang mit der Betrachtung des Venusberges der schlafenden Hanna, des Schamlippenspalts, den er berühren muß. Hanna fährt aus dem Schlaf und schreit, da sie März ohne Oberlippenbart sieht.

HANNA Was machst du?

MÄRZ Rasur.

HANNA Warum?

MÄRZ Fühle die Kräfte wachsen. Der blondlich dämmernde Wald,
Hanna deckt ihre Blöße zu.
sich kräuselnd ins Veilchental. Verliere die panische Angst.

HANNA Wovor?

MÄRZ Dem Lippenspalt.
März tippt mehrfach auf seine Narbe.

HANNA Ist nicht zu sehen, fast nicht.

MÄRZ Bitte dich, meinen Mund zu fotografieren, Kodak, farbig, 21 DIN, Naheinstellung und ohne Bart.
Er gibt Hanna seinen Fotoapparat. Hanna schaut durch, versucht eine Einstellung zu finden, setzt den Apparat ab.

HANNA Ich bring' das nicht, ich bring' das heute nicht.

MÄRZ Verstehe.

HANNA Nein!

MÄRZ Ich glaube nicht, daß du im Auftrage meiner Mutter hier bist. Die Ähnlichkeit ist keine vorgetäuschte!

HANNA März! Ich will nicht diese Beziehungsscheiße! Mama und Papa verwesen.

MÄRZ Es ist vielleicht die Rache.

HANNA Wofür?

MÄRZ Ich hatte einen Traum neuerdings. Ich liebte ein Mädchen, dich, das schöner als meine Mutter war. Ich sollte ihr aber erst das

Herz meiner Mutter bringen. Als meine Mutter schlief, schnitt ich es heraus und lief glücklich durch eine duftende Waldschlucht zu dir, stolperte und ließ das Herz fallen. Da sagte das Herz: ‹Hast du dir weh getan, mein Junge?› Ich drückte es an mich und küßte es, aber da bekam ich keine Luft mehr.

HANNA Sie sollen uns endlich in Ruhe lassen.

MÄRZ Du hast auf einer Wiese nackt Hüte aufprobiert, wie ich dich frage, ob ich den Gletscher färben soll. Ja, waschblau. Und das ist er ja.

Lichtwechsel

5. SZENE

Ein großer Bottich auf einer Feuerstelle. Hanna hat aus großen Eimern Kuhmilch in den Bottich gegossen, rührt um, März, Gesicht, Arme und Hals rot von Sonnenbrand, kommt mit zwei Eimern.

MÄRZ Ziegenmilch, 25 Liter.
Er schüttet die beiden Eimer in den Bottich, Hanna verrührt sie.
Eine Ziege ist mehr eine Ziege als eine Kuh eine Kuh. Unter dem Milchvieh der Schizo.

HANNA Geil und wie es scheint jederzeit die Ziegenböcke. –
Sie prüft die Wärme der Milch, langt hinein, wie auch März.
Grad warm, daß man drin baden möchte, 37 Grad, noch nicht ganz.
Sie legt Holz nach.
Ein Junge aus dem Dorf, erzählt Creszenzia, der hat die Ziegen gern gehabt, wenn er ein paar Bier getrunken hat, den haben sie ins Irrenhaus gesperrt. – Jetzt Lab zum Dicklegen, zum Käseteig.
Sie gießt die Labflüssigkeit in die Milch und beide rühren, um den Gerinnungsvorgang gleichmäßig zu machen. Dann zerhaut März den Käseteig mit dem Käsesäbel in Stücke, zerkleinert ihn mit der Käseharfe und verrührt ihn mit dem Weibel.

HANNA Was ich will, ist ein Kind, denn ich will nicht länger allein sein. Und es soll sein wie wir, und jedenfalls ganz anders. –
März verstärkt die Feuerung.

MÄRZ Was mir gefällt, die Zeit: ein guter Rauchschnurkäse braucht zu seinem Geschmack schon wenigstens seine sechs Monate. Und daß den Geschmack die Bakterien machen, die Schädlinge.

Lichtwechsel

6. Szene

Hanna am Tisch in der Dämmerung. Sie ißt gebrocktes Brot in Milch. März kommt mit Fotoapparat und Stativ, schwarzen Tüchern und einer Haube.

März Ich möchte dich in der Dämmerung fotografieren. In schwarzen Tüchern, schwarzer Haube. Das ist das Bild meiner Großmutter.
Hanna Warum denn?
März Weil vielleicht sie mich verstanden hat.
Er legt das Tuch um Hanna, setzt ihr die Haube auf, macht ihr Gesicht immer kleiner.
Vielleicht besser unter dem Tisch.
Hanna Drunter?
März Die Knie angezogen und auf dem Tisch –
Er arrangiert Hanna unter dem Tisch, stellt den Selbstauslöser ein, setzt einen schwarzen Hut auf, sitzt auf dem Tisch wie eine Bedrückung. Die Aufnahme wird ausgelöst. März arrangiert von neuem.
Ein Bild vielleicht bloß, bis zum Knie, dahinter Creszenzia –
Hanna Ich will das nicht.
März Ein künstlerischer Versuch alter Schule.
Hanna reißt sich die Sachen ab.
Hanna Ich bin nicht die Großmutter. – Warum denn wieder das? –
Pause.
März März denkt viel nach über März. Ich gehöre nicht zu ihnen, ich habe nie zu ihnen gehört, ich will niemals zu ihnen gehören. Normal! Normal! Ich kenne ihren Haß, ich hasse sie ungeheuer.
Pause.
Hanna Wo ich den Haß gefühlt hab', war, es besuchte mich mein Vater, der richtige, der Ficker von Tante Ruti, Mama also, war Abteilungsleiter in einem Versandhandel, der kam, wie ich noch geschlossen war, und brachte mir eine große Bonbonniere. Wie er mich sah, da weinte er und strich mir übers Haar, der Vater,

und ich weinte auch. Dabei erklärte er mir, wie schrecklich das wär', daß ein uneheliches Kind noch heute die Karriere eines Mannes zerstören könne. Daß sein Name nicht auftauchen dürfe, darum bitte er mich. Und in die Tasche meines Krankenkittels steckte er ein Kuvert. Ich sagte ja und stellte die Bonbonniere auf den Tisch. Ich öffnete den Deckel und betrachtete die Pralinen, mit feinen Likören gefüllt. Dann setzte ich mich dadrauf, fühlte die Cognacbohnen klebrig an meinem Arsch und sah ihn ruhig an, bis er läutete. Da brachten die Pfleger mich weg. Aber das Geld behielt ich. – Einhundert D-Mark.
MÄRZ Ich habe ein Foto gemacht von deinen Fußabdrücken im weißen Scheuersand der schwarzen Dielen.
Er zeigt ihr das Foto, das sie still betrachten. Nach einer Pause erscheint ein jüngerer, bärtiger Mann hinter ihnen, ein Bergsteiger offenbar, der Schweizerdeutsch spricht.
MANN Grüß Sie miteinand.
Hanna fährt auf, läuft schreiend auf das Haus zu.
Was hat die Frau?
MÄRZ Schreckhaft. Wer sind Sie?
MANN Bergsteiger.
MÄRZ Woher?
MANN Kanadier. Ich suche einen Mann, der mich über das Gletscherfeld führen kann und den ich bezahle.
März geht zu ihm, betrachtet ihn aus der Nähe.
MÄRZ Ich bin der Mann nicht.
MANN Bist fremd?
MÄRZ Nein.
MANN Was dann?
MÄRZ Ich kenne dich. Kenn die wie du genau.
Er meint Polizisten.
MANN Geh weiter. Bist verrückt. Ich möcht hier übernachten und was essen.
März schweigt argwöhnisch, da sagt Hanna aus der Entfernung:
HANNA Wir freuen uns und bitten Platz zu nehmen.
Hanna und März bemerken, daß der Mann hinkt, als er zum Tisch geht. Die Hose ist an einem Unterschenkel wie von Blut durchfeuchtet.
MANN Mein Knöchel ist verstaucht.
HANNA Es ist Verbandszeug da.

Lichtwechsel

7. Szene

Hanna, März und der Kanadier ruhen sich nach der Arbeit an einem abfallenden Grashang aus. März massiert einem Zicklein Salbe ein. Der Kanadier läßt einen Joint rumgehen.

HANNA Seit ich schwanger bin, ich fühle mich viel stärker, weil ich nicht mehr allein bin, bin stabil, brauche auch nicht den März.
Sie lacht.
KANADIER Das macht vielleicht das Gras.
MÄRZ Oftmals in einer Stunde so, dann so, wie ausgewechselt.
HANNA Warum eigentlich soll der Mensch immer derselbe sein? Blöde. Blöde, die Tage so einzuteilen, daß sie immer gleich lang sind wie Meterstäbe. Wenn ich mich danach fühle, ist ein Tag manchmal zwanzig Tage oder es wird ein Jahr auch schon mal übersprungen.
Sie lacht.
KANADIER Ganz klar, das Gras.
Er legt den Arm um sie und schüttelt sie freundschaftlich.
HANNA Ich habe keine Angst und laß mir nichts gefallen. Auch von denen nicht.
KANADIER Von wem meinst du?
HANNA Wie ich die Schafe hole, steht auf ein Alphornsignal vor mir die Stiefmutter, die mich vergiften will. Als sie mich scheinmütterlich zu küssen versucht, beiße ich sie in die Lippe.
Sie lacht vergnügt.
Das ist wahr.
MÄRZ Die Wahrheit ist Gold und etwas leichter als Wasser.

Lichtwechsel

8. Szene

Früher Morgen. Creszenzia wickelt Ziegenkäse in Blätter und schichtet die Käse in große Körbe. Dabei murmelt sie rätoromanisch vor sich hin. Nach einer Zeit kommt März.

MÄRZ Nicht am Kogeljoch und nirgends. Seit abend ganz verschwunden. Hat sie dir nichts gesagt?
CRESZENZIA *rätoromanisch vor sich hinmurmelnd*: Guter Ziegen-

käse, hervorragend aromatischer Ziegenkäse, alle wollen unseren Ziegenkäse.

MÄRZ Was?

CRESZENZIA *deutsch*: Alle wollen unseren Ziegenkäse.

Sie riecht daran und arbeitet murmelnd weiter.

MÄRZ Ob Hanna was zu dir gesagt hat?

CRESZENZIA Ja.

MÄRZ Was?

CRESZENZIA *rätoromanisch*: Ein frühes Jahr. Kann früh Schnee kommen.

März breitet sein Rasierzeug aus, beginnt sich zu rasieren.

MÄRZ Ob Hanna was gesagt hat?

CRESZENZIA *deutsch*: Ein frühes Jahr. Kann früh Schnee kommen.

Hanna kommt aus der Tür der Milchkammer, gibt sich ganz unbefangen, bringt Frühstück.

MÄRZ Ich hab dich überall gesucht. Wo warst du?

HANNA Ich hab mich um das Vieh kümmern müssen.

Sie ist unruhig, macht Zeichen, daß die Alte hier weg solle.

MÄRZ Es war doch kalt und naß. Wo warst du?

HANNA Ich will nicht, daß du dich hier rasierst! An diesem Tisch, wo wir essen!

Sie fegt das Rasierzeug zur Seite, sagt zischend auf Creszenzia bezogen:

Die weg, die spitzelt!

Zu Creszenzia: Hilf den Kühen! Die Kühe haben sich Disteln eingetreten!

CRESZENZIA Wer bist du? Du bist ein böses Weib!

Sie geht ins Haus.

HANNA Jetzt steigt sie in den Dachstuhl und bespitzelt uns.

MÄRZ Hanna!

HANNA Es hat die Verfolgung des Kindes begonnen.

MÄRZ Niemand verfolgt dich, Hanna.

HANNA *spöttisch*: Niemand?

MÄRZ Es ist die Angst in dir. Vielleicht von damals diese Angst in dir. Hanna!

Sie entzieht sich ihm.

HANNA Auf dem Dachsims haben die Biologen eine Beobachtungsstation eingerichtet, in der Schlucht lagert Bundesgrenzschutz. Sie hat mir befohlen, mit nackten Füßen über das Gletscherfeld zu gehen. – Ich habe es versucht, ich hab's ja doch versucht.

Sie weint.
MÄRZ Wer hat das befohlen?
HANNA Die Oberin Stiefmutter. Sie wollen das Kind nicht zulassen, weil es nicht vollständig ist. Ich habe es aber gesehen, ich habe es einen Felsen herabstürzen sehen, dann hat es in einem Moossarge gelegen mit stark gekräuselten Lippen.
MÄRZ Das hast du geträumt, Hanna. Es ist, weil du das Kind kriegst, daß die Angst zurückkommt, das vergeht!
HANNA Man will mich verrückt machen, um an das Kind zu kommen. Meine Mutter, Tante, hat sich hier eingeschlichen, redet auf mich ein wie ein Maschinengewehr, gelernte Hure und der Onkel, tatsächlich mein Vater. Daß ich nicht weiß, wer ich bin. Es werden Beauftragte geschickt, ich habe sie gezeichnet, ich habe ihre Steckbriefe hier.
Sie holt schwarz schraffierte Zeichnungen hervor und nagelt sie an die Tür.
MÄRZ Die müßte ich doch auch gesehen haben.
HANNA Du ahnst ja nicht, auf welche Weise du benutzt wirst, mich verrückt zu machen. Warum hast du mir gesagt, daß ich nackt auf einer Wiese Helme aufprobiert habe, das haben die Biologen notiert auf seine Veranlassung.
MÄRZ Auf wessen Veranlassung?
HANNA Der hier sich krank gestellt hat.
MÄRZ Der Kanadier?
HANNA Der Kanadier ist kein Kanadier.
MÄRZ Er ist seit Wochen weg. Hat 40 Franken bezahlt.
HANNA Er ist nicht weg, ich bin ihm nachgegangen. Er treibt sich rum, verlangt von mir ferngelenkten Geschlechtsverkehr, daß ich an schlechte Sachen denke, die er den Biologen meldet.
Sie zeigt in Richtung des Dachsimses.
Und dem Bundesgrenzschutz durch die Alte.
MÄRZ *nimmt Hanna bei der Hand:* Wir gehen jetzt, wir beide, durch das Haus und dann auch durch die Schlucht, durchsuchen jeden Winkel, auch das Dach und was du willst und prüfen, ob es irgend jemand gibt oder irgendwas, die dich hier verfolgen.
Er geht mit ihr auf das Haus zu. Im Hause ein Fallgeräusch wie von Steinen. Creszenzia kommt aus der Tür, sie hält sich eine blutende Platzwunde am Kopf.
CRESZENZIA Ein Stein ist rabgekommen bei der Stalltür.
HANNA *kalt:* Jetzt hat es dich erwischt. Jetzt bist du überführt. In meine Falle gegangen.

MÄRZ Aber du bist ja verrückt!
  Hanna steht still und weint plötzlich.
HANNA März? März!
MÄRZ Du darfst jetzt nie allein bleiben. Hanna!
  Hanna weint, sie verbindet Creszenzia.

Dunkel

Fünfter Aufzug

Leuchtschrift: DIE RÜCKKEHR.

1. Szene

Mit dem Rücken zum Zuschauer sitzt Kofler nachts an seinem häuslichen Schreibtisch vor einer großen schwarzen Glastür zu einer Holzterrasse über dem Fluß. Er wohnt in einer aufgelassenen, heruntergekommenen Wassermühle. Er hört ein Tonband mit einem Patientengespräch ab, Albert z. B., macht sich Notizen. Ein langanhaltender Regen läuft die schwarzen Scheiben herunter.

TONBAND *Stimme von Albert*: Die Väter der Psychiatrie sind die Pfaffen und die Barbiere, die den Leuten die Gedanken oder die Haare abgeschnitten haben. Als Sklave der Psychiatrie trage ich Vollglatze.

Stimme von KOFLER Sie hätten Wahlurnen angezündet, steht hier.

Stimme-ALBERT Ach diese Papierkörbe.

Stimme-KOFLER Wahlurnen, deshalb hatte man Sie in das feste Haus eingeliefert. Wieso haben Sie das draußen nicht geschafft?

Stimme-ALBERT Es hört mir keiner zu. Es ist ja doch, daß gar niemand mehr hört und sieht. Das Knistern von Papier, das Schneiden durch ein Fleisch – Fahrrad auf nassem Asphalt – Wer ist das denn, der da für alle sieht und hört? Es ist derselbe Haufen Scheiße draußen wie hier. Was ich gesehen habe, daß wir hier nur die kleinere Nachbildung sind.

Kofler hat sich Notizen gemacht. Während das Tonband abläuft, sind vor die verregnete Scheibe zwei Leute getreten, die Kofler erst bemerkt, als er ein Telefonat beendet, das seine Arbeit kurz unterbrochen hat.

KOFLER *am Telefon:* – Ja? – – Hier bei mir? Niemand. – Unsinn. – – Nein. – Nein, nein. – Wer sind Sie?

Er legt den Hörer irritiert zurück, erschrickt von einem sehr leisen Klopfen an der Glastür, sieht zwei undeutliche Gestalten, sieht durch die Glastür ins Dunkel. Ein Gesicht drängt sich an die verregnete Scheibe, er erkennt März und öffnet die Tür.

KOFLER März? Wirklich März?

Er lädt sie ein, einzutreten.

Hanna! Ach, Hanna!

Durchnäßt und abgezehrt treten März und Hanna ein. Die Pappkartons in ihren weißen Händen sind vom Regen aufgeweicht, Hannas Schuhe aufgeschnitten. Über Wollzeug und alte Mäntel haben sie Plastikfolien mit Schnur zusammengebunden. Sie stehen eine ziemlich lange Zeit unbewegt im Raum, während Kofler einen Außenladen vor die Glastür zu ziehen versucht, es schließlich aufgibt, die Türe schließt, ihnen hilft, ihr durchnäßtes Zeug abzulegen. Dabei bemerkt er Hannas weit fortgeschrittene Schwangerschaft.

MÄRZ *versucht einen Scherz*: Regen ist gut, für jeden Hut.

KOFLER Ich bringe was zu essen, Tee ist da – ich hole trockene Sachen – Moment –

Er läuft hinaus, kommt gleich mit Kleidungsstücken zurück, die er aber irgendwo ablegt, lädt zum Sitzen ein, da die beiden immer noch rumstehen. März hat ein etwa fünf Kilo schweres Stück Rauchkäse auf umständliche Weise aus einem der Pappkartons geholt und überreicht es Kofler.

MÄRZ Haben für Sie ein Geschenk, eigene Fabrikation, graubündener Rauchkäse. – In einer vorübergehenden Verlegenheit wollten wir nicht versäumen, Sie aufzusuchen. Auch scheint es in Anbetracht fortgeschrittener Schwangerschaft ratsam, unsere zeitweilig umherschweifende Lebensweise in eine seßhafte zu verwandeln.

Hanna hat die ganze Zeit eine ängstlich beobachtende Haltung eingenommen. Sie wendet sich März niemals zu, ihre Stellung ihm gegenüber ist immer leicht abgewendet, aber nicht besonders auffällig. Sie achtet auf alle Geräusche, ist in Unruhe, die sie aber gut kaschiert.

HANNA Erbitte, verehrter Herr Doktor, möchte nie niemals Lohberg.

Sie kniet vor ihm nieder.

KOFLER Hanna! Aber Hanna! Sie müssen was essen.

Er setzt sie in einen Stuhl. Sie ißt still weinend ein Brot.

MÄRZ *weiterhin großartig*: Da Hanna mit der Schwangerschaft auf einige Ideen zurückgekommen ist, die Ihre Hilfe erfordern könnten –

Hanna spuckt demonstrativ dreimal aus.

– denken wir an eine kurzfristige private Unterbringung zu Lasten der Krankenkasse, die 14 Monate alle Kosten gespart hat, vielleicht auf einem Bauernhof in der Nähe, bis eine befriedigende gemeindepsychiatrische Versorgung in angenehmer Gegend, vielleicht Toscana, gefunden ist. Ich habe auch über schottische Erfahrungen gelesen, glaube aber nicht, daß uns die schottische Lebensweise liegt, eher die irische, wo es leider aber keine Selbsthilfepsychiatrie gibt.

KOFLER Selbsthilfe genügt?

MÄRZ Wer in den Wahnsinn hineingeht, der geht auch wieder heraus.

KOFLER Hm.

MÄRZ Kann sich, wenn man ihn läßt, glaube ich herausarbeiten. Jedoch man steckt ihn in die Mülltonne.

KOFLER Lohberg.

MÄRZ Klapsmühle schluck, schluck, tropf, tropf. Soll keiner denken und fideln in unserer Eunuchenfabrik.

KOFLER Fideln?

MÄRZ Daß wir von innen her sterben, ruft nachts keine Nachtigall. Doch muß ich jetzt erst schlafen.

Er breitet eine Decke auf dem Boden aus und legt sich nieder.

KOFLER – Sie haben nach niemandem hier gefragt.

März schüttelt den Kopf.

MÄRZ Karl habe ich manchmal gedacht, schon mal Albert.

KOFLER Karl ist nach Urlaub verstorben,

ratlose Geste

Albert im festen Haus. Wahlurnen angezündet.

März lacht kurz.

Wir konnten viele entlassen, die meisten kamen zurück. – Keine Therapiegemeinschaft im Gefängnis.

HANNA März ist doch März, Herr Doktor? Er kann doch nicht plötzlich mein Bruder sein?

KOFLER Bestimmt nicht, Hanna.

März nähert sich Hanna kaum merklich. Sie weist ihn mit ausgestreckten Händen panisch von sich, wendet sich ab und flieht vor ihm.

HANNA Wenn du mir nahe kommst, ich bring mich um! – –

MÄRZ Ich weiß, Herr Doktor, habe jetzt nur Sie.

Er ergreift Koflers Hand.

Bitte nicht Lohberg, ich bitte.

KOFLER Was macht Ihnen jetzt bei mir Sorge, Hanna?

HANNA *schnell und wie gejagt*: Die Fremdenpolizei verlangt von mir Geschlechtsverkehr, Schnepfe, Ritze, Matratze. Sie wollen mir das Kind abjagen und Präparate von ihm herstellen, weil es meine Hautfarbe hat, der Wahnsinn ist eine Hautfarbe, werde ich beschuldigt, die in dem Samen schon festliegt. Ich soll über Schlacke gehen, ich bin doch aber nicht verrückt, sie haben mich verrückt gemacht. Die Revolution der Liebe ist eine Fickanstalt. Das wollen Sie meiner Mutter sagen.

KOFLER Was ist mit ‹Revolution der Liebe› gemeint, was man Ihnen zuruft?

HANNA *übergangslos schelmisch, auf eine kalte Weise*: Wir haben doch, Herr Doktor, im schönen Zillertal vergnügt gefickt? – Jetzt ist der Sühnetag. Ich seh' sie doch überall stehen.
Sie beginnt am ganzen Leibe zu zittern.

KOFLER Aber Hanna, wo? Wo? Wo denn?

MÄRZ Es weiß der Schizo auch keinen Rat für den Schizo.
Durch die unverriegelt gebliebene Glastür zur Terrasse über dem Mühlschuß (Mühlbach) sind drei adrette Zivilisten getreten, zwei jüngere und einer mittleren Alters. Der ältere schüttelt seinen nassen Schirm aus, die jüngeren haben eine Hand in der Tasche.

DER ZIVILIST *ein Polizeirat*: Ich bitte um Verzeihung, ich nehme an, Herr Doktor Kofler, ich bitte die Anwesenden sich nicht zu bewegen. Wir sind gehalten, einem ernsten Hinweis nachzugehen, und bitten um Ihr Verständnis, aus Gründen der humanen Verbrechensvorbeugung.

KOFLER Wer sind Sie?

POLIZEIRAT Entschuldigung, mein Fehler, mein Fach die Kriminalpsychologie, Runge, Polizeirat. In wenigen Minuten, wenn ich Ihr Vertrauen erbitten darf, ist alles aufgeklärt. Das Mühlenareal ist umstellt, eine Routinemaßnahme, die ich zu tolerieren bitte. Die Situation ist mir so unbehaglich wie Ihnen.

KOFLER Was soll ich verstehen? Was soll ich tolerieren? Wenn Sie nachts in mein Haus einbrechen?

POLIZEIRAT Wer sind die Leute hier, Herr Doktor Kofler, die, als Sie gerade angerufen wurden, nicht hier waren, glaube ich?

KOFLER Es sind Besucher, Freunde, auf der Durchreise.

POLIZEIRAT Woher, wohin, wenn ich fragen darf?
Keine Antwort von März und Hanna.
Seit wann sind Sie befreundet, Herr Doktor?

KOFLER Es sind Patienten, ehemalige Patienten, die mich konsultieren.

POLIZEIRAT Sie sagten ‹Freunde›, glaube ich.

KOFLER Ja, Freunde und Patienten! Ich verlange, daß Sie hier verschwinden oder eine richterliche Anordnung vorweisen!

POLIZEIRAT Es bringt uns nichts, Herr Doktor. Gefahr im Verzuge.
HANNA Sie befehlen, daß ich mich selbstmorde?
POLIZEIRAT Wir prüfen die Papiere und bitten, nicht selbst danach zu greifen. Bitte.
Hanna rennt von allen unvermutet rasend schnell durch das Glas der Tür auf die Terrasse und springt ins Wasser. Sie hat eine Lampe umgeschlagen. Dunkel. Stimme von außen: Sie ist im Wasser!
POLIZEIRAT Dann holen wir sie eben wieder raus.

Lichtwechsel

2. SZENE

Eine Krankenzelle, abgeschlossene Tür, gesichertes Fenster. März sitzt in Krankenkleidung mit angezogenen Knien auf seinem Bett. Die Hände auf dem Kopf zusammengelegt, die Ellbogen nach außen abgewinkelt, bewegt er Kopf und Hände in kleinen stereotypen Bewegungen vor und zurück. An das obere Bettende gelehnt, stößt der Kopf dabei regelmäßig an die weißlackierte obere Stange des Bettgestells. Sein Gesicht ist unbewegt, die Augen offen, durchaus auch etwas in den Blick nehmend. Beim Gesunden würde man das eine nachdenkliche Haltung nennen. Unter den Knien seine Habseligkeiten.

*Stimme-*MÄRZ Das Glück
    Der das Glück hat kann leben.
    Das geht nicht schwer.
    Es rollt der Koloß allein
    in Frühling und nährt sich.
    Von Aas. (Vergangenheit)
Ein Pfleger kommt herein, befestigt ein kleines Kissen an der oberen Bettstange.
PFLEGER Daß dich nicht stößt. — Wennst was brauchst, bloß klingeln. Pissen in die Ente, gell?
Pfleger ab. März stößt beide Fäuste senkrecht in die Luft, legt den Kopf zwischen die Knie und gluckst.

Lichtwechsel

3. Szene

Krankenzelle.
März liegt in Krankenkleidung auf seinem Bett. Wegen der motorischen Unruhe ist er fixiert worden. In regelmäßigen Abständen hebt er Arme und Beine wie zur Demonstration seiner Unfreiheit und stößt ein verachtungsvolles Schnarchgeräusch aus. Feuerstein kommt mit Visitengefolge.

HOFFE Wegen der motorischen Unruhe, die zugenommen hat, und der Tendenz zur Selbstbeschädigung haben wir den Patienten vorübergehend fixiert.
FEUERSTEIN Ich weiß nicht, brauchen wir das? – Herr März?
Keine Reaktion.
Herr März? –
Keine Reaktion.
Wo sind wir hier, Herr März?
März hebt die fixierten Arme und Beine, stößt den verachtungsvollen Schnarchton aus.
Aus welchem Grunde wurden Sie hierhergebracht?
Keine Reaktion.
Kennen Sie mich, Herr März? – Warum antworten Sie mir nicht? Wollen Sie mir gar nichts sagen?
März wendet sich unvermutet Feuerstein zu und winkt ihn mit dem Zeigefinger zu sich, als wolle er ihm etwas vertraulich sagen. Feuerstein setzt sich auf das Bett, beugt sich zu ihm.
Was wollen Sie mir sagen, Herr März?
Mit einer schnellen Bewegung hat ihn März in die Hand gebissen, die sich seinem Gesicht näherte, um eine Pupillenreaktion zu prüfen. Feuerstein springt mit einem Schmerzensschrei auf, hält sich die blutende Hand.
Er hat mich in die Hand gebissen!
Feuerstein verläßt schnell den Raum. März hebt Arme und Beine, stößt das verachtungsvolle Schnarchgeräusch aus. Dann liegt er stille.
Stimme-MÄRZ Der Golem
   Wenn der Golem zu groß geworden ist ihm
   den Kopf abzuschlagen
   mit seinem W an der Stirn
   Wahrheit
   Wissenschaft,

>   Wahnsinn
>   muß man den G. höflich bitten
>   sich zu bücken
>   indem man ins Ohr ihm was flüstert
>   wegwischt das W und
>   den Kopf.

Pfleger kommen.
PFLEGER Jetzt wirscht gespritzt, mei Lieber.

Lichtwechsel

4. SZENE

Krankenzelle. Tage später.
März sitzt auf seinem Bett mit angezogenen Knien und raucht eine Zigarette. Die Hände mit Zeige- und Mittelfinger an den Schläfen, bewegt er den Oberkörper leise vor und zurück. Zweimal sucht er einen Bleistift, offenbar um etwas zu notieren, wie er den Bleistift gefunden hat, steckt er ihn wieder zurück, ohne etwas aufzuschreiben. Die Haltung würde beim Gesunden auf intensiv geistige Arbeit schließen lassen.
Frau Dr. Hoffe kommt, bleibt in der Tür.

HOFFE Herr März, Sie kriegen Besuch von Dr. Kofler.
  März reagiert nicht, fährt in seinen Bewegungen fort.
  Herr März!
MÄRZ *schüttelt den Kopf*: Wünsche keinen Besuch, bin beschäftigt.
HOFFE Aber Kofler doch?
MÄRZ Der Künstler hat seinen Stoff gefunden, nähert sich seinem Ziel. Bestellst du ihm bitte.
  Er steht auf und pißt in die Plastikente.
HOFFE Duzen wir uns, Herr März?
MÄRZ Wir nicht, ich.
HOFFE Seit wann?
MÄRZ Hinfort und jederzeit. Mallenratsfotze.

Lichtwechsel

5. Szene

Krankenzelle.
März sitzt mit angezogenen Knien auf seinem Bett. Er trägt einen Pullover über der Krankenkleidung. Seine Habe unter dem Knie, blättert er in einem Schreibheft mechanisch vor und zurück, ohne darin zu lesen. Er scheint den eintretenden Kofler nicht zu bemerken, legt das Schreibheft ab, nimmt das nächste, durchblättert es ebenso mechanisch vor und zurück, legt es ab, nimmt ein drittes Heft. Kofler betrachtet ihn lange stumm, dann tritt er stark bewegt an sein Bett.

KOFLER März! – Alexander! – März!
  März sieht Kofler ernst und lange an, dann sagt er:
MÄRZ Ich möchte nicht mit Ihnen sprechen.
  Auf eine Bewegung Koflers hin, die aussieht, als wolle Kofler seinen Patienten in großer Hilflosigkeit umarmen, zieht März sich den schwarzen Pullover über den Kopf, verharrt in dieser Haltung.

Lichtwechsel

6. Szene

Ein kahler Raum. Hanna auf einem Stuhl in Anstaltskleidung. Eine Ärztin schaut kurz herein oder erscheint auf dem Fernsehschirm.

ÄRZTIN Na, Hanna, wie geht's uns heute?
HANNA *stark verlangsamt*: Es geht uns gut. Es geht uns heute sehr gut. Ich bin verstellbar, bald Jungfrau, bald Mutter Maria. Der Arsch mal groß mal klein. Bitte das nicht zu vergelten an Kind und Kindeskindern.

7. Szene

Koflers Mühlenarbeitszimmer.
Außer Kofler sind Else Herbst und Feuerstein da. Sie essen einen großen Hecht.

FEUERSTEIN *zu Herbst*: Ganz wunderbar. Ich habe nie so guten Hecht gegessen. Ich korrigiere ein Vorurteil. Die von Sinnenlust viel reden, konnten nach meiner Beobachtung nie kochen.
Er lacht etwas forciert.
HERBST Wir haben Sie zu uns gebeten, um zu bereden, wie das jetzt weitergehen soll mit uns?
FEUERSTEIN Was weitergehen?
HERBST Wir möchten Sie bitten, März zu uns zu verlegen, auch Hanna Graetz, die in Liechen in einem erbarmungswürdigen Zustand ist.
FEUERSTEIN Psychosen sind erbarmungswürdige Zustände, Frau Kollegin.
HERBST Deshalb sollen sie ja zu uns.
FEUERSTEIN Wie soll das gehen? Liechen hat diese spezielle Abteilung für Schwangerschaftspsychosen, Neugeborenenstation und so weiter. Was machen Sie damit?
HERBST Man hat Hanna Graetz in Liechen das Kind weggenommen, weil sie es nach jedem Stillen versteckt hat.
FEUERSTEIN Nun ja, Frau Kollegin.
HERBST Wir wollen was außerhalb der Klinik machen, wo die Leute mit uns, nach ihren Vorstellungen leben. Sie könnten uns sehr helfen.
FEUERSTEIN Haben Sie sich ein Bild von März hier machen können?
KOFLER Nein.
FEUERSTEIN Es handelt sich um einen akuten Schub mit katatonen Zügen und hoher Suicidgefahr. Prognostisch äußerst ungünstig und kaum zu therapieren.
HERBST Er schreibt glasklare Sachen.
Sie nimmt Zettel aus der Tasche und liest.
‹Sie haben die Zischlaute
aus dem Alphabet geklopft,
jetzt bauen die Barrikaden.›
FEUERSTEIN Das ist die doppelte Buchführung des Schizophrenen.
HERBST März weiß bis heute nicht, wo seine Frau ist, wie es ihr geht, daß er überhaupt ein Kind hat. Er ist kein Mensch und somit kein Vater.
FEUERSTEIN Aber es interessiert ihn nicht, Frau Kollegin, nichts und niemand.
KOFLER Wozu denn?

FEUERSTEIN Ich mag mich an der Gloriole nicht beteiligen, die Sie der Psychose winden. Das führt von der naturwissenschaftlichen Medizin weg und hilft niemandem.
KOFLER Sie haben März als tote Hülse vorgestellt, ehe er in zwei Jahren diese erstaunliche Person wurde –
FEUERSTEIN Man kann, Herr Kollege, bei einer Schizophrenie auch Erfolg haben, indem man ihr die Beine bricht.

Lichtwechsel

8. SZENE

Krankenzelle.
März auf seinem Bett sitzend, den Kopf zurückgelehnt, verfolgt mit Kopfbewegungen die eckigen Flugbewegungen der Fliegen. Nach einer langen Zeit bekommt der Zuschauer die Erklärung für die unerklärlichen Bewegungen.

*Stimme-*MÄRZ Die Fanatiker des Gradeausflugs im Vieleck
  die großen Winterfliegen
  spazieren an Decken und Fensterscheiben
  können aber auf dem Kopfe nicht fliegen
  wie ich.
  Leider
  ich kann auf dem Kopfe nicht gehen.
  Zeichne vielleicht demnächst
  die Generalstabskarten der
  luftigen Labyrinthe außerhalb von mir.
Der Pfleger Huber kommt, ohne von März beachtet zu werden, setzt sich, beobachtet März einige Zeit.
HUBER Hanna ist in Liechen und hat das Kind –
Keine Reaktion.
Hanna, du weißt doch, Hanna!
März beobachtet die Fliegen.

Lichtwechsel

9. Szene

Krankenzelle. März hockt mit angezogenen Knien auf dem Bett und ißt unbewegten Gesichts einen Zwieback. Das dauert ziemlich lange.

Stimme-MÄRZ Der Tod ist ganz groß.
   Der Tod ist groß.
   Der Tod ist Grütze.
   Ißt Grütze.
   Der Tod ist auch.
   Der Tod ist auch dumm.
   Ich kann in den Tod gehen.
   Der Tod in der Schule als Mädel.

Lichtwechsel

10. Szene

Die leere Krankenzelle.
Feuerstein auf dem Bett von März, dazu Kofler.

FEUERSTEIN März, Ihr Patient ist weg, Akrobat im Abgängigwerden. Er hat Ihnen speziell diese Mitteilung hinterlassen.
KOFLER *nachdem er den Brief durchflogen hat*: Ich hoffe, Sie begreifen, wir haben ihn umgebracht.
FEUERSTEIN Wir sehen ihn, ich fürchte, sehr schnell wieder, Herr Kollege.
Er wendet sich zum Gehen.
KOFLER Komplice! Komplice in der Manolifabrik!
FEUERSTEIN Wenn Sie sich nicht mehr kontrollieren, Herr Kofler, sollten Sie in Urlaub gehen und keine Psychosentherapie machen.
Er geht weg.

Lichtwechsel

11. Szene

Koflers Arbeitszimmer. Kofler allein im Dunkeln. Die schwarze Glastür zur Terrasse über dem Fluß läuft der Regen runter. Ein Auto hält, danach kommt Else Herbst, durchnäßt.

HERBST Nicht im Gelände und nirgends. Ich hab' die Nummer hier angegeben, für den Fall.
KOFLER Ich gehe hier fort. Mir ist das jetzt ganz klar. – Käse?
Er bringt das Riesenstück Rauchkäse von Hanna und März.
HERBST Ich war in Liechen. Hanna war fixiert. Was sie zu mir sagte, war: Na, guten Tag, Frau Doktor Herbst.
KOFLER *zitiert*: ‹Der Tod ist auch dumm. Ich kann in den Tod gehen.› ‹Darin steckt doch kein Sinn, Herr Anal-Logist.› Anal-Logist. Hat mir gleich eingeleuchtet.
An der Glastür ein Geräusch, als kratzten Fingernägel über Glas, und da ist auch eine Hand zu sehen und gleich danach das Gesicht von März hinter der Regenscheibe. Kofler springt wie erlöst auf und öffnet die Tür, um März einzulassen.
KOFLER März! März, kommen Sie! März!
März in Anstaltskleidung, durchnäßt, mit Hut, bleibt in der Tür stehen. Wie er den Hut abnimmt, sieht man eine in die Stirn gedrückte Dornenkrone mit applizierten Wundmalen wie in der früheren Szene.
MÄRZ Regen ist gut, für jeden Hut. Märtyrer März, Schizo und Feind der geistesgestörten Gesellschaft besucht seine hilflosen Freunde, um mit brisantem Gerät ins Schwarze zu fahren, in schwarzer Novembernacht.
Er hebt einen umwickelten Metallkörper theatralisch über sich.
KOFLER *die Sache als Spaß nehmend*: Kommen Sie, Sie erkälten sich. ‹Humor ist eine lateinische Vokabel. Wie schreiben Sie Zigarette?› Ich hatte tatsächlich Angst.
MÄRZ *lächelnd*: Aber ich bitte Sie.
Er betrachtet Kofler und Herbst ruhig, wendet sich von ihnen ab und zieht die Zündschnur. Die mächtige Explosion wirft ihn über die Terrasse ins Dunkle.

Dunkel

Epilog

KOFLER *liest einen Brief*:
Ihr Lieben!
Teile mit, daß ich nunmehr inkognito zu reisen beabsichtige. Sehr demütig und gehorsamst bitte ich alle, mir zu verzeihen für mangelnde Aufmerksamkeit und Liebe. Liege in meiner verlöteten Konservendose schon ruhig und angenem. Den Kopf halb zur Seite gelegt, schöpfe ich Luft aus der Luftblase, lausche dem Flüstern der Zündschnur. Es war seit langem mein Wunsch zu fliegen wie eine Feuerlohe. Das soll nun in Erfüllung gehen. Bitte den März zu vergessen.
März ist ein schmerzendes Phantomgefühl.
Hochachtungsvoll N. N.

Anhang

Anmerkung zu «Joel Brand»

Der Stoff und die Hauptpersonen sind historisch. Für den Zweck des Dramas nahm sich der Verfasser die Freiheit, die Handlung auf diejenigen Hauptzüge zu konzentrieren, die ihm bedeutend schienen.

Von den historischen Quellen und Arbeiten, die ich für das Stück studierte, nenne ich die folgenden Titel:

Alex Weissberg, «Die Geschichte von Joel Brand», Köln 1956
«Der Kastner-Bericht», München 1961
Gerald Reitlinger, «Die Endlösung», Berlin 1956
Robert M. W. Kempner, «Eichmann und Komplicen», Zürich 1961
Robert M. W. Kempner, «SS im Kreuzverhör», München 1964
Hannah Arendt, «Eichmann in Jerusalem», München 1964
Leon Poliakov und Josef Wulf, «Das dritte Reich und die Juden», Berlin 1955
Walther Hofer, «Der Nationalsozialismus», Dokumente 1933 – 1945, Frankfurt 1957
L. C. Green, «The Eichmann Case», Modern Law Review, Band XXIII, London 1960
«The Schellenberg Memoires», London 1956
«Bericht Dieter Wisliceny», Institut für Zeitgeschichte, München
«Bericht Pinkas Freudiger», Institut für Zeitgeschichte München
Tonbandprotokoll der Eichmannvorverhöre durch Avner Less, Institut für Zeitgeschichte, München

Heinar Kipphardt

Zur Bearbeitung der «Soldaten» von Jakob Michael Reinhold Lenz

Der Verfasser hält DIE SOLDATEN des J. M. R. Lenz für eines der Schlüsselstücke des deutschen Dramas. Seine Spuren führen über Büchner, Grabbe, Wedekind, Brecht, Horváth in das zeitgenössische deutsche Drama. Obgleich eines der folgenreichsten Stücke, blieb es eines der unbekanntesten. Einige Versuche, das Stück auf der deutschen Bühne zu etablieren – zum ersten Mal von Max Reinhardt während des Ersten Weltkrieges unternommen –, blieben ohne die erhoffte Nachwirkung. Die Untersuchung des Stückes schien mir zu zeigen, daß die Gründe dafür im Stück selber liegen, in dessen unfertigem Zustande. Lenz, der das Stück mit 24 Jahren schrieb, hat keines seiner Stücke je auf der Bühne gesehen. In einer Anmerkung zu DIE FREUNDE MACHEN DEN PHILOSOPHEN schrieb er: «Alle meine Stücke sind große Erzgruben, die ausgepocht, ausgeschmolzen und in Schauspiele erst verwandelt werden müssen. Wenn ich in Ruh komme, dramatisiere ich sie alle.» Er kam nie in Ruhe. Als er im Jahre 1792 unterernährt und geisteskrank in Moskau gestorben war, 41 Jahre alt, widmete ihm die Allgemeine Literaturzeitung den Nachruf: «Er starb, von wenigen betrauert, und von keinem vermißt.»

Von den Schönheiten des Stückes angezogen und dessen Schwächen vor Augen, unternahm ich den Versuch, das Stück in einer verbesserten Fassung vorzulegen. Die Absicht ist, die Schönheiten des alten Stückes zur Geltung zu bringen, verdeckte Schönheiten sichtbar zu machen und gleichzeitig die Schwächen und Unschärfen der Vorlage zu beseitigen. Dabei durfte der unruhige und unregelmäßige Gang der Handlung nicht geglättet werden, dabei sollten die Rauheiten und Kraßheiten des Originals eher verstärkt werden als verlorengehen.

Das Prinzip der Bearbeitung war, den Lenz so weit wie möglich zu respektieren und soviel wie notwendig zu ändern.

Es ist das Ziel der Bearbeitung, den SOLDATEN des Lenz den Platz im Bestande der deutschen Schaubühne zu erwerben, der ihnen zukommt und der ihnen seit nahezu 200 Jahren verweigert wird.

Heinar Kipphardt

Zur Bearbeitung der «Soldaten»
Beispiele für den Vergleich des Originals mit der Bearbeitung

I, 1

Marie, kindlich, naiv, es wird der Gefahr begegnet, sie sei auch dumm. Das Verhältnis zu der älteren Schwester wird verschärft. Desportes wird eingeführt.

I, 2

Die wirtschaftliche Beziehung des Tuchhandels Stolzius zum Regiment wird beschrieben. Die Szene wird in einen Arbeitsvorgang im Laden verlegt. Die Liebe des Sohnes beeinträchtigt die Arbeit. Entromantisierung der Szene. Der Idylle wird begegnet. Gleichzeitig die maßlose Verliebtheit konkretisiert.

(Leute arbeiten, verfolgen Interessen, Gedanken aus Interessen.)

I, 3

Desportes kommt nicht nur als Verführer, er ist wirklich stark verliebt. Angezogen von Maries naiver Sinnlichkeit. Es begegnet ihm die Natürlichkeit eines Bürgermädchens. Es wird klar gemacht, daß Desportes als Werber in Lille ist.

Wesener handelt als Juwelier, als Geschäftsmann mit einer hohen, alten Kundschaft. Die Bekanntschaft seit der Kindheit des Desportes wird mit einer Erzählung belegt.

Wechsel Weseners zwischen Haltung als Vater und Geschäftsmann.

Der Vater braucht Bürgerstolz, der Juwelier Gefälligkeit und Anpassung. Das Geschäft wird genauer beschrieben, Preise, Bezahlung etc.

Wesener zeigt reinen, zornigen Bürgerstolz, wenn er mit Marie allein. Ich zeige, wie Marie ihn einzuwickeln versteht. Der Vater hat einen Brief für sie vom Stolzius, den er wie ein Weihnachtsgeschenk herausrückt.

I, 4

Disput zwischen den leidenschaftlichen Denkern Pirzel und Eisenhardt. Exerzierreglement und Bibel. Pirzel, der einzige, der über seinen Beruf nachdenkt, wird als komische Figur begriffen. Die komischen Züge Eisenhardts, die darin bestehen, daß er mit moralischem Impetus räsoniert aber nie handelt, werden deutlich gemacht. Im Unterschied zum Lenz werden seine positiven Ideen mit deren Folgenlosigkeit kontrastiert, sein moralischer Purismus wird auch als Engstirnigkeit vorgeführt. Ein Westentaschenreformator im Offizierskasino, bereit, sich für seine Ehre zu duellieren.

Nebeneinander der Gespräche. Pirzel ein Eiferer für neue Militärtaktiken, die das Soldatenhandwerk der Zeit beschreiben. Die Details wurden den Militärschriften von Engels entnommen.

Langeweile der Soldaten, Vergnügungssucht, der Langeweile zu entrinnen. Streit als Spaß. Ewig kein Krieg gewesen. Ungebrochener Feudalismus.

I, 5

Zeremoniell einer Bürgerfamilie beim Abendessen. Eine Tochter verspätet sich beim Abendessen, eine Katastrophe. Patriarchalische Verhältnisse. Der Vater befiehlt aufzutragen, der Vater hebt die Tafel auf, vom Hunger der anderen unabhängig. Die alte Mutter Wesener wird schon in dieser Szene eingeführt. Das Spannungsfeld einer Bürgerfamilie. Der Kampf von Frau Wesener gegen die altersschwerhörige, krummgezogene Mutter Wesener gibt den Figuren mehr Funktion, mehr Individualität. Eine Familie, die später vernichtet wird, muß in ihrer Ordnung, jeder an seinem Platz, vorgeführt werden. Dann wird auch die Rückkehr der Marie aus dem Theater sensationeller, katastrophenhafter. Eine andere Welt kommt in die Bürgerstube.

I, 6

Mariens Koketterie verstärkt, auch ihre Verliebtheit, sie weiß den Vater um den Finger zu wickeln.

Die Affenliebe zu Marie bringt ihn auf die Idee, seine Tochter durch die Liebe in eine sonst unerreichbare gesellschaftliche Sphäre zu katapultieren. Die Beweise, die Marie für Desportes' ernste Absichten liefert, sind seriöser, der Plan des Vaters wird durchdachter, er kommt noch einmal zurück, weil er die Strategie bei näherem Nachdenken zu ändern wünscht.

Die Verführung der Marie, die auch verführt sein will, wird im Unterschied zum Lenz gezeigt. Um den Plan des Vaters durchzuführen, Ehekontrakt vor genossener Liebe, ist Marie ihrer Natur nicht entfremdet genug. Sie liebt, das heißt, sie wuchert nicht mit dem Pfunde ihrer Jungfernschaft. Aber Marie wie Desportes glauben in der Liebe auf derartige Pfänder, Kontrakt, Jungfernschaft, verzichten zu können.

Wichtig ist Lenzens Fähigkeit, die Stände kritisch zu beschreiben

«Neun Zehntel unserer ganzen jetzigen Literatur...

...haben keinen anderen Zweck, als dem Publikum einige Taler aus der Tasche zu ziehen: dazu haben sich Autor, Verleger und Rezensent fest verschworen.»

Arthur Schopenhauer

Wer nun meint, das sei heute auch nicht anders, der mag sich damit trösten, daß es preiswerte Taschenbücher gibt. Was dazu führen kann, daß die größeren Scheine für Wertpapiere ausgegeben werden können.

Pfandbrief und Kommunalobligation

Meistgekaufte deutsche Wertpapiere - hoher Zinsertrag - bei allen Banken und Sparkassen

Verbriefte Sicherheit

und ihre Gedanken und Handlungen interesseverbunden vorzuführen. Der Bürgerstolz Weseners, sein Klasseninteresse dokumentierend, zielt auf private Aufhebung seiner Klassenlage durch Heirat der Tochter. Er verkennt die Reichweite seiner Kampfmittel – Vertrag – den höheren Klassen gegenüber. Die Tendenz zur privaten Emanzipation, wo Klassenemanzipation verschwindet, läßt ihn zum Gelegenheitsmacher werden, gemildert durch den Umstand, daß er das aus äffischer Vaterliebe tut.

Aber auch Desportes ist so verliebt, daß er die Interessenschranken seiner Klasse zu überspringen vermeint.

II, 1

Geschäftsverbindung Haudy – Stolzius wird eingeführt. Haudy bekommt Provision für die Vermittlung der Tuchaufträge. Interesse der Offiziere an dem Spaß einer Hochzeit, wo ein Kamerad die Braut beschläft. Rationalisierung der Eifersuchtsgründe des Stolzius.

II, 2

Pirzel – Eisenhardt. Das Denken als Sport wie Fechten. Denken, von den Offizieren nie geübt, wird als etwas Exzentrisches genommen, denkende Leute sind komische Leute, die man wie eine Zirkusnummer genießen kann. Die Einwendungen des Pfarrers gehen nie weiter, als daß er sich heraushält, aber dabei bleibt. Er ist also ein Faktor der Offiziersspäße an Dritten. Hier: einem Bürger (Stolzius) wird vorgespielt, er sei ein geschätzter gleichberechtigter Partner, während man nur durch geschürten Verdacht seinen Spaß an ihm haben will.

Die Offiziere sind gelangweilte Jungens, sie suchen den Zeitvertreib um jeden Preis. Da sie sich in der Arbeit nicht verwirklichen können, wollen sie die Zeit totschlagen. Die Welt ist nach ihrem Sein und ihrer Erziehung zu ihrem Spaße da. Ihr Kastengeist kommt aus der Tradition von Jahrhunderten. Heutige Playboys können vielleicht ähnlich naiv und ungebrochen auf ihren Späßen bestehen.

Dem Lenz gegenüber wurden die Versionen der Intrigen – Rammler – Haudy – deutlich unterscheidbar gemacht. Stolzius, dem Objekt des Spaßes, wurde mehr Würde gegeben. Aus dem mißglückten Spaß wird der nächste Spaß mit Rammler und dem Juden entwickelt.

Eisenhardt hält sich wiederum heraus, reflektiert aber kritisch allgemein über den Soldatenstand.

Bildschluß Denkfigur Eisenhardt – Pirzel.

II, 3

Desportes als im Hause aus und ein gehender Bräutigam empört sich über einen Nebenbuhler, beseitigt alle Zweifel an der Ernsthaftigkeit seines Versprechens. Die Verliebtheit der beiden auf ihrem Höhepunkt. Eine ehemalige Freundin wird zum Objekt des Spaßes, indem Marie sie von Desportes demütigen läßt.

Diese Kränkungsszene wird dem Lenz gegenüber verstärkt.

III, 1 und III, 2

Die Intrige wird so verändert, daß Rammler wie der Jude hineintappen können, ohne Vollidioten zu sein.

Der Jude wird zu einer Figur, die über das antisemitische Klischee der Lenz-Zeit hinausgeht. Der beiläufige Spaß wird in die Pogromerfahrung des Juden gestellt. Seine Angst ist also nicht mehr nur eine angeblich jüdische Charaktereigentümlichkeit wie beim Lenz, sondern es wird mit der Pogromangst Spaß getrieben, freilich unwissentlich.

Auch hier wird die Szene verschärft und sozial relevant gemacht.

III, 3

Der Entschluß von Stolzius wird entschiedener herausgearbeitet. Wenig Änderungen dem Lenz gegenüber.

III, 4

Marie übt gegenüber einer Freundin die Haltung der gnädigen Frau, die sie zu werden hofft. Wird zur Szene erweitert, damit die Nachricht, der Zusammenbruch ihrer Hoffnungen, größer wird. Brüche, die bei Lenz im Ansatz vorliegen, werden verstärkt. Interessant, daß der Lenz seine Personen schon ganz modern in verschiedenen Verhaltensweisen vorführt und nicht als geschlossene Charaktere.

Gegenüber dem Lenz wird ausgeführt, welche großen wirtschaftlichen Verpflichtungen Wesener übernimmt, indem er für des Desportes Schulden gutsagt. Das ist nötig, um zu erklären, daß sein Haus später gepfändet und versiegelt wird.

Haltungswandlung Maries deutlicher gemacht. Haltung der gnädigen Frau – Ratlosigkeit, Verzweiflung eines kleinen Mädchens, Versuch einer taktischen Rettung durch Schreiben eines Briefes an Stolzius, Verwerfen dieser Rettungsmöglichkeit, Entschluß, um Desportes mit den Mitteln des bürgerlichen Vertrags zu kämpfen.

III, 5

Es wird eine Szene zwischen Desportes und dessen Sekretär eingeführt. Bei Lenz verschwindet der Desportes, und er motiviert nicht, wie Mary nach Lille kommt.

Herr-Knecht-Verhältnis Sekretär – Desportes. Desportes liebt sie noch, Interessenwandel beginnt, da er um seine Existenz bangen muß. Bei Lenz schreibt Desportes erst viel später, III, 7, einen Brief, dessen Substanz hier benutzt wird. Die Szene zeigt aber den Prozeß, wie es zu dem Brief kommt. Das szenische Mittel des monologischen Verlesens von Briefen wird korrigiert.

Interesse des Sekretärs am Liebesobjekt des Herrn. Die falsche Emanzipationsmöglichkeit des Sekretärs über das Liebesobjekt des Herrn. Auch im Dienst finden umfunktionierte Klassenkämpfe statt. Dienste machen den Sekretär unentbehrlich. Er genießt, Eindringling in die Intimsphäre zu sein. Das Liebesobjekt des Herrn zu genießen, ist ein Ersatz dafür, seine unterdrückte Lage ganz aufzuheben.

Vorteil: Desportes' Gefühle für Marie sind noch nicht in allen Teilen umgeworfen. Er kann ihr die Schuld zuschieben. Es hat eine gewisse komische Wirkung und zeigt andererseits seinen Interessenwiderspruch, wenn er Mary zu seiner Ablösung schickt, die Verbindung zu fördern sucht und andererseits von Marie enttäuscht ist, daß sie so viel mit dem Mary zusammenkommt. Sie soll die Untreue zeigen, die ihn rechtfertigt. Er ist beunruhigt, wenn sie die nicht zeigt (aus Interesse seiner materiellen Existenz), er ist sittlich empört, wenn sie die zeigt (aus Interesse seiner ideellen Existenz als Liebhaber).

III, 6

Erst durch die Vorszene mit Desportes kriegt diese Szene Kontur. Man weiß jetzt, auf wessen Veranlassung Mary nach Lille gekommen ist. Pirzels Philosophie wird systematischer und kantianischer gemacht. Sie hat mit dem Thema des Stückes und mit dem Soldatenstande zu tun.

(Ein Zug der Bearbeitung ist, die Komödie, die beim Lenz angelegt ist, zu betonen, um die Tragödie gewichtig zu machen. Beim Lenz ist ja dramaturgisch neu, daß er nicht auf eine Gattung hin schreibt, den Stoff für die gewählte Gattung zuschneidet, sondern auf Abbildungen der Wirklichkeit zielt, die Tragisches wie Komisches – und beides gleichzeitig – enthalten.)

III, 7

Im Unterschiede zum Lenz wird Mary in seinem Berufe gezeigt, nämlich als Werbeoffizier. Der wunderliche Vorgang, daß Stolzius als sein Soldat in Lille eintrifft, wird von Mary für die Werbung des anderen Soldaten benutzt. Das Auftreten des Stolzius ist weniger wunderlich, weil in II, 1 von der Beziehung Mary – Stolzius gehandelt wird und aus III, 5 Marys Zweck, in Lille zu sein, hervorgeht. So wird logisch, daß Stolzius sich als Bursche zu Mary schicken läßt.

III, 8

Alle Frauen des Hauses Wesener sind zusammen. Auch die Mutter Wesener. Verschärfte Spannungen zwischen den Frauen.

Die alte Mutter Wesener hat bei mir ein Lied bekommen, das nach einem alten Volksliede gemacht ist.

Im Unterschied zum Lenz wird der junge Graf hier eingeführt. Die Beziehung Charlotte – Marie ist zugespitzt.

Im Unterschied zum Lenz weiß die Marie nicht, daß Stolzius der Bursche von Mary ist, der dem Wagen vorauslaufen soll.

Es wäre natürlich aus der Begegnung Marie – Stolzius ein Fabelpunkt zu machen gewesen. Marie übersieht den Stolzius, behandelt ihn wie irgendeinen Burschen, den man nicht zur Kenntnis nimmt. Ich ließ es, weil die Fabel in diesem Teil keine Abschweifungen verträgt. Auch die Figur der Marie erträgt in dieser Phase keine weitere Abwertung. Es muß ja etwas sein, das zerstört werden kann. In der Düsseldorfer Aufführung war Mary von Stolzius begleitet. Stolzius blieb, von niemandem erkannt, in der Tür stehen. Diese Version nützt der Fabel, ohne die Figur der Marie zu beschädigen.

III, 9

Desportes – Sekretär.

Die bei Lenz nicht existierende Szene zeigt den ernsten Kampf, den Wesener mit bürgerlichen Mitteln (Vertrag, Schuld) um Desportes führt. Die Schlinge zieht sich zu. Er kann wirklich ruiniert werden. Desportes muß Maries Hilfe in Anspruch nehmen, die Liebe noch einmal strapazieren. Er ist schon so in seiner neuen bedrängten Lage, daß er sich ganz gerechtfertigt vorkommt, da Marie mit dem Mary umgeht. Und dem jungen Grafen. Er leistet die Rechtfertigungsarbeit, die jedermann leistet, wenn er widerwärtige Sachen machen muß. Gar jemandem gegenüber, den man liebt oder geliebt hat.

Wandlung der Gefühle mit den Interessen.

Die Einfälle hat immer der Sekretär. Er ist zum Denken angestellt. Der könnte später auch verantwortlich gemacht werden, wenn Marie den Desportes zu böseren Sachen zwingt.

III, 10

Die Philanthropie der Gräfin wird mit deren Interessen verbunden. Sie zeigt, wie man eine drohende Mesalliance mit wirklich erlesenen Mitteln abwendet. Wie die Rolle des Wohltäters vorzüglich geeignet ist, sozialen Frieden zu stiften. Natürlich behält sie auch bei mir das Bewußtsein, eine Wohltäterin zu sein, aber der Zuschauer sieht, daß ihre Interessen diese Haltung produzieren. Übrigens so gewohnheitsmäßig, daß sie wie eine Charakteranlage erscheint. Die karitativen oder mäzenatenhaften Neigungen vieler Mitglieder der oberen Klasse, besonders bei Frauen zu beobachten, sind eine ganz unbewußte wohltätige, herzlich-menschliche Ergänzung zu der dürren, herzlosen, geschäftsbedingten Ausbeutung, denen die Männer ja in ihrer Eigenschaft als Produktionsmittelbesitzer leider nachgeben müssen. Sie fühlen diese Dürre, diese Kälte, diese Reduktion der Beziehungen, und sie brauchen den menschlichen Ausgleich. Ganze Firmen triefen ja seit längerer Zeit vor sozialer Philanthropie, sie wollen die Künste und die Wissenschaften an die sehnigen Brüste drücken, ganz in dem richtigen Gefühl, vor der Welt doch nicht in dem nackten und unansehnlichen Profitinteresse dastehen zu dürfen. Da müssen Rosen her, die Ketten ansehnlich und blühend machen. Natürlich bleiben auch rosenberankte Ketten Ketten. Aber, das wird auch vergessen, wo diese Ketten zusammenlaufen, da sind sie auch angekettet. Die Philanthropie und die Künste, da war früher die Religion. Es kommt dazu, daß diese Tätigkeit im Befördern der höheren Dinge ganz unentbehrlich ist, sollen die alten Verhältnisse aufrechterhalten bleiben.

Lenz beschreibt die Philanthropie der Gräfin ganz naiv, quasi wie der sozialistische Realismus seine positiven Helden macht, aber sein Genie, das heißt seine Fähigkeit, die ganze Wirklichkeit zu erfassen, bringt ihn dazu, die Philanthropie an solche Stellen der Fabel einzusetzen, daß sie Unheil anrichtet und unbewußte Interessen befördert.

Ich mußte also nur gewisse Züge, die der Lenz unbewußt angelegt hat, hervorheben. Die Philanthropie wurde also nicht geschwächt, sondern gestärkt, die Interessen aber auch. Die Milde zu den Bedienten wurde auch eher verstärkt, aber es wurde auch sichtbar gemacht, was man mit dieser Milde erreicht. Die Sorge um den Sohn ist bei mir so groß, daß ihn ein Bediener sorgen- und schonungsvoll bespitzelt und der Mutter berichtet. Die liebende Sorge des jungen Grafen um die unglückliche Marie ist so beängstigend, daß sie nur gelöscht werden kann, wenn die Mutter ihn an Hilfsbereitschaft übertrifft. Auch hat Fräulein von Anklam geschrieben. Es ist also Gefahr im Verzuge. Die Möglichkeit zum Rückzug wird dem Sohne nur ermöglicht, wenn die Hilfe durch die Mutter gesichert wird. Sie erreicht die Lösung eines sich anbahnenden Verhältnisses durch Güte und die Selbstlosigkeit ihres großen, tränenreichen Frauenherzens. Wo andere in ähnlicher Lage durch Drohungen und Intrigen in Verzweiflung gestürzt werden, siegt Liebe und Selbstüberwindung hier.

Der junge Graf reist. Das wunde Herz sich zu erleichtern, rechnet er mit dem Diener ab.

IV, 1

Durch den Vorgang, daß Stolzius seinen Offizier ankleidet, während sich Mary über seine Verliebtheit zu Marie ausläßt, kriegt die Szene schärfere Akzente. Stolzius ist für Mary nur noch der Bursche, er hat wirklich vergessen, daß Marie die Braut des Stolzius war, und versteht dessen merkwürdiges Gebaren nicht. Das steht vollständig bereits beim Lenz da. Geringe textliche Veränderungen, um die Grundsituation zu verdeutlichen.

IV, 2

Die Szene folgt dem Lenz. Verdeutlichung, daß Desportes auf gutem Wege ist, aus der Sache herauszukommen und in das alte Leben zurückzukehren. Die banalen Streiche werden wie berühmte Heldentaten berichtet. Geringe Textveränderungen.

IV, 3

Die Szene wird in das Musikzimmer des Lusthauses der Gräfin verlegt. Dort trifft Mary die Marie. Marie hat sich mit dem goldenen Käfig abgefunden. Man hat ihr die Vernunft andressiert, die bestehenden Verhältnisse als nicht änderbare zu akzeptieren. Sie wird durch die Bildung der höheren Stände belohnt, sie lernt musizieren, sie lernt sprechen, sie könnte als Gesellschafterin eine angesehene Stellung in der Hierarchie einnehmen. Unglücklicherweise stört Mary den Vorgang der Domestizierung, indem er neue Hoffnungen weckt. Sie wehrt sich verzweifelt dagegen, sie hat nicht mehr die Kraft zu kämpfen, wenn man sie doch in Ruhe lassen möchte.

Sie schiebt Mary hinaus, als sie die Gräfin hört. Die Gräfin war von der Verabredung unterrichtet. Sie ist tief von Marie enttäuscht und weist aus erzieherischen Gründen die Bitte Maries, ihr zu verzeihen, ab. Wie bringt man dieses phantasiegeplagte Mädchen zur Vernunft. Sie macht es der Gräfin wirklich schwer.

Die technisch schwache Belauschszene beim Lenz ist aufgehoben, die Bedrängnis Maries ist größer, wenn Mary mit ihr in einem Raum ist. Für die Gräfin ist das Vergehen wiederum größer, als wenn sie nur mit jemandem vom Fenster spricht wie beim Lenz.

Im Unterschiede zum Lenz wird der goldene Käfig nicht als Lösungsmöglichkeit gezeigt. Der Dressurakt wird kritisch beschrieben. Die angestrebte Vernünftigkeit erzeugt Verzweiflung. Die subjektiv ehrlichen und menschenfreundlichen Hilfsakte der Gräfin erweisen sich als objektive Grausamkeiten. Ein Mensch großen Formats (Marie) wird auf die Maße zurückgestutzt, die von der Zeit erlaubt werden. Die Verführungskraft der Freundlichkeit.

Aber die Gräfin ist ob des erzieherischen Rückfalls ihrer geliebten Schülerin wirklich verzweifelt. Ihre Verzweiflung formuliert sich musisch. Das Lied ist verzweiflungsvoll und läßt die Verzweiflung genießen, es ist also ästhetisch.

IV, 4

Die Folge der nächsten Szenen ist geändert. IV, 4 spielt in Weseners Hause. Der Bediente der Gräfin schildert die Verzweiflung seiner Herrin.

IV, 5

In Marys Wohnung. Es wird gezeigt, daß Stolzius seinen langen Marsch der Rache verfolgt. Er ist es, der im Unterschied zu Mary Bescheid weiß, wo Desportes ist.

IV, 6

Desportes in der Prison. Haudy bei ihm. Im Unterschied zum Lenz wird klar gemacht, daß er dem Sekretär das Mädchen ausliefert. Der Plan ist in einer früheren Szene beschrieben.

IV, 7

Weseners Haus am Abend. Mutter und Charlotte warten auf Wesener. Charlottes Haltung wird aus den Folgen beschrieben, die das Ereignis für sie hat. Der Herr Heidevogel wird abspringen, wenn das Haus verarmt und im Verruf ist. Weseners Rückkehr wie bei Lenz.

Versiegelung des Hauses wegen der Kaution durch eine Gerichtsperson. Der Punkt der ökonomischen Zerstörung der Familie Wesener wird groß gezeigt. Charlotte fällt in Ohnmacht.

Übrigens wird beim Lenz von der Versiegelung des Hauses einmal geredet (IV, 10), Frau Wesener erzählt das dort dem Bedienten der Gräfin, eine ganz überflüssige Szene.

IV, 8

Ein Jagdhaus. Sekretär – Marie.

Eroberung des Liebesobjektes des Herren durch den Sekretär. Eine Vergewaltigung mit den Mitteln des Intellekts.

Marie wird nicht von dem Sekretär, sondern von dem Briefe des Desportes zerbrochen.

Beim Lenz steht hier ein kurzer Monolog des Jägers vom Desportes, der Marie abfangen will.

Auch hier wird ein Drehpunkt der Fabel auf die Szene verlegt.

IV, 9

Konzert im Hause der Frau Bischof.

Kleine Änderungen, die Situation zu verdeutlichen und zu verschärfen. Die Schönheit erhalten, daß der Desportes plötzlich den rüden Spaß nicht genießen kann und in Gedanken nicht von Marie freikommt. Die Kühnheit ferner von Lenz, daß der Desportes just in dieser Lage von einem Katarrh heimgesucht ist, der nicht begründet ist und der in der nächsten Szene fort ist.

Lenzens Technik, seine Personen vorzuführen, ist in vieler Hinsicht eine Vorwegnahme epischer Prinzipien. Er führt Verhaltensweisen vor, die uns überraschen, die wir nach den vorausgegangenen Szenen nicht erwartet haben.

Um die ganz konträren Haltungen des Desportes als Kühnheiten herauszustellen, folgt bei mir die Ermordungsszene der Szene bei Madame Bischof. Die Szenen IV, 10, IV, 11, V, 1 und V, 2 wurden gestrichen. Was in ihnen für die Geschichte von Bedeutung ist (sehr wenig), wurde von mir in anderen Szenen benutzt.

Eine Schönheit vom Lenz, daß der Vater Wesener im 5. Aufzug,

1. Szene davon redet, schon zwei Jahre ohne Handel zu sein, das Stück also im 5. Aufzug zwei Jahre später spielen würde, konnte nicht verwendet werden, denn der Stolzius hat sich ja gerade in der Szene vorher das Gift für die Ermordung besorgt. Beim Lenz steht sogar noch der Monolog Stolzius' vor der Apotheke.

V, 1

entspricht V, 3 des Lenz. Kleine Änderungen, vorsichtige Striche, vorsichtige Ergänzungen, die den Mord aus der bloß privaten Rache herausbringen. Die Szene ist die Revolution im Stück, die gewaltsame Umwerfung der gegebenen Herrschaftsverhältnisse quasi im Wassertropfen. In dieser Szene ermordet nicht nur ein Bräutigam den Verderber seiner Braut, sondern auch ein Soldat seinen Offizier, ein Bürger einen Feudalherrn, ein Gepeinigter seine Peiniger. Da zeigt sich als ein Wolf, was ein dressierter Hund schien. Unbändiger Haß ist unbändige Lust. Das Weltgericht findet statt auf einer Offiziersstube.

V, 2

An der Lys. Marie – Wesener.

Deutlicher als beim Lenz geht Marie ihrem Gewerbe nach. Sie ist mit einer anderen jungen Weibsperson auf Männerfang, hat bestimmte Gewohnheiten angenommen. Es wird einiges getan, der hochdramatischen Theaterszene entgegenzuwirken und der Szene Lebendigkeit und Glaubwürdigkeit zu erhalten. Der soziale Abstieg Maries wird ernst genommen. Sogar als sie den Vater erkannt hat, läuft sie vor der Stadtwache davon.

V, 3

letzte Szene, V, 5 beim Lenz. In des Obristen Wohnung.

Die Szene, in der Lenz ernstlich seine Reformideen zu den Soldatenehen vorbringt, wird gänzlich umfunktioniert, und zwar mit den Elementen der Lenzschen Szene.

Beim Lenz besprechen sich der Oberst und die Gräfin ernstlich über den Reformplan.

Bei mir findet nach dem Begräbnis ein Kaffee beim Obristen mit allen Offiziers statt, die über die Ereignisse räsonieren, in neuerliche Streitigkeiten über die Gründe geraten, bis der Kasernenphilosoph die idiotischen Reformideen mit dem größten Eifer allen als die geniale Lösung vorträgt, das Paradies auf Erden zu errichten, wo sich die Glieder der zerrütteten Gesellschaft umarmend küssen. Die Anwesenden nehmen es als willkommenen Joke, als eine der vielen fixen Ideen ihres Theoretikers.

(Die Düsseldorfer Aufführung hat es in einen Saal gelegt, wo Desportes mit Ehrenwache aufgebahrt lag, großer Zapfenstreich, danach Beerdigungs-Cocktail, Pirzel zu Ende seiner Rede den Sockel des Sarges als Podium benutzend. Das gab eine Verschärfung der Szene.)

Zu «März, ein Künstlerleben»

Das Stück, von meinem Roman MÄRZ ausgehend, ist keine Dramatisierung des Romans. Es verfolgt weitergehende Ziele und ist die entschiedenste Ausprägung des Stoffes.

Die Figuren und die Handlung des Stückes sind frei erfunden.

Aus den Veröffentlichungen psychopathologischer Texte des Psychiaters Leo Navratil («Schizophrene und Sprache», dtv 355, München 1966 und «a+b leuchten im Klee», Reihe Hanser 68, München 1971) empfing ich für den Stoff wesentliche Anregungen. Besonders beeindruckten mich die von ihm publizierten Gedichte des kranken Dichters Herbrich (Pseudonym). Einige der von Navratil veröffentlichten Patiententexte wurden für die Zwecke des Stückes, und meist sehr frei, benutzt. Die Gedichte ‹Die Spirale› (in Szene I, 12) und ‹Die Zigarette› (in Szene III, 11) von Herbrich übernahm ich nahezu unverändert. Die Szene III, 5 stützt sich auf ein von Navratil mitgeteiltes Patientengespräch («Gespräche mit Schizophrenen», dtv 1404).

Unter den wissenschaftlichen Arbeiten, denen ich Dank schulde, möchte ich die Arbeiten der Psychiater Franco Basaglia, David Cooper, Ronald D. Laing, Thomas Szasz und des Soziologen Erving Goffman hervorheben.

Heinar Kipphardt

Einige Szenen, die für «März, ein Künstlerleben» entwickelt, schließlich aber nicht aufgenommen wurden

Prolog

Arbeitssaal.
Stark abgebaute psychotische Patienten sitzen in Reihen hintereinander auf Holzbänken, frontal zum Publikum, und fertigen schwarze Gummimatten an, geflochtene Fußabtreter. Unter ihnen die meisten Patienten der folgenden Szenen. Es wird nicht gesprochen, es fällt eine mimische und gestische Verarmung auf, die bis zur Starre geht, jeder scheint auf sich beschränkt. Manche arbeiten mechanisch und schnell, andere mit wechselnder Intensität, manche gar nicht oder machen lange Pausen. Einmal steht einer auf, geht seine Reihe entlang und zurück, setzt sich wieder. Einmal wehrt ein noch jüngerer rothaariger Patient (Franz Kuhlmann) krankmachende Einflüsse ab, die seinen Körper bedrohen. Er stößt dabei merkwürdige hustenartige Geräusche aus, während er mit beiden Handkanten die betreffende Körperregion wie mit leichten Karateschlägen befreit, Hinterkopf, Hals, Kehlkopf, Herz und Genitalregion. Er hebt dabei die Füße vom Boden, als bedrohe ihn von dort Schmutz, und zieht die Knie an. Danach dreht er sich eine Zigarette und arbeitet weiter. Der Vorgang wird von den andern als ein bekannter nicht zur Kenntnis genommen.
Ein Arbeitspfleger liest die Zeitung, ohne aufzusehen.
Aus Lautsprechern im Zuschauerraum ist nach einiger Zeit ein Chor von männlichen und weiblichen Patienten zu hören, manchmal einzelne Stimmen, dann mehrere. Teile des Textes sind vielleicht in Musik gesetzt oder gesungen. Verschiedene deutsche Dialekte.

CHOR Im Irrenhaus
      da sind die Irren drin
      die Spinneten
      die Anbrennten
      die Narrischen
      hippetee
      lüteti
      manoli

        die Meschuggenen
        die Bestußten, die Bekloppten
        die nich janz bei sich sind
        die sind da drin
        im Irrenhaus, im Tollhaus
        im Drallkasten, in der Verrücktenanstalt.
        Bei denen es piept
        bei denen es rappelt
        die Graupen im Kopf haben
        bei denen hat's ausgehakt
        die nicht bei Troste sind
        hintersinnig, gestört, plemplem
        wahnwitzig, besessen, umnachtet
        die sind im Narrenhaus drin
        im Tollhaus, im Spinnhaus
        im Tollkoben
        lüteti
        in der Klapsmühle.

(Stückanfang)

Kofler und die Mutter. Die ärztlichen Erkundungsgespräche überlappen mit den Asylszenen.
MUTTER Wie ihn die Hebamme gebracht hat und sagt, das kann man operieren, da hab ich's erst gesehen, da habe ich geweint. Und denke gleich, das darfst du nicht, ein Kind braucht Liebe und besonders das. Es war so fein, so feine weiße Härchen, alles so weiß und fein und still und schlau von Anfang an. Das hat so still geschaut, als wollt es sagen, gell, du magst mich trotzdem. Ich war ja selbst noch ein Kind mit zwanzig. Der Mann, wie er das Kind sieht und das sieht, *sie zeigt auf ihre Lippe*
schaut er zur Decke, dreht sich um und geht. Hab ich ihm nie vergessen. Die Verwandten, wie die gekommen sind, die haben es gar nicht gemerkt, die Lippe war halt eingekremt und sowieso im Zimmer abgedunkelt, und er, als hätte er das verstanden, hat sich die Hand so vor den Mund gehalten. Wie soll er heißen? Alexander. Es sollte was Besonderes sein. Für mich war Alexander was Besonderes.

Sie weint.
KOFLER Wie ist er damit fertig geworden?
MUTTER Er hat halt nicht gesprochen, wenn wer Fremder da war, wollte auch der Mann nicht. Es war doch die Zeit, Erbfehler, da hat man immer gleich gedacht Erbfehler. Wie mal ein Vorgesetzter meines Mannes abends zu uns kommt, Polizeirat, so ein großer Mann, da muß ich ihn aus dem Bett holen, denn er hat ihm eine Schokolade mitgebracht, da macht er halt nur seinen Diener, und wie er ihn was fragt, da nickt er eben oder schüttelt den Kopf und sieht ihn mit den schönen Augen an. Da hat der noch gesagt: Stille Wasser sind tief. Und nichts gemerkt.
KOFLER Der Defekt war nicht so erheblich, glaube ich? Auch vor den Operationen nicht.
MUTTER Innerlich, Herr Doktor, auch wenn er nichts gesagt hat, war das immer da. Man hat fast nichts gehört, weil er die Wörter und die Laute so geschickt vermieden hat, wo man's gemerkt hat. Ich hatte ihm eine Mütze gekauft, für draußen, so zum Herunterziehen. Wie ich sie brachte, hat er mich so angeschaut, so durch und durch. Dann hat er sie getragen. So viel ich ihm auch helfen konnte, immer ging es nicht. Da hat er oft geweint.

(Szenenteil in I, 5)

Eine kleine Schlange von Patienten bewegt sich mit Tabletts auf die Essensausgabe zu. März hält zu seinem Vordermann einen deutlichen Abstand, so daß es zweimal passiert, daß sich ein ankommender Patient vor ihn in die Lücke stellt. Jedesmal stellt März einen neuen Abstand zu seinem Vordermann her.
Stimme von MÄRZ Die Mutter
    Die Mutter ist eine Milch
    eine schön warme.
    Aber in der man ertrinkt.
Als Karl Fuchs kommt, sich in die Lücke stellt und März ihm gestisch zeigt, daß es ihm gelungen ist, ihnen die Gelegenheitsarbeit des Autowaschens zu sichern, merkt man, daß März die Lücke für ihn gelassen hat. Fuchs macht die Geste des Autowaschens und die Siegergebärde des erhobenen Daumens zu Albert, der weiter vorn steht.

Die Ärztin Else Herbst und der Vater.
VATER Locken, Frau Doktor, die ihm ständig ins Gesicht gehangen sind, goldblonde Mädchenlocken, daß er wie ein Engel ausgeschaut hat in seinen bestickten Kitteln, ich hab' mich oft geschämt.
ÄRZTIN Warum geschämt?
VATER Er war doch ein Junge. Hat sich mit zehn Jahren noch nicht die Schuhe zugebunden und kein Brot geschmiert, hat alles sie für ihn gemacht. Kein Kind war für ihn recht, Schlittschuhe zu gefährlich. Hat ihm die Narben weggeschminkt, bis ich's verboten habe. Der Junge hat mit Puppen gespielt, das Mädel war im Sportverein. Er war ihr Prinz, doch wenn er rauskam, war er Hasenscharte. Was mich verrückt gemacht hat, daß er sich nicht wehrt.

Das Asyl.
Wenige Patienten in der Sonne an einer Wand des Abteilungshofes. Zwei sitzen auf einer schmalen Holzbank, zwei oder drei stehen, mehrere sitzen auf dem Boden, mit dem Rücken angelehnt. Manche nehmen die Sonne wahr, manche die Wärme, manche sind in sich gekehrt. Albert sitzt auf einem Patienten, der am Boden sitzt, und liest eine Illustrierte. März sitzt auf dem Boden, den schwarzen Sack über sich gezogen.
Stimme von MÄRZ Der Vater ist viereckig
und raucht
schwarze Virginia
Am Sonntag im Bett
zieht er den Kindern gern
schnurgrade Scheitel.

Kofler und die Mutter.
MUTTER Da hat der Mann ihn eines Abends mitsamt dem Bett in die Besenkammer gestellt, und ich habe ihn müssen schreien lassen. Wie ich das habe nicht lassen, da hat er mich gepackt, auch gewürgt und war wie außer sich. Es waren auch fremde Frauen im Spiel, Herr Doktor. Am nächsten Tag hat er mir eine Bonbonniere gebracht, dem Jungen einen Hasen, den hat er nicht angeschaut, da war der noch nicht zwei, nicht angeschaut.
KOFLER Sie waren eine verschworene Gemeinschaft.

MUTTER Er war mein ein und alles, heute noch, Herr Doktor.
KOFLER Verschworen gegen wen?
Die Mutter lacht verschämt.
MUTTER Der Mann, der wußte alles, konnte alles, machte alles, großartig. Wenn ich Schuhe gebraucht habe oder was, hat er die ausgesucht, weil er den richtigen Geschmack hat. Mit was der Junge spielen wollte, hat er auch gewußt, Stabilbaukasten. Durfte nicht mit Puppen spielen, habe ich ihm so Puppen aus Lappen gemacht. Als die Schwester kam, die Ursel, hat er die Puppe ins Klosett geschmissen. Es war bei mir nicht das Gefühl wie für den Jungen, obwohl sie doch gesund war und beliebt. Er hat so manches auch mit ansehn müssen, wovon ich heute noch nicht sprechen kann.
KOFLER Haben Sie daran gedacht, wegzugehen?
MUTTER Ich hatte solche Angst, allein zu sein. Als der Junge einmal hinfiel, sich am Kopf verletzte, tat plötzlich mir der Kopf weh. Da dachte ich noch, komisch, als wär's eins. – Hab' ich genäht, hat er daneben auf der Ritsche gesessen, hab' ich gebügelt auf dem Bügelbrett. Und hat mich immer wollen kämmen.
KOFLER Warum will er gerade Sie nicht sehen? Behauptet, mitschuldig an Ihrer Ermordung zu sein.
MUTTER Das ist, Herr Doktor, was ich auch nicht weiß.
Sie weint.
Wie er zum zweiten Mal wegkam, da hat er in der ganzen Wohnung Fotos von mir aufgehängt mit Trauerfloren!
KOFLER Er hat hier mal gesagt: Ich verzeih meiner Mutter nicht, daß sie mich nicht beschützen konnte, und nicht mir, daß ich sie nicht beschützen konnte.
MUTTER Das hab' ich mir und oft vorgeworfen, Herr Doktor. – Du bist die Frau, was willst du machen?
KOFLER Hat sich das Verhältnis zu Ihrem Mann durch die Erkrankung gebessert oder verschlechtert?
MUTTER Gebessert eigentlich, es war das Unglück mit dem Jungen, das uns irgendwie vereint hat.

(Asylkomplex nach I, 5)

Der Vater und Else Herbst.

VATER Nicht daß er dumm gewesen wäre, gar nicht. Auswendiglernen, so was von fix, aber es hat ihm auch gefallen müssen, was er gelernt hat, war das Komische, zum Beispiel nicht Die Glocke sondern Die Kraniche des Ibykus. Wunderbar gelernt hat er auch schlesische Gedichte von Hermann Bauch, das war ein Verwandter von meiner Frau, ein Großonkel, Mundartdichter und Humorist, ‹Grußes Schlachtfest woar gewast, endlich woar der Obend do, olle Kotza wurda gro, und der Kolle kruch eis Nast...› kunnde dar

besinnt sich auf das Hochdeutsche

seitenlang auswendig, das hat sich alles gekringelt, wenn der das so ernst aufgesagt hat, ‹Kolle, du werscht heut geschlacht, und aus dir werd Wurscht gemacht...›, und natürlich mit seinem Sprachfehler. Üben, immer üben, ist durch Üben besser geworden, wenn er mal lenksam war. Ordnungsliebe, Sauberkeit, Geräteturnen, daß er Körperbeherrschung lernt, von früh bis spät, hab' ich mir Mühe gegeben. Nicht, daß er sich gewehrt hätte, es war, Sie fahren mit dem Finger rein in einen Teig und ziehn ihn wieder raus, es ist dem Teig ganz gleich, Sie sehen's nicht, und es lacht die Frau. – Ich hatte zu dem Jungen keine Wellenlänge. Aber was willst du machen, du bist der Erzieher.

ÄRZTIN Hat er Sie gehaßt?

VATER Ich habe mir, Frau Doktor, nichts vorzuwerfen.

ÄRZTIN Sie könnten Ihren Sohn besuchen?

VATER Nein. Das reißt nur alles auf. Warum denn gerade ich, frag' ich den Herrgott manchmal.

(Asylkomplex nach I, 11)

Leuchtschrift: EIN BRIEF VON URSULA LOCHNER,
GEBORENE MÄRZ.

Ursula Lochner, Kinder an der Hand, vor Anspannung und Angst mit zuckenden Gliedern und zuckender Gesichtsmuskulatur.
 Sehr geehrter Herr Doktor,
 obwohl modern eingestellt, vermag ich den Zusammenhang meines leidgeprüften Elternhauses zur Erkrankung meines Bruders nicht zu sehen, alles in meinem Elternhaus war vollkommen normal, entsprach normalen Verhältnissen, und auch ich lebe als normale moderne Frau in einer ganz normalen Familie glücklich und zufrieden. Deshalb möchte ich mich mit dem traurigen Schicksal meines Bruders nicht immer beschäftigen müssen, wir alle haben bitter und schwer genug daran getragen und tragen noch daran. Ich muß das aus Verantwortung meinen Kindern und auch meinem Mann ersparen. Ich empfinde es doch als eine große Beängstigung, die Schwester eines unheilbar Geisteskranken zu sein, und beobachte tagelang meine Kinder. Gott sei Dank sind wir alle normal und gesund
 Hochachtungsvoll
 Ursula Lochner

(Asylkomplex, nach I, 11)

Vater und Öchsel, ein junger Sozialpsychologe.
VATER Ich habe ihm dann Adressen mitgebracht, daß er Adressen schreibt für eine Firma. Das hat ihm anfangs gutgetan, daß er etwas leistet. Wie ich ihn lobe, eines Abends, zerreißt er die Adressen, die er in zwei Tagen geschrieben hat. Er ist durch mich dann bei MAN untergekommen, zuerst als Hilfsarbeiter, dann normal, als normaler Arbeiter bis er zur Bundeswehr gekommen ist.
Der Vater und Öchsel kommen den rechten Gang nach vorn.
Der Vater war der Störenfried, der Grobian, der Tyrann, den man nach Dienstschluß ertragen mußte, den man herabsetzt, wo es geht. Sie und der Junge waren das Feinere, das Höhere, das Verkannte. Wenn man zu Hause der Außenseiter ist und nur zum Scheine anerkannt, da wird man zum Tyrann. Mußte doch hinter

allem her sein. Waschen, daß er sich überhaupt wusch. Oberkörper frei, frottieren, der zog sich sonst nicht das Hemd aus zum Waschen.

ÖCHSEL Warum sind Sie beruflich eigentlich zur Polizei gegangen?

VATER Der Polizeidienst war für mich ein Aufstieg, wollte weiterkommen. Als mein Vater tödlich verunglückt war, Kettenschmied, da war ich elf Jahre und hatte sechs Geschwister. Alle was geworden.

ÖCHSEL Hier hat er mal gesagt, Ihr Sohn: Warum ich mich nicht wusch? Ich konnte nicht zweimal das gleiche Handtuch benutzen.

VATER Ich glaube, ich kann sagen, der Junge hat mein Leben zugrunde gerichtet. Und unser Leben. Er war nicht hinzukriegen, er war anders. Soviel er sich auch manchmal Mühe gab.

ÖCHSEL In welcher Hinsicht Mühe?

VATER Die erste Zeit beim Bund, da hat er mal geschrieben: ‹Ich bin jetzt ein zufriedener Soldat, bekam für gutes Schießen sogar Sonderurlaub. Da mich die Kameraden achten, bin ich ein glücklicher Soldat.› Das hat ja leider dann nicht angehalten. Ach, Herr – sind Sie Doktor?

ÖCHSEL Nein, Öchsel.

VATER Ach, Herr Öchsel.

ÖCHSEL Wie ist das weitergegangen?

VATER Ging nicht zum Dienst und verfaßte eine Beschwerdeschrift: ‹Man ermüdet mich systematisch und zersetzt mich. Meine Arme und Beine sind schwer, ich kann nicht marschieren und nicht grüßen.›

Öchsel lacht, was den Vater irritiert.

Wurde im Lazarett als Simulant behandelt, dann entlassen. ‹Psychisch ungeeignet› für die Bundeswehr.

(Asylkomplex)

Asyl. Patienten bei der Medikamentenausgabe wie an einer Theke. Die Medikamente werden in kleinen Plastikbechern in der Form von farbigen Säften verabfolgt, seltener in Pillenform. Die meisten nehmen ihre Medikamente gewohnheitsmäßig und willig ein, manche mit einer flachen Humorigkeit wie an einer Theke eben. Albert Zenger fotografiert das mit konspirativer Miene. Bei einigen Patienten, die in einer Reihe hintereinander stehen, wird die Medikamenteneinnahme von einem Pfleger kontrolliert. Er paßt auf, daß sie das Medikament herunterschlucken, faßt dem einen oder anderen Patienten in den Mund, um das zu überprüfen.
März sitzt abseits, den schwarzen Sack über sich.
Kuhlmann führt sein Ritual der Krankheitsabweisung vor, ehe er den Saft nimmt.
PFLEGER HUBER Wegschlucken, gut. – Noch der März!
   Er geht zu März, klopft auf dessen Rücken. März erhebt sich, rollt den Sack zusammen, schiebt ihn unter seinen Arm, öffnet den Mund, bekommt seine Pille.
   Nix in die Backentaschen, brav.
   März schluckt. Wie sich der Pfleger abwendet, spuckt er sich die Pille in die Hand und verläßt den Raum.

(Asylkomplex)

Die Mutter mit der Ärztin Else Herbst.
MUTTER Brachte ja leider nicht viel, auch nicht der dritte Aufenthalt, auch so sechs Monate, sollte danach in einer beschützenden Werkstatt arbeiten und regelmäßig Medikamente, da ist er abgehauen. Die hatten ihm das Schrebergartenhaus ja auch genommen, hab' ich schon erzählt, öffentliches Ärgernis, Schrebergartenvollversammlung Kündigung und raus, verrückt in Lohberg, dabei der Garten war in seiner Art verrückt, ein Kunstwerk, jedes Eckel ausgenutzt, war Leben drin.
HERBST Was hat daran gestört?
MUTTER Die Bäume auch schon mal angestrichen, auch Klaviere zwischen seltenen Sträuchern, als eine Vogelscheuche er mit seiner alten Kindermütze, schöne alte Pflanzen, üppig, wild, der hätte, doch ja, der hätte Ihnen, glaube ich gefallen. Tauchte dann in der Oberpfalz auf, wo er als Tierpfleger gearbeitet hat in einer Pelztierfarm.

HERBST Längere Zeit?
MUTTER Bis es zu diesen Unliebsamkeiten dann kam, wo er über hundert Waschbären frei ließ, die pelzmäßig verwertet werden sollten, da sind nur achtzig wieder eingefangen worden. Hat den Schaden von seinem Lohn bezahlt und sich entschuldigt, erst, aber 14 Tage danach die Nerze freigelassen. Da kam er nach Mainkofen, Landeskrankenhaus, und von dort dann wieder hier nach Lohberg, viertes Mal, wo er seither ja geblieben ist. Ich mach' mir oft so Vorwürfe. Wenn er mal schreibt, ich heb' das alles auf.

(nach II, 7)

Kirchenlicht. Kanzel.
Die unsichtbare Gemeinde singt das Agnus Dei.
Meßgesänge. Gotteslob, Katholisches Gebet- und Gesangbuch, S. 426.
VORSÄNGER Agnus Dei,
GEMEINDE qui tollis peccata mundi: miserere nobis.
VORSÄNGER Agnus Dei,
GEMEINDE qui tollis peccata mundi: miserere nobis.
VORSÄNGER Agnus Dei,
GEMEINDE qui tollis peccata mundi: dona nobis pacem.
Währenddessen besteigt März in abgerissener Kleidung die Kanzel. Er wird erst bemerkt, wie er das Wort ergreift.
MÄRZ *indem er sich eine Zigarette anzündet*:
Lieber Kirchenfürst! Niedrige Brüder und Schwestern! Wer war unser Bruder Christus? Unberührbarer, Kombattant und Partisan der Nächstenliebe, Unterwühler der staatlichen Gewalt, Kämpfer gegen römischen Imperialismus und Geldherrschaft, für einen Gottesstaat der Gleichen.
Liebe Gemeinde! Euer Bruder Alexander bittet im Namen Christi um eine Minute Gehör für eine Total-Kriegserklärung dem Klerus, dem Schänder der Lehre, denn was ist christliche Außenpolitik? – Die Zusammenarbeit zwischen den Oberklassen verschiedener Nationen.
Was ist christliche Innenpolitik? – Die Sicherung der Ausplünderung der arbeitenden Klassen.
Welche christlichen Mittel haben die arbeitenden Klassen, das zu ändern? – Die Revolution.

Gibt es kein anderes Mittel? – Nein!
Dem Christus von Wimprasing
sagt man wachsen die Locken
was ihm wirklich wächst
das ist der Dicke
dem Klerus in den Arsch zu stecken.
Wen wir befreien müssen? – Unsern Bruder Christus.
Uns!
Priester, Mesner und Mitglieder der Gemeinde versuchen auf die Kanzel zu gelangen, die von März verteidigt wird.
War aber Christus nicht gegen die Anwendung von Gewalt? – Jawohl, Herr Erzbischof, er war gegen die Gewalt der Unterdrückung und bekämpfte sie. Von der Bevölkerung umjubelt, zog er in Jerusalem ein und verjagte Geschäftsleute, Bankiers und ihre Redakteure. ‹Siehst du diese großen Bauten? Nicht ein Stein wird auf dem andern bleiben, der nicht zerbrochen wird›, ist ein weniger bekanntes Christuswort. Geht hin und tuet desgleichen.
März läßt sich ergreifen und heruntertragen. Während mit Kreuzen auf ihn eingeschlagen wird, segnet er die Gemeinde. Die Gemeinde singt während des Vorgangs:
GEMEINDE Nobis datus, nobis datus / es intacta Virgine / et in mundo conversatus / sparso verbi semine, / sui moras incolatus / miro clausit ordine.
Katholisches Gebet- und Gesangbuch, Seite 520.
Herbeigerufene Polizisten entfernen März.

(nach II, 9)

Besucherzimmer. Eine der Tür zur Station abgewendet sitzende Frau. Huber schließt die Tür von der Station her auf, kommt mit März herein.
HUBER Sie haben Besuch, Herr März, Ihre Mutter hat uns gebeten, Sie wieder besuchen zu dürfen.
Huber geht auf die Station zurück. Die Mutter hat sich März zugewendet, sie stehen voreinander. März sieht sie nicht an.
MUTTER Alexander. – Alexander – – Alexander!
Sie geht schluchzend auf ihn zu, will ihn umarmen. Da er sich

unbeteiligt zur Seite wendet, kommt es nur dazu, daß sie einige Sachen auf den Tisch legt, die sie mitgebracht hat. Er nimmt keine Notiz von ihr, dreht ihr halb den Rücken, sieht die Sachen durch. Er blättert in den Illustrierten, steckt ein Päckchen Tabak ein, Kaffee, ein Päckchen Zigaretten, betrachtet seinen alten Fotoapparat, stößt ein krächzendes Geräusch aus.
Dein Fotoapparat, dein alter, den du vielleicht gewollt hast – es ist ein Film drin –
März nimmt die Sachen, schiebt die Illustrierten unter seinen Arm, geht zur Tür, drückt den dort befindlichen Klingelknopf und geht auf die Station, als ein Pfleger die Tür öffnet.

(nach III, 6)

Therapieraum.
Kofler exploriert März. März ist sehr unruhig.
MÄRZ Bitte endgültig abgeschaltet zu werden.
  Pause.
  Ich bitte um Abschaltung noch einmal. Wünsche auch nicht Fernbeobachtung durch Sputnikknaben.
KOFLER Warum sind Sie heute so unruhig?
MÄRZ Wie kommt es, daß ich zusammenzucke, wenn ich einmal sanft berührt werde, und warum erschrecken mich Liebesbezeigungen?
KOFLER Schlafen Sie gut?
MÄRZ Wenn es zugelassen wird.
KOFLER Von wem zugelassen?
  Keine Antwort.
  Träumen Sie viel?
  März schüttelt den Kopf.
MÄRZ Das Fell war well.
KOFLER Was bedeutet das?
MÄRZ Manchmal diese Köpfungsträume. – Das läuft am laufenden Band. – Verblutungszuckungen gehen einher mit Blutverspritzungen in Küche, Büro und Fabrik.
März geht zur weißen Wand des Therapieraums und zeigt auf kaum sichtbare winzige Flecke.

Hier. Das sind Losungen.
KOFLER Losungen für wen? Für Sie?
MÄRZ Es liest sie, wer sie braucht.
KOFLER Das träumen Sie?
MÄRZ Das ist. EKG.
KOFLER EKG?
MÄRZ Herzschrift.
KOFLER Wieso?
MÄRZ Weil man das Herz infolge Glitschigkeit nicht abfühlen kann.
KOFLER Vielleicht möchten Sie darüber mal ein Gedicht machen?
März verneint.
Oder über ein anderes Thema?
MÄRZ Der Tod in der Schule als Mädel.

(nach III, 8)

Therapieraum. März, Kofler, Herbst.
KOFLER Sie haben uns gesagt, Sie wollten sich mit der Psychiatrie beschäftigen, Ihre Ansichten niederlegen. Das interessiert uns natürlich, haben Sie schon was dazu aufgeschrieben?
MÄRZ Gedicht und kunstphilosophischen Text.
KOFLER Vielleicht, am besten, daß Sie uns das vorlesen? Else Herbst will das filmen.
MÄRZ Ob andere Patienten vielleicht, falls sie geduldet würden –?
KOFLER Daß sie das mit anhören? Natürlich.
MÄRZ Um eine Diskussion vielleicht zu ermöglichen.
März läßt eine Anzahl von Patienten der Therapiegemeinschaft ein, Zenger, Fuchs, Ebert, Duwe, Folgner, Kuhlmann. Es kommen auch Patientinnen dazu, unter anderen Angelika, Hanna. Es scheint sich um eine abgesprochene Sache zu handeln. Sie nehmen sogleich auf dem Boden des jetzt überfüllten Raumes Platz.
KOFLER *zu März:* Wollen Sie etwas Erklärendes voraus sagen?
März schüttelt den Kopf.
Gut, also dann.
MÄRZ Der Psychiater. Ein Diskussionsbeitrag.
    Der Vorsteher der erkrankten Seele

ist der Psychiater
genannt auch
Graupenfänger, Klapsgreifer und Meisenwart.
Den neuen Geist des Patienten zu schmieden
ist er dem Gemeinwohl hauptverantwortlich.
Der Irrsinn ist die Hauptarbeit
der psychiatrischen Vaterschaft.
Pfleglinge, Pfleger und Ärzte üben sich
ein in babylonischen Pavillonen I–XII
verstehen sich nicht in 10000 Sprachen.
Jetzt zieht der Arzt eine Nummer
daß der Patient im Geiste seiner Krankheit
sich vervollkommnen kann.
Er schützt die Worte des Patienten und
läßt ihn Gedichte schreiben.

Nach unterdrückten Reaktionen während des Vortrags herrscht jetzt Stille. Die Patienten beobachten die Ärzte. Pause. März überreicht Kofler das Gedicht wie ein Geschenk.

ALBERT ZENGER École de Lohberg!

KOFLER Mir gefällt das Gedicht, inhaltlich bin ich einverstanden.

Fuchs meldet sich wie in der Schule.

Bitte, ja.

FUCHS Was hier betrifft, Lohberg, ob es genügt einverstanden?

KOFLER Verstehe, ja, ja. Mit Lohberg bin ich nicht einverstanden.

FUCHS Einverstanden, nicht einverstanden, einverstanden, nicht einverstanden –

Er macht eine Geste, die sagt, daß dies für einen Patienten, der hier sei und bleibe, keinen großen Unterschied mache.

ALBERT *ermuntert März*: École de Lohberg! École de Lohberg!

MÄRZ *liest einen weiteren Text*: École de Lohberg. In unserem Pavillon XII werden die Künstler wie Semmeln gebacken. Maler kriegen Buntstifte, Dichter Kugelschreiber und Weißpapier. Thema genannt, jetzt schreibt los. Das Kamel hat einen Mumpsmund. Sehr schön, sagt der Doktor K. und sammelt die Blätter ein.

Vorname

Zuname

Datum

Was macht Ihnen Spaß? Was freut Sie?

Rauchen zum Beispiel.

So kriegen wir Zigaretten, und es blüht die Sprachkunst: Lekmiinoaschundspüldemiternudel sagt der Pfleger Horn.

Starke Zustimmung der Patienten. März überreicht drei Abschriften, an Herbst, Kofler und mit einer Verbeugung auch dem filmenden Öchsel. Nur Kuhlmann kämpft gegen die Schlangen, die seinen Kopf heimsuchen.
KUHLMANN Es hat mir hier noch niemand eine Schlange gezogen. Der Knochen ist ganz dünn, von unten kommt der Schlamm hoch.
Er führt sein Abwehrritual durch.

Leuchtschrift: AKTIONSKUNST MIT KRAEPELIN, VATER DER PSYCHIATRIE.

Vorraum einer geschlossenen Station. Eine Büste des Vaters der Psychiatrie Kraepelin. Auf Bänken wartende Besucher. März kommt mit einem umgehängten Plastiksack, nimmt Klosettpapierrollen heraus und wickelt sie um die Plastik des berühmten Kraepelin, bis er ganz eingebunden ist. Er nimmt das als einen künstlerischen Vorgang, den er damit abschließt, daß er die neue Plastik mit rotem Autolack besprüht. Während seiner ziemlich wilden Arbeit wiederholt er immer wieder:
MÄRZ Ich bin der verrückte März und dichte für die Anstalt, was sie von mir verlangt! Ich bin der verrückte März und dichte für die Anstalt, was sie von mir verlangt!
Er verteilt Handzettel an die etwas verstörten Besucher.
Manifest an den Leiter der Irrenanstalt Lohberg.
Er hält sich herbeieilendes Personal mit der Sprühdose vom Leibe und verschwindet.
PFLEGER Jetzt kommst auf C, mei Lieber.
Else Herbst kommt, von dem Pförtner herbeitelefoniert.
Wie sich's gehört, mal wieder einer von der Therapiegemeinschaft.
HERBST Ich find's nicht schlimm.
PFLEGER Der Autolack geht nie mehr ab. ‹Nicht schlimm.›
Feuerstein kommt.
FEUERSTEIN Was ist denn das?
PFLEGER Der März als wie ein Derwisch hat die Büste angesaut. Der Autolack geht nie mehr ab.
FEUERSTEIN Wie soll das gehn?
HERBST Als Kunst find ich's nicht schlecht.
FEUERSTEIN Als was?

HERBST Ich find' es besser als die Büste. Wirklich.
FEUERSTEIN Kann Ihr Patient sein Kunstbedürfnis nicht auf der Station stillen?
Der Pfleger bringt einen Handzettel.
PFLEGER *liest*: Manifest an den Leiter der Irrenanstalt Lohberg.
Feuerstein überfliegt das Blatt.
HERBST Die Rückkehr der Aggression, ist eine Station auf dem Wege zu sich, zu seiner, wenigstens partiellen Gesundung, meine ich.
FEUERSTEIN ‹Hochachtungsvoll der Mumps, der Ihnen im Walde ein Lied erzählt›, ist dieses Manifest hier unterzeichnet. Da sind wohl noch ein paar Stationen zurückzulegen. Wir haben hier in Lohberg nahezu achthundert chronisierte Langzeitpatienten, Frau Kollegin.

Leuchtschrift: WOCHENVERSAMMLUNG DER THERAPIEGEMEINSCHAFTEN.

Verräucherte Teestube. Patienten gehen hin und her, manche nehmen an der Versammlung nicht teil, blättern in Illustrierten, einer hat den Zeigefinger an der Denkerstirn und nickt sarkastisch, einer geht der Rampe entlang hin und her exakt wie ein Metronom, wenn er vorsichtig kehrtmacht, hebt er den linken Arm mit erhobenem Zeigefinger und sagt:
PATIENT Auf geht's! Kolossale Kraft? Kolossale Energie! Man tanzt den bayerischen Tango.
Ein junger Mann sitzt unter einem Tisch und sagt zweimal ganz gestochen:
In der Isolation ist die Nacht ganz rein, da verreckt jeder.
Die Mehrzahl der Patienten folgen der Versammlung, aber sie tolerieren die anderen, die nicht fähig sind, sich auf die Versammlung zu konzentrieren. Der eine oder andere versucht, die störenden Patienten an der Versammlung zu interessieren. Unter den Patienten auch Kofler, Herbst und Pfleger, die sich aber nicht in den Gang der Versammlung mischen.
FUCHS *als Leiter der Versammlung*: Der Punkt Kaffee und Milch getrennt oder Milchkaffee wird entschieden: Kaffee getrennt, Milch getrennt und hier bei uns gekocht der Kaffee, nicht von der Gemeinschaftsküche.

ZURUF Und mehr Kaffee und Zigaretten!
FUCHS Das ist in der Erhöhung der Arbeitsbelohnung.
ALBERT Im ganzen fordern wir tarifliche Entlohnung,
  Beifall
nicht Belohnung.
  Beifall.
ZURUF Mehr Kaffee und Zigaretten jedenfalls!
FUCHS Jetzt weiter: Post.
HERBERT DUWE Muß raus und rein, und ohne daß sie kontrolliert wird.
FUCHS Unsere Forderung.
  Zustimmung.
ALBERT Was wir vor allem wollen, ist die gemischte Abteilung. Aufhebung der Geschlechtsgrenze in der Anstalt.
HERBST Wir müßten das auf uns hier beschränken und speziell begründen.
ALBERT Ich habe das Recht zu ficken, Hohes Haus.
  Lachen.
HERBERT DUWE Es soll die künstlerische Arbeit auch wie andere bezahlt werden und alles in Kategorie I.
EBERT Auch seltene Künste. Auch Denken. Informationstheorie elektronisch.
  Er wirft eine halbierte Zigarette ein.
KUHLMANN *unter dem Tisch*: In der Isolation ist die Nacht ganz rein, da verreckt jeder.
EBERT Politische Teleskopie im Kontinentenverband.
  Die Konzentration auf die Versammlung läßt nach.
FUCHS Es ist von März ein Manifest geschrieben worden –
MÄRZ Und Albert.
FUCHS Von März und Albert Zenger, an die Leitung, das er verlesen soll.
  Zustimmung.
MÄRZ Manifest an den Leiter der Irrenanstalt Lohberg. Geehrter Herr Direktor, wenn Sie uns das nächste Mal in unserem Teil der reziproken Gesundungsanstalt besuchen, sollten Sie sich daran erinnern und auch einsehen, daß Sie den Insassen nur in einem überlegen sind: in der Macht. Mit uns gemeinsam als paranoisches Duo produzieren Sie die Geisteskrankheiten, die den Zweck haben, den wirklichen Wahnsinn der Normalen als geistige Gesundheit erscheinen zu lassen. Merke: Wenn Karl Fuchs äußert, die A-Bombe ticke in seinem Kopf, und das gilt als Wahn,

so hält das den Bomberpiloten gesund, in dessen Maschine sie wirklich tickt und der sie abwirft. Hochachtungsvoll der Mumps, der Ihnen im Walde ein Lied erzählt. Zusatz: Es ist unsere Erkundung, der Psychiater braucht den Patienten, aber dieser nicht ihn.
Er verteilt Handzettel mit dem Manifest.

(alle Szenen nach III, 23. Teile der letzten Szene in III, 24 aufgenommen.)

Editorische Bemerkungen

JOEL BRAND. DIE GESCHICHTE EINES GESCHÄFTS wurde 1964/65 geschrieben. Uraufgeführt wurde das Stück am 5. Oktober 1965 an den Münchner Kammerspielen. Regie: August Everding, Bühnenbild: Jörg Zimmermann. Die Rolle des Joel Brand spielte Robert Graf, die des Adolf Eichmann Romuald Pekny.
Erste Veröffentlichung im Suhrkamp Verlag, Frankfurt 1965.
Dem Stück ist der Fernsehfilm «Die Geschichte von Joel Brand» vorangegangen, gesendet im November 1964 vom WDR und veröffentlicht in «Acht Fernsehspiele», Piper-Verlag, München 1966. Regie von Franz Peter Wirth.

DIE NACHT, IN DER DER CHEF GESCHLACHTET WURDE wurde 1966 geschrieben und am 13. Mai 1967 am Württembergischen Staatstheater Stuttgart uraufgeführt. Regie: Peter Palitzsch, Bühnenbild: Wilfried Minks. Den Oskar Bucksch spielte Ulrich Matschoß und Joi Bucksch Karin Schlemmer.
Erste Veröffentlichung im Suhrkamp Verlag, Frankfurt 1974. Die hier abgedruckte Neufassung des Stücks stammt von 1980.
Als Fernsehfilm wurde dieses Stück im Dezember 1979 vom ZDF ausgestrahlt, in der Regie von Vojtech Jasny. Den Bucksch spielte Heinz Schubert und Joi Bucksch Margret Homeyer.

DIE SOLDATEN ist eine Bearbeitung des gleichnamigen Stücks von Jakob Michael Reinhold Lenz, 1967 geschrieben und am 17. August 1968 am Düsseldorfer Schauspielhaus uraufgeführt. Inszenierung und Ausstattung: Jean-Pierre Ponnelle. Die Rolle der Marie spielte Christiane Hammacher, die des Desportes Manfred Paethe, und Stolzius wurde gespielt von Dieter Wernecke.
Erste Veröffentlichung im Suhrkamp Verlag, Frankfurt 1968.
Im Juli 1977 wurde dieses Stück als Fernsehfilm ausgestrahlt, in der Regie von Peter Beauvais.

SEDANFEIER wurde 1970 geschrieben und am 2. September 1970 an den Münchner Kammerspielen uraufgeführt. Regie: Ulrich Heising, Bühnenbild: Jörg Zimmermann. Musik: Michael Rüggeberg. Mitwirkende waren u. a.: Christa Berndl, Ruth Drexel, Heide von Strombeck, Vadim Glowna, Fred Klaus, Peter Lühr und Joachim Wichmann.

Erste Veröffentlichung im Suhrkamp Verlag, Frankfurt 1974.

MÄRZ, EIN KÜNSTLERLEBEN wurde 1979 geschrieben und am 16. Oktober 1980 am Düsseldorfer Schauspielhaus uraufgeführt. Regie: Roberto Ciulli und Helmut Schäfer, Bühnenbild: Gralf-Edzard Habben. Den Alexander März spielte Wolf Aniol, Christian Schneller den Dr. Kofler.

Erste Veröffentlichung im Verlag Kiepenheuer & Witsch, Köln 1980.

Der Fernsehfilm «Leben des schizophrenen Dichters Alexander März» wurde vom ZDF im Juni 1985 ausgestrahlt. Regie: Vojtech Jasny, den März spielte Ernst Jacobi.

Nachwort des Herausgebers

Mit seinem Fernsehspiel ‹*In der Sache J. Robert Oppenheimer*›, gesendet am 23. Januar 1964, und dem gleichnamigen Theaterstück, uraufgeführt am 11. Oktober desselben Jahres, war Heinar Kipphardt ein weltweit bekannter Schriftsteller geworden. Besondere Beachtung galt der von ihm mitbegründeten neuen Form des politisch engagierten Theaters: Kipphardt wurde angesehen als ein «Meister des Dokumentar-Dramas»[1] (Axel Eggebrecht). Er selbst schätzte den Begriff dokumentarisches Theater nicht, sondern verstand seine Stücke als zeitgemäße Ausformung des historischen Dramas, in der Tradition Shakespeares und Büchners.

Auch in seiner ersten literarischen Arbeit nach dem ‹*Oppenheimer*› ging Kipphardt von einem authentischen Fall aus, den Verhandlungen des ungarischen jüdischen Funktionärs Joel Brand über das Freikaufen von einer Million Juden aus nationalsozialistischer Gewalt. Im Entwurf einer Nachbemerkung zu ‹*Joel Brand*› hielt er fest: «Der Stoff und die Hauptpersonen sind historisch. Der Verfasser legte sich die Beschränkung auf, daß alle wichtigen Vorgänge des Stückes zu belegen sind. Für den Zweck des Dramas nahm er sich gleichzeitig die Freiheit, die Handlung auf diejenigen Hauptzüge zu konzentrieren, die ihm bedeutend schienen.»[2] Ein Dramatiker, erklärte Kipphardt in einem Interview, «ist selbst bei größter Wirklichkeitsnähe kein Historiker. Ihm ist die Wahl des Stoffes, des räumlichen und zeitlichen Ausschnittes, die Raffung und Dehnung der Vorgänge, ihre Ver-Dichtung anheimgegeben.»[3]

Als erste Bearbeitung des Stoffes entstand ein Fernsehspiel, im Auftrag der Bavaria Atelier Gesellschaft, die die Fernsehrechte an Alex Weissbergs Bericht ‹*Die Geschichte von Joel Brand*› erworben hatte. Kipphardt wertete Weissberg, einen Bericht von Rudolf Kastner und zahlreiche weitere Quellen aus und schrieb das Drehbuch, das einer «distanzierten Dramaturgie» folgte, die er vom überkommenen «psychologischen Realismus im wasserdichten Bühnenbild» deutlich abgrenzte (Brief an Rudolph Cartier, 9. März 1965). Der Autor läßt auf dem Bildschirm einen Sprecher die handelnden Figuren vorstellen und die Spiel-Szenen verknüpfen. Dieser Sprecher («mit dem Habitus eines modernen Gelehrten»[4]) agiert in einem Dokumentationszentrum, das als Teil des Fernsehateliers kenntlich ist, und kommentiert für die Zuschauer die gezeigten Vorgänge.

Er zieht zur Unterstützung Landkarten, Film- und Fotoprojektionen und dokumentarische Zitate heran.

Für Kipphardt waren das Mittel einer antiillusionistischen Dramaturgie, mit der er die Zuschauer zur Reflexion anhalten wollte. Zugleich sollte die Glaubwürdigkeit der dargestellten Vorgänge bestärkt und dem möglichen Einwand begegnet werden, das Gezeigte sei doch nur erdichtet. Eine kritische Beschäftigung mit der faschistischen Vergangenheit war in der Bundesrepublik der frühen sechziger Jahre noch weitgehend tabuisiert und wurde von vielen als Nestbeschmutzung abgetan. Die Methode der dokumentarischen, das heißt belegbaren Literatur wurzelt bei Kipphardt – wie zur gleichen Zeit bei Peter Weiss und Rolf Hochhuth – in dem Anspruch, sich in der Öffentlichkeit gegen die vorherrschenden Mechanismen kollektiver Verdrängung und Verleugnung durchzusetzen.

Im Falle ‹Joel Brand› war eine Legitimation durch historische Tatsachen besonders geboten, denn die von Kipphardt auf den Bildschirm bzw. die Bühne gebrachte Handlung ist ein so monströser Teil der Nazi-Geschichte, daß er den Nachgeborenen kaum glaublich vorkommen muß. Die SS-Größen Adolf Eichmann und Kurt Becher verhandeln über Freiheit oder Tod von einer Million Menschen wie über eine beliebige geschäftliche Ware, die gegen andere Gebrauchswerte aufzuwiegen ist. Wohl selten ist der zynische Begriff «Menschenmaterial» so wörtlich verstanden und angewendet worden wie in den Verhandlungen Eichmanns und Bechers über das Schicksal der ungarischen Juden. Für Heinar Kipphardt war dieses «Geschäft», auch wenn es letztlich scheiterte, Sinnbild und Inbegriff eines gesellschaftlichen Systems, in dem Menschen nach ihrem bloßen Warenwert beurteilt werden. Modellhaft, so betonte er, lasse sich mit der Geschichte Joel Brands der Faschismus als eine «spezifische Entartungsform der Bürgerwelt» erweisen.[5]

Das Fernsehspiel ‹Die Geschichte von Joel Brand› wurde am 15. November 1964 gesendet, mit großer Resonanz. Die Kritiker bescheinigten Kipphardt, eine dem Thema und dem Medium besonders angemessene Form gefunden zu haben. Er habe sich «in der noch immer währenden Pionierzeit des Fernsehens als der begabteste Autor bestätigt, den wir haben», hieß es in einer Besprechung.[6] In der Schauspiel-Fassung des ‹Joel Brand›, die Kipphardt anschließend schrieb und die am 5. Oktober 1965 uraufgeführt wurde, nahm er dagegen die von Brecht und Piscator inspirierten Verfremdungs-Elemente deutlich zurück. Die Figur des Sprechers fehlt im Theaterstück völlig. Diese Zurückverwandlung des Stoffes in eine geschlossene dramatische Form wurde von vielen Kritikern bedauert, weil damit das Stück zu sehr in die Nähe einer konventionellen, von der äußeren Spannung des Geschehens dominierten Dramaturgie gerate.

Neu eingebaut in das Schauspiel hat Kipphardt dafür ein anderes Mittel der Distanzierung: er läßt Eichmann und Becher miteinander in einer klassisch anmutenden Vers-Sprache reden, die einen scharfen Kontrast zum mörderischen Inhalt der Dialoge ergibt. In einem Brief an Peter Hacks hatte Kipphardt schon 1961 den parodistischen Gebrauch des Jambus befürwortet (Brief vom 30. Mai 1961). Die Nazi-Figuren Eichmann und Becher repräsentieren in ‹Joel Brand› verschiedene Konzepte faschistischer Politik. Kurt Becher, nach eigener Aussage ein überzeugter Antisemit, vertritt eine flexiblere Variante für die sogenannte «Lösung der Judenfrage». Becher ist ein funktional denkender und handelnder Mann, der die weltpolitischen Gegebenheiten mitreflektiert. Bei den Verhandlungen über die ungarischen Juden 1944 denkt er bereits voraus an das nahende Kriegsende und ist darum zu ungewöhnlichen Maßnahmen bereit. Das von ihm betriebene Geschäft, eine Million Juden freizulassen gegen die Lieferung von zehntausend Lastwagen, entspringt einem Kalkül, in dem nüchterner Kaufmanns-Sinn, militärisch-politischer Realismus und der Blick auf die eigene Nachkriegskarriere zusammenfließen.

Becher gehört zu einem Typus von Funktionsträgern des Faschismus, für die sich Kipphardt besonders interessierte. In seinem Romanprojekt ‹Die Tugend der Kannibalen›, an dem er seit den fünfziger Jahren arbeitete, wollte er die Figur eines geschäftstüchtigen, wendigen SS-Mannes in den Mittelpunkt rücken, der mit Hilfe von aus den KZs rekrutierten Fachkräften ein Wirtschaftsunternehmen nach modernsten Gesichtspunkten aufbaut. Der Roman blieb unvollendet; 1977 veröffentlichte Kipphardt aus dem Material die Erzählung ‹Der Deserteur›. Den erwähnten SS-Mann Max Halske läßt er darin sinnieren: «Es klingt für einen Hauptsturmführer vielleicht seltsam, aber ich bin kein Nazi. Ich wäre in jedem System hochgekommen, und ich bin nicht willens, mit irgendeinem unterzugehen.»[7] Ähnlich könnte auch die Becher-Figur in ‹Joel Brand› reden. Der reale Kurt Becher übrigens hat tatsächlich später in der Bundesrepublik eine erfolgreiche Unternehmer-Karriere gemacht und es zum Millionär gebracht. In der Öffentlichkeit präsentierte er sich als ein Mann, der während des Krieges Tausende von Juden gerettet habe.

Den Geschäftsmann-Typus Becher konfrontiert Kipphardt mit

Adolf Eichmann, dem maßgeblichen Organisator der faschistischen Judenvernichtung. Eichmann sieht seine Aufgabe in Ungarn 1944 darin, auch dieses Land endlich «judenfrei» zu machen. Die Verhandlungen über das Geschäft, Menschenleben gegen Lastautos, sieht er mit Skepsis und beteiligt sich eher widerwillig daran. Am Ende des Stückes kann Eichmann triumphierend seinen bevorzugten Weg der «Endlösung» fortsetzen: die Deportation der ungarischen Juden nach Auschwitz.

Heinar Kipphardt wollte mit ‹Joel Brand› zu einer Entdämonisierung des Faschismus beitragen. In einem Interview erklärte er: «Ich bin der Überzeugung, daß die fürchterlichen Vorgänge aus der Periode des Nationalsozialismus von ganz und gar gewöhnlichen, durchschnittlichen Pflichtmenschen, eigentlich von meinen Nachbarn, begangen wurden.» Darum habe er Eichmann als «durch und durch normalen, durchschnittlichen, banalen, bürokratischen» Menschen zu beschreiben versucht.[8] Doch entgegen dieser Intention erscheint die Eichmann-Figur in ‹Joel Brand› als ein kalter, berechnender, sich geschickt inszenierender Machtmensch, der auf eine zynische Weise intelligent und erfolgreich handelt. Erst mit seinem letzten Stück ‹Bruder Eichmann›, 1983 uraufgeführt, sollte Kipphardt die Beweisführung überzeugend gelingen, daß Adolf Eichmann in seiner Haltung ein erschreckend gewöhnlicher Mensch war, im Sinne der auch von Hannah Arendt analysierten «Banalität des Bösen»[9].

Im ‹Joel Brand›-Stück wird zugleich ein differenziertes Spektrum von Verhaltensweisen der jüdischen Seite dargestellt, vom legalistischen Zögern mancher zionistischer Führer bis zum unbedingten Kampfeswillen einzelner Partisanen. Kipphardt rückte dabei einen Konflikt ins Blickfeld, der zwanzig Jahre später anhand von Joshua Sobols ‹Ghetto›-Stück erneut heftig diskutiert wurde: die Frage, ob jüdische Funktionäre sich überhaupt – um Leben zu retten – zur Kollaboration mit den Nazis bereitfinden durften. Während Joel Brand in seiner verzweifelten Mission unterwegs ist, an die er sich wie an einen Strohhalm klammert, werden bereits Zigtausende ungarische Juden von seinen Gesprächspartnern in die Vernichtungslager geschickt. Für die Alliierten ist Brand ein Don Quijote; sie lehnen es kategorisch ab, «mit Massenmördern über Erpressungen zu verhandeln», erklärt der britische Captain Tunney. Das Problem ist im klassischen Sinne tragisch, denn welche Alternative hätte es für die jüdischen Organisationen gegeben, als jede sich eröffnende winzige Chance zur Rettung von Menschen zu ergreifen?

Den wirklichen Rudolf «Rescö» Kastner, der neben Joel Brand maßgeblicher Exponent der Rettungsaktionen in Ungarn war, hat dieser Konflikt in der Nachkriegszeit das Leben gekostet. 1954 wurde er von einem israelischen Gericht zu der Beschuldigung vernommen, er habe damals in Budapest mit den Nazis verräterisch kollaboriert und so – mit der Rettung nur weniger Juden – den möglichen Widerstand gegen die Deportationen verhindert. Im Urteilsspruch des Richters wurde Kastner als Verbrecher bewertet, der «seine Seele dem Teufel verkauft» habe. Drei Jahre später kam es zur Rehabilitierung Kastners im Berufungsverfahren – aber er selbst erlebte den neuen Richtspruch nicht mehr. Ein fanatisierter jüdischer Attentäter schoß ihn am 3. März 1957 in Tel Aviv nieder. Kastner starb neun Tage später an den dabei erlittenen Verletzungen.[10]

Kipphardts Schauspiel ‹Joel Brand› wurde – trotz kritischer Einwände vor allem gegen die Form, die wie ein «realistischer Reißer» wirke[11] – ein internationaler Erfolg. Ein anderer Vorwurf war schon gegen die Fernsehspiel-Fassung erhoben worden: der Autor lasse das Publikum zu sehr mit den dokumentierten Vorgängen allein. Der befreundete Dramatiker Peter Hacks schrieb sarkastisch, ‹Joel Brand› sei «spannend, reinlich gemacht und nervenerschütternd», aber für die Zuschauer bleibe als Lehre nur «die Vermutung, daß die Welt traurig und verworren ist»[12]. Kipphardt verteidigte sein ästhetisches Prinzip, die komplexen Facetten und Widersprüche des Falles nicht einfach aufgelöst zu haben: «ich bevorzuge die offene Information, die den Schluß vorsichtig handhabt, die ihn aus der Information hervorgehen läßt.» (Brief an Hacks, 5. Dezember 1964) Als ihn ein Interviewer nach der «Nutzanwendung» des ‹Joel Brand›-Stückes fragte, antwortete Kipphardt gereizt: «Ich finde es unmöglich, von einem Schriftsteller zu erwarten, daß er die Essenzen seines Stückes auf drei, vier Sätze bringt, denn er hat ja ein Stück geschrieben mit sehr widerspruchsvollen, differenzierten Geschichten, Entwicklungen, die im Ganzen eine Mitteilung sind. Ein Stück, das sich reduzieren läßt auf zwei, drei nüchterne Aussagen – dem, glaube ich, würde ich mißtrauen...»[13]

Noch während der Arbeit an ‹Oppenheimer› und ‹Joel Brand› hatte Kipphardt mit einer Komödie begonnen. Er wollte sich damit von den «enervierend langen Materialarbeiten erholen», erläuterte er Peter Hacks (Brief vom 11. November 1966). Eine erste Version war schon Ende 1963 fertig, sie trug den Titel ‹Tutta la famiglia›. Aber Kipphardt schrieb den Text mehrfach um, bis drei Jahre später eine Fassung vorlag, die er unter dem Titel ‹*Die Nacht, in der der Chef geschlachtet wurde*› veröffentlichte.

Das Stück verblüffte selbst gute Freunde. «Der als Dokumenten-Kippenheimer befehdete Dramatiker wechselt ins Freudsche Lager und findet einen wirklichen Komödienstoff», kommentierte ironisch der am Berliner Ensemble tätige Regisseur Manfred Wekwerth (Brief an Kipphardt, 8. Februar 1967). Heinar Kipphardt arbeitet im ‹*Nacht*›-Stück mit einer erfundenen Fabel und mit einer Fülle von phantastischen, surreal anmutenden Elementen. Er beschreibt den Verlauf einer Nacht in einer kleinbürgerlichen deutschen Familie. Zwischen vier sehr reale Szenen sind drei umfangreiche Traum-Szenen gefügt, in denen die geträumten Vorstellungen und Phantasien des Bankkassierers Oskar Bucksch zu sehen sind.

In einem Gespräch erklärte Kipphardt seine Absichten: «Ich versuche, das wirkliche Leben des in der Literatur oft gerühmten, unverwüstlichen kleinen Mannes zu beschreiben. Was tut er, was denkt er, was fühlt er, wie spiegelt sich in seinem Kopf die Welt? Ich wollte das in dem Ablaufe einer gewöhnlichen Nacht beschreiben, und ich sah, daß sich dann nur die Spitze des Eisbergs zeigt. Viele seiner Haltungen, seiner Vorurteile, seiner Fehlurteile, seiner Klischees, seiner Sehnsüchte und Befürchtungen zeigten sich nur ganz bruchstückhaft, und ich dachte, daß sich diese Splitter ins Riesenhafte und Phantastische vergrößert in den Träumen des kleinen Mannes zeigen sollten. Seine Wünsche, die Entwürfe von sich, seine Hoffnungen und seine Ängste.» [14]

Der gelernte Psychiater Kipphardt analysiert in seinem ‹*Nacht*›-Stück einen soziologischen Typus, und hinter den grotesken Konturen von Oskar Buckschs Träumen wird unvermutet die Nähe dieser Komödie zum ‹*Bruder Eichmann*›-Thema deutlich. Der Nationalsozialismus hatte es ja in nie gekanntem Ausmaß verstanden, die schlafenden Aggressionen und Wünsche der Kleinbürger und Zukurzgekommenen zu mobilisieren und für seine Zwecke zu organisieren. Als Kipphardt Ende 1966 das Manuskript des ‹*Nacht*›-Dramas abschloß, war gerade die neofaschistische NPD in die ersten Landtage der Bundesrepublik eingezogen. Die Bucksch-Figur hat vor diesem zeitgeschichtlichen Hintergrund besondere Bedeutung, wie ihr Autor erläuterte: «Wenn ich unsere Wirklichkeit beobachte, bin ich beunruhigt, wie dünn die Firnis einer formalen Demokratie über Autoritätssehnsüchten liegt, wie schroff antidemokratisch sich ein gewisses Unbehagen am eigenen Dasein artikuliert. Es scheint mir richtig, die Frage zu stellen, wie sich die scheinbar unpolitischen kleinbürgerlichen Schichten unseres Landes an einem neuen Tag X wohl verhalten würden, wenn eine autoritäre Regierungsform ihre unterdrückten Aggressionen ermuntern und kanalisieren würde. Wäre der entfremdete Kleinbürger nicht sehr schnell abermals das manipulierbare Instrument der Mächtigen, der neue Luftschutzleiter, der neue Ortsgruppenleiter, der neue Schulungsleiter?»[15]

Oskar Buckschs Träume sind voller Gewaltphantasien, er avanciert bei Nacht zum Herrn über Leben und Tod. Die Menschen seines realen Alltagslebens tauchen – traumgemäß verändert und verfremdet – in den Schlaf-Phantasien wieder auf. Die Ehefrau wird geschlachtet und die eigene Tochter verführt, der Bankdirektor sieht sich vor Gericht gestellt und hingerichtet, andere Vorgesetzte müssen Oskar in seinen Träumen als Untergebene zur Hand gehen. Zugleich reichen die nächtlichen Vorstellungen über den persönlichen Bereich hinaus und schließen politische Macht- und Vernichtungsvisionen mit ein. Weil es Träume sind, gehen die Geschichten niemals streng logisch auf; sie bleiben Vexierbilder, die in verschlüsselter Form auf das zutiefst entfremdete Dasein des Träumenden zurückverweisen.

Die ‹Nacht›-Komödie ist mit viel Sinn für Situationswitz geschrieben. Auch die Real-Szenen sind satirisch zugespitzt, sie karikieren eine von Konsumsucht und sexueller Frustration beherrschte Spießerwelt. Das Thema mit komischen Mitteln darzustellen, schien Kipphardt der einzig gangbare Weg: «Die Komödie verharmlost ja keinen Sachverhalt, sondern sie stellt ihn verschärft dar. Der Komödienschreiber fordert die Vernunft des Zuschauers mit Abbildungen von Unvernunft heraus. Er hofft auf das Lachen des Zuschauers, eine Quittung der Vernunft.»[16] Besonders hintersinnig wirkt die Pointe, daß in seinem Stück, in dem es um das Abschlachten von Autoritäten geht, der wirkliche Vater der Hauptfigur stirbt – und am Ende nolens volens zum Wohltäter der Familie wird.

‹Die Nacht, in der der Chef geschlachtet wurde› kam am 13. Mai 1967 in Stuttgart zur Uraufführung. Sie wurde ein glatter Durchfall. Die Kritik lehnte das Stück als zu konstruiert ab, die Figuren wurden als bloße Klischees empfunden. Eine Haltung der Herablassung präge das ganze Drama: «Kipphardt verachtet, was er darstellt, er ist am Werk wie ein Zoologe, der eine millionenfach verbreitete Ameise seziert. Er findet nur Banales, Grobes, Billiges im Wachen und im Traum von Oskar Bucksch.»[17] Der Autor selbst war unzufrieden mit der Inszenierung.[18] Zugleich konzedierte er, sein Stück sei «ein bißchen mitleidlos», er nannte es «von außen beschreibend und analysierend, und vielleicht ist es ungerecht, nicht gleichzeitig darzustellen, warum denn diese Leute in dem zermürbenden, nicht unkomfortablen Organisationellen, der Prosa ihres Alltags verkümmern»[19].

Zwölf Jahre später schrieb Kipphardt für das Fernsehen eine neue Fassung des Stoffes. Er verzichtete auf manche Pointe, machte die Szenen lakonischer und genauer. Für die Rolle des Oskar Bucksch wurde Heinz Schubert gewonnen, den Kipphardt sich schon bei der Theater-Fassung als Wunschbesetzung vorgestellt hatte. Schubert war inzwischen als «Ekel Alfred» in der TV-Serie ‹Ein Herz und eine Seele› berühmt geworden für die Darstellung des faschistoiden deutschen Spießbürgers. Der Film ‹Die Nacht, in der der Chef geschlachtet wurde› wurde ein Achtungserfolg. Für die nötige Kontrastierung von Real- und Traum-Szenen erwiesen sich die Möglichkeiten des Mediums – wie Zeitraffereffekte, optische Verzerrungen, spezielle Kameraperspektiven – als besonders geeignet. In den Kritiken war zu lesen von «einem seltenen Fernsehspielvergnügen: ein geistreiches, lustvolles, treffendes Unterhaltungsangebot»[20].

Als nächste Theaterarbeit nach seinem ‹Nacht›-Stück schrieb Kipphardt 1967 eine Bearbeitung von Jakob Michael Reinhold Lenz' Komödie ‹Die Soldaten›. Das Stück handelt vom Schicksal einer flandrischen Bürgertochter, die durch einen skrupellosen Offizier verführt und ins Hurendasein getrieben wird. Was Kipphardt an dem Drama des Sturm-und-Drang-Dichters reizte, war wesentlich dessen ästhetische Konzeption, die außerordentlich modern anmutet. Lenz' Stück ist von einem «unruhigen und unregelmäßigen Gang der Handlung» geprägt, es steckt voller «Rauheiten und Kraßheiten», notierte der Bearbeiter.[21] Das Geschehen ist bei Lenz in eine Folge von szenischen Momentaufnahmen aufgelöst. Komisches und Tragisches stehen nebeneinander und sind unmittelbar verknüpft. Die Figuren sind in Brüchen, als nichtgeschlossene Charaktere gezeichnet. Das Bemühen des Dichters war es, wie er 1775 in einem Brief an Sophie von La Roche erläuterte, «die Stände darzustellen, wie sie sind; nicht wie sie Personen aus einer höheren Sphäre sich vorstellen»[22]. Lenz, der mit nur 41 Jahren im Wahnsinn starb und bis weit ins 20. Jahrhundert als tragisch gescheiterte Geniebegabung verkannt wurde, erscheint uns heute als der potentielle Antipode zur Weimarer Klassik.[23] Ohne sein direktes Vorbild ist die realistische Dramenkunst eines Georg Büchner nicht vorstellbar.

Für Heinar Kipphardt war die Beschäftigung mit Lenz Teil einer theaterästhetischen Neuorientierung. Bestimmte Techniken einer an Brecht und Piscator geschulten antiaristotelischen Dramaturgie, wie er sie vor allem in ‹Der Hund des Generals›, im ‹Oppenheimer›-Stück und im ‹Joel Brand›-Fernsehspiel verwendet hatte – Projektionen, Rückblenden, Figuren-Kommentare usw. –, wollte er offensichtlich nicht einfach fortsetzen. Die versuchte Rückwendung zur geschlossenen Dramenform mit dem ‹Joel Brand›-Stück war wenig überzeugend ausgefallen. Und das Experiment des phantastisch-satirischen Traumszenariums im ‹Nacht›-Drama galt zumindest in den Augen der Kritik als gescheitert. Die offene Dramaturgie von Lenz' ‹Soldaten›, die Kipphardt bei seiner Bearbeitung zu bewahren und zu verdeutlichen suchte, kam dagegen seinen Vorstellungen einer auf kritische Abbildung von Wirklichkeit gerichteten Kunst sehr nahe. In der aufgerauhten, montageähnlichen, blitzartig erhellenden Szenenführung des Kipphardt-Stückes ‹März, ein Künstlerleben› sind später die Spuren von Lenz' ästhetischem Einfluß deutlich wiederzufinden.

Seine Bearbeitung der ‹Soldaten› legitimiert Kipphardt mit dem Hinweis auf Lenz' Äußerung, alle seine Stücke seien «große Erzgruben, die ausgepocht, ausgeschmolzen und in Schauspiele erst verwandelt werden müssen»[24]. Dabei stellt er sich weitgehend in den Dienst des Lenzschen Werkes und sucht es im Sinne von dessen Intentionen zu verbessern und spielbarer zu machen. Etliche der zum Teil äußerst knappen Monolog-Szenen der Vorlage führt er zu Dialogen aus, in denen er dem Sprachduktus des Lenz einfühlsam folgt. Kipphardts Haltung zum Original ist deutlich behutsamer als die Bertolt Brechts, der bei seiner Neufassung von Lenz' ‹Hofmeister› 1949/50 dieses Stück über weite Strecken modifiziert hatte, um es von einer historisch fortgeschrittenen Position neu zu deuten.[25]

Auch Kipphardt jedoch greift in das zu bearbeitende Stück ein. Er verschärft die sozialen Abhängigkeiten und Widersprüche der Figuren; deren Beweggründe und Absichten werden gegenüber dem Lenzschen Text klarer konturiert. «Kipphardt hat im Rückblick ein Bild von der Totalität jener Gesellschaft; während Lenz, mitten darin lebend, kämpfend, beobachtend, ihren Einzelheiten verfallen war», urteilte Ivan Nagel in einer Kritik.[26] Die Bearbeitung ist von einem klassenanalytischen Zugriff geprägt, wie er dem politisierten Denken der späten sechziger Jahre entsprach. Dies zeigt sich auch im Vokabular des für die Programmhefte gedachten Beitrags, in dem der Autor seinen Umgang mit dem Original detailliert erläuterte.[27]

Vater Weseners Handeln zum Beispiel wird in Kipphardts Fassung verstärkt als bewußter (aber untauglicher) Versuch zur privaten Aufhebung seiner bürgerlichen Klassenlage dargestellt. Die Philanthropie der Gräfin La Roche gegenüber der unglücklichen Bürgertochter Marie wird als durchaus interessengebundene, sozialen Frieden stiftende Haltung erkennbar. Völlig neu führt Kipphardt die Figur des Sekretärs vom Baron Desportes ein, der die Handlung vorantreibt, indem er die Interessen seines Herrn formuliert und mit ihm weitere Schritte überlegt; der Sekretär bringt schließlich Marie durch seine Vergewaltigung auf den Weg zur Prostitution. Bei Lenz gibt es statt dessen lediglich den kurzen Monolog eines Jägers von Desportes, in dem sexuelle Absichten angedeutet werden.

Nicht folgen mochte der Bearbeiter dem Lenz beim Schluß des Stückes. Im Original besprechen die Gräfin La Roche und der Graf von Spannheim in der letzten Szene die Reformidee einer «Pflanzschule von Soldatenweibern», um den üblen Folgen des ehelosen Standes der Soldaten abzuhelfen. Lenz war es mit dieser Idee sehr ernst; er vertrat ähnliche Gedanken auch in seiner Denkschrift ‹Über die Soldatenehen› (1776), die er bei Hof in Weimar und Versailles vorlegen wollte. Kipphardt bezeichnet diesen Reformplan kurzum als «idiotisch»[28] und legt ihn der Figur des Hauptmanns Pirzel in den Mund. Der ist in der Bearbeitung zum eifernden und belächelten Theoretiker ausgebaut, zum kantianisch philosophierenden Außenseiter unter den Offizieren. Kipphardt, dem eine gewisse Ähnlichkeit des Pflanzschule-Plans mit der faschistischen Praxis des «Lebensborns» bewußt sein mußte, verlagert mit seiner Fassung des Schlusses den Reformgedanken des Lenz in den Bereich der fixen Ideen.

Diese Änderung ist der gravierendste Eingriff Kipphardts in Struktur und Gehalt des Originals. Insgesamt wurde seine Bearbeitung von der Kritik einhellig als eine geglückte, den Intentionen des Lenz entsprechende Neufassung angenommen und begrüßt. «Kipphardts Stück ist für mich gegenüber dem Original klarer, leichter spielbar und durch den klassenanalytischen Zugriff rationaler», bilanziert der Germanist Hans-Gerd Winter seine vergleichende Untersuchung. Allerdings gehe dadurch die eigentümlich berührende Ratlosigkeit des Lenz gegenüber seiner eigenen Gesellschaft verloren, und Kipphardts soziale Profilierung der Charaktere reduziere zugleich deren innere Vielschichtigkeit. Jedenfalls, konstatiert Winter, hat Kipphardts Arbeit an dem Stück eine wichtige Wirkung erreicht: das Original steht seitdem häufiger auf dem Spielplan der deutschsprachigen Bühnen.[29]

Die Uraufführung der ‹Soldaten›-Bearbeitung fand am 17. August 1968 in Düsseldorf statt. Zwei Jahre später führte Kipphardt bei einer Inszenierung seiner ‹Soldaten› selbst mit Regie: an den Münchner Kammerspielen. An diese renommierte, traditionsreiche Bühne hatte er sich Anfang 1970 als Chefdramaturg verpflichten lassen – nach zehn Jahren als freier Schriftsteller beteiligte sich Kipphardt wieder an der praktischen Arbeit eines Theaters. Die Politisierung der westdeutschen Bühnen war auf ihrem Höhepunkt. An den Münchner Kammerspielen arbeiteten damals unter anderem Regisseure wie Claus Peymann, Hansgünther Heyme, Dieter Giesing, Ulrich Heising und der noch junge Jürgen Flimm. Man war auf «einen wirklichkeitsnahen Spielplan mit kritischen Interpretationen» bedacht und erprobte «neue Formen der Zusammenarbeit», erläuterte der Chefdramaturg.[30] Im Kontext dieser engagierten, oft experimentellen Theaterarbeit entstand Heinar Kipphardts nächstes Stück: die Montage ‹Sedanfeier›.

‹Sedanfeier› ist unter Kipphardts Stücken ein Sonderfall, weil es die einzige reine Material-Kompilation ist, also ein im strengen Sinne dokumentarischer Text. Aus amtlichen und literarischen Quellen, aus Proklamationen und Reden, Erlebnisberichten und Hochgesängen montierte Kipphardt eine mit Bedacht geordnete Folge von Zeugnissen. Sie beleuchten einen zentralen Punkt im historischen Selbstverständnis der Deutschen: den Sedanstag, Datum des Wendepunktes im Deutsch-Französischen Krieg 1870/71. Für das neugegründete Deutsche Reich wurde er zum jahrzehntelang gefeierten «Tag des Gottesgerichts über die Franzosenbrut, des Sieges deutscher Treue über welsche Tücke», wie Golo Mann bemerkt.[31]

Die Montage ‹Sedanfeier› spiegelt höchst authentisch das falsche Pathos und die pseudoreligiöse Weihe, die an diesem martialischen Festtag ein ganzes Volk vom Kaiser bis zum Schulkind ergriffen. Kipphardt zeigt den Pfarrer, der christlichen Nächstenhaß predigt, ebenso wie den Turnvereinsvorsitzenden, der Gesundheit zum Zwecke des Heldentods anpreist. Makabrer Höhepunkt der Szenenfolge ist der Ausschnitt aus einem «Festspiel zur Heimkehr der deutschen Truppen», in dem ein Kriegsinvalide zum bejubelten Märtyrer verklärt wird. Kipphardt dokumentiert auch, wie von Ferdinand Freiligrath bis zu Richard Wagner die deutschen Künstler von der nationalistischen Woge mitgerissen wurden. Nur sparsam sind Zeugnisse der Kriegsgegner dazwischenmontiert, Aufrufe von Arbeiterorganisationen und Dokumente der Pariser Commune: sie sind

Blitzlichter auf eine andere Traditionslinie, die sich aber in der deutsch-wilhelminischen Geschichte als unterlegen erwies.

Die meisten Texte und Figuren aus ‹Sedanfeier› wirken auf uns heute wie bloße Phrasen und Popanze. Sie erscheinen fremd und unverständlich, aber sie sind pure geschichtliche Wirklichkeit, und gerade darin liegt der Hintersinn von Kipphardts Konzept. Als die Montage am 2. September 1970, genau hundert Jahre nach der großen Schlacht, an den Münchner Kammerspielen uraufgeführt wurde, bescheinigte Ivan Nagel in seiner Kritik der Bühne einen subtilen Mut zur Inaktualität: «Das Thema dieses Abends ist nicht die Nähe, sondern die Ferne, nicht die Verständlichkeit, sondern die Unverständlichkeit der deutschen Historie. Ihre Gestalten treten der Reihe nach vor und machen ihre unveränderten, wörtlich zitierten Texte zu spukhaften, grotesk-erschreckenden Szenen – zu einer Revue der Gespenster.» Begraben und vergessen könnte man diese «Untoten» aber doch erst, wenn man sie verstünde. «Da wir aber nicht einmal verstehen, wieso es sie (oder später den Lagerkommandanten von Auschwitz) überhaupt geben konnte, sind wir nicht gegen die Gefahr gefeit, daß es sie noch einmal geben wird.»[32] Solche Irritation des Zuschauers über die kaum glaublichen Dokumente eines deutschen Nationalismus, der in den Faschismus mündete, entsprach ganz den Absichten des Autors. Seine ‹Sedanfeier›, in München unter weitgehender Vermeidung des naheliegenden Parodistischen gespielt, erwies sich als ein buchstäblich denkwürdiges Theaterereignis.

Für Heinar Kipphardt endete die Arbeit an den Kammerspielen abrupt: 1971 wurde nach einem Eklat um ein Programmheft (zu Wolf Biermanns Stück ‹Der Dra-Dra›) sein Dramaturgen-Vertrag nicht verlängert. Es war ein kaum verbrämter Rausschmiß mit dem Ziel, sich eines politisch unbequemen Künstlers zu entledigen.[33] Die Solidarisierung des Ensembles und sehr vieler anderer Theaterleute, Autoren und Verleger konnte die Sanktion nicht verhindern. Für Kipphardt begann eine Zeit der Krise. Von den Theatern zog er sich zurück; eine Reihe von Projekten, an denen er längere Zeit arbeitete, darunter ein Stück über Guerillas in der Dritten Welt, führte er nicht zu Ende. In einem Interview nannte er später diese Phase eine Zeit der persönlichen «Verzweiflung an der politischen Entwicklung in der Welt» und des fehlenden Zutrauens in die Wirkungsmöglichkeiten von Literatur.[34]

Erst zehn Jahre nach ‹Sedanfeier› kam wieder ein neues Stück von ihm zur Uraufführung: ‹März, ein Künstlerleben›. «Das ist mein

Versuch einer neuen Annäherung an das Theater», erklärte Kipphardt in einem Gespräch, und gestand: «Ich habe mir nie vorstellen können, daß ich, mit dem Theater so tief verbunden, mich so weit von ihm entfernen könnte.»[35] Den März-Stoff hatte er zunächst in einem Fernsehfilm behandelt, dann zu einem Roman ausgearbeitet. Die Figur des schizophrenen Dichters Alexander März ließ ihn nicht los. Kipphardt schrieb über Jahre hinweg ‹März-Gedichte›, lyrische Texte aus einer dem Schizophrenen nachempfundenen Sicht. Und schließlich entstand ein Schauspiel: ‹*März, ein Künstlerleben*›. Der Autor nennt es «die entschiedenste Ausprägung des Stoffes»[36].

Alexander März ist Patient in einer psychiatrischen Klinik. Er ist an den Normen der bürgerlichen Leistungsgesellschaft gescheitert, die ihn darum zum Verrückten gestempelt und ins Asyl abgeschoben hat. Aber die Lebens- und Leidensgeschichte Alexanders, die Kipphardt mit großer Sachkenntnis darstellt, wird zu einem kritischen Spiegel der Sozietät, die diesen Menschen verstört. Der Blick auf den Abweichenden und dessen verzweifelten Versuch, auf seinem Ich zu beharren, schärft die Sicht für die Fragwürdigkeit des sogenannten Normalen. Das Sich-Einlassen auf den Wahnsinnigen und allmähliche Verstehen seiner Weltsicht provoziert das Nachdenken, wer denn letztlich «verrückt» ist: nämlich abgerückt von der elementaren Sehnsucht nach einem humanen, nichtentfremdeten Dasein. Die Geschichte des Alexander März wird zur Diagnose einer zutiefst kranken, krankmachenden Gesellschaft.

In der Schauspiel-Fassung sind die Akzente gegenüber Fernsehfilm und Roman verschoben, wie schon der veränderte Titel andeutet. «Wenn Sie genau hinsehen, werden Sie feststellen, daß mein Interesse langsam immer mehr zu den Patienten hin ging. Da gibt es einen Weg vom Film über den Roman bis zu dem Stück hin. Ich identifiziere mich auch immer mehr mit den Patienten», erläuterte Kipphardt. «Ich habe zunehmend die Psychose, den Zusammenbruch eines Sozialfeldes also, nicht nur als bloßes Negativum gesehen, sondern als einen verkrüppelten, zerstückelten, schwer erforschbaren und schwer zugänglichen Entwurf anderer, besserer Lebensweisen. Das Schauspiel zeigt mehr als die anderen Fassungen positive Momente dieses Andersseins.»[37]

Das produktive Moment der Psychose gestaltet Kipphardt in seinem Stück außer in den Gedichten Alexanders vor allem in den nichtverbalen Ausdrucksformen der Patienten, ihrer Körpersprache etwa. Die bloße Reduzierung auf das Verbale, die in unserem

Alltagsleben vorherrscht, kritisierte er als «eine ungeheure Verarmung»[38] und versuchte bewußt, andere Wahrnehmungsweisen und Subsprachen zum Tragen zu bringen. Eine Schlüsselszene dafür steht gleich am Anfang des ersten Aufzugs, als der Arzt Kofler sich neben März in den Schnee legt und beide sich zuschneien lassen. Kipphardt deutet diese Form der Annäherung an einen Patienten als «eine sehr revolutionäre ärztliche Haltung», denn daß Kofler trotz dauernder Abweisung so um einen Patienten kämpft, sei «die auf den Kopf gestellte Medizin. Sonst muß ja der Patient immer dem Arzt nachrennen, und der Arzt versucht immer, ihn loszuwerden.»[39]

Eine positive Gegenwelt der Schizophrenen zeigen auch die Szenen in Graubünden, die im Fernsehfilm noch völlig fehlen, im Roman als «Nachtrag» am Schluß stehen und im Schauspiel den ganzen vierten Aufzug ausmachen. Sie vermitteln eine Ahnung von einem anderen Leben, wie es März und seine Geliebte Hanna ersehnen und kurzzeitig jenseits der gesellschaftlichen Zwänge realisieren können. Aber die utopisch anmutende Idylle währt nur einige Monate, dann erweisen sich die Verfolgungsängste bei der inzwischen schwanger gewordenen Hanna als stärker. Das Kind kommt in der Anstalt zur Welt und wird der Mutter weggenommen; Alexander wird in einer geschlossenen Abteilung untergebracht, kann von dort entfliehen und bringt sich um. «März ist ein schmerzendes Phantomgefühl», lautet der letzte Satz seines Abschiedsbriefes.

Kipphardt, der schon den Roman ‹März› als eine eindrucksvolle fiktive Montage aus Äußerungen und Aufzeichnungen verschiedener Figuren gestaltet hatte, wählte für das Schauspiel «eine ganz offene Form»[40]. Aus siebzig zum Teil winzigen Einzelszenen, dazu Prolog und Epilog, setzt sich das Bild dieses Künstlerlebens zusammen, als ein Mosaik voller Kanten, Risse und offener Stellen. In der Form spiegeln sich Brüche und Widersprüche der Wirklichkeit. Als sein ästhetisches Prinzip formulierte Kipphardt 1981 in einem Gespräch: «Der Autor ist ein Weltzusammensetzer, er ist stets in Nähe zur montierenden Methode, zum antithetischen und also dialektischen Denken. Aus diesem Grunde sind mir die Montageprinzipien in allen Formen der Kunst so nahe.»[41]

In den Anhang der Buchausgabe des Stückes nahm er eine Reihe von weiteren Szenen auf: als Paralipomena, die von den Theatern bei Aufführungen verwendet werden können. «Ich wollte einen ziemlichen Freiraum dafür geben, welche Aspekte den Interpretatoren besonders wichtig sind, welche Aspekte weniger, was sich dann in

Kürzungen des Stücks ausdrücken wird», erläuterte Kipphardt.[42] Ein Schauspiel wie ‹März, ein Künstlerleben›, das hohe Ansprüche an die Bühnen stellt, läßt sich nur in einem intensiven Gruppenprozeß der beteiligten Theaterleute realisieren. Dabei müssen in dem vom Autor angebotenen Szenen-Material Schwerpunkte ausgewählt werden. Bei der Uraufführung, die am 16. Oktober 1980 in einer alten Messehalle in Düsseldorf stattfand, wurde vor allem in den retrospektiven und den diskursiven Teilen des Stückes gestrichen, zugunsten eines bilderreichen und körperbetonten Darstellungsstils. Die Kritik bescheinigte, diese gewiß eigenwillige Inszenierung habe «durch fast physisch miterfahrbare Intensität des Spiels eine Suggestivkraft jenseits des gängigen literarischen Theaters (gewonnen), die eine tiefgehende, sich erst allmählich in faßbaren Gedanken artikulierende Betroffenheit auslöst»[43].

Heinar Kipphardts Rückkehr zur Bühne nach zehn Jahren Abstinenz war gelungen, mit einem neuartigen, eindringlichen, provozierenden Stück. «Wenn das Theater seine Existenz behaupten will», hatte er 1973 auf dem Höhepunkt seiner Arbeitskrise gefordert, müsse es wieder ein «störender, beunruhigender, Fragen stellender Faktor werden»[44]. Zwei Jahre nach ‹März, ein Künstlerleben› legte er mit ‹Bruder Eichmann› ein weiteres, sein letztes Stück vor. Dessen brisanter Gehalt scheint bis heute von den westdeutschen Theatern kaum annähernd erkannt und ausgeschöpft worden zu sein.

Als Textvorlage für die vorliegende Ausgabe wurden die Fassungen der Stücke verwendet, die Kipphardt in seinen 1981 erschienenen Band ‹Theaterstücke Band 2› (Verlag Kiepenheuer & Witsch, Köln) aufnahm. Eine Reihe von kleineren Fehlern wurde nach dem Vergleich mit im Nachlaß befindlichen Manuskripten korrigiert.

Für Auskünfte, Hinweise und Materialien, die der Vorbereitung des Bandes dienten, danke ich Peter Hacks (Berlin, DDR), Walter Karbach (Buenos Aires), Heinrich Peters (Hamburg) und Michael Töteberg (Hamburg).

Hamburg, im März 1988   Uwe Naumann

Anmerkungen

1 Axel Eggebrecht: Meine Weltliteratur. Bonn 1985, S. 209.
2 Typoskript im Nachlaß Kipphardts, Angelsbruck bei München. Zitate im Nachwort, wenn nicht anders nachgewiesen oder aus dem Text der Stücke, stammen aus diesem Nachlaß.
3 Gespräch mit Rolf Traube, in: «Deutsche Volkszeitung», 6. Oktober 1967. – Zu Kipphardts Konzept des «Tatsächlichen in der Literatur» vgl. den «Oppenheimer»-Band der Rowohlt-Werkausgabe, Reinbek 1987, besonders S. 202–229 und 303–313.
4 Aus dem Text des Fernsehspiels, abgedruckt in: Acht Fernsehspiele, Auswahl und Nachwort von Hansjörg Schmitthenner, München 1966, hier S. 51.
5 Gespräch mit Hans F. Nöhbauer, in: «AZ», 2./3. Oktober 1965.
6 Manfred Delling: Die den Tod erleiden mußten. In: «Sonntagsblatt», 29. November 1964. Kipphardts «Die Geschichte von Joel Brand» wurde 1964 mit zwei Auszeichnungen gewürdigt, dem Adolf-Grimme-Preis und dem Preis der Pressejury des Deutschen Volkshochschulverbandes.
7 Heinar Kipphardt: Der Mann des Tages und andere Erzählungen. Reinbek 1981, S. 186.
8 Gespräch mit Hans F. Nöhbauer, s. Anm. 5.
9 Vgl. Hannah Arendt: Eichmann in Jerusalem. Ein Bericht von der Banalität des Bösen. Reinbek 1978. (Zuerst: München 1964)
10 Vgl. das Nachwort von Ernest Landau in: Der Kastner-Bericht über Eichmanns Menschenhandel in Ungarn, München 1961. Vgl. auch die Berichte über das Theaterstück «Rezsö» in: «Süddeutsche Zeitung», 30. November 1987, und in: «Coram publico», Dezember 1987.
11 Vgl. Joachim Kaiser: Von der Brillanz des Bösen. In: «Süddeutsche Zeitung», 7. Oktober 1965.
12 Brief an Kipphardt, 15. November 1964. Abgedruckt wie auch Kipphardts Antwortbrief im «Oppenheimer»-Band der Werkausgabe, S. 213–217.
13 Gespräch mit Hans F. Nöhbauer, s. Anm. 5.
14 Abgedruckt im Programmheft zur Uraufführung im Württembergischen Staatstheater Stuttgart, 1967.
15 Ebenda.
16 Ebenda.
17 Henning Rischbieter: Zurück zu den Kleinbürgern. In: «Theater heute», Heft 7/1967.
18 Fünf Jahre später schrieb er an den Suhrkamp-Lektor Rudolf Rach: «Palitzsch hat das nicht leicht zu machende Stück damals ganz verdorben. Einmal durch unzureichende Besetzung, zum andern durch ein ganz falsches Bühnenbild von Minks.» (Brief vom 26. April 1972)
19 Gespräch mit Hellmuth Karasek, in: «Volksbühnenspiegel», Juni 1967.
20 Thomas Thieringer: Zauberkiste. In: »Süddeutsche Zeitung«, 5. Dezember 1979.
21 Heinar Kipphardt: Zur Bearbeitung der «Soldaten» von J. M. R. Lenz. Abgedruckt im vorliegenden Band.

22 Zitiert im Programmheft zu den «Soldaten», Thalia Theater Hamburg, Heft 11 der Spielzeit 1973/74.
23 Vgl. Hans Mayer: Lenz oder die Alternative. In: Jakob Michael Reinhold Lenz, Werke und Schriften II, hg. von Britta Titel und Hellmut Haug, Stuttgart 1967, S. 795–827.
24 Wie Anm. 21.
25 Vgl. Udo Müller: Stundenblätter Lenz/Brecht: Der Hofmeister. Lenz/Kipphardt: Die Soldaten. Stuttgart ²1981.
26 Ivan Nagel: Mangel an Lücken. In: «Süddeutsche Zeitung», 21. Dezember 1970.
27 Abgedruckt im Anhang des vorliegenden Bandes. Kipphardt kommentierte in einem Brief an seinen Lektor: «Die Notizen beschreiben die Änderungen und begründen sie. Faulen Leuten und unfähigen wird ein vergleichendes Lesen erleichtert oder erspart, und ich gebe auch Hinweise, das Stück richtig zu interpretieren.» (An Karlheinz Braun, 6. Oktober 1968)
28 In den eben erwähnten Notizen zu seiner Bearbeitung.
29 Vgl. Inge Stephan/Hans-Gerd Winter: «Ein vorübergehendes Meteor»? J. M. R. Lenz und seine Rezeption in Deutschland. Stuttgart 1984, hier S. 211–222.
30 Heinar Kipphardt im Gespräch mit Hella Schlumberger, in: «AZ», 11./12. Dezember 1971.
31 Golo Mann: Deutsche Geschichte des neunzehnten und zwanzigsten Jahrhunderts. Frankfurt 1958, S. 374.
32 Ivan Nagel: Wir selbst auf der Bühne – unbegreiflich. In: «Süddeutsche Zeitung», 4. September 1970.
33 Vgl. Adolf Stock: Heinar Kipphardt. Reinbek 1987, S. 97–102.
34 Gespräch mit Thomas Thieringer, in: «Frankfurter Rundschau», 4. Juli 1975.
35 Gespräch mit Armin Halstenberg, in: Heinar Kipphardt, Theaterstücke Band 1, Köln 1978, S. 348.
36 Nachbemerkung zu «März, ein Künstlerleben», abgedruckt im vorliegenden Band.
37 Gespräch mit Manfred Durzak, 1981. Typoskript in Angelsbruck, hier S. 13 und 16.
38 Ebenda, S. 16.
39 Ebenda, S. 21 f.
40 Ebenda, S. 20.
41 Ebenda, S. 12.
42 Gespräch mit Harald Markert, in: Programmheft Staatstheater Darmstadt, Heft 10/1981.
43 Wolfgang Ruf: Krankheitsbild der Entfremdung. In: «Deutsche Volkszeitung», 30. Oktober 1980.
44 Gespräch mit Thomas Thieringer, in: «Darmstädter Echo», 15. Juni 1973.

Heinar Kipphardt
Werkausgabe
Herausgegeben von Uwe Naumann

Die gesammelten Werke Heinar Kipphardts erscheinen,
kommentiert und um Nachlaßmaterial ergänzt, in
Einzelausgaben als rororo-Taschenbücher

Die ersten Bände:

Bruder Eichmann
Schauspiel und Materialien (5716)

Traumprotokolle
(5818)

März
Roman und Materialien (5877)

In der Sache J. Robert Oppenheimer
Ein Stück und seine Geschichte (2111)

Shakespeare dringend gesucht
und andere Theaterstücke (12193)

Joel Brand
und andere Theaterstücke (12194)

Außerdem lieferbar:

Der Mann des Tages
und andere Erzählungen (4803)

Angelsbrucker Notizen
Gedichte (5605)

Heinar Kipphardt
mit Selbstzeugnissen und Bilddokumenten
dargestellt von Adolf Stock
(rowohlts monographien 364)

Nicolas Born

Die Fälschung
Roman
420 Seiten. Gebunden und als
rororo 5291

Die Welt der Maschine
Aufsätze und Reden
224 Seiten. Broschiert

Gedichte
Sonderausgabe.
240 Seiten. Gebunden und als
rororo 4780 unter dem Titel
Gedichte 1967-1978

Täterskizzen
Erzählungen
256 Seiten. Gebunden und als
rororo 5971

**Die erdabgewandte Seite
der Geschichte**
Roman
rororo 4370

C 961/20

Rolf Dieter Brinkmann

Keiner weiß mehr
Roman. rororo 1254

Rom, Blicke
das neue buch 94

Westwärts 1 & 2
Gedichte. das neue buch 63

Standphotos
Gedichte 1962 – 1970
368 Seiten. Doppelkartoniert

Der Film in Worten
Prosa, Erzählungen, Essays, Hörspiele,
Fotos, Collagen 1965 – 1974
320 Seiten. Broschiert

Erzählungen
In der Grube/Die Bootsfahrt/Die Umarmung/Raupenbahn/Was unter die Dornen fiel
352 Seiten. Gebunden

Eiswasser an der Guadelupe Str.
60 Seiten. Gebunden

Erkundungen für die Präzisierung des Gefühls für einen Aufstand
Zeit-Reise-Magazin (Tagebuch)
das neue Buch 169

Rolf D. Brinkmann/Ralf D. Rygulla
(Herausgeber)
Acid
Neue amerikanische Szene. rororo 5260

Gisela Elsner

Die Zerreißprobe
Erzählungen. 272 Seiten. Broschiert
und als rororo 5622

Das Berührungsverbot
Roman. 264 Seiten. Broschiert
und als rororo 5125

Der Nachwuchs
Roman. 270 Seiten. Gebunden
und broschiert und als rororo 5828

Die Riesenzwerge
Ein Beitrag. 304 Seiten. Gebunden
und als rororo 5493

Der Punktsieg
Roman. 192 Seiten. Gebunden
und rororo 4752

Abseits
Roman. rororo 5365

Die Zähmung
Chronik einer Ehe. Roman. 256 Seiten.
Gebunden und als rororo 12187

Das Windei
Roman. 320 Seiten. Gebunden

C 669/14

Elfriede Jelinek

Die Ausgesperrten
Roman
272 Seiten. Broschiert und als
rororo 5519

Die Liebhaberinnen
Roman
128 Seiten. das neue buch 64

Oh Wildnis, oh Schutz vor ihr
Prosa
288 Seiten. Kartoniert

Die Klavierspielerin
Roman
rororo 5812

Michael
Ein Jugendbuch für die Infantilgesellschaft
(5880)

**Erika Pluhar liest Elfriede Jelinek:
Oh Wildnis, oh Schutz vor ihr**
Keine Geschichte zum Erzählen
1er Cassette (90 Minuten) (66002)

C 2323/1